서울의 시공간에 대한 인문학적 탐사

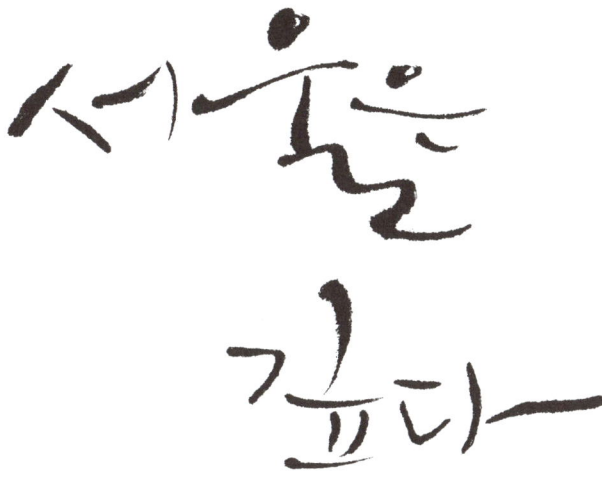
서울을 걷다

전우용 지음

돌베개

서울은 깊다
서울의 시공간에 대한 인문학적 탐사
—
2008년 5월 2일　　초판　1쇄 발행
2018년 5월 4일　　초판 14쇄 발행
—
지은이　　　　전우용
—
펴낸이　　　　한철희
펴낸곳　　　　돌베개
등록　　　　　1979년 8월 25일 제406-2003-000018호
주소　　　　　(10881) 경기도 파주시 회동길 77-20 (문발동)
전화　　　　　(031)955-5020
팩스　　　　　(031)955-5050
홈페이지　　　www.dolbegae.co.kr
전자우편　　　book@dolbegae.co.kr
—
책임편집　　　김희진
편집　　　　　이경아 · 서민경 · 조성웅
교정　　　　　지비원
본문디자인　　이은정 · 박정은 · 박정영
제작 · 관리　　윤국중 · 이수민
마케팅　　　　심찬식 · 고운성
인쇄 · 제본　　영신사
—
ⓒ 전우용, 2008
ISBN 978-89-7199-309-5 03910

이 책에 실린 글의 무단 전재와 복제를 금합니다.
책값은 뒤표지에 있습니다.
—
이 도서의 국립중앙도서관 출판시도서목록(CIP)은
e-CIP 홈페이지(http://www.nl.go.kr/cip.php)에서
이용하실 수 있습니다. (CIP제어번호:CIP2008001359)

서울을 걷다

책머리에	1	신시神市, 서울	_015
_007	2	유아독존의 수도	_023
	3	정도전의 서울, 이방원의 서울	_031
	4	노는 놈과 미친년	_039
	5	뒷골목	_049
	6	똥물, 똥개	_059
	7	등 따습고 배부른 삶	_067
	8	땅거지	_075
	9	무뢰배	_085
	10	촌뜨기	_095
	11	압구정과 석파정	_107
	12	남주북병南酒北餠	_117
	13	탕평, 땅평	_127
	14	어섭쇼	_139
	15	복수의 하나님	_149
	16	종로, 전차	_161
	17	덕수궁 돌담길	_187
	18	팔각정	_207
	19	시계탑	_221
	20	제중원	_243
	21	촬영국	_261
	22	파리국玻璃局	_271
	23	도깨비시장, 돗떼기시장	_285
	24	물장수	_305
찾아보기	25	복덕방	_325
_386	26	협률사	_343
도판 출처	27	와룡묘	_359
_392	28	덕수궁 분수대	_375

서울의 시공간에 대한
인문학적 탐사

책머리에

20세기가 끝나갈 즈음, 다소 뜬금없이 여기저기에서 "21세기는 문화의 시대"라는 소리가 들려왔다. 88서울올림픽 무렵 시작된 대중 소비 시대를 지나면서, 어떤 사람들은 자신을 다른 사람들과 구별 짓기 위한 '기호'記號들을 필요로 했고, 문화는 다른 어느 것보다도 적절하게 이 요구에 맞춘 여러 가지 기호들을 공급할 수 있었다. 격조·운치·품위·소양·환경·건강 등 계량하기 어려운 가치들이 새로 떠올랐다. '삶의 질'이라는 말이 유행했고, 이어 이런 가치들을 비벼놓은 삶이 '웰빙'으로 표현되었다. 그리고 언제나 그랬듯이, 이런 기호들은 더 많은 사람들에게로 빠르게 확산되었다. 더구나 IT 산업이 넓혀놓은 커뮤니케이션의 통로는 그 속도를 한층 높여주었다.

그런데 이 '21세기의 문화'는 이전에 한국인들이 알던 문화와는 크게 달랐다. 과거의 문화가 사람들이 이미 익숙해진 것이거나 저절로 익숙해지는 것이었다면, 21세기의 문화는 정량화하고 규격화하여 시장에서 상품으로 팔리는 것, 낯설어도 일단 사서 써보고 억지로라도 익숙해져야 하는 것이었다. 20세기 초부터 이 땅에서 문화라는 단어는 총체적인 삶의 양식이라는 의미보다는 삶을 의식적으로 재구성하는 방식이라는 의미로 더 자주 사용되어왔다. 그래서 고급 문화는 그냥 문화이지만, 저급 문화는 따로 '민속'이 되었다. 문화에 대한 이 같은 오래된 태도도 문화를 새 시대의 잘 팔리는 신상품으로 만드는 데 일조했다. 자기 삶을 바꿀 것인지 말 것인지, 바꾼다면 어떻게 바꾸어야 하는지 망설이고 고민하는 사람들 앞에, 기업들은 아름답게 포장된 문화라는 신상품을 내놓고 모든 고민거리를 '지갑을 여는 문제'로 단순화해주었다. 그 탓에 이제 문화 컨텐츠와 문화 상품이 넘쳐나지만, 그런 만큼 쉽게 상품화할 수 있는 문화 요소에만 관심을 갖는 태도도 일반화했다.

역사는 문화의 핵심요소일 뿐 아니라 문화를 빚는 물레이기도 하다. 문화의 시대가 열리면서 역사의 가치도 덩달아 뛰어오르는 것처럼 보였다. '문화의 시대'로는 성에 차지 않았는지 '역사와 문화의 시대'라는 말도 유행했고, '역사문화 탐방로'니, '역사와 문화가 살아 숨쉬는 하천'이니 하는 것도 곳곳에 조성되었다. 쇠퇴하는 학문이던 역사학이 새롭게 각광받을 듯했다. 예전에는 도시 재개발 사업이라도 벌일 양이면 일단 부수고 보는 것이 상례였는데, 어느새 역사성이 살아 있는 개발이니 역사·문화 환경에 어울리는 재건축 같은 이야기들이 오가게 되었다. 역사학자들에게 '대목'이 다가오는 듯 싶었다. 그러나 바로 이 시기에 인문학은 그 어느 때보다 심각한 '위기'를 호소했다. '역사와 문화의 시대'가 열렸다는데, 인문학은 오히려 위기에 빠져드는 아이러니의 상황이 펼쳐졌다. 그런데 사실 이런 현상이 아이러니로 보인 것은 의식적으로건 무의식적으로건 '문화' 다음에 '상품'이라는 두 글자를 빼 버린 탓이다.

문화재 복원과 파괴가 오버랩되고 상품 가치가 떨어지는

역사·문화 요소는 아무도 돌아보지 않는 곳으로 밀려나는 것, 결국 역사·문화 요소조차 양극화하는 것은 '역사·문화 상품화'의 당연한 귀결이었다. 그러나 나를 포함하여 많은 역사학자들이 '역사와 문화의 시대'라는 캐치프레이즈에 현혹되었고, 역사의 상품화가 곧 역사의 대중화라는 신화를 유포시키는 데 일조했다. 이 시대적 조류가 휩쓰는 사이에 청계천 바닥에 있던 유적들은 다시 돌아올 수 없는 길을 떠났고, 숭례문 문루는 불타 내려앉았다. 1994년의 성수대교 붕괴와 이듬해의 삼풍백화점 붕괴가 물량 위주의 성장제일주의에 대한 혹독한 교훈이었다면, 2008년의 숭례문 화재는 역사·문화 상업주의에 대한 뼈아픈 경고라 할 수 있다.

   내가 서울시립대학교 서울학연구소에 자리를 얻은 것은 문화의 시대가 막 열리던 무렵이었다. '서울 정도定都 600년'을 앞두고 서울시는 이 역사적 기념일을 서울의 '브랜드 가치'를 높이는 일대 계기로 삼고자 했다. 이런 구상에서, 서울의 역사를 연구하고 관련 '컨텐츠'를 생산하는 기구로 만들어진 것이 서울학연구소였다. 비록 성수대교 붕괴로 인해 '서울 정도 600년' 행사는 빛이 바랬지만, 서울학연구소는 맡은 일을 그럭저럭 해나갔다. 나는 그 일원으로서 이후 10여 년간 서울시나 자치구가 발주하는 각종 '역사·문화' 관련 용역 사업에 참여하거나 자문할 수 있었다. 그런데 그런 자리에 참석하고 돌아설 때면, 언제나 마음 한구석에 무언가 맺힌 듯한 느낌을 받곤 했다. 역사와 문화를 전면에 내건 사업에서건 뒷면에 병풍처럼 세워둔 사업에서건, 역사는 다른 모든 요소들, 도시계획·건축·조경·경제 등이 자리를 다 잡아놓은 다음에 빈 곳을 메우는 요소로만 취급되었다. 역사를 '배려'하는 전문가들조차 역사를 능소능대能小能大하고 신축자재伸縮自在한 완충재 정도로 취급하곤 해서, 많으면 잘라내고 없으면 억지로 만드려 들었다. 역사 드라마와 역사 콘텐츠를 애써 구분할 필요를 느끼지 않는 사람들이 너무 많았다. 그런 관점에서는 '살아 숨쉬는' 역사는 불편할 따름이다. 죽어 있는 역사, 지금은 더 이상 아프지도 간지럽지도 않은 역사, 우리 것이라는 생각은 들되 나와는 아무 상관 없는 역사라야 아무렇게나 만지고 주물러 상품으로 가공할 수 있다.

  2002년 월드컵을 앞두고 정부가 축구 전용구장을 새로 짓느니 마느니 하다가 상암동에 경기장을 짓기로 결정한 직후, 나는 몇 사람의 안타까운 방문객을 맞았다. 외환위기 이후 서울시의 구조조정으로 잠시 일손을 놓았다가 '상암동 역사문화유산 조사 TFT'에 배치되어 한숨 돌린 공무원들이었다. 그들은 자기들 사정을 대충 설명한 후, 바로 상암동에 관한 역사 자료를 내달라고 했다. 공원을 조성하기에 앞서 지역 역사를 조사한다고 하니 일단은 반가웠고, 안됐다는 생각도 들어 성의껏 찾아 보여주었다. 자료를 본 그들은 잠시 침묵하더니 다시 '한글로 된 자료'는 없냐고 물었다. 그런 자료는 없었고 그들은 그냥 돌아갔다. 한참 후, 나는 월드컵 경기장 옆 언덕 위의 허름한 오두막 모형에서 그들과 관련된 것으로 보이는 흔적을 찾을 수 있었다. 건물 안내판에는 옛날 이 동네에 대장간이 있어서 풀무골이라는 이름이 전해오며 그를 기념하기 위해 대장간 모형을 지어놓았다는 내용의, 그다지 친절하지 않은 안내문이 적혀 있었다. 그러나 안내문을 읽고 다시 보아도 그 초라한 건물에서 특별한 감흥을 느낄 수는 없었다. 월드컵 경기장 옆의 옛 대장간 모형은, 첨단 디지털 기기로 가득 찬 현대적 거실 벽 한 모퉁이에 걸린 갓이나 곰방대보다도 가치 없는 존재였다.

  이 땅에서 한 세기 넘게 지속된 오리엔탈리즘 학습은 토속적인 역사, 죽은 역사는 즐거이 상품화하면서도 아직껏 우리 삶에 영향을 미치고 있는 역사는 아프고 창피하다는 이유로 감추고 숨기는 태도를 깊이 심어주었다. 어디에 있었는지도 알 수 없고 어떻게 생겼었는지는 더더욱 알 수 없는 대장간은 후딱 복원하면서, 난지도 역사를 살아서 증언해온 구조물들은 흔적도 남기지 않고 허물어버리는 이율배반의 시대가 21세기형 '역사의 시대'요 '문화의 시대'였다. 그런 시대에는 이것저것 시시콜콜 따지는 역사학은 오히려 거추장스러운 존재이거나 값싼 포장재일 뿐이다. 팔리느냐 안 팔리느냐 그것이 문제일 뿐, 어떤 의미가 있느냐는 아무런 문제도 되지 못한다. 이런저런 자리에서 그런 상황들을 반복해 겪으면서, 누군가를 향해 역사에는 팔 수 없는 가치, 팔아서는 안 되는 가치도 있다고 말하고 싶었다. '당신들이 원하는 대로 가공할 수 있는 역사는 없다'고. 바다에 자갈을 던진다고 파도가 움츠릴 턱이야 없지만, 그렇게 내뱉기라도 하면 답답한 마음이 조금 풀릴 것 같았다.

그러던 차에 한국역사연구회 웹진에 '서울 역사'에 관한 글을 연재해달라는 요청이 들어왔다. 마침 서울학연구소에 있은 지 10년이 지난 때이기도 해서 평소 하고 싶던 얘기를 쓰고 그 글들을 모아 책을 낼 요량으로 덜컥 응해버렸다. 그때에는 한 1~2년 연재하고 마무리할 생각이었는데, 신상에 변화가 생기고 바쁜 일들이 몸에서 떠나지 않아 4년이 흘렀는데도 계획한 내용의 반 정도밖에는 채우지 못했다. 애초 서울에 관한 통사를 쓸 생각도 없었지만, 그 때문에 더 짜임새가 성근 책이 되고 말았다.

그러나 동전에는 양면이 있는 법이다. 나는 가급적 이 책을 그동안 우리 역사학이 다루지 않았던 내용들로 채우고자 했다. 그런 담대한 생각을 품을 수 있었던 데에는 서울학연구소에서 1년에 두어 차례씩 여러 분야의 젊은 학자들과 토론한 경험이 큰 힘이 되었다. 도시계획학·도시공학·경제학·사회학·행정학·건축학·토목학·조경학·어학·문학·문화인류학 등이 서울 공간과 서울 사람을 다루는 방법들을 보고 배우면서, 서울의 역사를 보는 안목이 많이 달라졌다. 물론 그 탓에 다소 '이단적'인 역사학자가 되기는 했지만. 어쨌거나 이 책이 이미 숱하게 나와 있는 서울에 관한 역사책들과 조금이라도 다른 점이 있다면, 그것은 오로지 서울학연구소에서 함께 토론해준 여러 학자들 덕이다.

별것 아닌 책을 내면서 평소 존경하던 분들의 청명淸名을 들먹이기 싫어 개인적인 감사 인사는 생략할까 했으나, 이왕 익명의 학자들께 감사를 드린 김에 몇 분께는 꼭 인사를 올려야겠다. 서울대학교 국사학과의 권태억 선생님은 학부 시절부터 지금껏 필자에게 하해 같은 은혜를 베푸셨지만, 그 일호一毫도 갚지 못했다. 언제나 죄송할 따름이다. 서울대학교 국사학과의 이태진 선생님은 필자가 서울학연구소에 있을 때에도 든든한 언덕이셨는데, 서울대학교병원 병원역사문화센터로 옮긴 지금도 여전하시다. 이 책에도 선생님의 그림자가 짙게 드리워져 있지만, 제대로 제자 구실을 한 적은 한 번도 없어 민망할 뿐이다. 10년 넘게 낭인처럼 지내던 필자에게 자리를 마련해 주신 서울대학교병원 성상철 원장님께는 새로운 과제에 도전할 의지를 불태우는 것 말고는 따로 보답할 길이 없다. 서울대학교병원 핵의학과 이명철 선생님과 신경정신과 정도언 선생님은 너무 늦게 만나 아쉬운 멘토로서, 필자가 이제껏 배우지 못했던 것들에 대해 죽비竹篦의 가르침을 베푸셨다. 옹색하나마 이 지면을 빌려 감사드린다.

돌베개 출판사의 김희진 씨는 산만한 원고와 사진 자료들을 깔끔하게 정리해준 유능한 편집자이자 이 책을 진지하게 읽고 조언해준 첫 독자였다. 그 스스로 제 발등을 찍은 격이기는 하지만, 책 꼴을 갖추기 어려운 원고 더미를 붙들고 동분서주하게 한 데 대해서는 미안함을 금할 수 없다. 웹진에 올린 글을 찾아 읽어보고,

부러 찾아와 따끔한 충고를 해준 오랜 벗 김찬오에게도 고마움을 전한다. 끝으로 지난 17년간 내 탓에 한시도 근심거리에서 벗어나지 못했던 아내 인애가 이 책을 읽다가 잠시나마 웃을 수 있었으면 좋겠다.

    그나저나 내가 이 책의 이면에서 하고 싶었던 얘기를 숭례문이 온몸을 사르며 해버리고 난 지금, 이 책의 출판이 또 하나의 부실한 상업적 역사 콘텐츠를 세상에 던져놓는 격이 되지는 않을지 걱정스럽다. 싸구려 뷔페 식당에서도 먹을 만한 것을 골라내는 현명한 독자들에게 기댈 수밖에.

2008년 4월 18일
백화白花가 제방齊放하는 시절에
종묘가 보이는 작은 방에서
전우용

신시神市, 서울

「처용가」處容歌 첫 구절 '東京明期月良'을 양주동은 '새벌 발기다래'로 풀었다. 매일 아침 새로 해가 뜨는 동쪽이 '새'임은 해가 지는 서쪽이 '헌'(또는 하늬)이 되는 것과 같은 이치이니 의문의 여지가 없지만, 경京을 '벌'로 푼 것이 맞는지는 잘 모르겠다. 나는 고어古語에 문외한이지만 '울'로 푸는 것이 옳지 않았을까 하는 생각도 해본다. '경'이란 글자가 울타리를 쳐놓은 일정한 구역에 육방六方으로 길이 난 형상을 하고 있으니 말이다. 그렇게 보면 '새벌'보다는 '새울'이 더 어울리는 풀이가 될 터인데, 양주동은 아무래도 동경東京을 서라벌이니 서나벌이니 하는 말과 연관짓는 데 집착했던 것 같다. 그러나 여기서 새벌이 맞는지 새울이 맞는지를 따지는 게 중요한 건 아니다. 양주동이 '새벌'로 풀어놓은 것은 그것이 '서울'의 옛말이었음을 밝힌 것만으로도 충분한 의미가 있다. 새벌—서라벌—셔볼—서울로 변했다는 것이 통설인데, 문제는 '서울'이라는 말이 애당초 무슨 뜻으로 쓰였을 것이냐에 있다.

    이중환은 『택리지』擇里志에서 서울이라는 말과 관련해 다소 우스꽝스러운 속설을 소개하고 있다. '(한양에 새 도읍을 정한 후)

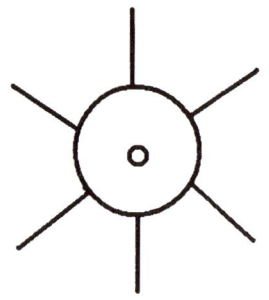

경京은 성곽으로 둘러싸인 공간에 여섯 방향으로 길이 난 모양을 형상화한 글자이다.

외성外城을 쌓으려고 했으나 둘레의 원근遠近을 결정하지 못하던 중 어느 날 밤 큰 눈이 내렸다. 그런데 바깥쪽은 눈이 쌓이는데, 안쪽은 곧 녹아 사라지는 것이었다. 태조가 이상하게 여겨 눈을 따라 성터를 정하도록 명했는데, 이것이 바로 지금의 성 모양이다.' 그래서 눈이 쌓여 생긴 울, 곧 '설雪울'이라는 말이 생겼고, 그것이 '서울'로 와전되었다는 것이다. 이 말대로라면 서라벌이니 새벌이니 하는 말은 서울과 아무 관계도 없게 되는 것이니, 이중환이 살던 무렵에도 고어는 이미 사어死語가 되어 있었던 모양이다.

어쨌든 양주동의 풀이에서 뜻을 취해본다면, 서울이란 '새로 생긴 벌'이나 '새로 만든 성' 정도의 뜻으로도 풀어볼 수 있을 터인데, 그런 풀이가 꼭 타당한 것 같지는 않다. 어떤 이들은 삼한의 성소聖所였던 '소도'蘇塗의 '소'와 새벌의 '새'가 지닌 음가의 유사성에 주목하여 고어에서는 '새', '소', '쇠'가 모두 같은 뜻이었다고 추정한다. 그리고 그 말은 '솟다'나 '솟대'에서처럼 높이 솟아있음, 또는 신성함의 뜻을 담고 있다는 것이다. 나는 서울이라는 말의 본래 뜻에 관한 한 이 주장이 설득력이 있다고 본다. 이에 따르면 서울이란 '솟은 벌'이나 '솟은 울', 즉 '솟벌', '솟울'에서 온 말이 된다. 조선시대에 서울을 '수선'首善이라 했던 것도 이 의미를 살린 것이다.1_

루이스 멈퍼드Lewis Mumford는 도시의 기원을 성소에서 찾았다. 구석기시대 사람들이 동굴 벽에 그림을 그린 것을 단순한 창작 욕구의 발현이라고만 할 수는 없을 것이다. 그들은 정주定住 생활을 하지는 못했지만, 기나긴 여정 속에서 가끔씩이나마 반복해서 찾아가는 곳을 성소로 삼았고, 그곳에 그들의 신앙심을 표시해두었다. 그렇게 해서 동굴은 도시의 배아가 되었고, 거기에는 이미 도시가 갖추어야 할 최소한의 요소들이 자리잡았다. 성채城砦로 둘러싸인

1_ 고대인들은 일반적으로 수도를 '신의 땅' 또는 '신에게 바친 땅'으로 인식했다. 아테네의 아크로폴리스는 'Akros'(높다, 솟아 있다)와 'polis'(도시)를 합친 말로 '서울'과 그 조어법이 완전히 같다. 메소포타미아의 바빌론 Babylon역시 '신의 문'이라는 뜻이다.

공간, 즉 도시가 만들어진 것은 인간이 동굴을 벗어난 뒤의 일이다.

마이크로소프트사가 만든 게임 〈에이지 오브 엠파이어〉 Age of Empires의 규칙은 수도와 신神의 관계에 대한 역사적 이해를 바탕으로 해서 만들어졌다. 이 게임에서 승리하기 위해서는 도시 한복판에 거대한 신상神像을 먼저 만들거나, 아니면 적국 도시의 신상을 파괴해야 한다. 고대의 모든 전쟁은 도시의 신상 앞에서 경건하고 엄숙한 출정 의식을 거행함으로써 시작되었고, 적의 도시 중심부에 있는 신상을 철저히 파괴함으로써 끝났다. 그리고 사실 이런 절차와 의식은 현대에도 크게 달라지지 않았다. 근래에는 내란에서도 '동상'銅像을 허무는 것이 '싸움 끝'을 알리는 상징적 행위가 되고 있지 않은가. 4·19 직후에 이승만 동상이, 소비에트 붕괴 이후에 레닌Nikolai Lenin 동상이, 이라크 전쟁 이후에 후세인Saddam Hussein Abd al-Majid al-Tikriti 동상이 모두 고대 패전국의 신상 꼴을 당했다.

정교 분리의 원칙이 확립되기 전까지, 모든 국가의 판도는 원칙적으로 종교적 동일체였고, 수도는 정치의 중심일 뿐 아니라 종교의 중심이기도 했다. 시대를 거슬러 올라갈수록, 종교는 세속 정치에 대해 상대적·절대적으로 우위에 있었으니, 수도를 '신의 땅', '신의 울'로 부른 것은 당연한 일이었으리라. 그렇게 본다면 『삼국유사』三國遺事에서 환웅이 처음으로 만든 도시를 '신시'神市라 했던 것도 쉬 이해가 된다. 서울이라는 말을 한역漢譯하면 바로 '신시'가 되는 것이니까. 동일한 종교권역 내에도 신시가 여럿 있을 수 있지만, 권역 내의 정치적 통합성이 강화되면 신시는 결국 하나가 될 수밖에 없을 터. 국어사전에도 서울은 달랑 '수도'(=으뜸가는 도시)로만 정의되고 있다.

조선시대에도 '서울'이라는 말은 한성부漢城府나 한양漢陽, 경조京兆, 경도京都, 수선首善, 장안長安 등의 말보다 더 일반적으로 사용되

1896년 4월 7일자 『독립신문』 창간호. 발행지 표기가 한글판에는 '조선 서울'로, 영문판에는 'Seoul Korea'로 되어 있다.

었던 듯하다. 조선 말기 이 땅에 들어온 외국인 선교사들이 우리말을 배우면서 공식 명칭인 한성부 대신에 서울을 썼던 것은 그 때문이었다. 속담에도 '모로 가도 서울만 가면 된다'거나 '말은 제주로 보내고 사람은 서울로 보내라'는 등 '서울'이라는 말이 자주 등장한다. 다만 이 말이 본래 순 우리말인 관계로 한자로 표기하는 것이 불가능하여 문서에 서울로 표기되는 경우는 극히 드물었다. 한글 소설에서나 간혹 튀어나오는 정도였으니 오죽하면 서울의 새 한자 표기법을 찾기 위해 '현상금'까지 걸었을까. 그렇게 만들어진 수이音爾는 발음은 서울과 비슷하나 '너 잘났다'로 해석될 수도 있으니 썩 마음에 들지는 않는다.

　　우리 역사상 공식적인 문건에 서울이 표기되는 것은 『독립신문』이 창간된 1896년 4월부터의 일이었다. 국문판에는 '서울

01 신시, 서울

로, 영문판에는 'Seoul'로 각각 그 발행지가 표기되었던 것이다. 다른 모든 신문이 '황성'皇城이라는 말을 썼음에도 불구하고 왜 유독 『독립신문』만이 서울이라는 표현을 고집했는지는 정확히 알 수 없다. 하기야 '짐이 곧 국가'라는 식의 '인신'人神적 절대 황권을 추구했던 광무 연간에는 신시나 황성이 같은 뜻이었을 테니, 순 우리말로 바꾸면 그 또한 서울이 아닌가. 다만 서울이 선교사를 비롯한 외국인들에게 익숙했던 영어 표현이었기 때문이 아니었을까 짐작할 뿐이다. 어쨌든 그 결과로 서울이라는 말은 제한적으로나마(당시까지는 외국인들에 국한해) 보통명사에서 고유명사로 바뀌었다. 외국인들은 지도를 제작하면서 한성부가 아니라 'Seoul'로 표기했다.

일제 강점기에 한성부는 경성부京城府로 명칭이 바뀌었고, 그 지위도 한 나라의 수도, 신시에서 일본 제국의 일개 지방 도시로 전락했지만, 대다수 사람들은 여전히 서울이라는 표현을 즐겨 썼다. 잡지 『서울』이 발간되었고, 「서울에 딴스홀을 허하라」는 글도 나왔다. 공식 명칭 '게이조'와 민중 세계의 언어 '서울'은 그 내용상의 현격한 괴리에도 불구하고 공존했고 혼동되지도 않았다. 동경은 '東京'이거나 '도쿄'였을 뿐, 결코 서울이 되지 못했다. 서울이라는 말은 그렇게 식민지 예속민들이 민족 해방의 염원을 꼭꼭 감춰놓은 '비밀의 언어'로 남았다.

그러나 해방 후에도 한동안 서울의 공식 명칭은 여전히 '경성부'였고, 그 행정수반은 경성부윤이었다. 경성부가 '서울시'로 바뀐 것은 해방 1년째 되는 날인 1946년 8월 15일의 일이었다. 이날 전문 7장 58조로 된 「서울시헌장」이 발표되었는데, 그 제1장 제1조에 '경성부를 서울시라 칭하고 이를 특별자유시로 함'이라고 하여 이때부터 서울이 공식 명칭이 되었던 것이다. 그런데 당시 서

_ 행정중심복합도시 '행복도시 세종'이 들어설 충남 연기군 남면과 금남면 일대.

울시장이었던 김형민은 이와 관련해 씁쓸한 회고담을 전한다. 광복이 되었으니 왜인(倭人)들이 제멋대로 갖다 붙인 '경성부'라는 이름을 버리고 새 이름을 써야 한다는 데 반대하는 사람은 없었지만, 무슨 이름을 붙일 것이냐에 대해서는 의견이 분분했다고 한다. 그중에서 가장 뿌리치기 어려웠던 것이 이승만의 호를 따서 '우남시'雩南市로 하자는 주장이었는데, 김형민은 그 압력을 물리치고 서울로 하자고 고집하여 관철시켰단다. 다소 과장된 회고일 수는 있겠지만 김형민의 공을 무시할 수는 없다. 이로 인해 대한민국에서 유일한 '순 한글' 이름의 도시가 만들어졌고, 우남정雩南亭이 헐린 뒤에도 그 이름은 그대로 남을 수 있었다.

정말 있었는지도 알 수 없지만 어쨌거나 신시는 이미 사라졌고 서울이라는 말이 신시를 의미한다는 사실을 아는 사람도 이제는 거의 없다. 그럼에도 불구하고 서울은 과거에도 신시였고, 지금도 신시이다. 충남 연기군에 '행복도시 세종' 조영造營이 마무리된 뒤에도 서울은 오랫동안 신시로 남을 것이다. 신시는 종교적 동일체의 상징이고 종교적 권위를 표현하는 공간이다. 물론 오늘날의 우리는 종교적 구심점을 갖지 못한 희귀한 '단일 민족'이다. 그렇다고 서울이라는 말이 무의미해진 것일까? 어떤 사람들에게는 하나님도 부처님도 '돈 신神'에 접근하기 위한 중간 신일 뿐이다. 자본주의 시대의 신, 물신物神은 다른 여러 신들을 휘하에 거느린 최고신이 되어 있다. 오늘날의 서울은 물신의 도시이며, 서울 시민들은 그 물신의 은총 속에서 한국의 다른 도시, 다른 지방 사람들이 넘볼 수 없는 특권을 누리며 살고 있다. 서울은 중세적 중앙집권국가에서 유교적 왕신王神의 도시로 만들어졌지만, 왕신이 그 현실적·상징적 권위를 완전히 상실한 뒤에도 새로운 종교의 성지로 변신하는 데 성공했다. 신이 바뀐 뒤에도 살아남은 신시는 마치 불당佛堂을 개조한 교회처럼 어색하지만, 그 어색함을 직시하는 것이야말로 서울을 제대로 이해하는 단서를 열어줄 것이다.

유아독존의 수도

꽤 오래전, 서울특별시장이 서울을 '서울특별시장' 명의로 하나님께 봉헌해서 한참 시끄러웠던 적이 있었다. '서울'이라는 말이 신시를 뜻하느니만큼 본래 신의 것을 신에게 되돌린다고 해서 새삼스러울 것은 없다. 이 도시가 애초 '시장의 하나님'을 위해 만들어진 것이 아니라는 사실만 외면한다면. 그런데 종교적 권위와 세속권력은 흔히 융합되어 종국에 가서는 어느 것이 먼저이고 어느 것이 나중인지 분간할 수 없게 된다. 이 사건을 서울시장의 정치적 야망과 관련하여 해석하는 사람들이 많았지만, 막상 서울시장 자신조차 자기 마음속에 품은 것이 신심인지 야심인지 정확히 구분하기는 어려웠을 것이다.

근대 이전의 도시는 대개 성벽으로 둘러싸여 있었다. 옛사람들이 왜 성벽을 쌓는 것으로부터 도시 건설을 시작했는지를 따지는 것은 무의미하다. 설혹 그들 자신이 명료한 목적의식을 가졌다 해도 그 뒤에 그들 자신도 인식하지 못한 다른 의도가 숨어 있었을 수도 있다. 몇 해 전 '탑골공원 성역화 사업'이라는 거창한 이름의 사업—내용은 이름만큼 거창하지 않았지만—에 자문할 기회가 있었다. 그 회의석상에서 어떤 분이 공원 담장을 아예 허물어버리고 시민들이 좀더 쉽게 이용할 수 있도록 하는 것이 어떻겠느냐고 제안했다. 몇 사람이 거기에 동의했다. 사실 탑골공원에 담장이 있었다면 거기서 3·1운동이 일어나지도 않았을 터이다. 3·1운동 이후 일본 제국주의자들이 가장 먼저 한 일 중 하나가 탑골공원에 잔뜩 나무를 심어놓고 담장을 두른 일이었다. 그러니 담장을 없애는 것이 3·1운동을 기념하기 위한 탑골공원 성역화의 본의에도 맞는 것이라 생각했다. 하다못해 3·1운동 재현 행사를 하더라도 그쪽이 더 편할 것이고. 하지만 당시 광복회 회장의 무서운 직관은 그런 낭만적인 생각을 용납하지 않았다. 그분은 단 한마디만 했다. "성소에는 담장이 있어야 합니다." 물론 담장을 만든다고 시정잡배를 막을 수 있는 것은 아니다(애초 성소로 만들어진 도시에 잡배雜輩가 우글거리고 세속으로 취급되었던 농촌이 오히려 성스러운 곳으로 뒤바뀌는 극적인 반전에 대해서는 다음에 얘기하기로 한다). 이 경우의 담장은 다만 성聖과 속俗의 경계선일 뿐이다. 그 안에 있는 사람들에게 편안한 위요감圍繞感을 추가로 제공할 수도 있겠지만, 그것이 본질일 수는 없다.

공원의 담장이나 도시의 성벽이나 그 본질적 기능은 같다. 구분선의 기능이 본질이며 방어벽의 기능은 오히려 부차적이다. 서울의 성벽만 하더라도 외침 시는 물론이요 내란 때조차 단 한 차례도 방어벽 구실을 한 적이 없다. 과거 보러 온 시골 유생이나 채소 팔러 온 인근 농민들만 공연히 주눅 들게 했을 뿐.

성벽은 성안과 성 밖을 구분짓는 공간적 경계선이었을 뿐 아니라, 그 안의 사람들과 밖의 사람들에 대한 차별을 정당화해주는 정치적·사회적·문화적 경계선이기도 했다. 석탄도시(=산업도시)가 출현하기 전까지 '도시는 농촌이라는 거대한 바다 위에 떠

_ 돈의문 밖. 1886년. 성 밖에 움막 같은 집들이 늘어서 있다. 이 움막에 사는 사람들은 몇 걸음밖에 떨어져 있지 않은 성 안쪽을 별세계로 느끼지 않았을까.

있는 작은 섬'(루이스 멈퍼드)일 뿐이었다. 도시는 자신의 생존과 확장을 위해 농촌을 수탈해야 했다. 도시가 농촌에 공급할 수 있는 물자는 사실상 아무것도 없었다. 도시는 생산 기능을 갖추지 않았을 뿐 아니라 설령 갖춘 곳이 있었다 할지라도 그 생산물들은 대부분 도시 안에서 소비되어버렸다. 도시는 농촌으로부터 생산물과 사람(=인재人材)들을 지속적으로 공급받지 않고서는 살아남을 수 없었다. 도시와 농촌의 관계는 언제나 일방적이었고, 도시는 농촌을 수탈함으로써만 문명을 생산하고 이를 성벽 '안쪽'에 집적할 수 있었다. 도시가 인류 문명의 눈부신 성취들을 집적해나가는 동안에도 농촌의 물질세계나 사회적 관계는 거의 진보하지 못했다. 청동기시대에 발명된 '반월형석도'는 오늘날까지도 '낫'에 머물고 있을 뿐이다. 도시는 복잡한 분업적 관계망을 조직하고 발전시켜 나갔지만, 농촌의 분업 관계는 오늘날에도 수백 년 전과 크게 다르지 않은 채로 남아 있다.

  도시는 발달된 관료제의 촉수를 뻗어 농촌을 수탈했을 뿐

— 근대 교통은 성벽을 무용지물로 만들었다. 남대문 밖에 수레에 묶인 소 한 마리가 여유롭게 앉아 있지만, 얼마 후 이 소가 앉은 자리 위로 전차 궤도가 놓였다.

이니 도시와 농촌은 애초에 경쟁 상대가 아니었다. 도시의 경쟁 상대는 오직 다른 도시였을 뿐이다. 농촌이 도시를 공격하고 약탈하는 경우가 없지는 않았으나 농민반란이 성공한 예는 거의 없었다. 도시는 다른 도시를 파괴하거나 흡수했으며, 때로는 그대로 남겨둔 채 일정한 위계하에 재배치했다. 그래서 여러 '울'(또는 '벌') 사이에 우뚝 솟은 '울', 서울은 중앙 권력과 함께 출현했다.

그런데 '여러 도시 중 으뜸가는 도시'라는 말을 쓸 수 있을 만큼 우리 역사가 과연 여러 도시를 동시에 키워낸 적이 있었는지는 의문이다. 신라가 백제와 고구려를 차례로 멸한 뒤 사비성과 평양성은 폐허가 되어버렸다. 신라는 대신에 5소경을 따로 만들었지만, 그것이 과거 사비성이나 평양성만 한 규모였을 가능성은 없다. 과장된 것이 분명하기는 하지만 경주에 10만 금입택金入宅이 있었다는 기록 자체가 그 판도 안에 다른 도시가 성장할 가능성이 거의 없었음을 보여준다. 그 경주는 또 어떻게 되었나. 고려시대에 한때 동경東京이라는 그럴싸한 이름을 얻었지만, 조선시대에는 이미 '고도古都의 흔적' 말고는 남은 것이 없는 상태가 되었다. 다만 고려시대 이래 지금까지 평양만이 '제2의 도시'로 남아 있는 정도이다.

그나마 평양이 규모 있는 도시로 남을 수 있었던 데에는 조선 왕조의 변방 정책이 크게 작용했다. 조선 왕조는 서북西北과 관북關北 일대에 생산물과 인재를 모두 빨아들이는 흡착판을 갖다 대지 않았다. 조선 왕조는 오히려 서북 일대의 인재가 서울로 들어올 수 있는 길을 막아버렸다.

물론 세계의 고도 중 상당수는 오늘날 거대한 무덤들과 폐허 더미로만 자신이 '존재했었음'을 입증하고 있다. 도시에 집적된 문명이 어느 한 순간에 파괴되어버리거나 심지어는 사람들의 기억 속에서조차 완전히 사라지는 경우도 있다. 아스테카나 잉카 문명처럼. 문명은 영속적으로 발전해온 듯 보이지만, 그것을 담는 용기인 도시는 결코 영원할 수 없었다. 문명의 결정적 진보와 발전은 자주, 오래된 도시가 소멸하고—혹은 그 힘을 잃고—새로운 도시가 성장하는 과정과 중첩되었다. 왕조 교체를 문명의 발전과 등치시킬 수는 없지만, "옛날부터 역성수명易姓受命의 인군人君은 반드시 도읍을 옮겼다"는 이성계의 말도 그 같은 경험을 토대로 한 것이었다. 그럼에도 불구하고 중세 이후로는 도시 자체가 흔적도 없이 사라지는 경우는 드물었다. 고대 도시들은 땅속에 묻혔지만, 중세 도시들은 '왕의 도시'(=수도)에 대항해서 나름대로 살길을 찾아나갔다. 정교 분리를 통해, 정치적 분권화를 통해, 때로는 농촌과 교역할 수단을 찾아냄으로써, 중세의 도시들은 자생력을 키워나갔고 수도와 병존하면서 조금씩 세력을 키워갔다.

그러나 조선시대 이 땅에서는 서울 외에 성장의 '증거'를 확보한 도시를 찾아볼 수 없다. 조선 후기에 '소도시'로 성장할 가능성을 보여준 포구나 장시가 없지는 않았지만, 옛 도시는 평양이든 개성이든 대체로 정체되어 있었다. 유독 서울만이 천도 후의 급팽창에 이어 17세기 이후에 새로운 도시적 활기를 보여주었을 뿐이다. 조선시대 내내 서울은 사실상 유일한 도시였고, 다른 도시의 발전 가능성을 봉쇄한 채 모든 경제적·사회적 자원을 독점하면서 커나갔다. 특히 조선 후기 서울의 빠른 변화는 '경향京鄕분리' 현상—더 정확하게는 지방의 배제와 소외—과 더불어 진행되었다. 조선 사회의 생산력 수준이 서울 외에 다른 도시의 성장을 뒷받침할 정도가 되지 못할 정도로 낮았기 때문에 이 같은 상황이 빚어진 것으로 보이지는 않는다. 그보다는 지방 세력의 발호를 견제하기 위한 조선 왕조의 지속적 노력과 그로 말미암은 조숙한 중앙집권성에 기인한 바 컸을 것이다. 더불어 국가의 공인을 받지 못한 민중 세계의 종교가 도시를 벗어나 농촌과 산간으로 밀려난 점도 지방 도시의 성장을 방해했던 것 같다. 지방 도시는 사실상 자체의 배후지를 갖지 못한 채, 서울의 촉수로서만 기능했다. 그리하여 서울은 조선 후기 생산력 발전의 성과를 거의 독점적으로 향유했다. 19세기 서울의 경화사족京華士族과 왈짜패들이 흥청망청 근대적 소비문화의 싹을 틔우고 있던 바로 그 시점에, 민란의 시대도 함께 열렸다.

  몇 해 전에 대한민국 제2의 도시인 부산에서 열린 학술 행사에 참여한 적이 있었다. 그 자리에서 한 분이 이런 말을 했다. "이처럼 모든 경제적 사회적 문화적 자원이 서울에만 집중되고 있는데도 지방에서 민란이 일어나지 않는 것이 신기할 정도입니다." 부산에서조차 이럴 정도이니 다른 지방 도시에서야 오죽하겠는가? 일제 강점과 해방, 한국전쟁 등 역사적 격변을 거치면서도 서울은 자신의 지위를 잃지 않았다. 오히려 지방의 인적·물적 자원을 빨아들이는 속도와 범위는 더욱 커졌고 결국은 거대한 블랙홀이 되어버렸다. 서울은 한번 빨아들인 것은 사람이든 물질이든 되뱉지 않았다. 급기야는 스스로 자신의 중력을 감당할 수 없을 정도가 되어 '빅뱅'을 기다리는 처지가 되어 있다.

지방의 소읍小邑을 지날 때면, 가끔 순수한 축하의 뜻이 담겨 있는 아름다운 현수막을 보곤 한다. "경축, ○○○ 서울대학교 합격." 그러나 고향 사람들의 따뜻한 축하를 받으며 서울로 떠난 그 학생이 대학을 졸업한 후, '고향을 위해', '고향에서' 살게 될 가능성은 거의 없다. 한때 따뜻한 축하를 보내주었던 이들이 나중에 뒤에서 욕을 할 수밖에 없는 사정은 앞으로도 달라지지 않을 것이다. 서울이 자기 이름에 걸맞은 역할을 계속하기 위해서라도, 지방 도시들과 더불어 발전할 길을 찾아야 할 것이다.

서울은 깊다 · 03

정도전의 서울, 이방원의 서울

새 왕조를 연 이성계와 그 일파는 곧바로 천도 문제에 매달렸다. 천도의 이유는 많았고 또 분명했다. 그들은 왕조의 성쇠를 왕도王都의 지기地氣와 직결시켜온 지리도참적 사고에서 벗어나지 못했고 400여 년간 특권적 공간을 만들어놓고 그 속에 안주해온 전 왕조의 신민들을 안심하고 믿을 수도 없었다. 전 왕조의 귀신들이 차지한 자리―종묘宗廟―에 새 왕조의 귀신들을 같이 모시는 것도 생각할 수 없는 일이었다. 역성易姓혁명의 명분을 분명히 하기 위해서도 새 왕조 개창자들의 이상을 표현하는 새로운 도시를 창조할 필요가 있었다.

당시에도 천도 반대론은 있었다. 민심을 동요케 하고 백성을 피곤하게 하며 많은 물력이 소요될 것이라는 주장, 400여 년간 개경이 도읍으로 유지될 수 있었던 것은 다 그럴 만한 까닭이 있었기 때문이라는 주장, 전 왕조에서도 여러 차례 천도를 시도했지만 결국에는 개경만 한 곳을 찾지 못했다는 주장이 이곳저곳에서 튀어나왔다. 그러나 어떤 이유를 내세우든 간에 그 주장의 핵심에는 '개경에 쌓아둔 특권의 구조물이 동요해서는 안 된다'는 구특권층—새로 거기에 편입되었거나 그 자리를 빼앗은 사람들까지 포함하여—의 요구가 자리잡고 있었다.

새 왕조의 서슬 퍼런 권위로도 반대론을 제압하기가 쉽지는 않았다. 이성계가 몇 차례나 강경한 태도를 취한 뒤에야 겨우 천도를 결정할 수 있었다. 그러나 당장은 도읍을 옮긴다는 원칙만 섰을 뿐, 어디에 어떤 도시를 만들 것인가 하는 문제까지 결정된 것은 아니었다. 그 문제는 또 다른 논의를 거쳐야 했고, 이를 둘러싸고 당대의 권력 핵심들 사이에 힘겨루기가 시작되었다. 때로는 천도 결정 자체를 무효화하려는 시도도 나타났다.

서울 공간의 원형을 이야기할 때 흔히 '풍수지리설과 유교적 이상도시론의 조화'를 들먹이곤 한다. 새 도읍의 입지는 풍수지리설에 따라 정하고 내부 공간의 설계는 『주례』周禮 「고공기」考工記에 따랐다는 식이다. 도읍지 선정 과정에서 무학無學이 행한 역할에 관한 이야기들이나 무학과 정도전의 논쟁에 관한 이야기들이 설화가 되어 전하고 있다. 그런데 도시란 애당초 조화로운 공간이 아니다. 그것은 마이크 새비지Mike Savage가 말한 바 '권력이 흔적을 남긴, 사회 갈등과 정치 과정의 물리적 고증물'이다. 권위와 상징의 역전·재역전은 있지만 그것은 부조화의 공존일 뿐이다. 오랫동안 경복궁과 조선총독부 청사가 공존했던 적이 있었다. 그때 그 두 건물이 '절묘한' 조화를 이룬다고 생각한 사람이 있었을까. 신도新都 조영 문제에 관한 한 무학과 정도전은 조화롭게 협력한 것이 아니라 서로 대립했고, 결국 승패가 갈렸다. 무학에 관한 설화가 유난히 많이 전해지는 것도 (그 무렵 종교 지형의 결정적 변화와 관련하여) 그 승부의 결과에 대한 집단적 불복의 심성이 작용한 것은 아닐까.

새 도읍의 입지에서 중요하게 고려된 것은 사람에 따라 여러 가지 해석이 나올 수 있는 풍수학— 관상학이니 작명학이니 하는 것도 있으니 풍수를 학문으로 볼 수 있는가를 따지고 들 일은 아니다—이 아니라 해석이 필요 없는 한강이었다. 한강은 천혜의 방어선이었고 교통로였다. 새 수도의 촉수이자 빨판으로서 한강만큼 효율적인 것은 없었다. 그래서 한강은 풍수학적 가치 판단을 종속시켰다. 풍수학의 역할은 한강이 주는 입지적 장점을 해석해주는 것으로 족했다. 풍수학상 최고의 길지吉地로 평가받던 계룡산 아래에서 신도 건설 공사를 시작했다가 곧 중지했던 것도 그곳이 사방팔방으로 뻗어나갈 수 있는 촉수를 갖지 못했기 때문이었다.

정도전이 이겼다. 그가 교조적으로 지키고자 했던 유교적 합리성이 불교적·풍수학적 신비주의에 승리했다. 그는 승자의 권리를 행사하여 새 도시 공간 위에 자신의 이상을 구현하고자 했다. 그래서 한양 정도 직후의 도시 설계안은, 비록 그 전모를 확인할 수는 없지만 『주례』의 가르침을 가급적 충실하게 따른 것이 되었다. 정도전은 새 도시에서 '괴력난신怪力亂神'이 거처할 곳을 아예 없애버리려 했다. 정도전은 종묘와 사직, 궁궐과 관아, 저자와 민가, 학교와 사당만으로도 도시를 만들 수 있다고 믿었다. 세부 위치를 선정하는 문제는 그리 중요하지 않았다. 그는 새 도시를 공적 건물과 공적 기관만으로 채우고자 했고, 왕에게조차도 예외를 인정하지 않으려 했다.

흔히 중세 도시에는 사적 공간만 있었을 뿐 공적 공간은 없었다고들 하지만, 정도전은 오히려 서울의 모든 공간요소를 공적으로 분배하고 관리하고자 했다. 그에게 왕은 다만 공의 상징이고 대표이며 주재자일 뿐이었다. 정도전은 서울 성곽을 쌓았고 경복궁을 지었으며, 종묘와 사직, 성균관을 지었고 육조거리를 만들었다. 경복궁 뒤에는 옹색하나마 시전도 설치했다. 서울 공간의 원천적 한계 때문에 어쩔 수 없이 뒤틀리기는 했지만, 전조후시前朝後市

_ (위) 경복궁 수정전. 정면 10칸 측면 4칸으로 총 40칸 건물이다. 경복궁 경내에서 칸 수로는 최대 규모이며 근정전 서쪽, 경회루 앞에 자리하고 있다. 왕의 전각이지만 신하들과 '함께' 정사를 다듬는 곳이었고, 세종 때에는 집현전으로서 현명한 신하들을 '모아놓는' 곳으로 썼다.

_ (가운데) 경복궁 경회루. 근정전 서편, 수정전 뒤에 지어졌다. 궁궐 내 배치로 보면 역시 신하들의 공간 안에 있어서 왕과 신하가 공유하는 장소였다.

_ (아래) 경복궁 향원정. 왕과 그 일족이 아니고서는 들어갈 수 없는 후원 깊숙한 곳에 만들어진 이 정자는 왕이 전유하는 건물이었다.

좌묘우사左廟右社나 제후칠궤諸侯七軌의 원칙은 그대로 관철되었다.[1]

경복궁을 들여다보면 정도전의 생각을 알 수 있다. 조선 왕조의 국가 권력은 왕권과 신권의 특유한 길항 관계 속에서 배분되고 행사되었던바, 아마도 그것은 새 왕조의 체제를 둘러싼 정도전과 이방원의 대립에서부터 시작되었을 것이다. 정도전은 이 문제에 관한 자신의 생각을 경복궁의 전각 배치 속에 담았다. 경복궁은 궁역宮域과 궐역闕域이 명확한 경계 위에서 구분된 궁궐이었다.[2] 궁궐의 한가운데 전각(중전中殿)을 경계로 하여 그 앞쪽인 남쪽으로는 차례로 왕의 침전, 편전, 정전을 배치했다. 중앙의 이 축선은 왕의 공간이자 궁역과 궐역의 경계선이었다. 그 왼쪽인 동편에는 세자궁(동궁東宮)과 대비전(자전慈殿)이 들어서 궁역이 되었으며, 오른쪽인 서편은 궐내각사闕內各司를 들여놓아 궐역으로 했다. 중전의 뒤편은 후궁後宮으로 왕을 위한 사적 공간이었다. 동궁이니 중전이니 후궁이니 하는 말은 궁궐 내 해당 전각의 위치를 칭하는 말이다.

후원을 제외하고 보면 경복궁에서 궁역과 궐역은 기계적 균형을 유지하고 있었지만, 곳곳에 궁역보다 궐역을 더 많이 배려한 흔적이 보인다. 경복궁 내에서 가장 큰 건물은 당연히 근정전이다. 그러나 개념상 가장 큰 건물은 근정전 서편의 40칸(전면 10칸 측면 4칸)짜리 수정전이다. 세종 때 집현전으로 썼던 이 건물에 가장 큰 건물이라는 상징성을 부여한 이유는 무엇일까? 그 뒤에 바짝 붙어 있는 경회루慶會樓를 보면 이유가 짐작된다. 경회루는 글자 그대로 '기쁠 때慶 모이는會' 곳으로 왕과 신하가 '함께' 즐기는 연회장이었다. 태종이 대규모로 중축한 뒤에는 주로 외국 사신을 접대하는 데 썼다고 하지만, 본래 기능은 '왕과 신하의 합동 연회장'이었다. 왕권에 위축되지 않는 신권을 표상하기 위해 수정전을 그토록 크게 짓고 그 뒤에 경회루를 만든 것이다. 반면 경복궁의 후

[1] 전조후시 좌묘우사란 궁궐을 중심으로 앞쪽에 조정을, 뒤쪽에 시장을 두며 좌측에 종묘를, 우측에 사직을 배치하는 것을 말한다. 제후칠궤란 제후국의 궁궐 앞 도로 폭은 마차 일곱 대가 나란히 지날 수 있는 너비로 조성해야 한다는 것이다.
[2] 궁역은 왕과 그 일족의 사생활 공간이며 궐역은 왕과 그 신하들이 정무를 처리하는 공적 활동의 공간이다.

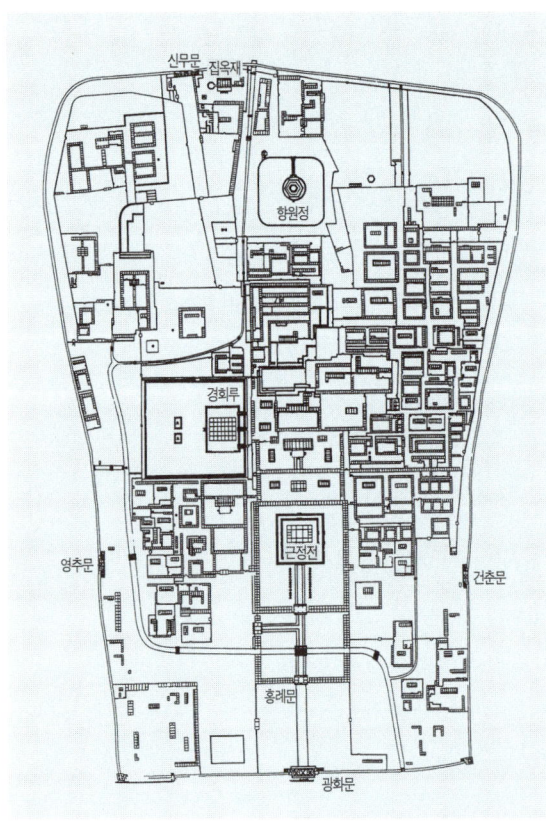

_ 경복궁 배치도. 광화문—홍례문—근정전—사정전—강녕전—교태전으로 이어지는 직선 축이 뚜렷하며, 그 축을 경계로 좌우의 권역이 거의 동일하게 배분되어 있다. 경회루는 경복궁 내에서도 랜드마크 구실을 할 정도로 강한 이미지 요소이다.

3_ 고려·조선시대 궁중의 가마·마필馬匹·목장 등을 관장한 관서.

원은 창덕궁 후원에 비해 많이 비좁았고, 정성도 덜 쏟았다. 왕이 전유專有하는 공간에 대한 배려는 아무래도 경복궁이 창덕궁에 비해 부족했다.

  1398년, 이방원이 정도전을 죽였다. 정도전이 새 도시 공간 위에 구현하고자 했던 꿈도 아울러 사라졌다. 새 임금 정종은 다시 개경으로 거처를 옮겼다. 종묘와 사직은 한양에, 왕궁은 개경에 있는 어정쩡한 양경兩京 시절이 한동안 지속되었다. 1400년, 왕위에 오른 이방원은 1405년에 거처를 다시 한양으로 옮겼다. 이방원은 정도전이 한양 공간 도처에 새겨놓은 꿈을 다 지워버리고 싶었을 것이다. 그러나 장소를 모욕할 수는 있어도 그 흔적을 지울 수는 없는 법이다. 장소 위에 새겨진 역사는 누적될 뿐 대체되지는 않는다. 이방원은 정도전의 집을 사복시司僕寺3 마구간으로 바꿔버렸고 신덕왕후 묘의 신장석을 광교 교각의 초석으로 삼아버렸지만, 장소가 남긴 흔적은 어쨌든 이방원보다 훨씬 오래 살아 지금껏 남아 있다.

  이방원은 서울로 환도하자마자 창덕궁을 짓고 종로에 행랑을 건설했으며, 개천을 준설했다. 창덕궁과 시전으로 인해 전조후시 좌묘우사의 격식은 여지없이 무너졌다. 종묘에 붙어 선 궁궐, 조정 관아에 잇대어진 저자가 만들어진 것이다. 그는 격식에 구애되지 않는 절대적 권력을 바랐다. 그에게는 왕의 사私가 곧 공公이었다. 그는 자신이 생각하는 새 왕조의 권력 구조를 새 궁궐에 표현했다. 그래서 창덕궁은 경복궁과 전혀 다른 궁궐이 되었다. 창덕궁에서 궁역과 궐역을 구분하기란 쉽지 않다. 궐내 각사는 왕의 전각에 종속되어 있다. 왕이 전유하는 후원은 무척 넓고 잘 가꾸어져 있지만, 신하들을 위한 공간적 배려는 찾아보기 어렵다. 창덕궁에서 신하는 독립된 권역을 가질 수 없었다. 신하는 어디까지나 왕의 종복일 뿐이었다. 이방원은 그렇게 되어야 한다고 생각했고, 그렇게 공간을 꾸몄다.

정도전의 서울과 이방원의 서울은 부조화된 채로 서울의 원형을 구성했다. 다른 생각, 다른 꿈이 한 공간에서 공존했다. 그 공존은 조선 왕조 600년간 계속된 왕권과 신권의 길항 관계를 표현하는 것이기도 했다. 그러나 정도전과 이방원이 뜻을 맞춘 대목도 있었다. 그리고 사실은 그 지점이 중세 도시 서울의 가장 두드러지는 특징을 만들어냈다. '억불'抑佛.

_ 창덕궁 전경. 꼬불꼬불 휘돌아가며 전각이 배치되어 있어 경복궁의 직선적 경관 축과 뚜렷이 대비된다.

서울은 깊다 · 04

노는 놈, 미친년

2008년 베이징 올림픽을 앞두고 중국뿐 아니라 우리나라까지 들썩이고 있다. 남북 공동응원단을 보낸다느니, 국가대표 선수단이 지옥 훈련에 돌입했다느니 여기저기서 야단법석이다. 올림픽이 개막되면 전세계의 이목이 베이징에 집중될 것이다. 도대체 사람들은 왜 이 '놀이판'에 '열광'하는 걸까? 다 알다시피 올림픽 종목은 공 가지고 놀거나 몸 비틀어 노는 몇 종목을 제외하면 대개가 싸움박질 놀이다. 누가 뭐라고 하든 나는 올림픽의 대표 종목은 마라톤이 아니라 '근대 5종 경기'라고 생각한다. 말 타고 달리다 말이 지치면 내려서 뛰고, 강이 가로막으면 헤엄쳐 건너 총질하다가 총알이 떨어지면 칼 뽑아 들고 싸우는 일련의 전투 과정을 나름대로 세련되게 정리해놓은 종목이다. 대부분의 경기 종목이 여기에서 파생된 것들이다. 육상·수영·사격·양궁·격투기 등이 모두 싸움박질 놀이가 아니던가. 더 말하면 군소리다. 인류 평화의 제전이라는 올림픽은 역설적이게도 한갓 전쟁놀이일 뿐이다.

　　다 알다시피 이 전쟁놀이는 올림포스 산의 신들을 '기쁘게' 하기 위해 그리스 도시국가들이 몇 년에 한 번씩 진짜 전쟁을

'쉬고' 가짜 전쟁을 한 데서 유래했다고 한다. 그런데 좀 애매한 점이 있다. 올림포스 산의 신들은 사람들이 전쟁을 '쉬는 것'에 기뻐했을까, 아니면 전쟁놀이를 '하는 것'에 기뻐했을까.

우리말에 특이한 단어가 어디 한둘이겠는가마는 '놀다'라는 단어만큼 이상한 단어도 드물 듯하다. 사람들에게 노는 것 좋아하느냐고 물어보면 열이면 여덟, 아홉은 좋아한다고 한다. 요즘처럼 비정규직 노동자 문제가 심각한 때에는 당장 '놀게' 될까 두려워하는 이들도 많지만, 그래도 로또 대박을 맞아 평생 '놀고먹을' 꿈을 꾸는 것만은 말릴 수 없다. 노는 것은 일단 좋은 것이다. 그런데 이상하게도 남이 자신을 '놀리면' 기분이 나빠진다. 싸우고 들어온 아이들에게 왜 싸웠느냐고 물으면 십중팔구는 "짜식이 놀리잖아"라고 대답한다. 노는 건 좋은데 놀림을 받는 건—남이 나를 놀게 하면—싫다. 노는 데 '미친' 사람도 놀리면 화를 버럭 낸다. 도대체 '논다'는 건 무슨 뜻일까.

'놀다'를 국어사전에서 찾아보면 열 가지 이상의 정의가 나와 있다. '하는 일 없이 세월을 보내다'라거나, '놀이를 하며 즐겁게 지내다'라거나—정의 자체가 동어반복이지만 사전에 이렇게 나와 있다—'역할을 맡아 하다'라거나 '연기를 하다'라거나 등등. 그런데 나는 '놀다'라는 단어가 지닌 이토록 많은 의미가 모두 '신을 기쁘게 하는 행위'에서 파생된 것이라 본다. 동서를 막론하고 고대 종교 의식의 보편적 구성요소는 살해(희생犧牲), 혼음混淫, 음주와 집단 가무—나중에 다시 언급하겠지만, 현대인의 가장 근원적인 성소聖所는 나이트클럽이다—였다. 노는 것의 정수는 주색잡기酒色雜技가 아니겠는가.

고대인들은 동족이나 다른 종족을 희생으로 삼고, 술 마시고 춤추고 노래함으로써 신을 기쁘게 할 수 있다고 믿었고, 그 행위

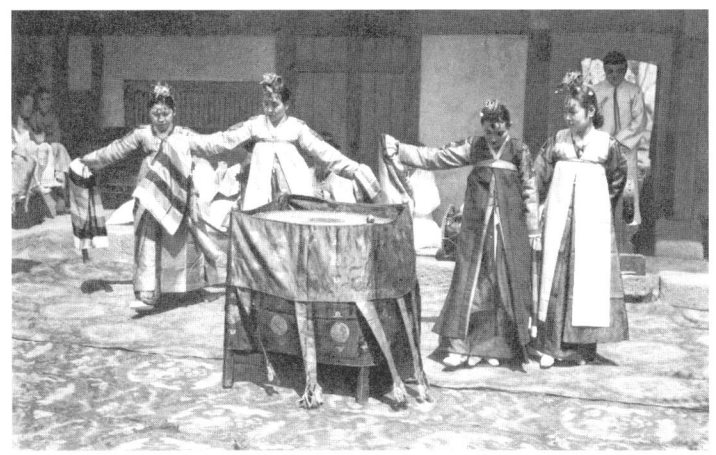

_ (위) 춤을 추는 관기들. 기생의 춤이나 무당의 춤이나 남(또는 신)을 즐겁게 하기 위한 행위이다. 기생의 춤과 무당의 춤은 '격'이 다르다고 할지 모르겠지만, 어쨌든 기생과 무당은 둘 다 천민賤民이었다.
_ (아래) 무당의 춤.

를 하면서 스스로도 즐거워했다. 근대 이후에 일반화한 분석적 시선으로 본다면 '노는 것'을 구성하는 여러 행위들은 서로 얽히기도 하고 구별되기도 하겠지만, 고대적 인식틀 속에서는 단 한 가지 의미를 지닌 행위였을 뿐이다. 신을 부르고 그를 기쁘게 하는 것. 그래서 신나게(신이 나오게) 놀아야 했고, 놀다 보면 신이 났다. 영어의 'play'와 'pray'도 반 끗 차이다. 그럼 왜 놀리면 화가 나냐고? 노는 것과 놀림을 당하는 것 사이에는 노래 부르고 춤추는 자와 희생이 되는 자의 거리, 꼭 그만큼의 거리가 있기 때문이 아니었을까?

그런데 요즈음에도 왕왕 신나게 놀자와 같은 뜻으로 쓰이는 말이 "광란의 밤을 보내자"는 말이다. 미친 듯이 논다거나 노는 데 미쳤다거나 하는 말도 자주 쓰인다. '미치다'라는 말은 국어사전에는 '어떤 곳에 닿다. 이르다'로, 아니면 '정신이 나가다, 어떤 대상에 몰두하다'로 정의되어 있다. 앞의 것과 뒤의 것은 아예 표제어를 달리하여 설명된다. 우선 정신이 나갔다는 의미에서부터 시작해보자. 일에 미쳤다는 말을 쓰기는 한다. 이런 용례가 있다 보니 '미치다'에 '몰두하다'라는 의미가 부가된 것이겠지만, 요즘 쓰는 말 뜻 그대로 풀어보면 이건 언어도단이다. 미친 상태로 일을 해서 무슨 성취를 보겠는가.

미치는 대상은 어디까지나 '노는 일'이어야 한다. 노는 것과 미치는 것은 너무나 잘 어울린다. 목이 터져라 노래 부르고 남이 뭐라고 하든 아랑곳 않고 흔들어대는 일은 '미쳐야' 할 수 있다. 노래를 부를 바에야 미친 듯이 부르고 춤을 출 바에야 정신없이 추어야 한다. 미치다는 '정신이 나가다'가 맞다. 그런데 정신이 나가면 그 자리는 빈자리로 남을까? 그 빈자리를 차고 들어오는 것이 '잡신'이거나 '귀신'이다. 그래서 미치다는 '신들리다'와 같은 뜻이 된다. 이제 앞의 정의로 되돌아가 보자. 미치다는 '○○에 도달하다·닿다·이르다'라는 의미로도 쓰인다.

일반적으로 ○○은 공간, 지점을 지칭하지만 이 경우에는 신이라고 해야 한다. '신에게 닿다=신들리다=정신 나가다'이다. '미친년 날뛰듯'(나는 '미친년 널뛰듯'이라는 속담은 '날뛰듯'이라는 말이 변한 것으로 본다. 널은 둘이서 뛰어야 하니 그런 뜻이라면 '미친년들 널뛰듯'이라고 해야 하지 않겠는가)이라는 속담은 신들린 무당(여자)이 작두날 위에서 뛰는 모습을 표현한 것이다. '미쳐 날뛰다'도 같은 뜻이겠고. 사실 내가 이런 생각을 하게 된 것은 미셸 푸

지금은 국보 2호로 지정되어 있지만, 1896년 이전까지 원각사 탑은 아무런 종교적 감흥도 주지 못한 채 수많은 주택 사이에서 도시의 흉물로만 남아 있었다.

코Michel Foucault 덕분이다. 그는 『광기의 역사』 Histoire de la folie à l'âge classique에서 '미친 사람'이라는 말이 중세어에서는 '신에게 가까이 다가간 사람'이라는 뜻이었다고 했다. 이렇게 공교로울 수 있을까?

이제 본론으로 들어가자. 고대와 중세의 도시가 광대한 농촌을 수탈함으로써만 존립할 수 있었음은 이미 말한 바 있다. 도시는 생산하는 것이 거의 없었으니 그 안은 '놀고먹는' 자들로 채워져 있었다. 왕과 그의 신하들, 사제들, 병사들, 그들의 가사노예들, 상인들, 그리고 드물게 수공업 장인들, 그리고 그 후계자들. 이들이 도시 주민의 기본 구성인자였다. 도시는 생산에서 괴리된 자들이 되 스스로는 신의 일을 한다고 생각하는 자들—노는 놈과 미친년들—의 공간이었다. 1910년 일본이 한국을 강점한 후 간략하게 서울의 주민 구성을 조사한 적이 있다. 그때 직업란에 '양반'이라 기재된 사람이 꽤 있었다. 그로부터 얼마 지나지 않아 그들의 직업란 기재사항은 '무직'으로 바뀌었다. 근대적 시선에 비친 양반은 '놀고먹는' 인간일 뿐이었다.

도시 주민이 그러한 것처럼 도시의 공간요소도 모두 성소

올림픽공원 전경. 로마의 원형극장과 같은 형태를 취한 이 경기장들은 그 자체로 도시의 힘과 동원력을 상징한다. 이들 경기장에서 치러진 '88서울올림픽'은 세계인들을 서울로 끌어들이고, 서울을 세계에 알렸으며, 세계 속에서 서울의 영향력을 높이는 데 결정적 구실을 했다.

라는 작은 핵에서 분기된 것들이다. 성소 자체는 신전이나 왕궁이 되었고, 그를 경비하기 위해 병영이 들어섰으며, 신의 대리인(사제)들이 지닌 비밀스러운 권력의 원천을 비장하기 위해 문서보관소(도서관)가 만들어졌다. 사제와 그 보조자의 생활을 뒷받침하기 위해 시장과 창고가 만들어졌으며, 그들의 재생산을 위해 학교가 지어졌다. 접신용구(놀이기구)를 만들기 위한 정교한 수공업 작업장도 빼놓을 수 없는 도시의 공간요소였다.

가장 특징적인 도시 건조물은 한 해 한두 차례 주변 농촌 주민들까지 끌어 모아 벌이는 대규모 '놀이'를 위한 시설이었다. 도시에서 가장 큰 건조물인 경기장이나 원형극장은 가장 비생산적인 건조물이기도 하다. 종교 의식이 일상적인 문화 활동으로 바뀐 현대에조차 경기장은 비어 있을 때가 훨씬 더 많다. 그럼에도 불구하고 다중을 일시에 모아놓을 수 있는 대형 광장이나 경기장을 갖추지 않은 도시는 거의 없었다. 도시민과 농촌 주민, 수탈자와 피수탈자, 지배자와 피지배자가 한자리에 모여 한때나마 종교적 일체감을 갖는 것은 칼을 사용한 지배, 수탈보다 훨씬 유용했다. 거대한 경기장은 도시의 지배력과 동원 능력을 과시하고 그 통합 능력을 구현하는 장소였다. 그리고 그것은 바로 자신들이 모시는 신의 힘을 나타내는 것이었다.

그런데 중세의 서울은 세계 도시가 지닌 보편성에 비추어 본다면 무척 특이한 도시였다. 서울에는 경기장은 물론이요 작은 극장조차 만들어지지 않았다. 신전이라 할 만한 것도 없었다. 종묘와 사직, 문묘와 국사당國師堂, 그 밖에 왕이나 그 대리인이 가서 제사 지내는 여러 곳의 제단들이 있기는 했지만, 대규모 군중이 종교적 일체감을 얻을 수 있는 공식적인 행사도, 그를 위한 공간도 없었다. 신라의 경주나 고려의 개경에는 수십 개의 사찰과 탑이 있었고, 수천의 중이 있었다. 연등회나 팔관회 같은 행사 때면 남녀노소, 빈부귀천을 막론하고 경향 각지의 사람들이 몰려들었을 것이다.

모든 성소가 그러하듯 사찰은 경건해야만 하는 곳이 아니었다. 가장 신성하고 경건해야 한다는 통속의 이미지는 어느 한 순간 극적으로 반전되어 가장 속되고 가장 방종한 공간이 되기도 했다. 고대의 종교 의례에서 행해졌던 의식들은 순치되고 완화되면서도 지속적으로 반복되어왔다. 사찰은 극장이기도 했고, 무대이기도 했다. 정도전은 고려시대 중들의 타락을 비난했지만, 놀고먹는 자들이 없었다면 문명의 발전도 없었을 것이다. 그들은 그들의 장소에서 성과 속을 연결해주었다. 그것이 그들의 일이었고, 그로써 권위를 가질 수 있었다. 술만 해도 그렇다. 술은 멀쩡한 사람도 미치게 하는 신령스러운 물이다. 제례에 술을 쓰지 물을 쓰는가. 중

_ 1919년 고종 인산 때의 방상씨(방상시). 중세 도시 서울 주민들에게는 산 왕이든 죽은 왕이든 왕의 행차는 그 자체로 구경거리였고, 그를 구경하는 것이 빼놓을 수 없는 놀이였다. 왕은 대사제이자 가장 인기 있는 배우였다.

세 서양에서도 술 만드는 일은 수도원의 몫이었다. 그런데 정도전은 중들이 술을 만들어 판다고 욕을 했다. 그러나 놀고먹는 사제들이 아니고서야 누가 그 '고심막측'한 학문에 미칠 수 있었겠는가.

한양 땅에 새 서울을 건설한 정도전과 이방원은 이곳에 기존 종교의 상징들을 담고자 하지 않았다. 중과 무당은 성안에 들어와 살지도 못하게 했으니, 그들이 살고 그들이 활동하며 그들이 사람과 접할 수 있는 장소가 만들어질 수는 없었다. 도성 안에는 새 사찰이 지어지지 않았고, 거대한 종교적 상징물도 만들어지지 않았다. 농촌 주민이 몰려와 함께 노는 장소는 물론 도시 주민이 어울려 즐길 수 있는 장소도 없었다. 일본 에도江戸의 가부키좌나 중국 북경의 경극장 같은 극장도 없었다. 신을 찬미하는 집단 행위에서 비롯된 극劇조차 공식적으로는 궁궐 안에서만 이루어졌다. 궁 안에는 산대山臺가 설치되고 나례儺禮가 진행되었지만, 시정市井에서는 마당놀이조차 흔치 않았다. 도성민들은 능행길에 나서는 왕을 '구경'하는 일이나, 왕의 장사를 지내는 일, 대보름의 다리밟기나 연날리기, 초

04 노는 놈, 미친년

파일 연등놀이 정도만 즐길 수 있었다. 유교 국가의 수도 서울은 놀이에서 종교색을 빠르게 탈색시켜갔다.

'노는 행위' 자체가 바뀌었으니 놀고먹을 수 있는 자격 조건도 바뀌지 않을 수 없었다. 서울은 사士의 도시가 되었지만, 사대부들은 자신들이 놀고먹는다는 사실을 인정하려 들지 않았다. 노는 놈은 중이나 광대뿐이었고, 미친년은 무당이나 기생뿐이었다. 유교 지식인들은 오랜 세월에 걸쳐 민중의 삶에 뿌리내린 종교의 사제들과 그 후예들을 천민의 지위로 내모는 데 성공했다. 더불어 '노는 일'도 천한 일이 되어버렸다. 사대부가 하는 일—현대인의 놀이 중 으뜸이 증권이나 부동산에 대한 '투자'이듯이 조선시대의 놀이 중 으뜸은 사실 '시서'詩書였을 테지만—은 더 이상 놀이가 아니었다. 이후로 놀이는 천한 것들이 하는 '짓'이 되어버렸다.

뒷골목

20여 년 전 대학원 수업 중에 『여유당전서』與猶堂全書를 읽은 적이 있다. 그때 어느 글에선가 "이里가 귀한 이름이고 동洞은 천한 이름인데 지금은 풍속이 어그러져 사람들이 서울 지명을 모두 동으로 쓴다"고 비판한 대목을 보고 무척 의아하게 생각한 적이 있었다. 하기야 ○○리로 불리던 곳도 서울로 편입되면 곧바로 ○○동이 되던 것을 보고 들으면서 자랐으니, 청량리니 왕십리니 하는 동네 이름에서 바로 촌스러움을 떠올린 것은 자연스러운 현상이었다. 그런데 아쉽게도 다산茶山은 왜 이가 귀한 이름이고 동이 천한 이름인지에 대해서는 부연하지 않았다. 나 혼자 '동'이란 동굴과 연관된 표현이어서 그랬나 보다 생각하고 말았다. 천하의 석학 다산이 말한 것이니 의문을 남긴 채로 믿고 넘어갈 수밖에 없었다. 그러고는 잊었다.

  내가 다산의 이 말을 다시 떠올린 것은 상하이를 두번째 찾았을 때였다. 상하이를 방문하는 한국 사람이라면 으레 대한민국임시정부 옛 청사를 찾기 마련이다. 내가 처음 임정 청사를 본 것은 1991년의 일이었다. 그 건물이 아직 민가로 쓰이고 있던 때였

중국 상하이의 보경리 이문. 이 문 안의 필지들은 여러 갈래의 골목길로 구획되어 있지만, 큰길과 통하는 곳은 이 이문뿐이다. '대한민국 임시정부' 청사는 이 이문 안에 있다.

으니 임정의 흔적은 아무데서도 찾을 수가 없었다. 당시에 내 관심을 끈 것은 임정과 관련된 사적이 아니라 상하이 시민들의 생활 모습이었다. 그래서 그저 집 안 구석구석을 둘러보는 데 열중했을 뿐, 주변 거리의 모습에는 별 관심을 두지 않았다.

그로부터 10년쯤 지나 다시 옛 임정 청사를 찾았을 때는 많은 것이 달라져 있었다. 당장 임정 청사는 더 이상 민가가 아니었다. 그곳은 벌써 하나의 작은 '한국식' 박물관이 되어 있었다. 더구나 그 안에 들어 있는 사적들은 대개 모형뿐이었다. 본시 모형들로 가득 찬 박물관에는 별 관심이 없는 터라 보는 둥 마는 둥 하고 일행을 남겨둔 채 먼저 나와서는 골목 안쪽을 기웃거리며 돌아다녔다. 그런데 그 골목이 막다른 골목이었다. 주변에 비슷한 집들만 몇 채 늘어서 있을 뿐 들어온 입구를 제외하고는 빠져나가는 다른 길이 없었다.

한 바퀴 빙 둘러본 후에 다시 입구 쪽으로 나와보니 골목 입구에는 '고부간에 사이좋게 지내자' 따위의 문구가 쓰인 '상하이 시민 10대 생활수칙'이라는 안내판—열 가지가 다 기억나지는 않지만, 어쨌든 사회주의적이라기보다는 유교적 생활 규범에 가까웠다—이 있었고, 그 바로 앞에는 2층으로 된 누문樓門이 덩그러니 서 있었다. 10여 년 전에는 보이지 않던 문이었지만, 자세히 보니 만들어진 지 10년은 훨씬 넘어 보였다. 과거에 내가 보지 못했던 것일 뿐, 문은 그 자리에 오랫동안 서 있던 것임이 분명했다. 문을 좀더 자세히 보려고 골목 앞 큰길을 가로질러 건너편에서 살펴보

_ 피마길과 피맛골. 공식 안내판에는 '서피마길', 사설 안내판에는 '서피맛골'로 적혀 있다. 전에는 모두 '피마길'이었는데, 공식 안내판 문구가 바뀐 것은 한글맞춤법표준안이 바뀌어서가 아니라 '먹자골목'이니만큼 사람들이 '피마'避馬보다는 '피[血]맛'을 연상한 때문이 아니었을까.

았다. 2층 누문 처마 밑에 '보경리'普慶里 석 자가 뚜렷이 보였다. 그때 갑자기 다산이 다시 말하는 소리가 들렸다. 저게 바로 '이'다.

왜 마을리[里]자가 땅 위에 그린 상형문자라는 생각을 미처 못 했을까. 큰 길에서 'ㄱ'자로 갈라지는 작은 골목길, 골목길 좌우에 늘어선 필지들, 그리고 갈라지는 골목길 입구에 가로 선 문. 그걸 순차로 그려보니 바로 '이'자가 되었다. 생각은 꼬리를 이었다. 일본의 정町(초 또는 마치) 역시 위치만 다를 뿐 큰길과 갈림길, 그 사이의 필지를 그린 것일 테고, 면面도 큰길과 갈림길, 갈림길 끝에 형성된 마을을 표현한 것이 아닌가.

그렇다면 이란 인위적으로 정연하게 구획된 가로와 필지로 구성된 도시 내 거주 공간을 지칭하는 표현이 되어야 맞다. 다산이 동은 천하고 이는 귀하다 한 것도 그 때문이었으리라. 그런데 오늘날 서울 시내 옛 도심 지역의 가로망은 정연함과는 거리가 멀다. 당장 종로 뒷길—피맛길1.이라는 무시무시한 이름이 붙어 있다—만 해도 미로처럼 얽혀 있어서 한번 잘못 들어서면 길 찾아 나

1_ 국중의 대로였던 종로는 대관大官들이 출퇴근하는 길이었다. 관리들은 가마나 말을 탔는데, 별배別陪들의 '물렀거라' 소리도 듣기 싫고 자칫 함부로 질주하는 말에 치일까 두렵기도 했던 보통 사람들은 큰길을 놓아두고 그 옆의 작은 길로 다녔다. 그래서 종로 좌우의 골목길에는 말을 피하는 길이라는 뜻의 '피마길'이라는 이름이 붙었다. 그걸 굳이 피맛길로 써놓았으니 '피맛' 나는 길로 오독誤讀되기 십상이다. 한번은 수업 시간에 피맛길이라는 이름의 내력을 아는지 물어보았더니 한 녀석이 나름대로 상상력을 동원하여 "김두한 패가 활동한 길이라서 그런 이름이 붙은 것 같다"고 넉살좋게 대답한 적이 있었다.

오기가 쉽지 않다. 더구나 노폭도 좁아 보통 120cm 내외이고, 가장 좁은 곳은 70~80cm밖에 되지 않는다. 지게 진 사람은 지나다니기도 어려웠던 길이다.

　　종로 YMCA 옆으로 해서 인사동 쪽으로 빠지는 길이나 청진동 주변 골목길을 걷다 보면 자주 되돌아 나와야 하는 경우가 생긴다. 골목이 워낙 구불구불하고 좁은 데다 가끔씩 막다른 집과 마주치기 때문이다. 이들 골목에 있는 집들은 한꺼번에 수십 채를 헐어 대규모로 재개발하기 전에는 재건축조차 쉽지 않다. 사람도 엇갈려 지나기 어려운 골목이 많은데, 포클레인 같은 중장비는 더더욱 끼어들 여지가 없다. 서울에서 가장 오래된 길, 역사가 잘 보존된 골목길들은 이토록 무질서하고 어지럽다. 골목길에 관한 한 정연한 구획의 흔적은 어디에서도 찾아볼 수 없다. 그런데 조선 초기에도 길이 이 모양이었을까. 그랬다면 애당초 '이'라는 말은 쓸 수 없었을 것이다.

　　다산이 잘못 말했다. 풍속이 어그러진 것이 아니라 길이 어그러진 것이다. 길이 어그러졌기에 이는 사라지고 동만 남았다. 서울은 인위적으로 조성된 계획 도시였다. 도시를 만들 때 가장 먼저 하는 일은 예나 지금이나 길 닦는 일이다. 길은 인마人馬의 통행을 위해서만 필요한 것이 아니다. 그것은 바로 도시를 구획하는 기준이니 한때 서울시내 곳곳에 내걸렸던 "도시는 선이다"[2]라는 표어는 도시의 본질적 특성을 압축적으로 설명한 것이다. 그런데 조선 건국 초기에 한양을 건설하는 과정에서부터 이 순서가 어그러졌다.

　　새 왕조는 전국의 민정을 징발하여 도성 건설 공사를 추진했지만, 길 닦는 일은 대로大路와 일부 중로中路에 그쳤다. 왕조 정부는 길도 다 닦기 전에 급급히 개경에 살던 고관대작들을 이주시키

[2] 한때 이 표어처럼 전혀 추상 수준이 다른 두 범주를 무매개적으로 병렬하는 단순성이 시민의식을 지배한 적이 있었다. 이 구절 뒤에 이어진 것은 "차선을 지키자"였다.

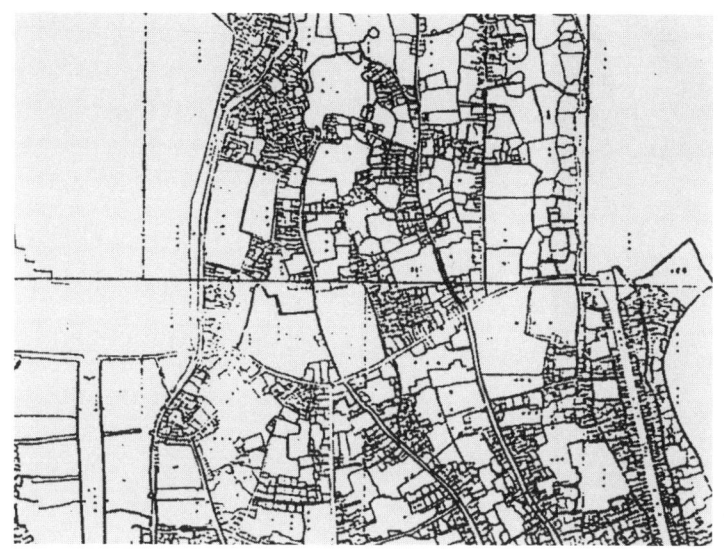

_ 1894년 서울 도심부 주택가의 필지 구조(복원). 골목길 끝에는 예외 없이 대형 필지가 자리잡고 있고, 그 좌우에 수많은 소형 필지가 늘어서 있다. 골목길 끝에는 고루거각이, 골목 양편에는 작은 집이 어울려 있는 모습이 쉽게 연상될 것이다.

면서 택지를 나누어주었다. 나머지 길 닦는 일은 택지를 차지한 관료들 몫이었다. 그들은 먼저 집을 짓고, 집에서 큰길까지만 길을 내었다. 그래도 이때 닦은 길은 바르고 곧았을 것이다. 한양으로 환도한 직후인 태종 7년, 한성부는 "여리閭里의 각 길이 본래 평직平直했다"고 보고했다. 이를 수평 수직으로 해석하여 조선 초기 서울의 도로망이 격자형이었다고 주장하는 사람도 있지만, 일부러 길을 구불구불하게 낼 이유는 없었을 것이니 그냥 평탄하고 곧았다는 뜻으로 읽어야 할 것이다.

문제는 새로 난 소로 좌우에 작은 집들이 들어서면서 발생했다. 길을 따라 가지런히 짓지 않고 길을 침범하거나 심지어는 막아가면서 지었다. 새 왕조가 『주례』의 가르침에 따라 유교적 이상을 구현하고자 했던 도시 공간은 바로 어그러져버렸다. 가급적 집터를 넓히기 위해 그랬을 수도 있다.

그러나 나는 도로망과 택지의 이러한 어그러짐에는 세속화한 지리도참설의 책임이 컸으리라고 생각한다. 지리도참설은 도

인사동 뒷골목. 이 골목 담벼락에 누군가 서울에서 가장 좁은 골목이라는 안내문을 내붙였다. 서울 도심부의 뒷골목에는 사람이 엇갈려 지나기도 어려울 만큼 좁은 길이 많았다.

읍의 위치, 궁궐과 종묘사직의 위치를 결정하는 데에만 영향을 미친 것이 아니다. 학문적·이데올로기적 영역에서 벌어지는 고상한 논쟁과는 별도로 대중의 일상세계는 세속화·단순화한 지식이 지배하기 마련이다. '나무아미타불'만 입에 달고 살면 성불할 수 있다는 원효의 가르침이 대중적 영향력을 발휘했듯이, 도선의 지리도참설은 건물과 대문의 좌향坐向에 대한 맹신적 태도를 낳았다. 처음의 골목길이 인위적으로 조성해놓은 획일적 좌향은 고려 왕조 이래 수백 년간 익숙해 있던 풍수적 주택관과는 큰 거리가 있었을 것이다. 사람들은 길이 구획해놓은 필지 위에 그대로 집을 짓기보다는 방향을 틀어가면서 때로는 길 안쪽에, 때로는 길을 침범해가면서 집을 지었을 것이고, 그것이 미로 같은 소로망을 만들어내었던 것으로 보인다.

왕조 정부가 길 모양을 원상으로 되돌리려는 노력을 기울이지 않았던 것은 아니다. 세종 때에는 동왕 8년의 대화재를 계기로 방화장防火墻을 설치하고 공동우물의 굴착을 추진했고, 세조 때에는 골목마다 이문里門을 설치하도록 했다. 연산군은 다수의 주민을 내쫓고 주택을 철거하는 '폭거'를 감행하면서까지 도시를 재정비하고자 했다. 당시 이문 설치는 일차적으로 치안 대책 차원에서 이루어진 것이었지만, 그 결과 이문을 공유하는 사람들은 국가가 행정적으로 파악하는 최소 단위의 집단이 되었다. 이 무렵 한성부의 행정편제는 부部─방坊─이里('계'契가 아니다)였다. 동이라는 지명과 이라는 행정 단위명이 함께 쓰였던 것이다.

_ 서울의 골목(1926). 창의문 안쪽 효자동 부근이다. 문으로 난 큰길에서 꺾어진 골목 안은 하나의 작은 도시 공동체였다.

그런데 다산이 살던 무렵에는 이가 사라져버렸다. 임진왜란을 겪으면서 서울은 한 차례 더 파괴되었고, 이문은 그전에 이미 무용지물이 되어 있었다.[3] 더불어 행정구역 명칭이던 이도 사라졌으며, 방역坊役 부과 단위인 계가 그 자리를 대신했다. 인적·공간적 파악 단위를 통일하려 했던 조선 초기의 국가적 시도는 무위로 돌아갔고, 자연적 공간을 지칭하는 동과 인적 파악 단위인 계만 남았다. 그 계조차 조선 말기가 되면서 유명무실해졌다. 급가모립給價募立—다른 사람에게 돈을 주어 자기 대신 역役을 지게 하는 것—이 일반화하면서 역이 업業으로 바뀌어갔고, 계도 주소지 이상의 의미를 가질 수 없게 되었다. 대한제국 때부터 주소지 표현에서 계보다는 동이 일반적으로 쓰이기 시작했고, 일제 강점기에는 조선인 주거지인 개천 이북 지대는 모두 동으로 통일되었다.

그러나 이든 동이든 골목 안의 택지 구성은 기본적으로 똑같았다. 고관대작이 사는 큰 집이 막다른 집이 되고 그 앞으로 난 골목길의 좌우에 작은 집들이 닥지닥지 붙어 있는 꼴을 하고 있었

3_ 지금 종로타워 옆으로 이사 와 있는 '100년 전통'의 '이문설렁탕'은 본래 인사동 입구에 있었는데, 그 자리에는 일제 강점기까지 쓸모없는 채로나마 이문이 남아 있었다.

_ 분당 아파트 단지. 1980년대 말 이후에 만들어진 '신도시'들은 '섞여 살기'보다는 '따로 살기'를 원하는 주택 소비자들의 요구를 충실히 반영했다. 자신의 자녀가 '영구'(영구 임대주택 거주 학생을 일컫는 슬픈 속어)들과 같은 학교에 다니지 않기를 바라는 부모들의 마음을 탓할 수야 없지만, 공간과 장소를 공유해본 경험을 갖지 못한 채 자란 아이들이 앞으로 무엇을 공유할 수 있을까.

다. 이들 사이에는 결코 가로지를 수 없는 신분과 경제력의 차이가 있었지만 그래도 이들은 이웃이었다. 불이 나도, 염병이 돌아도, 도둑이 들어도 같이 대처해야 했다. 그들은 어쩔 수 없이 '공동체'를 구성해야 했고, 그 안에서 일상적 관계가 형성되었다. 이런 구조에서는 골목 끝 고루거각에 사는 부자 나리가 같은 골목 안에서 굶주리는 이웃에 자선을 베풀지 않을 도리가 없었을 것이다. 그것은 도덕적 의무감이라기보다는 일상적 관계가 만들어내는 연대의식이었다.

일제 강점기의 시구개수사업으로 특히 서울 남부 일대의 골목 구조는 많이 바뀌었지만, 1980년대까지도 강북 도심 지구에는 큰 필지와 작은 필지가 작은 길을 사이에 두고 공존하고 있었다. 300평 이상 되는 저택들이 즐비한 부잣집들 바로 옆에는 마치 공식처럼 작은 집들이 늘어서 있었다. 물론 공간구조 자체가 도시 내부의 신분적·계층적 적대감을 증폭시키거나 완화해주는 것은 아닐 수도 있다. 그러나 '몰인정한 이웃'이라는 평가를 즐기는 사람도 별로 없을 것이다. 이런 구조 속에서 사는 사람들은 서로 어울려 살기 위해 계급적 이익을 일부 유보할 필요가 있다는 점을 자연스럽게 인식할 수 있었을 것이다.

골목길 좌우에 늘어섰던 작은 필지들이 모습을 감추고 대형 필지 위의 대규모 아파트 단지가 주거 생활의 새 표준이 된 뒤에도, '소형 평형 의무화' 같은 행정 규제로 인해 '섞여 살기'와 '어울려 살기'는 잔영殘影이나마 남아 있었다. 그러나 최근 들어 '끼리끼리 모여 살기' 추세가 심해지고 도시 행정도 그를 뒤따르면서 동네 사이의 갈등도 깊어지고 있다. 연대의식이 사라진 도시는 대립의 현장일 뿐 통합의 공간은 아니다.

똥물, 똥개

9·11공격으로 무너진 세계무역센터 빌딩의 주간 상주인구는 1800년 뉴욕 시 전체 인구와 거의 같았다. 서울 코엑스 빌딩의 하루 유동인구는 20여 만 명으로 100년 전 서울 성내 인구 전체보다도 많다. 오늘날의 척도로 보자면 전근대의 도시는 단 하나의 초거대 건물 안에 압축해 넣을 수 있는 정도의 크기에 지나지 않았다. 흡사 알껍데기처럼 도시의 팽창과 확산을 가로막고 있던 사회적·문화적·기술적 제약요인들을 극복하고 도시가 '무한팽창'을 시작한 것은 자본주의 시대 이후의 일이다.

전근대 도시의 크기를 규정한 요인은 여러 가지가 있었다. 우선 권력의 목소리(명령)가 들리는 범위가 문제였다. 모든 면에서 인간적 척도를 중시했던 멈퍼드는 발생기 도시의 경계가 그 한복판에서 사람이 지른 소리가 닿는 거리까지로 정해졌을 것으로 보았다. 그가 인간적 도시의 반경을 '목소리가 닿는 거리'로 본 것은 지나친 감이 있지만, 전기 신호가 만들어지기 전에는 종소리나 북소리 같은 물리적인 소리 신호가 도시의 범위를 정하는 중요한 기준이 되었음은 의심할 여지가 없다. 권력이 도시 주민을 통제하는 데에는 어쨌든 즉각적인 신호 체계가 필요했다. 서울 정도 직후 종고루鐘鼓樓를 만든 것도 그 때문이었다. 더구나 도시는 언제나 적의 칼끝이 직접 겨누고 있는 공간이었다. 영조 때에 만들어진 「수성절목守城節目」처럼, 도시 주민을 권력이 원하는 대로 재빨리 움직이게 하기 위해서는 일정한 규칙과 신호가 필요했다. 너무 넓은 도시는 먼저 신경망에 이상이 생기게 마련이었다. 조선 초기 한성부가 고려의 개성부보다 작게 만들어진 데에는 이성계 등 무장武將들의 군사적 경험이 작용한 바가 컸다는 주장도 있다. 그래서 '한솥밥을 먹는 사람들'이 가족이듯이, '같은 종소리를 함께 듣는 사람들'이 시민이었다.

      다음으로는 도시의 소화 기능(생산력적·기술적 조건)이 문제였다. 전근대 도시는 농촌으로부터 빨아들이는 생산물에 의지해서만 존립할 수 있었다. 도시가 지배하는 농촌의 크기와 생산력 수준, 수탈율과 잉여 생산물의 농촌 내 유보 비율 등이 해당 도시의 규모를 규정했다. '놀고먹는 자들', 그것도 보통 농민들보다 더 많이 먹는 자들의 삶을 지탱하기 위해서는 그만 한 물질적 담보가 있어야 했다. 다행스럽게도 중세의 서울 사람들은 생활에 필요한 물자를 조달하는 데에는 크게 곤란을 겪지 않았다. 중세적 중앙집권 체제하에서 현물 재정이 운용되는 한 서울은 더 커질 수도 있었다. 그러나 빨아들이는 것이 있으면 뱉어내는 것도 있게 마련이다. 도시의 흡수력에 비례하여 도시 인구가 배출하는 오물의 양도 늘어난다. 물론 전근대의 오물에서 오늘날의 쓰레기를 연상하는 것은 옳지 않다. 일단 썩지 않는 쓰레기는 없었으며, 음식물이든 옷감이든 찌꺼기는 거의 남지 않았다. 그렇다고 농촌에서처럼 모든 오물이 완전히 자연으로 환원되지도 않았다. 무엇보다도 인구에 비해 토지가 부족했다. 이 시대 도시 오물의 대종은 분뇨와 재, 특히 분

집 뒤편 길가에 배수로(하수도)를 만들고 그 위에 판자를 놓아 통행로를 확보했다. 배수로변에는 뒷간으로 통하는 구멍이 있어 농민들이 집 마당을 거치지 않고 밖에서 바로 '똥'을 퍼갈 수 있게 되어 있었다.

눴였지만 그걸 모두 땅이 흡수할 때까지 기다릴 수는 없었다.

몇 가지 처리 방법이 있었다. 하나는 도시 내부에 텃밭을 만들거나 농촌에 '수출'하는 것이었고, 다른 하나는 물에 흘려버리는 것이었으며, 또 하나는 성벽 주변에 거대한 구덩이를 만들어 파묻어버리는 것이었다. 그중에서도 물에 흘려버리는 것이 가장 일반적이고 널리 쓰인 방법이었다. 모헨조다로 Mohenjo-Daro 유적[1]에서 보이는 잘 정비된 하수도를 갖춘 도시는 그 후로도 오랫동안 다시 나타나지 못했지만, 우리나라의 평양과 경주에서도 고대 배수로의 흔적은 발견되고 있다. 조선시대 서울에도 주택가 골목길 양편에는 하수로가 나란히 달리고 있었다. 골목길의 배수로는 도심부의 하천(개천)을 거쳐 한강으로 이어졌다. 그 때문에 개천의 중심 기능은 처음부터 하수도일 수밖에 없었다. 속어로 더러운 물을 '똥물'이라고 하는데, 똥이 더러운 것을 대표하기 때문에 상징적으로 '똥물'이라 한 것이 아니라 본시 '똥이 흘러다니는 물'이었기 때문에 그렇게 부른 것이다.

그런데 이 '자연'은 수시로 변덕을 부렸다.[2] 개천은 장마철 집중호우라도 내릴라치면 순식간에 오물을 치워주었지만, 건기

[1] 파키스탄의 펀자브 지방에 있는 인더스 문명의 주요 유적지로 '죽음의 언덕'이라는 뜻이다. 기원전 2500~1500년경에 만들어졌다고 하며, 철저한 도시 계획에 따라 건설된 도시로 벽돌집, 도로, 하수도가 잘 정비되어 있고 뛰어난 수도시설을 갖춘 대형 목욕탕도 발견되었다.

[2] 사실 청계천 복원사업을 하면서 '자연형 복원'이라고 한 것 자체가 우스꽝스러운 일이다. 도시 하천은 자연 상태로 유지될 수 없었고, 또 하천을 자연 상태로 방치해둔 채 도시를 꾸밀 수도 없었다. 개천은 이미 태종 대에 인공적으로 개조된 바 있었고, '개천'이라는 이름—개착開鑿한 하천이라는 뜻—도 그래서 붙었다.

_ 장교에서 수표교 쪽으로 보고 찍은 청계천변 사진이다. 석축 주변에는 오물이 쌓여 있고 석축 위로 난 길 위에서 얼룩 개 한 마리가 한가롭게 사람들 틈을 지나고 있다.

乾期나 겨울철에는 하수도 기능을 완전히 상실해버렸다. 더구나 우리나라 같은 기후 조건 아래에서는 이 같은 상황이 1년에 반 이상 지속되었다. 완전히 인공적인 하수도가 아닌 한, 이 문제를 해결할 방도는 없었다. 서울의 경우 인구 10만 규모이던 시기에만 개천은 하수도 기능을 온전히 수행할 수 있었다. 좀 빗나가는 이야기이지만, 신라 전성기 경주의 인구를 90만 정도로 추산하는 견해가 일반적인데, 그 정도 규모의 인구가 배설해낸 분뇨를 안정적으로 처리할 수 있는 인공 시설의 흔적이 새로 발견되지 않는 한, 나는 그 견해에 회의적이다.

요컨대 분뇨 처리를 개천에 일임할 수는 없었다. 다른 보조적인 방법이 동원되어야 했다. 그중 하나는 텃밭이었다. 한양 정도 직후부터 도성 내에서 농사짓는 일은 금지되었지만 집터 안에 자그마한 텃밭을 가꾸는 일은 용인되었다. 국초만 해도 호당 필지 면적은 꽤 넓었기 때문에 텃밭의 규모는 상당했을 것으로 보인다. 이 텃밭이 일차적인 분뇨 투기投棄 장소로 사용되었다. 특히 인근 농민들이 분뇨를 얻으러 찾아오기 힘든 농번기에 텃밭은 분뇨 처리를

남대문 밖. 서너 마리의 '똥개'가 어슬렁거리고 있다. 맨 왼쪽의 개는 땅 위의 무엇인가를 '먹고' 있다.

위한 최적의 장소였다.

다른 한 가지는 가축에게 위임하는 것이었다. 동물을 그 자체의 종적 유사성에 근거하여 분류하는 방식이 마련된 것은 근대 이후의 일이었다. 개와 늑대, 호랑이와 고양이는 근대적 시선에서나 한 종류일 뿐이지, 전근대인들의 눈으로 볼 때에는 전혀 다른 종류였다. 근대 이전에는 이 경우에도 '인간적 척도'가 여지없이 적용되었다. 서양 사람들은 개와 고양이를 함께 엮었지만 우리나라 사람들은 말과 소, 개와 돼지를 각각 함께 엮었다. 운반 수단으로서 말과 소의 기능이 유사하다고 보았기에 '마소에 갓 고깔 씌워 밥 먹이나 다르랴'라는 시조 구절이 나왔던 것처럼, 개와 돼지의 기능도 유사하다고 보아 일상적으로 '개돼지 같은 놈'이라는 말을 썼다. 그런데 대체 개돼지의 '유사한 기능'이란 무엇이었을까. 개와 돼지는 주로 '먹기 위해' 길렀다는 점이 일차적이다. 그러나 이것 말고도 한 가지가 더 있다. 우리말에서 동물 이름 앞에 '똥'을 넣어 부르는 것은 개·돼지·파리밖에 없다. 똥개·똥돼지·똥파리는 있지만 무슨 똥고양이니 똥닭이니 똥잠자리니 하는 것은 없다. 물론 쇠똥구리나 개똥벌레 같은 것이 있기는 하지만 이때의 똥은 인간의 똥이 아니다. 파리와 함께 개·돼지의 또 한 가지 기능상 유사성은 바로 '똥을 처리하는 것'이었다.

조선시대 서울에서도 개와 돼지의 사육은 일반적이었다. 돼지는 소, 양과 함께 희생犧牲으로 쓰였기 때문에 전생서典牲署에서 사육했고, 음식 '재료'로 전구서典廐署·사축서司畜署3에서도 길렀다. 그런데 '관가 돼지 배앓이 하듯'(문제가 생겨도 아무도 신경 쓰지 않는다는 뜻)이라는 속담이 생길 정도로 관가붙이들은 돼지를 제대로 돌보지 않았다. 하여 돼지를 민가에 분양하여 사육하는 방식이 널리 이용되었다. 관가 돼지용 사료는 '곡초穀草'를 주로 썼다지만, 민가에서 사육하는 돼지가 모두 그러했는지는 알 수 없다. 제주도 돼지가 똥을 먹을 수 있었다면, 서울 돼지라고 해서 먹지 못했으리란 법은 없다. 19세기 초까지 뉴욕과 맨체스터 같은 서양 도시에서도 돼지는 오물을 처리하는 역할을 수행했다.

개는 집집마다 길렀다. 조선 초기 왕실과 궁가에서는 매와 함께 사냥용으로 길렀고, 경비견으로 기르기도 했다. 많은 경우 10여 마리를 한꺼번에 기르는 옹주가翁主家도 있었다. 크고 좋은 개는 중국 사신이나 신료들에게 선물로 주기도 했다. 개와 매는 명나라에 바치는 공물 목록에도 올라 있었다. 그러나 민가에서 기르는 개는 엽견獵犬(사냥개)도 경비견도 아니었다. 19세기 말 육영공원育英公院(조선 후기 양반 자제들을 대상으로 한 근대식 공립교육 기관) 교사로 서울을 찾은 조지 길모어George W. Gilmore는 도성 내에 개를 안 기르는 집이 없었고, 집집마다 개구멍이 나 있었다고 증언한 바 있다. 새벽녘에는 온 동네 개가 한꺼번에 짖어대어 잠을 깰 수밖에 없었다고도 했다. 그의 말대로라면 도성 내에만 3~4만 마리의 개가 복작대고 있었던 셈이다. 이 많은 개가 사람 깨우는 데만 필요했던 것은

3_ 전구서는 고려시대 가축 사육을 맡아본 관서. 전생서는 조선시대 나라의 제사에 쓸 짐승을 기르는 일을 맡아본 관서. 사축서는 조선시대 가축 사육을 맡아본 관서. 고려시대의 전구서가 조선시대 초 전생서와 사축서로 분리된 것이다.

아닐 게다. 그렇다고 딱히 개에게 줄 '일'도 없었다. 엽견이라면 사냥한 짐승 고기 한 점이라도 나누어줄 만했겠지만, 그저 어슬렁거리며 돌아다니기만 하는 개에게 때맞춰 먹이를 챙겨줄 이유도 없었다.

다른 가축과 구별되는 개의 '미덕'은 제 스스로 알아서 먹고 다니고, 제 스스로 번식할 줄 안다는 점에 있었다. 물론 부작용도 있었다. 속설에 '사내아이가 마당에서 똥 누다가 개에게 불알 따먹히면 그 아이를 내시로 들인다'는 말이 있는데, 이런 속설이 전해오는 것을 보면 그런 사고는 종종 있었던 모양이다. 토종개는 말 그대로 '똥개'였다. 요즈음에는 잡종개나 식용 개를 지칭하는 말로 쓰이지만 '똥'과 잡종, 또는 '똥'과 음식 사이에 도대체 무슨 관계가 있단 말인가. 설사 혈통 있는 개라 하더라도 밖에 풀어놓으면 똥을 먹고 다닌다. 그렇게 오물 청소부 역할을 하고 다니다가 땀 많이 나서 사람들 몸이 허해지는 계절이 되면 좋은 단백질 보충원이 되는 것이 우리나라 개의 타고난 팔자였다. 흔히 쓰는 용례로 '애○가'가 있는데, 우리의 역사적 경험에 비추어 본다면 '애견가'는 '애처가'와 짝이 될 것이 아니라 '애주가'나 '애연가'와 짝이 되어야 맞다.

17세기까지, 도시 서울이 배출하는 도시 생활의 부산물들은 이들 세 요소—텃밭·개천·가축—에 의지하여 그럭저럭 안정적으로 처리될 수 있었다. 그러나 18세기 중반에 들어서면서 이 안정성이 갑작스럽다 싶을 정도로 빠르게 무너졌다. 도시 서울은 더 이상 자정自淨 능력에만 의존할 수 없게 되었으니, 당장 서울의 장腸이라 할 수 있는 개천의 물길이 막혀버렸다. 영조 회심의 업적이었던 준천濬川(물이 잘 흐르도록 개천 바닥을 깊이 파서 쳐내는 것)은 바로 서울의 소화불량을 치료하기 위한 사업이었다.

서울은 깊다 · 07

등 따습고 배부른 삶

17세기 말 서울에는 유난히 물난리가 잦았다. 1400년 이후 460년간 한성부 일대의 물난리는 총 172회였다고 하는데, 이중 57회가 1650~1700년의 50년 사이에 집중되었다. 홍수가 날 때마다 개천가의 집이 무너지고 사람이 쓸려 가는 일이 잇따랐다. 18세기에 들어와 홍수의 빈도는 줄었지만, 피해는 더 커졌다. 18세기 중반에는 이미 개천의 하상河床이 교량 상판과 맞닿을 만큼 높아져 개천이 전혀 배수로 구실을 하지 못했다. 배수로 구실을 할 수 없는 개천에 지류支流의 물이 한꺼번에 밀려들어오니 적은 비에도 큰 물난리가 날 수밖에 없었다. 백성(특히 서울 주민)을 남달리 '사랑'했던 영조 임금은 물난리의 주원인이 개천에 있음을 알고 대책을 세우기로 마음먹었다.

　　　1753년 봄, 영조는 직접 현지 조사에 나섰다. 임금은 수표교 어름에 오부방민五部坊民(서울 주민)을 대표할 만한 이들을 불러 모으고, 그 자리에서 한 노인에게 개천이 어쩌다가 이 지경까지 되었느냐고 물었다. 노인은 자신이 어렸을 때만 해도 다리 밑으로 말 탄 사람이 지나다니는 것을 보았는데, '어느 사이엔가' 하상이 높

〈준천시사열무도〉濬川試射閱武圖. 영조 36년(1760) 음력 2월, 20여 만 명의 인원과 돈 3만 5,000꿰미, 쌀 2,300석을 투입하여 57일간에 걸쳐 개천 바닥을 파내는 대규모 공사를 시작했는데, 이 공사를 '준천'이라 한다. 이는 조선 왕조 개국 초의 도성 축조, 궁궐 영건, 공랑 건설 사업 이후 최대 규모의 사업이었고, 영조는 후일 이를 탕평·균역과 더불어 자신의 3대 치적이라고 자평했다.
이 그림은 준천 공사에 애쓴 관리와 방민坊民을 치하하기 위해 왕이 베푼 축하연을 기록한 것이다.

아져 다리 밑을 봉해버렸다고 답했다. 그 '어느 사이'는 아무리 길게 잡아도 50~60년이다. 한양 정도 후 수백 년간 별 탈 없던 개천이 50~60년이라는 '짧은 기간' 내에 막혀버렸다. 변비 정도가 아니라 아예 '장폐색'腸閉塞이 되어버린 것이다. 이후 1756년부터 영조 회심의 사업인 '준천'이 대대적으로 시행되었다. 청계천 복원 과정에서 준천에 관한 이야기는 상식처럼 되어버렸으니 구구히 늘어놓을 일은 아니다. 다만 여기에서 말하고자 하는 것은 왜 개천이 막혔는가 하는 점이다.

당시에도 여러 진단이 나왔다. '간사한 무리들이 도성 주변 산림의 나무를 몰래 베거나 심지어 산자락에 밭을 일군 탓에 토사土砂가 흘러내린 때문'이라든가, '호강豪强한 자들이 개천을 침범하여 집을 지은 탓에 제방이 무너진 때문'이라든가, '동대문 밖에 사는 자들이 논밭을 일구면서 물길을 막은 결과'라든가 하는 주장들이었다. 모두 맞는 말이다. 그런데 왜 50~60년 사이에 갑작스럽게 이런 일들이 동시다발적으로 발생했을까. 당시 사람들도 '간사한 무리'나 '호강한 자'들, '몽매한 농민'이 왜 내사산內四山의 나무를 베고 천변에 집을 짓고 성 밖에 새로 밭을 일구기 시작했는지에 대해서는 깊이 생각하지 않았던 모양이다. '간사한 놈이니까 간사한 짓을 한다'는 식으로 행위의 성격에 사람의 인격을 통합시켜버리면 더 이상 할 말이 없다. 그러나 도대체 영명한 중흥重興의 군주 치세에 왜 이토록 간사하고 몽매한 인간들이 갑자기 많아졌는지에 대해서는 꼼꼼히 따져볼 필요가 있다.

화산 폭발로 사라진 폼페이Pompeii 같은 경우를 제외하면, 도시 문제의 핵심에는 언제나 인구 문제가 있었다. 양란兩亂 이후 서울은 처음으로 '무서운 인구증가'를 경험했다. 상비군 병력과 그 식솔들, 서울에 걸식 차 올라왔다가 눌러앉은 유랑민들, 새로 벼슬길에 나선 시골 양반들이 서울의 새 주민이 되었다. 그런데도 벼슬자리 떼인 양반들은 낙향하지 않고 서울에서 버텼다. 당장 집터가 부족했다. 권세를 앞세워 남의 집 빼앗아 사는 여가탈입閭家奪入이 새삼 사회문제로 부각되었다. 그렇다고 집 빼앗긴 자가 딱히 갈 곳이 있는 것도 아니었다. 예전 같으면 집 지을 엄두도 내지 않던 곳이 새로 주택지가 되었다. 천변에 새로 집을 짓는 일이 빈발했다. 숙종대에는 이미 천변 도로를 침범하여 새로 지은 집이 500여 호에 달했다. 사정이 이러했으니 큰 집을 여러 채의 작은 집으로 나누는 일도 많았을 터이다. 이제 텃밭은 사치가 되었다. 도시 내에서 분뇨와 쓰레기를 처리해주는 유용한 '시설' 하나가 사라졌다.

사람이 많아지면 소비량과 배설량도 더불어 늘어나게 마련이다. 늘어난 도시 주민의 찬거리를 제공하기 위한 채전菜田 개간이 성 밖 일대에서 활발히 이루어졌다. 남대문 밖과 동대문 밖, 한강변과 모화관慕華館(현재의 독립문 주변) 뒤쪽 일대가 무·배추·미나리·파·토란·고추 등의 채소류 재배지로 바뀌어갔다. 개천 하류 동교東郊(오늘날 마장동 일대)의 대규모 목장도 병자호란 이후 청나라의 압력과 무기 및 전술 체계의 변화에 따라 전담으로 변했다. 더구나 채소 소비의 증가 속도는 인구증가 속도보다 빨랐다. 이 시기의 생산력 증가는 도시 내부에 축적되는 '부富'의 총량을 늘렸다. 음식 사치가 묘당廟堂의 논의거리가 되기 시작했다.[1] 쓰레기는 늘어나는데, 그를 버릴 도시 내 공간은 오히려 줄어들었다. 겨울철이면 물이 말라붙은 개천 바닥은 분뇨와 더불어 김장 때 잘라버린 푸성귀 조각으로 뒤덮여 있었을 것이다.

그러나 50~60년 사이에 14km에 달하는 개천 바닥을 2~3m나 높일 정도의 엄청난 지리적 변화를 설명하기에는 이것만으로는 아직 부족하다. 채소는 잘 썩고 분뇨는 잘 씻겨 내려간다. 쓰레기를 하상에 점착시키는 접착제 문제가 남아 있다. 바로 '재'이다. 해방 후 1970년대까지도 도시 쓰레기의 대부분은 연탄재였다. 난지도가 공식 쓰레기장으로 지정되기 전에는 시내 도처에 연탄 쓰레기가 쌓여 있었다. 연탄재는 겨울철 눈길 위에 깨뜨려 미끄럼을 막는 데도 쓰였고, 악동들이 눈싸움할 때 눈뭉치 안에 감추어 살상력(?)을 강화하는 데도 쓰였지만, 어쨌든 다 처리하기란 불가능했다. 1970년대 초 반포와 잠실 일대의 한강변 저지대를 개발할 때 땅을 돋우기 위해 바로 이 연탄재를 썼다. 오늘날 반포 아파트와 잠실 아파트는 연탄재 무덤 위에 서 있는 셈이다. 나무와 숯 말고는 다른 연료가 없었던 조선시대에도 '재'는 도시 쓰레기의 대종이었다. 도시 생활에서 '재'가 나오지 않을 도리는 없다. 이번에는 그 양이 문제였다.

한국인들의 온돌 난방법은 이미 삼국시대 이전부터 시작된 것으로서, 혹자는 한국인의 자랑스러운 발명품 목록 앞자리에 올려놓기도 한다. 그런데 난방용 연료와 취사용 연료를 통합하는 이런 방식이 좋기만 한 것은 아니다. 북부의 추운 지방에서는 무척

[1] 모든 소비행위에서 사치란 '양'量이 아닌 '질'質과 관련된 것이다. 유럽인의 세계 정복을 이끈 후추와 설탕, 커피는 먹어서 배부른 것이 결코 아니었다. 음식 사치의 요점은 주로 향신료에 있다. 한국인의 대표 음식 김치에 한국인의 입맛을 대표하는 고추의 매운맛이 들어간 것도 이 무렵부터였다.

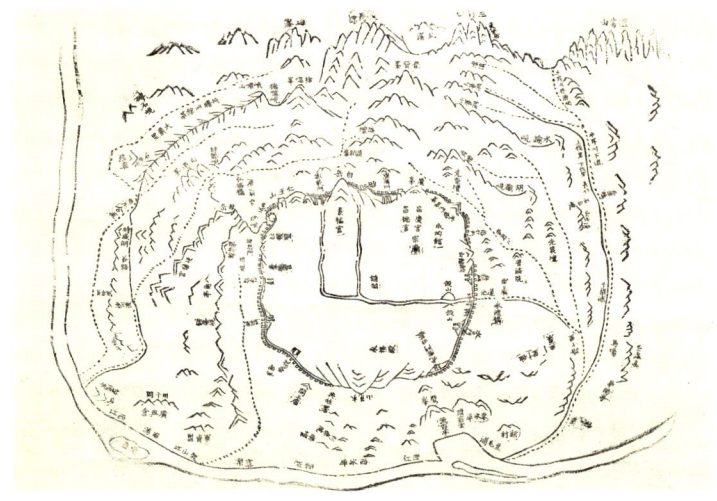

_ 〈사산금표도〉. 도성 주위 내사산에서 매장·채석·벌목 등 일체의 산림 이용을 금하고 해당 행위를 감시하기 위해 군영별 관할구역을 표시한 지도이다. 이 지도는 영조 연간에 제작된 것이다.

훌륭한 난방법이 되겠지만, 중남부 지역에 사는 사람들에게는 일단 더운 날에도 불을 때야 하는 '불편'이 따른다. 그게 반복되다 보니 더운 건 참을지언정 습한 건 못 참는 한국인의 체질이 형성된 것 같기는 하지만, 어쨌든 삼복더위에조차 때때로 '난방'을 해야 하는 건 고역이었다. 그 때문에 여유가 있는 집에서는 여름철에 거처하는 '마루방'과 겨울철에 거처하는 '온돌방'을 나누어 만들었다.

그런데 도시 서울에서는 겨울철 '온돌방'조차 온전한 난방을 제공해줄 수 없었다. 한국 농촌 마을에는 어디에나 뒷산이 있었으니, 기십 년 전까지만 해도 뒷산에서 꼴 베고 나무하는 일은 대개 사춘기 사내아이들 몫이었다. 나무가 없으면 볏단이라도 태울 수 있었으니, 농촌 집에서 아궁이 위의 가마솥에 그냥 물만 담아 놓고 하루 종일 불을 땐들 뭐랄 사람은 없었다. 집에 쓸 만한 사내아이가 없거나 바깥주인이 게으르지 않다면 땔거리가 떨어지는 일은 없었다. 그러나 도시 서울에서는 사정이 완전히 달랐다. 서울 주변의 산에서는 투장偸葬·채석·벌목이 모두 금지되었다. 서울의 지맥을 보호하고 왕릉 예비지를 확보하며 때로는 왕의 사냥터로 쓰기 위해서였다. 그러니 서울 사람들에게 '땔감'은 곧 쌀이었고 옷이었다. 쌀과 옷을 때서 온기를 얻는 것이 그리 쉬운 일은 아니었다. 서울 사람들에게는 쌀과 땔감이 상호 전환되는 물자였다. 오죽하면 행복한 삶을 표현하는 말이 '등 따습고 배부른 삶'이 되었겠는가.

지금 서울에는 조선 초기 민가 건축물이 하나도 남아 있지 않다. 그러니 그 구조가 구체적으로 어떠했는지도 당연히 알 수 없다. 그러나 추측건대 모든 방이 온돌방으로 되어 있지는 않았을 것이다. 머리 아프게 생각할 것도 없다. 한겨울 공원에서 나무 벤치 두고 돌 벤치에 앉는 바보는 없다. 긴긴 겨울밤 밤새도록 불을 땔 수 있는 집은 서울에 많지 않았다. 그런 능력을 갖춘 집이라 해도 행랑채 식구들 자는 방에까지 불을 때줄 이유는 없었다. 궁궐에서도 마찬가지였다. 조선 중기까지, 나인宮人들이 거처하는 방은 모두 마루방이었다. 성균관 동서 양재의 방도 마루방이었다. 마루방 한가운데 화로 하나 두고 밤새 한기를 이기는 것이 고작이었다. 그러다 보니 잠결에 화로를 걷어차 일어나는 화재도 적지 않았다.

그런데 '어느 사이엔가' 마루방이 하나 둘씩 온돌방으로 바뀌기 시작했다. 성균관 양재 일부가 온돌방으로 바뀐 것은 일찍이 세종 때 일이었지만,[2] 궁궐이나 민가에서 온돌방을 늘리기 시작한 것은 17세기 후반부터였다. 궁궐 내 마루방들이 모두 온돌방으로 바뀌어 시목柴木을 공급하는 기인其人들이 죽어난다는 얘기가 빈번히 튀어나왔다. 영조 연간에 이르면 서울 주위 사산四山에서 몰래 나무를 베어 내다 파는 자들이 무수히 늘어났지만, 이들은 대개 궁가붙이어서 단속도 쉽지 않았다. 왕이 금송禁松의 영슈을 엄히 내리고 〈사산금표도〉四山禁標圖를 제작·배포하는 한편 군영마다 담당 구역을 지정하여 감시하도록 했지만, '간사한 자들'이 산을 황폐화시키는 것을 막을 수는 없었다. 이때쯤에는 이미 땔나무는 '돈'이어서

2_ 학자를 무척이나 아꼈던 세종은 성균관 학생들이 감기 걸릴까 봐 온돌방을 만들어주었다. 그렇지만 이후로도 계속 그 방에 불을 제대로 때주었는지는 알 수 없다. 중종 때에는 다시 성균관 양재에 온돌이 없다는 기사가 나온다.

_ 대한제국 시기 독립문 앞의 땔나무 장수들. 소 등에 땔감용 잡목을 바리바리 싣고 무악재를 넘어와 도성 안에 팔았다. 대한제국 때에는 이들로부터 땔나무를 도거리하여 도성 주민에게 공급하는 '재목시탄회사'가 여럿 생겼고, 그중 '한성재목시탄주식회사'는 일제 강점기에도 한동안 땔감 거래의 왕좌를 점했다. 그러나 1910년대 중반부터는 프랑스인 브라이상富來祥이 땔감 거래를 지배했다. 그는 땔나무를 가져오는 행상들에게 커피 한 잔씩을 주고 흥정을 붙인 것으로 유명했다. 그 덕에 서울에서 가장 먼저 커피에 맛을 들인 사람들이 땔나무 장수들이었다.

시목전柴木廛에서 팔았고 땔나무 행상도 골목골목을 돌아다녔다.

서울 사람들 살림살이가 전보다 나아진 탓도 있을 것이다. 그러나 오직 그 때문일까. 아무래도 겨울철 기온이 더 낮아졌던 것 같다. 돈을 때서라도 추위를 이겨야 했다. 이 무렵에는 땔감 소비만 늘어난 것이 아니라 이엄耳掩(귀마개) 같은 방한구 소비도 늘어나고 있었다. 이 시점에서 주택 난방 능력은 '신분의 상징'처럼 되어버렸다. 연암燕巖 박지원이 「양반전」兩班傳에서 '아무리 추워도 곁불은 쬐지 않는 것'을 양반의 대표적 허영기 중 하나로 올려놓은 것도 그 같은 사정을 반영한 것일 게다. 때는 나무가 늘어나는 만큼 재도 늘어났다.

재는 분뇨와 섞이면 훌륭한 비료(퇴비)가 된다. 그러나 그건 농촌에서만이다. 도시에서는 더 이상 썩지도 않고 물에 잘 쓸려 내려가지도 않는 패씸한 오물일 뿐이다. 땅바닥에 깔려 있던 재가 흙과 섞여 있다가 물에 쓸려 개천에 들어가 다시 똥과 버무려지면 하천 바닥에 딱 붙어버릴 수밖에. 조선 후기 서울 개천 폐색의 주범은 다름 아닌 도시민들 자신이었다. '등 따습고 배부르게' 살고자 한 도시민들의 욕망과 그를 실현할 수 있게 해준 '늘어난 부富'.

서울은 김포다 · 08

땅거지

요즘에도 변두리 백화점 주변이나 도심 상가 골목, 지하철 전동차 안에서는 고무로 만든 통바지를 입고 기어다니거나 색안경을 끼고 지팡이를 짚은 채 돌아다니는 거지를 가끔 본다. 그들에 대해 진위를 가릴 수 없는 여러 가지 소문이 떠돌기는 하지만, 그래도 그들의 불행에 마음 깊은 곳에서 동정심이 일곤 한다. 그런데 내가 어렸을 때에는 몸이 불편한 사람들뿐 아니라 '사지육신 멀쩡한' 사람들도 골목골목을 돌아다니면서 동냥하는 일이 많았다. 경찰이 수시로 잡아다가 행려병자 수용소에 몰아넣는다는 소문이 돌았음에도 불구하고 그런 거지는 어디에서나 쉽게 볼 수 있었다. 그들은 아무 집 마당에나 들어서서는 '한 푼 줍쇼'를 외치고, 그래도 기척이 없으면 댓돌 위의 구두나 빨랫줄에 널린 옷가지를 들고 가기도 했다. 부모들은 길에 돌아다니는 거지를 자식을 위한 '교육 자료'로 활용하기도 했다. "너 공부 안 하고 놀기만 좋아하면 커서 저렇게 된다"는 얘기 한두 번 안 들어보고 자란 사람은 별로 없을 터이다.

거지들을 자주 접하다 보니 또래끼리 놀 때에도 걸핏하면 거지를 들먹이곤 했다. '거지 같은 놈'이라는 욕은 일상용어였고,

조금 심하게 욕을 하고 싶을 때에는 "거지 거지 땅거지" 하며 노래 부르듯이 놀렸다. 그 무렵에는 아이들 군것질거리도 마땅치 않았고, 그나마 마음껏 먹을 수도 없었다. '라면땅' 하나라도 들고 있는 아이가 있을라치면, 동네 아이들이 우르르 몰려들어 조금만 달라고 아첨을 떨곤 했다. 개중에는 주위 눈치를 살피며 땅에 떨어진 부스러기를 슬그머니 집어먹는 아이도 있었다. 그러다 발각되면 여지없이 '거지 거지 땅거지' 소리를 들어야 했다. 그런데 정작 '땅거지'가 뭔지는 잘 몰랐다. 막연히 땅에 떨어진 음식 집어먹는 거지인가 보다 생각했을 뿐이다. 용례대로라면 하늘거지든 바다거지든 '땅거지'와 대비되는 다른 거지가 있어야 마땅할 텐데, 떼거지(무리를 이룬 거지)는 있었지만 다른 거지는 없었다. '땅거지'가 도대체 뭘까?

거지는 고대로부터 있어왔지만, 그것이 집단화·직업화하는 현상이 언제나 있었던 것은 아니다. 하기야 되기가 어려워서 그렇지 일단 되기만 하면 안 바꾸는 직업 중 하나로 거지가 꼽히는 것을 보면 거지 직업에도 나름대로 장점은 있을 터이다. 자고 싶을 때 자고, 일어나고 싶을 때 일어나고, 쉬고 싶을 때 쉴 수 있는 직업이 흔치는 않다. '낯 뜨거움'을 감수할 각오가 된 사람들에게 거지 일은 가장 얻기 쉬운 직업이다. 그러나 이런 식의 노동력 낭비가 일반적으로 허용될 수는 없었다. 낭비는 언제나 죄였다. 인류의 긴 역사 속에서 잉여 노동력이 일반적으로 존재한 시기는 극히 최근의 수 세기에 불과하다.

노비가 토지보다 귀하거나 적어도 토지와 같은 비중의 재산으로 취급되던 시대에, 거리에 떠도는 거지를 방치하는 것은 재물을 길에 내다 버리는 것과 다를 바 없었다. 물론 전근대 사회에서도 대규모 자연재해가 있을라치면 일시적으로 대량의 거지가 발생하기도 했다. 그러나 그것은 어디까지나 일시적 현상일 뿐이었다. 거지가 구조적으로 재생산되기 시작한 것은 노동력 대 생산수단 간의 비례 관계가 지속적으로 변동하는 시대(=자본주의 시대)에 들어와서의 일이다. 이윤을 늘리기 위해 노동력 구매비를 끊임없이 절감시켜야 하는 시스템은 항상 일정 규모의 산업예비군을 필요로 하며 그 최하층부에는 거지를 퇴적시킨다. 오늘날 고상한 학문 용어로 사용되는 '노동시장 유연화'는 결국은 '거지·신용불량자·노숙자'를 양산할 수밖에 없다. 물론 전근대에도 노동생산성의 증대에 따라 노동력 대 토지의 기술적·관습적 비례 관계가 장기적으로 변화해가는 시기가 있었다. 그 시기에는 유휴 노동력이 늘어날 수밖에 없었고, 그들 중 일부는 어쩔 수 없이 직업 거지가 되어야 했다.

조선시대 서울에서 거지의 집단화·직업화가 문제되기 시작한 것은 양란 이후부터였다. 그전에도 거지는 있었지만, 비럭질을 오랫동안 직업으로 삼는 사람은 드물었다. 일단 지방민이 서울에 일없이 들어오기가 어려웠다. 그렇다 보니 성안에 살다가 가장이 죄를 쓰고 죽어 재산을 적몰당한 과부나 고아들, 또는 공사公私 노비로서 도망친 자들이 구걸하고 다니는 정도였다. 발각된 도망노비는 다시 제자리로 돌아가야 했고, 노비 출신이 아니더라도 거지가 되어 떠돌아다니는 아이는 남의 집 종이 되기 일쑤였다. 드물게 사대부집 마나님이 소박맞아 거지로 전락하는 경우도 있었는데, 이 경우는 거지질 자체가 죄였다. 거지에 대한 국가의 진휼賑恤 정책도 소극적이다 못해 희극적이었다. 왕조 정부는 병든 채 거리를 헤매는 자들을 활인서活人署에서 구료하게 했지만, 따로 거지 구제책을 강구한 예는 거의 없었다. 중종 대에 '삼강三綱에 돈독한 거지'(거지질 해서 부모를 봉양하는 사람이 있기는 있었나 보다)에 한해

1953년 광교와 그 주변의 모습이다. 다리 위의 모습은 이미 조선시대의 것이 아니지만, 교각에 쓰인 '실무사'라는 글자가 이 다리 아래에서 살았을 조선시대 거지의 모습을 상징적으로나마 전해준다.

진휼하라는 전지(傳旨)가 내려진 것을 보면 거지 일반을 진휼 대상으로 생각하지는 않았던 모양이다.

전쟁은 과부와 고아를 양산한다. 전화(戰禍)가 휩쓸고 간 자리에 주검이 나뒹굴고, 그 곁에서 여자와 아이가 울부짖는 광경은 어느 시대에나 연출되는 법이다. 그러나 또 어느 정도 세월이 흐르면 전쟁의 상처도 씻기게 마련이다. 그런데 양란 이후 전쟁의 피해가 그럭저럭 수습되고 더 나아가 부가 늘어나는 상황에서도 서울의 거지는 줄기는커녕 늘어만 갔다. 난후(亂後) 서울의 인구증가 속도는 놀라울 정도였다. 이 증가가 원 서울 주민의 자연증가에만 의존한 것이 아님은 물론이다. 혼란한 와중에 지방민의 서울 이주가 급증했지만 그들 모두가 변변한 일자리를 찾을 수는 없었다. 남의 집 뒷일이나 봐주는 무뢰배(無賴輩)가 늘어났고, 막연히 진휼을 바라고 오는 유랑민도 지속적으로 유입되었다.

전란 직후에는 인구감소로 인해 농촌에서도 노동력 부족 현상이 나타났다. 그러나 이 현상은 곧 극복되었다. 적은 노동력으로 더 많은 토지를 경작하기 위한 노력이 지속적으로 경주되었고,

그 결과 노동력 대 토지의 기술적·관습적 비례 관계가 바뀌었다. 그 상태에서 회복되는 인구분은 어쩔 수 없는 '과잉인구'였다. 시장·광산·삼포^{蔘圃} 등 새로운 일자리가 일부는 흡수했지만, 전부를 흡수할 수는 없었다. 거지나 떼도둑, 무뢰배 등 비생산적·기생적 잉여인구가 늘어날 수밖에 없었다. 서울은 이들 인구를 흡수할 수 있는 여력을 상대적으로 많이 가진 곳이었다. 거지는 빈곤화의 산물이라기보다는 격차 확대의 산물이다. 빌어먹을 구석이 있어야 거지질이라도 할 것 아닌가. 부가 서울에 쌓여 있으니 비럭질도 이왕이면 서울에서 하는 것이 나았다.

도성 내 거지에 대한 정부 차원의 대책이 처음 마련된 것은 현종 대였다. 현종 11년(1670), 왕은 백성들로 하여금 거지 아이들을 거두어 길러 노비로 삼게 하라는 지시를 내렸다. 거지 아이를 데려다 노비로 삼는 일은 전에도 있었지만 원칙적으로 불법이었다. 그러던 것이 이때에 이르러 법적 정당성을 확보한 것이다. 그러나 일거리를 찾는 사람들이 늘어선 상황에서 굳이 노동력이 떨어지는 아이를 데려다 몇 해 키우고 노비로 삼으려는 사람들이 많지는 않았던 모양이다. 이 조치는 별 실효를 거두지 못했던지 이 무렵부터 거지에 대한 국가적 대책이 다방면으로 모색되기 시작했다. 도성 내외 거지에게 수시로 죽을 공급하기도 했고, 그들을 모아 경기 일대의 섬으로 몰아넣기도 했다. 심지어 숙종 23년(1697)에는 병조판서 민진장을 도성 내 거지를 주관하는 당상관으로 삼는 일도 생겼다. '거지 당상'이 출현한 것이다. 그러나 거지 당상이라고 해서 무슨 묘수가 있는 것도 아니었다. 그저 재정에 조금 여유가 있으면 죽을 쑤어 먹이고, 겨울에는 거적이나 폐지를 의자^{衣資}(옷 만들 재료)라 해서 나누어주는 데 불과했다. 갖은 방법을 다 써도 거지가 줄지 않자 정부는 거지들의 본거를 일일이 조사하여 고향으로 되돌려 보내고, 거지를 많이 배출한 지방의 수령守令은 따로 논죄論罪하기까지 했다. 그러나 이것도 효과가 없기는 마찬가지였다. 거지들에게 꼭 돌아가겠다는 약속을 받고 고향 가는 동안에 먹을 양곡을 나누어주면, 성 밖에 나가서는 뿔뿔이 흩어졌다가 기회를 보아 다시 들어오곤 했다.

거지들로서는 서울에 붙어 있는 편이 나았다. 지방 거지야 어찌 되든 도성 안에서만은 차마 굶어죽는 사람을 낼 수 없다는 허울 좋은 왕도사상이 거지들에게 수시로 먹을거리를 던져주었다. 영조 대에는 도성 내에서 거지가 죽으면 경조京兆 당상(한성판윤)을 추고推考하기도 했다. 왕이 거지들에게 신경을 쓰니 고관대작 나리들도 무신경할 수 없었다. 때로 부자들이 거지들을 먹이기 위해 떡을 만들어 성 밖에서 나누어주기도 했다. 오늘날 빈대떡이라 부르는 음식은 본래 이 무렵 빈자貧者들에게 먹이려고 따로 만든 떡이다. 빈자떡이 빈대떡이 된 것이다. 더불어 일시적으로나마 노동력을 팔 수 있는 기회도 심심치 않게 생겼다. 전란 이후 역제役制 전반이 동요하면서 급가모립이 일반화하고 있었으니 남 대신 지게를 지거나 송충이를 잡을 수도 있었다. 하다못해 잔칫집 순례를 하더라도 농촌보다는 서울이 나았다. 여기저기 널린 게 부잣집이요 잔칫집이었고, 거지들의 장기長技가 또 떼거지 부리기요 입소문 내기이니 그 입을 막기 위해서라도 몇 푼 주어 보내야 했다. 거지가 떼로 몰려와 버티고 있으면 귀찮아서라도 쫓아야 하지 않겠는가.

거지는 다른 말로 깍정이(또는 깍쟁이)라고도 했다. 오늘날에는 깍쟁이가 '지나치게 잇속을 챙기는 사람', 또는 '얄밉도록 약삭빠른 사람'을 지칭하는 말이 되어버렸지만, 사실 이야말로 '서울 거지'가 생존을 위해 어쩔 수 없이 체득한 성격이었다. 시골에서야 부잣집은 정해져 있는 것이고, 그 집에 대한 평판 역시 고정되어 있었다. 그러나 서울깍쟁이는 누가 부자이고 누가 겉만 번지르르한 무뢰배인지, 누가 후한 사람이고 누가 모진 사람인지를 눈치 하나로 재빨리 알아채야 했다. 서울깍쟁이들은 돈 생기는 일거리가 언제 어디에 생기는지도 알아야 했다. 약삭빠르지 않고서는 깍쟁이로 살아갈 수가 없었다.

거지 중에는 남의 집 행랑에 얹혀살면서 밥술이나 얻어먹는 자도 있었던 모양이지만, 이런 경우는 어디까지나 예외였다. 거지잠의 전형은 노숙露宿이다. 그렇다고 길거리 아무 곳에나 눕지는 않는다. 오늘날의 노숙자가 밤에 모여드는 곳은 지하철 역사이지만, 지하철 역사가 생기기 전에는 다리 밑이 최고였다. 비바람을 피할 수 있고, 겨울엔 비교적 따뜻하니 거지들의 주거 공간으로서는 그만 한 곳도 없었다. 그런데 한뎃잠을 자는 사람들 사이에도 위계가 있게 마련이다. 이 시절에도 연륜 있고 세력 있는 거지들이나 다리 밑을 차지할 수 있었다. 다행히 서울에는 다리가 무척 많았다. 개천에만 수십 개의 다리가 있었고, 그중에는 튼튼한 돌다리도 꽤 있었다. 그래서 다리 밑은 거지들의 생활 공간이 되었고, 다리를 기준으로 거지패가 만들어졌다. 상인이든 역부든 모두 도중都中으로 묶이고 계契로 묶이던 시절이니 거지라고 조직이 없을 수 없었다. 다리 단위로 조직된 거지패의 우두머리를 꼭지라 했으니, 광교 꼭지·수표교 꼭지·효경교 꼭지 등이 모두 일정 규모의 거지를 거느리고 두목 행세를 했다. 옛날에는 어린아이가 '나 어디서 태어났어요?' 하고 물으면 어른들은 꼭 '다리 밑에서 주워 왔다'고 대답

_ 1960년대의 오간수문 밖 청계천변. 가산의 땅거지로부터 시작된 뱀 장수 일은 200년 넘게 지속되어 청계천변 일대를 뱀탕집 천지로 만들었다. 천대받던 뱀탕이 개장과 더불어 보양식 수위에 오른 것이 아이러니하기는 하지만 역사의 관성이란 참으로 무섭다.

했다. 거지 아이 데려왔다는 뜻이다. 그러나 개천에 다리가 많다고 해도 서울의 모든 거지들을 수용할 수는 없었다. 요즘처럼 촘촘한 감시망이 펼쳐진 시절에도 거지 숫자는 제대로 알 수 없는데, 하물며 200~300년 전에랴. 영조 31년(1755) 겨울에만 도성 안에서 죽은 거지가 100여 명이었다고 하니 그로 미루어 짐작할 수밖에. 다리 밑을 차지하지 못한 나머지 거지들은 산비탈이나 남의 집 처마 밑에서 새우잠을 잘 수밖에 없었을 터이다.

그런데 영조 대의 준천은 거지들에게 큰 선물을 하나 남겼다. 개천 바닥에서 퍼 올린 흙을 마땅히 처리할 방법이 없어 오간수문五間水門(조선시대 청계천에 있던 다섯 칸짜리 수문) 양쪽에 쌓아두었는데, 그러고 보니 두 개의 산이 생겨버렸다. 이 산을 조산造山, 또는 가산假山이라 불렀다(오늘날 방산동의 옛 이름은 조산동이다). 다리 밑을 차지하지 못한 거지들이 이 산에 땅굴을 파고 거처를 마련했다. 그로써 '땅거지' 무리가 생겨났다. 영조 임금은 준천의 부산물로 생긴 가산에 땅거지가 모여들자, 이들을 방치할 경우 심각한 치안 문제가 생길까 우려했던 모양이다. 이들에게 최소한의 생계를 보장해줄 심산으로 뱀을 잡아 파는 독점권을 주었다. 그때는 신해통공辛亥通共 전이라 모든 물종에 다 독점 판매권이 붙어 있었다. 뱀이라고 예외일 수는 없었다. 땅거지를 땅꾼이라고도 했는데, 그 이후로 뱀 잡는 사람을 땅꾼이라 부르게 되었다.

땅거지는 출현하자마자 수적으로 다리 밑 거지를 압도했다. 1년에 한 차례, 각처의 거지들이 모여 거지패의 총두목(꼭지딴)을 뽑는 행사를 가졌는데, 그 행사가 가산에서 열렸다. 가산의 거지 두목이 서울 장안 거지 전체를 통솔하게 되었던 것이다. 꼭지딴은 그 위세가 워낙 당당하여 거지들의 잔칫날에는 장안의 명기名妓도 마음대로 부를 수 있었다고 한다. 기생 처지에서도 무료 봉사만은 아니었다. 당시에는 거지들의 입이 가장 훌륭한 광고 매체였다. 무슨 군軍이니 무슨 대감이니 하는 자들도 거지들을 통해 기생의 평판을 들었다고 한다.

　　　18세기 이후 거지는 주로 빌어먹고, 가끔 품을 팔거나 뱀을 팔고, 드물게 선혜청宣惠廳 구료를 받으면서 당당한 서울 주민의 일원으로 자리잡았다. 영조 이후의 왕들은 거지들에게 매년 한두 차례씩 쌀이나 거적, 종잇조각을 나누어주어 왕의 은덕이 하찮은 거지들에게까지 미침을 보여주고자 했다. 이 무렵의 거지는 이미 흉황凶荒의 산물이 아니었고, 지배층도 그 사실을 받아들이지 않을 수 없었다. 이 시기에 인구가 증가하고 있었든 정체하고 있었든, 농촌은 이미 많은 인구를 도시로 내보내고 있었다. 정조 연간부터 관용어가 된 '풍년거지'라는 말은 그 같은 사정을 표현하는 것이다.

서울은 깊다 · 09

무리배

도시에서든 시골에서든 혼자 걷는 밤길은 대체로 무섭다. 어둠 자체가 겁이 나는 것이 아니라 어둠을 틈타 나타날지도 모르는 그 무엇이 두려운 것이다. 그런데 사람들은 도시와 농촌에서 각각 다른 대상에 두려움을 느낀다. 밤에 호젓한 시골길을 걷다가 불현듯 섬뜩한 느낌을 받을 때가 있다. 걸음을 멈추고는 뒤돌아본다. 그러나 아무도 없다. 놀란 가슴을 달랠 겸 큰 소리로 외쳐본다. '게 누구요, 사람이요 귀신이요.' 당연히 대답은 없다. 그렇다고 두려움이 가시는 것도 아니다. 귀신일지도 모른다는 생각에 종당에는 미친 듯이 뛰어 도망치게 마련이다. 시골에서는 귀신이 무섭다. 연쇄 살인 사건이 일어났던 화성 같은 곳에서는 다르겠지만—그곳에서도 이즈음에는 피해자들의 원혼에 대한 기담奇談이 떠돌고 있지는 않을까—시골의 밤길에서 마주치는 두려움은 대개 귀신에 말미암은 것이다.

그러나 도시의 밤길에서 두려운 존재는 사람이다. 밤의 도시에서 겪는 두려움은 탁 트인 논둑길에서 마주치는 두려움이 아니라 으슥한 골목길에서 대면하는 두려움이다. 밤의 골목길을 걷는 도시 사람들은 혹시나 퍽치기 강도·깡패·양아치·건달·불량배·치한 등이 뒤따르지나 않을까 하고 불안해한다. 그러다 보니 이런 자들같이 생긴 자, 심지어는 단지 같은 방향으로 뒤따라 걷고 있을 뿐인 사람에게까지도 겁을 낸다. 도시가 부여하는 익명의 가면이 타인을 정체불명의 존재로 지목하게 만들고, 그 정체불명성이 불안감을 조장하는 것이다. 요즈음에는 사실상 사어가 되어버렸지만, 이렇듯 막연한 불안감을 조장하는 정체불명의 사람들을 통칭하여 예전에는 '무뢰배'라 불렀다.

무뢰배를 글자 뜻 그대로 풀면 기댈 곳, 또는 의지할 사람이 없는 무리가 된다. 그렇다면 이들을 불쌍히 여기고 돌보아주는 것이 오히려 상정常情일 터인데, 도대체 왜 이들을 배척하고 지탄하며 두려워했을까. 무뢰배를 불량배나 우범자와 동일시하는 것은 유교 문화권에서 공통된 현상이다. 기대어 생활할 근거가 없다는 것은 곧 항산恒産이 없다는 것이며, 항산이 없는 자가 항심恒心을 가질 수 없으니, 맹자의 말을 금과옥조로 떠받들던 시대에 그런 자들을 믿을 수 없다는 통념이 형성된 것은 필연이었을 게다. 그런데 문제는 조선시대 전 시기에 걸쳐 무뢰배로 지칭되는 사람들의 범주가 지속적으로 확대되었다는 점에 있다.

조선 초기에 무뢰배로 지칭된 자들은 주로 중이나 백정, 도망노비, 산간이나 절간에 숨어든 도둑떼 등이었다. 호패제가 시행된 뒤에는 여기에 '호적에서 누락된 자'가 추가되었다. 생계를 지탱할 직업이 없고, 신분을 고준考準할 증빙이 없으니 이들이야말로 명실이 상부한 무뢰배였다. 그런데 조선 중엽에 접어들어 양반 사대부들이 자신들만의 세계에 높은 담장을 쌓고 단단히 빗장을 걸기 시작하면서 그 밖으로 밀려난 자들이 무뢰배 대열에 포함되기 시작했다. 서자庶子·기술직 관리·무반武班이 차례로 무뢰배가 되었다.

연산군은 후대 식자識者의 눈으로 볼 때에는 '무뢰배의 전형'이라 할 만했는데, 그가 왕위에 있으면서 등용한 사람들과 그를 왕위에서 몰아내는 데 공을 세운 사람들 중 상당수가 당대에 무뢰배로 지목되었다. 연산군 대에는 왕에게 자신의 누이나 딸을 홍청興淸1으로 바치고 별감 자리를 얻은 자들이 꽤 있었다. 이렇다 할 자격이 있어 별감 나부랭이가 된 것도 아니요, 하는 일이라고는 홍청이 된 누이나 딸을 배경 삼아 뇌물을 챙기거나 공갈협박으로 남의 재산을 갈취하는 짓뿐이었으니, 이들을 다른 멀쩡한 별감배와 구분하여 무뢰배라 부르지 않을 수 없었다. 그 연산군을 몰아내고 중종을 옹립하는 데 공을 세운 이들 중에는 무인武人이 많았다. 1등 정국공신靖國功臣이 된 박원종을 필두로 하여 무인들 다수가 공신 지위에 올랐다. 후일 조광조 일파는 이들에게 가차 없이 무뢰배라는 딱지를 붙였지만 그런들 어떠랴. 실패하면 역적이지만 성공하면 공신이 아닌가. 무엇보다도 '반정'反正이라는 위험하지만 극히 매력적인 도박의 성공 사례가 사람들로 하여금 기꺼이 무뢰배라는 지탄을 감내할 수 있도록 해주었다. 이제 무뢰배라는 말은 특정한 신분적·사회적 위치에 있는 자를 지칭하는 말보다는 점차 성격이나 심성, 지식에 하자가 있는 자를 지칭하는 말로 더 자주 쓰이기 시작했다. 이쯤 되면 무뢰배라는 이름의 고유한 의미는 더 이상 중요하지 않았다.

요행을 바라고 세력 있는 사람에게 빌붙는 자들, 그래서 충심보다 사심을 앞세우는 자들은 모두 무뢰배였다. 몰래 담벼락에 괘서掛書를 써 붙이는 자는 물론이요 권세 있는 자를 대신하여 상소질하는 성균관 유생이나 시골 선비들도 무뢰배였고, 변변한 학식도 없이 과장科場에 몰려와 난장亂場을 만드는 거자擧子(과거 시험 치르는 사람) 무리도 무뢰배였다. 조선 후기 당파 간 다툼이 치성熾盛하면서는 반대 당파에 속한 자는 모두 무뢰배 또는 무뢰배와 어울리는 자로 지목하는 것이 통례처럼 되었다. 자기 당론에 동조하지 않는 자들은 모두

1_ 연산군의 방탕한 유흥을 위해 대궐로 불러들인 미모의 젊은 여성을 이렇게 불렀다. 흥청망청이라는 말도 여기에서 유래했다.

_ 1880년대 루셔스 푸트Lucius H. Foote 미국 공사 부인의 나들이 행렬. 가마꾼 네 명에 겸인 넷이 붙었다. 조선시대 대관이나 종친의 행차 역시 가마만 달랐을 뿐 따르는 무리는 이와 같았다. 겸인들은 대관, 종친을 항상 따라다니면서 심부름을 했는데, 그러다 보니 대관의 알리바이를 입증하는 책임도 겸인들이 졌다.

무뢰배가 되니 세상이 온통 무뢰배로 가득 차 있는 셈이었다.

무뢰배가 갈수록 늘어나 드디어는 자신과 친한 자를 제외한 모두가 무뢰배로 보일 지경에까지 이르렀지만, 그래도 세상이 다 아는 대관이나 종친을 자기 당파가 아니라 해서 바로 무뢰배로 몰 수는 없었다. 그때 붙일 수 있는 핑계거리가 '무뢰배와 어울려 무뢰한 짓을 한다'는 것이었고, 그렇게 무뢰배로 지목되는 자들은 대개 그들의 '겸인배'傔人輩였다. 겸인이란 방문객 응대應待·문서 수발·행차 호종扈從·재산 관리 등의 일을 하면서 종친이나 대관 가까이 머무는 하인이자 가신家臣을 말한다. 그중에는 노비도 있었지만, 글줄이나 아는 사람이 필요한 영역이 따로 있었다. 그래서 평민이나 사족士族 출신 겸인도 적지 않았다. 이들은 국가에 의뢰하지 않고 사인私人에 의뢰하는 만큼 무뢰배라는 말에 딱 어울리는 자들이었다.

본래 천예賤隸가 아닌데 남의 집 겸인이 되는 자들에게도 나름대로 피치 못할 사정은 있었다. 역役을 피하기 위해 투탁投託한 자도 있었고, 그냥 세도가의 눈에 띄어 마지못해 끌려간 자도 있었다. 그러나 그보다는 기꺼이, 자진해서 겸인이 되는 자들이 더 많았다. 특히 조선 중엽 두 차례의 반정은 능력도 자질도 없으면서 벼락출세를 바라는 자들에게는 한 줄기 햇살과도 같은 것이었다. '가능성 있는' 종친 주위에 사람들이 들러붙기 시작했다. 겉으로 드러내지는 않았지만, 그들의 심사야 굳이 캐묻지 않아도 알 수 있을 터이다.

왕조 사회에서 남자 왕족은 '빛 좋은 개살구'에 불과했다. '살아서는 왕의 형이요 죽어서는 부처의 형'이라고 흰소리를 늘어놓았던 양녕대군조차 실상은 언제 도성 밖으로 내쳐질지 모르는 아슬아슬한 위기 속에서 살았다. 공주나 옹주라면 시집가서도 구박받을 염려가 없었고 남편에게도 기 세우고 살 수 있었지만, 무슨 대군이니 아무개 군君이니 하는 자들은 이러지도 저러지도 못 하는 어정쩡한 처지로 평생을 보내야 했다. 학문에 몰두하면 '필시 다른 뜻이 있을 것'이라는 소리를 들었고, 말 타고 활 쏘면서 소일할라치면 '무뢰배와 어울리는 것으로 보아 불측한 마음을 품은 것이 분명하다'는 공격을 받았다. 그저 그림이나 그리고 거문고나 타면서 두문불출해야 자기 주변에 쏟아지는 의혹의 시선을 잠재울 수 있었다. 예술 분야에서 대가가 된 종친은 있어도 학문이나 무예로 이름을 떨친 종친은 없지 않은가.

그러나 나무는 가만히 있고자 해도 바람이 놓아두지 않는 법이다. 줄만 잘 대고 시국만 요상하게 돌아가준다면 혹시 아는가. 하루아침에 공신록에 이름 올리고 떵떵거리며 세상을 오시傲視할 수 있는 길이 열릴지도 모르는 일이다. 공신이 되는 데에 학문이나 인품은 중요하지 않았다. 어린 종친에게 미리 줄을 대놓는 일은 위험하지만 배당률이 극히 높은 도박이었다. 물론 도박이 성행하는 사회는 결코 건전할 수 없다. 아니, 거꾸로 건전하지 못한 사회이기에 도박이 성행하는 법이다. 능력에 따라 대우받고 노력한 만큼 대가를 얻을 수 있는 세상이라면 사람들이 너도나도 위험한 도박에 빠져들지는 않을 것이다. 물론 역사상 이런 시대는 없었고 아마 앞으

_ 조선 말의 별감. 조선 후기에는 나인의 친족이나 종친의 겸인들이 별감 직을 얻는 경우가 많았다. 이들은 궐내에 출입하는 것을 기화로 이득을 취하는 데 이골이 나 있었고, 그렇게 번 돈을 흥청망청 쓰는 데에도 능했다. 시정의 왈짜, 무뢰배의 두령급이 이자들이었음은 이미 잘 알려진 사실이다.

2_ 『배비장전』裵裨將傳에서도, 홍명희의 『임꺽정』에 삽입된 「이봉학전」에서도 기생 끼고 노는 무뢰배의 대표는 비장들이다. 이자들이 모두 겸인으로 사또 영감을 수행한 것이다.

로도 없을 것이지만, 그런 기대가 발붙일 수 있는 최소한의 근거나마 있다면 사람들은 도박에 빠져드는 자신을 경계하게 마련이다. 그러나 세상은 그런 기대를 저버리는 방향으로 변해갔다. 공신·훈신·척신의 자제들이 음서蔭敍니 대가代加니 해서 벼슬자리를 끼고 앉으니 과거를 통해 입신양명할 길은 갈수록 좁아졌다. 공부 못하는 자, 공부하기 싫은 자, 공부할 능력이 안 되는 자, 그러면서 이렇다 할 연줄도 없는 자들이 요행을 바라는 것을 나무랄 수만은 없는 일이다.

종친이나 대관 주변에 모여들어 그 겸인이 되는 자들 중에는 그 같은 요행수를 노리는 자들이 적지 않았다. 이들은 어린 영감의 행차를 호위하면서 위세를 돋우었고, 영감이 무료하지 않도록 갖가지 오락거리를 제공했으며, 그렇게 신임을 얻어 심복이 되고자 했다. 혹시 아는가, 어느 날 갑자기 영감이 상감이 될지. 때로 악취미를 가진 영감 비위를 맞추려다 보니 유부녀 납치, 처녀 강간과 같은 일도 서슴지 않았고, 그들 스스로도 그 짓거리를 즐겼다. 다행히 영감이 대전이나 대비전의 총애라도 받고 있다면 그까짓 포도청 군관이야 무시해도 좋았다. 또 상전에 대한 충성심을 인정받으면 별감이든 찰방察訪이든 벼슬자리를 얻을 수도 있었다. 거기까지는 못 올라가더라도 주인이 지방에 내려가면 그 비장裨將이 되어 나름대로 거드름을 피울 수도 있었다.2_ 이쯤 되면 무뢰배 소리를 듣더라도 양반 팔자가 부럽지 않았다. 세력 있는 자의 겸인이 아니고서는 무소불위의 패행悖行을 저지를 수 없었으니, 이들이 무뢰배의 대표 격이 된 것도 무리는 아니었다.

물론 그런 생활이 안정적일 수는 없었다. 윗전의 총애는 언젠가 끝나게 마련이었고 끈 떨어진 연 신세가 된 영감이 '무뢰한 종친'이나 '무뢰한 대신'으로 낙인 찍혀 내쳐지는 일도 드물지 않았다. 심하면 역모를 꿈꾸었다는 죄안罪案에 이름이 오르고 단근, 압슬의 혹형을 당하다가 변명 한마디 제대로 못하고 물고物故가 날 수도 있었다. 종친과 명유名儒를 얽으려는 참인데 겸인 나부랭이 한둘쯤 죽인대서 무슨 큰 문제가 되던 시절이 아니었다. 또 굳이 역적질을 하지 않더라도 공신이 될 방법이 있었으니 애꿎은 사람을 역적으로 몰아 출셋길을 찾는 자들도 없지 않았다. 역심 비슷한 것을 품고 오해될 소지가 있는 글이라도 지었다면 백 마디 변명이 소용없었다. 멀쩡한 사람도 역적을 만드는 판에 시정의 무뢰배쯤이랴. 역모 사건에는 인정도 왕도도 없었다.

　　숙종 대 이후 당파 간 권력 다툼이 극성하면서는 불측과 무도無道, 무뢰와 역심이라는 말이 난무했고, 그때마다 대관의 죄를 얽기 위해 겸인을 닦달하고 종친의 역모를 밝히기 위해 겸종傔從을 때려죽이는 일이 생겨났다. 실재한 모반도 있었고, 실체를 알 수 없는 역모도 있었다. 영감 대감이든 겸인이든 자중자애하지 않고서는 천수를 누리기 어려웠다. 다른 길을 찾아야 했고, 또 이 무렵 세상은 그 길을 열어주고 있었다. 부가 권력에 버금가는 지위를 점하기 시작했던 것이다.

　　조선 후기에는 역모를 꿈꾸지 않고도 경제적 이권을 차지할 수 있는 길이 넓어졌다. 장토庄土에서 얻는 수익만큼이나 상업을 통한 이익도 늘어났던 것이다. 궁방이나 세도가에서는 염전·어장·주인권主人權(특정 상품 유통에 대한 독점권) 등을 절수折受받거나 사들여서 부를 축적하는 데 몰두하기 시작했다. 그 일을 노비에게만 맡길 수는 없었다. 세가나 궁방의 노비가 포구 주인이나 여각 주인이 되는 예도 있었지만, 아무래도 그런 일에는 세정世情에 밝고 장부를 능숙하게 쓸 줄 아는 겸인들이 적격이었다. 연줄을 얻으려는 사람들과 능력 있는 수하를 두려는 세가·궁방의 이해가 맞아떨어지면서 영조 연간에는 시전 상인들을 겸인으로 삼는 것이 관례가 되었다. 이 관례는 조선 왕조, 대한제국이 망할 때까지 지속되었다. 한말 모리배 예종석[3]은 '육의전 중 1헌軒에 상인이 2~3인 있었는데, 그중 한 사람은 상인으로, 다른 한 사람은 고관 집에서 겸인으로 일했다'고 회고했다. 군이나 옹주마마, 대감마님은 시전 상인의 상업적 지식을 활용하여 재산을 늘릴 수 있어 좋았고, 상인들은 든든한 배후를 두게 되어 좋았으니 이런 일이 관행화하지 않을 도리가 없었다.

    오늘날의 조직폭력배들이 형님·아우라는 호칭을 버리고 새로 사장이니 상무니 하는 호칭을 얻게 된 것처럼 조선 후기의 겸인배 역시 말 타고 활 쏘는 대신에 치부책을 쓰는 데 더 많은 정력을 기울이게 되었다. 그렇다고 이들이 벼슬에 무관심한 것은 아니었다. 어쨌든 벼슬은 좋았다. 비장이니 오위장이니 별감이니 찰방이니 하는 벼슬은 물론 때로 군수까지도 겸인에게 열려 있었다. 영감·대감을 위해 좋은 일을 해주면 보답은 있게 마련이었다. 벼슬은 죽은 뒤 묘비에 새길 글자를 바꿔주었을 뿐 아니라 돈도 벌게 해주었다. 그런데 겸인이 상인이 되었다고 해서 무뢰배 기질이 사라지지는 않았다. 본래부터 국법을 우습게 알고 사적 권력을 배경 삼아 못 하는 짓이 없던 자들이었으니, 그들의 상업 활동이라는 것도 대체로 무뢰배의 행태를 답습하는 것이었다. 이들이 무뢰배로서만 생활한 것은 아니지만 어쨌거나 남의 영업권을 빼앗거나 힘없는 상인들로부터 분세分稅를 징수하는 일은 배후에 영감 땡감이 없고서는 불가능한 일이었다.

    강명관은 무뢰배와 별감을 각각 오늘날의 조폭과 오렌지족에 비유했고, 고석규는 조선 후기 소비 활동의 새로운 주체로 왈

---

[3] 예종석은 유곡도幽谷道 찰방이라는 벼슬을 지냈지만 한말부터 일제하까지 전형적인 겸인의 행태를 보였다. 그가 모신 '주인'은 송병준이었는데, 일제하에는 송병준의 '재산 관리인'으로 지목되었다.

짜패를 찾아냈지만, 이들 사이에 10만 8,000리쯤 되는 거리가 있는 것은 아니었다. 그놈이 그놈이었다. 별감 나부랭이나 시정잡배가 무슨 돈으로 호의호식할 수 있었겠는가. 다 남의 돈을 제 돈처럼 만지고 그 틈에 제 몫을 챙길 수 있었으니, 그 같은 사치가 가능했을 터이다. 도마뱀 꼬리 자르듯 배후가 드러나지 않으니 무뢰배나 왈짜패가 되는 것이지 실상 이들은 대개 겸인 무리였을 것이다.

조선 후기 도시 상업 발전 과정에서 형성된 자본에는 무뢰배 자본의 성격이 짙게 배어 있었다. 무뢰배 자본가들은 국역國役에서 면탈免脫된 채 사적 의무만 지면 되는 자들이었다. 그들은 다만 상전에 대해서만 책임을 지면 되었다. 부득이 상전과 진퇴를 같이 하는 경우도 있었지만, 상전이 몰락하면 재빨리 다른 주인을 찾아나서는 자들이 더 많았다. 이들은 이른바 한국적 천민자본주의의 비조鼻祖들이었다. 이 자들은 본래 궁방이나 세도가의 천예들이었으니 무슨 노블레스 오블리주noblesse oblige 같은 것도 있을 턱이 없었다.

개항 후에도 서울 안 상인들의 무뢰배 성격은 지속되었다. 한말 서울의 거상으로 지목되던 사람들 중 상당수가 종친이나 척족戚族, 대관 집의 겸인 출신이었다. 을사늑약 후 내부대신을 거쳐 일황日皇으로부터 작위까지 받은 초특급 매국노 송병준 역시 민태호 민영환 집안의 겸인이었다. 민영환이 턱으로 부리면 '네 네' 하고 따르던 자가 세상이 일변하매 옛 주인을 무는 개가 되어 주인집 재산을 몽땅 훔쳐냈을 뿐 아니라—단재丹齋의 표현이다—심지어는 나라까지 통째로 팔아먹겠다고 나섰으니 이자야말로 사욕 말고는 아무것에도 가치를 두지 않는 무뢰배의 전형이었다고 할 만하다. 충성을 바쳐야 할 공적 의무의 대상인 국가가 사라진 일제 강점기에 자본의 무뢰배적 성격(=천민성)은 한층 더 증폭되었고, 지금까지도 서울 문화의 한 귀퉁이를 점거하고 있다.

서
울
은
깊
다
· 10

촌뜨기

도시와 농촌, 또는 서울과 시골이 거주 공간을 구별하여 부르는 용어라는 것을 모르는 사람은 없다. 이 용어는 분명 '공간'을 지칭하는 데 쓰는 말이다. 그러나 이 말을 그림씨로 바꾸는 순간, 이는 공간뿐 아니라 양식樣式을 지칭하는 말이 되고, 나아가서는 4차원의 서로 다른 '시간대'를 지칭하는 개념으로까지 확장되어버린다. 얼마 전 어떤 여성복 광고에서 "도시적 분위기의 세련된 스타일"이라는 카피를 본 일이 있다. 이 카피에서 앞의 여섯 자와 뒤의 여섯 자는 완전히 같은 뜻이다. "촌티가 물씬 풍기는 세련된 스타일"이라는 말은 생각할 수조차 없지 않은가. '도시적'이라는 말은 '세련된', '현대적인'이라는 말과 동의어이고, 같은 맥락에서 '촌스럽다'는 말은 '시대에 뒤떨어진' '유행을 따라가지 못하는'이라는 말과 동의어이다.

　　도시와 농촌이 다른 만큼 두 공간이 구성되는 '양식'과 두 공간에서 거주하는 사람들의 '생활양식'에 차이가 생기는 것은 당연한 일이다. 도시가 출현한 이후로, 도시와 농촌의 '양식상의 차이'는 항상 있어왔다. 도시는 '문명을 집적하는 저장고'였고, 그 집

_ 삼성종로타워. 도시 공간에서 랜드마크 구실을 하고 있는 대형 건물들은 모두 자신을 두드러지게 표현하기 위해 '장식'을 사용한다. 한국 자본주의의 대표주자 삼성을 상징하는 이 건물은 공간을 '낭비' 함으로써 역설적인 장식성을 표현하고 있다. 이 건물은 그 자체로 '낭비'와 귀족적 소비가 동일시되는 현대 자본주의의 상징물이다.

적의 성과는 일차적으로 장대壯大하고 미려美麗한 구조물들로 나타났다. 도시의 대규모 건조물들은 대체로 교아巧雅한 장식을 통해 풍부한 상징성을 갖추기 마련이었다. 신의 권능이나 세속 권력의 위엄을 드러내기 위한 건조물들이 도시 내 주요 지점을 장악했고, 이들 건조물은 자신을 두드러지게 표현할 수 있는 장식을 필요로 했다. 장식성은 도시의 기본 구성요소였고, 도시 주민들 역시 일상적 시선을 통해 그를 자연스럽게 받아들였다. "사랑하면 알게 되고 알면 보이나니"가 아니라 "보다 보면 익숙해지고 익숙한 것이 편해지는" 것이다. 그 친숙함이 바로 '문화'요 '성품'이다.

반면 농촌의 건조물들에서 '장식성'은 예외적으로만 나타날 뿐이었다. 그나마 극히 투박하고 소략하여 '상징성' 말고는 아무것도 볼 것이 없는 '장식'들이 농촌 장식의 일반적 특징이었다. 문화재 전문가가 아닌 사람들도 불상이나 불탑, 범종 등의 '양식'만을 보고도 서울에서 만들어진 것인지, 지방에서 만들어진 것인지 얼추 짐작할 수 있다. 어느 시대에 만들어진 것인지에 대해서는 깜깜하더라도 말이다. 농촌은 생산하는 공간이되 축적하는 공간은 아니었고, 권력이 지배하는 공간이되 권력을 낳는 공간은 아니었다. 그 탓에 농촌에 세워지는 건조물들은 대개 장식성을 아예 무시하거나 최소화한 채 기능성만을 압도적으로 강조하는 형식을 취했다. 이곳에서도 역시 사람들은 보이는 대로 느끼고 행동했다. 도시는 화려했고 농촌은 질박했으니, 그 안에서 사는 사람들도 주변 경관을 닮아갔다. 도시 사람은 꾸밈이 많고 교활한 반면, 농촌 사람은 투박하되 순수했다.

그런데 이러한 차이가 언제나 '시간적 격차'로 이해되지는 않았다. 도시가 농촌을 방치해둔 채 일방적으로 문명을 집적해가기는 했지만, 그 변화의 속도는 사람들이 인지하기 어려울 정도로 느렸다. 그 탓에 한 가지 양식이 수백 년 동안 변함없이 유지되는 것이 오히려 일반적이었다. 건축 양식상의 변화가 잦았던 유럽 도시들조차 로마네스크, 고딕, 르네상스의 세 가지 건축·미술 양식만으로 1,000년을 버텨왔다. 동아시아에서는 이런 변화조차도 찾기 어렵다. 당장 조선 초기 건축(고려시대 건축을 포함하더라도)과 조선 후기 건축에서 양식상의 차이를 즉각적으로 감지하기란 불가능하다. 애초 드라마 〈태조 왕건〉을 촬영하려고 만들어놓은 문경 세트장에서 삼국시대나 조선시대를 배경으로 하는 드라마를 다시 촬영해도 그닥 어색하지 않다. 수많은 실험적 양식의 건축물들이 여기저기에 속속 들어서는 오늘날의 도시에 사는 사람들의 눈으로 볼 때에는 과거의 도시 역시 발전이 지체된 공간에 불과하다. 도시에서조차 변화는 아직 일상에서 멀리 떨어진 곳에 있었다. 전근대의 도시와 농촌은 양식상에서만 구분되었을 뿐, 서로 다른 시간대에 위치한 공간은 아니었다. 그들 간의 차이에 '시간대'가 포함된 것은 근대가 시작되면서부터였다.

17세기에 일본 나가사키長崎의 난관蘭館에 드나들던 네덜란드 상인들은 수십 년이 흘러도 변하는 법이 없는 일본인들의 옷 모양새를 비웃었다. 15~16세기 '대항해시대' the Great Era of Voyage 이후 아메리카 대륙에서 유럽으로 흘러들어간 재화는 유럽의 부를 급속히 늘렸고, 그를 발판으로 유럽은 거의 독립적으로 전개되던 4대 섬유

문명―고대의 4대 문명권은 섬유에서도 각각 견·면·모·마를 특징적으로 발달시켜왔다―을 통합하는 데 성공했다. 17세기 세계경제의 수도 구실을 하고 있던 암스테르담은 부르주아지가 지배하던 도시였다. 의복을 통해 지위를 표현하던 고대 이래의 '전통'을 이어 부르주아지들은 귀족을 모방하려 했고, 귀족들은 또 다른 차이를 만들고자 했다. 그에 따라 유행의 변화 속도도 빨라졌다. 변화를 일상 속에 끌어들이는 데 성공한 네덜란드 부르주아지들이 볼 때, 일본 상인들은 아직껏 중세의 그늘 속에 살고 있는 유럽 농민들과 유사한 존재, '촌티 나는' 존재였다. 그러나 이때까지만 해도 일본인들은 '오리엔탈리즘'의 시선을 받아들이지 않았다. 일본인들에게도 네덜란드인들의 '변덕'을 조롱할 권리는 있었다. 일본인들이 보기에 양자의 차이는 변덕과 지조, 사치와 절검이라는 성향에 있었을 뿐 '시간대'에 있지는 않았던 것이다. 그러나 이 대립적 균형은 서구 자본주의가 세계로 확산되면서 이윽고 무너져갔다. 같은 무렵, 조선에서도 도농 간의 격차가 점차 시간대의 차이로 인식되기 시작했다.

조선 왕조 초기의 서울은 우리나라 역대의 어떤 수도보다도 문화적 폐쇄성이 적었다. 특정 부족 집단이나 호족 세력이 자기 근거지를 그대로 수도로 삼았던 관행에 비추어 본다면, 조선 왕조가 서울을 새 도읍지로 정하고 그곳에서 지배층과 도시 주민을 재구성한 방식은 가히 혁명적이었다. 개경의 옛 귀족 상당수가 자의로 또는 타의로 지배층 대열에서 이탈했고 다수의 시골 출신자들이 새 도시의 주인이 되었다. 복제服制도 바뀌었고, 일상 언어도 분명 재구성되었을 것으로 보이지만, 이런 변화가 하루아침에 이루어질 수는 없는 법이다.

아마도 세종 대에는 방금 만들어진 한글 발음의 표준을 따

소쇄원. 기묘사화 이후 낙향한 조광조의 문인 양산보가 담양에 지은 원림園林이다. 조선 중엽만 해도 서울에서 멀리 떨어진 고향에 장원을 짓고 나라에 도가 없음을 탓하면서 유유자적한 생활을 누리는 양반들이 적지 않았다. 그런다고 해서 그들을 '시골뜨기'라 비웃는 사람은 없었다.

르기 어려운 서울 사람들이 많았을 게다. 그때에도 '經濟'를 '겡제'로 발음하는 사람이 있었을 터이고, '머꼬'와 '무시기'를 두고 다투는 사람들이 있었을 터이지만, 요즘처럼 표준말이 정해져 있지는 않았으니, 그를 부끄러워해야 할 이유는 없었다. 도시 서울의 문화적 특질이 형성되기까지에는 다양한 언어와 습속이 뒤섞여 새로운 문화로 주조鑄造될 수 있는 시간이 필요했다. 더구나 왕조 초기 서울은 여러 방면으로 개방되어 있었기 때문에 지방 사람과 지방 문화의 유입은 오랫동안 지속되었다. 과거제가 제 기능을 수행하고 있었고, 왕조 중기에 접어들면서는 시골에 은둔해 있던 사림의 진출도 본격화했다. 반면 새로 들어오는 자들만큼이나 서울에서 물러나는 사람도 많았다. '세상에 도가 있으면 출사하고 도가 없으면 물러나 은거하는 것'邦有道則仕 邦無道則可卷而懷之은 공자의 가르침이기도 했다. 이 가르침은 배척당해 물러나는 자들에게 서울에서 쫓겨나는 것을 부끄러워하지 않아도 되게끔 해주었다.

왕조 초기에는 새로 벼슬을 얻어 입경하는 자와 그를 따라 온 가솔과 노복들이 분주히 새 집을 알아보는 동안, 벼슬을 그만둔 관리를 따라 낙향하는 무리가 이삿짐을 싸는 일이 매일같이 되풀이되었을 것이다. 시골 사람이라고 해서 평생 시골에서 '썩어야' 하는 것도 아니었고, 서울 사람이라고 해서 세세손손 서울 사람으로 남으리라는 보장도 없었다. 경관京官 중에도 시골에 사는 사람들이 적지 않았다. 서울과 시골은 결코 바뀔 수 없는 공간이었지만, 서울 사람과 시골 사람은 얼마든지 바뀔 수 있는 존재였다. 이때에도 시골 사람을 향인鄕人이라 하여 서울 사람과 구별해 부르기는 했지만, 그들을 '촌티'가 뼛속까지 배어 교정하기 어려운 사람으로 취급하지는 않았다. 향인이란 단지 '아직' 현달한 직질職秩을 갖지 못한 자들, 다소 어수룩하지만 순박한 사람들(물론 이런 사람들도 서울에 몇 달만 머물면 금세 영악해진다) 정도의 의미로 쓰였다. 지배 체제가 안정되는 조선 중엽이 되면 새로 벼슬길에 나온 시골 선비들을 '조정의 예절도 모르고 사체事體에도 어긋난다'고 비웃는 일이 생겨나기 시작했지만, 모르는 것은 배우면 그만이었다. 향인도 기회만 닿으면 얼마든지 경인京人이 될 수 있었고, 경인도 언제든지 낙향할 마음의 준비를 하고 살아야 했다. 아니 오히려 수구초심首丘初心이라, 재상이라 하더라도 죽음을 앞두고서는 고향으로 돌아가는 것이 당연한 일이었다. 본능적으로 위험을 느낀 관료들이 '부모 봉양'을 핑계대고 낙향(=피신)하는 일도 허다했다.

  그런데 조선 후기에 들어와 사정이 달라지기 시작했다. 시골 사람이 서울에 자리잡기가 갈수록 어려워졌고, 서울 사람이 아주 낙향하는 일도 드물어졌다. 18세기 이후 서울이 지방으로부터 빨아들이는 재화의 양은 크게 늘어났지만, 그에 반비례하여 인재를 끌어들이는 규모는 축소되었다. 이제 부의 원천은 더 이상 농토에 국한되지 않았다. 상업적 이익은 그보다 더 빨리, 더 대규모로 재산을 모을 수 있게 해주었다. '귀거래 귀거래혜'歸去來歸去來兮를 읊으며 낙향하여 산수를 벗 삼는다는 생각은 낭만적인 것이 되어버렸다. 음풍농월吟風弄月의 유유자적한 생활을 누리기 위해서라도 서울에 남아 계속 부를 거머쥐어야 했다. 경향 간의 통로는 빠르게 막혀갔으며, 서울 양반들은 경화거족京華巨族이 되어 권력과 부, 사회적 지위를 세습적으로 독점했다.

  노론이니 소론이니 남인이니 하여 학연으로 혼맥으로 끼리끼리 뭉친 서울의 대관 나리들은 자신들의 지위를 자식들에게 물려주기 위해 못 하는 일이 없었고 안 하는 짓이 없었다. 특히 시골의 인재를 빨아올리는 빨판 구실을 해왔던 과거제가 심각하게 망가졌다. 시험문제 빼돌리기, 답안지에 표시하기, 대리시험 등이 광범위하게 자행되었다. 그러나 부정과 불법에는 위험이 따랐다. 합법적이고 정당한 방법이 필요했다. 17세기 중반부터 서울 문체와 시골 문체가 달라지기 시작했다. 아니 더 정확히 말하자면 서울의 경화 자제들은 시골 유생들이 배우기 어려운 새로운 문체를 배웠고, 출제자들은 그에 합당한 문제를 냈다. 서울 선비들은 사륙문四六文[1]을 새로 익혔으나 시골 선비는 그를 제대로 배울 방법이 없었다. 이렇게 해서 경화거족들은 자기 자식들에게 합법적으로 정당하게 급제할 수 있는 길을 넓혀주었고, 그럼으로써 자기들만의 서울, 자기들만의 나라를 만들어갔다. 정교하게 고안된 과거科擧와 전고銓考의 여과장치를 거치면서 '명가의 자제는 날 때부터 다르다'는 생각이 퍼져나갈 공간도 넓어졌.

  경화거족들이 서울로 들어오는 문을 걸어 잠그고, 그 안에서 자기들만의 유행을 만듦에 따라 서울과 시골 사이에 '시간적' 장벽이 쌓여갔다. 조선 후기부터 향인을 대신하여 향암鄕闇, 鄕暗이라는 말이 자주 쓰이기 시작했다. 시골 사람은 예절과 사체를 모를 뿐 아니라 시세時勢—시간의 흐름이요 세월의 변화이니, 그 자체가

[1] 중국의 육조와 당나라 때 성행한 한문 문체. 문장 전편이 대구로 구성되어 있는 것이 특징이다. 4자로 된 구와 6자로 된 구를 배열하기 때문에 사륙문이라고 하며, 변려문駢儷文이라고도 한다.

시간이다—에도 어두운 자들로 취급되었다. 서울 사람들에게 시골 사람은 옷차림과 행동거지뿐 아니라 말투에서도, 심지어 외모에서까지도 확연히 구분되는 특징을 갖는 '타자'들, 과거의 사람들이 되었다. 시골에 사는 사람들만 조롱거리가 된 것이 아니었다. 어렵게 과거의 관문을 뚫고 새로 도성민의 자격을 얻은 사람들에게도 '향산'鄕産, '향생'鄕生이라는 딱지가 붙었다.

요즘도 시골 사람처럼 보이는 자들을 흔히 시골뜨기, 촌뜨기라고 한다. 시골내기라는 말이 있기는 하지만 잘 쓰지 않는다. 반면 서울 사람을 서울내기라고는 해도 서울뜨기라고는 부르지 않는다. 서울뜨기라는 말이 없는 것은 아니되 이미 사어가 된 지 오래이다. '내기'는 출생지를 표시하는 것이요, '뜨기'는 출신지를 표시하는 것이다. 경향 간에 왕래하면서 정처를 찾지 못하는 자들, 어디서 났는지 어디서 왔는지 추적할 수 없는 자들을 '뜨내기'라 부르는 것도 그 때문이다. 같은 서울 하늘 아래 살아도 '서울에서 나고 자란 자'(서울내기, 경종京種)와 시골에서 올라온 자(시골뜨기)는 급이 다른 인간들이었다. 시골 사람은 서울에 들어오더라도 온전한 서울 사람이 될 수 없었다. 시골뜨기는

_ 〈모당평생도〉慕堂平生圖 중 '좌의정시'左議政時. 조선 후기에는 서울내기, 그중에서도 북촌내기들이 평생을 서울에 눌러 앉아 권력과 부를 세습하는 것이 일반화했다. 이들의 '평생'을 담은 것은 서울의 특정 공간이었고, 본관本貫은 그저 이들의 뿌리를 표시했을 뿐이다.

'과거의 인간'들이었다. 한 공간 아래 다른 시간대에 사는 사람들이 병존하게 되었다.

이제 각 지방의 인재와 문화를 용해하여 새로운 서울 사람, 새로운 서울 문화를 만들던 국초의 활기는 사라졌다. 경화 벌열閥閱로 누대에 걸쳐 권세를 누려온 자들만이 '서울내기'(경종)로 거드름을 피울 수 있었다. 경아전京衙前이나 군교 같은 미관말직에 있는 자들도 '서울에 와서 동서남북도 구분 못 하는' 시골 출신 벼슬아치들을 우습게보았다. 벼슬 못지않게 (출신지가 아니라) 출생지가 중요하게 취급되었다. 조선 말기에 이르러서는 벼슬의 고하와 무관하게 시골 사람을 업신여기는 풍조가 만연했다. 고종 초년에는 일개 군관이 이웃집에 이사 온 시골 출신 예조좌랑을 일삼아 멸시하다가 구타하는 사건까지 일어났다. 물론 하극상의 죄를 범한 군관은 처벌받았지만, 처신을 잘못하여 아랫사람의 웃음거리가 된 시골 출신 벼슬아치도 서울살이를 접어야 했다.

공간적으로는 도성 문만 나서면 바로 시골이었지만, 사람들이 느끼는 도성과 시골의 정서적 거리는 갈수록 멀어졌고, 시골은 끝내 장막 저편의 공간이 되어버렸다. 그런데 무엇이든 시야에서 사라지면 신비로워지는 법이다. 먼저 왕이 안절부절못하기 시작했다. '당상 이상과 삼사三司의 반열에 시골 출신이 없다'는 점이 불안한 현실로 인지된 것은 이미 현종 대부터의 일이었는데, 영조 대에 이르면 아예 과거 합격자에 시골 출신이 가뭄에 콩 나듯 하는 지경에까지 이르렀다. 영조는 과거 시험에서 시골 출신 할당제2까지 시행하면서 시골 출신 선비들을 발탁하려 애썼고, 도성 나들이라도 하게 되면 반드시 시골에서 올라온 자들을 불러들여 시골 형편을 직접 들었다. 이는 물론 왕 자신의 정치적 지반을 다지려는 뜻에 따른 것이었지만, 그 한편에는 시골구석 어딘가에는 반드시

2_ 성균관에서 치르는 인일제·삼일제·칠석제 등의 시험에서는 반드시 시골 출신과 서울 출신을 따로 전형銓衡하여 각각 한 명씩을 장원으로 뽑고, 그들에게 바로 전시殿試를 치를 수 있는 자격을 주었다.

개세지재蓋世之才를 지닌 큰 인물이 있을 것이라는 신비주의적 사고도 작용했을 것이다.

궁벽한 시골구석 어딘가에는 세속에 물들지 않은 위대한 도학자가 있을 것이라는 기대는 산림처사에 대한 막연한 숭앙을 낳았다. 이런 분위기에서 어차피 되지도 않을 과거에 매달리느니 산림처사를 자처하면서 공부나 열심히 하여 후일을 기약하려는 시골 선비도 늘어났다. 이들 중에는 아예 세상을 뒤엎어버릴 꿈을 꾸는 자들도 있었다. 더불어 성聖과 속俗으로 구분되었던 도시와 농촌의 관계도 점차 역전되어갔다. 서울은 도의도 염치도 팽개처버린 탐욕스러운 무리들이 권세와 부를 얻기 위해 악다구니를 벌이는 혼탁한 공간이요, 농촌은 세속에 대한 욕심을 끊은 청정淸淨한 도학자들이 사는 공간이 되었다.

물론 경화거족이라고 해서 내내 서울에만 붙어 있었던 것은 아니다. 그들도 나이가 들어 은퇴하거나 병이 들면, 또는 일시적으로 피신할 필요가 있다고 판단되면 바로 시골로 내려갔다. 그러나 그들이 찾아 내려간 시골은 연고지일망정 고향은 아니었다. 또 그들이 찾은 시골은 '생활과 결합된 공간'이 아니라 '이미지로 구성된 공간'이었다. 그들에게 시골은 수려한 산수를 벗 삼아 낚시나 즐기고 술이나 마시면서 유유자적 세월을 보낼 수 있는 공간일 뿐이었다. 그곳에서는 노동할 이유도, 심지어 노동을 감독할 필요도 없었다. 유럽의 도시 부르주아지들이 귀족 영주들의 생활을 부러워한 나머지 교외에 '전원'을 창조했듯이, 조선의 귀족들은 무릉도원에 관한 오래된 설화를 서울에서 그리 멀지 않은 곳에 직접 구현하고자 했다. 그러니 서양에서나 조선에서나 전원의 이미지는 크게 다르지 않았다.

영조는 '우로雨露는 땅을 가리지 않는데 인재를 취하는 일에 어찌 경향을 가리는가'라고 꾸짖었고, 정조는 '급제를 차지하는 자들은 모두 남산과 북악 사이에 사는 집안 자제들뿐'인 현실을 통탄했다. 경화거족들이 끼리끼리 출제자도 되고 감독관도 되고 응시생도 되는 현실에까지 손을 댈 수는 없었지만, 서울 선비들에게 일방적으로 유리하게 출제되는 과거는 고쳐보고자 했다. 인재를 끌어들이는 통로가 막혀버리면 나라가 쇠망할 수밖에 없다는 사실은 누구나 알고 있는 일이었다. 왕은 자기 나라를 위해 그 길을 넓혀보고자 했지만, 경화 벌열은 자기 가문을 위해 그 길을 막아놓으려 했다. 그러나 이 다툼도 그리 오래가지 않았다. 경화 벌열이 이겼고 이후 100년 가까운 세월 동안 시골 땅에는 서울과 서울 사람들에 대한 분노가 쌓여갔다. 19세기 말의 민란에는 농촌 지식인들의 이런 분노도 한몫 끼어 있었다.

서울은 깊다 · 11

압구정과 석파정

나는 10년도 훨씬 넘게 대학교 선생 노릇을 했지만 제자가 없다. 시간강사가 학생들과 장기적이고 지속적으로 관계 맺는 일은 애당초 불가능하다. 한 번에 두 시간씩 매주 한 차례, 15주 정도 만나고 나면 그뿐인 데다가, 한 강의실에 수십 명에서 백 명까지 들어와 앉아 있으니 대개는 학생들의 얼굴은 물론 이름조차 기억하기 어렵다. 그런데도 학기마다 유달리 눈에 띄고 그 탓에 나중에까지 기억되는 학생들이 있다. 두드러진 외모와 현란한 옷차림으로 어디에 앉아 있건 눈길이 가는 학생도 있고, 또랑또랑한 눈초리로 한눈팔지 않고 쳐다보면서 중간 중간 고개를 끄덕거려 강의에 추임새를 넣어주는 학생도 있다. 침이 튀건 말건 한 학기 내내 고개를 바짝 쳐들고 맨 앞자리에 앉아 부담스럽게 하는 학생도 있고, 무슨 죄를 지었는지 아니면 지으려고 하는 건지 모자를 푹 눌러 쓰고 구석진 자리에 앉아 눈길 피하는 데 진력하는 학생도 있다. 그렇다고 이런 학생들이 수시로 수업 빼먹는 것도 아니다. 수업 빼먹는 학생들은 대개 자리에 연연하지 않는다. 선생 눈에 띄려고 애쓰는 학생에게나 선생 눈길을 피하려고 고심하는 학생에게나 무슨 특별한 이유가 있는 것은 아닐 게다. 어쨌든 눈도장을 찍어두는 것이 나중에 학점 받는 데 조금이라도 유리하다는 사실을 본능적으로 알아채고 있는 날카로운 학생들이 없지는 않겠지만, 그건 대체로 일종의 성품이요 습성에 따른 행동이다. 어디에 들어가든지 으레 구석진 자리를 찾아 앉는 사람이 있는가 하면, 확 트인 유리창가나 실내 한복판 자리를 고집하는 사람도 있다. 드러내고 싶은 욕망과 숨고 싶은 욕망은 모든 사람이 아울러 지니고 있는 것이겠으나 사람마다 그 욕망의 배합 비율이 다른 모양이다. 또 강의실 같은 데에서는 굳이 맨 뒤 구석자리를 찾아 앉으면서도 노는 자리에서는 남 뒤질세라 앞장서는 사람들도 있다. 성품뿐 아니라 때와 장소도 '드러냄'과 '숨김'의 선택에 작용하는 셈이다.

    사람만 그런 것이 아니라 사람이 짓는 건물 역시 '과시와 은폐'의 복잡한 변주를 즐긴다. 다만 도시 건조물의 '성품'은 사람의 성품보다 더 적나라하게 '권력의 소재'를 반영할 뿐이다. 도시를 장악한 권력이 언제나 장대하고 미려한 건조물로 자신을 '과시'해왔음은 앞에서 이미 말한 바 있다. 그런데 권력이 언제나 한 덩어리로 뭉쳐 있는 것은 아니다. 그것은 다양한 사회관계 속에 분산되어 있었으며, 일정한 위계 아래에서 자신을 드러내왔다. 왕궁이나 중심 신전이 아닌 한, 랜드마크 구실을 하는 건물들조차 어느 정도는 '과시의 유보'가 필요하다. 한 편을 향해서는 과시적이면서도 다른 편을 향해서는 자신의 존재를 감추는 '불가피한 미덕'이 필요한 것이다. 물론 이런 건조물도 많을 수는 없다. 어쨌든 도시 내 건조물의 절대 다수는 애써 찾으려도 겉모습만으로는 찾기 어려운 '가가호호'들에 불과하니까.

    우리나라 불교 사찰들이 '숨는 데' 신묘한 능력을 가지고 있음은 전통 문화에 조금이라도 관심을 가지고 있는 사람이거나 하다못해 등산만을 즐기는 사람일지라도 다들 아는 일이다. 산사山寺가 있다는 표지판을 보고 걸어 올라가다 보면 분명 있을 자리에 다 왔는데도 절이 보이지 않는 일이 허다하다. 절은 대개 바로 그 코앞에 다다라서야 느닷없이, 불쑥 모습을 드러낸다. 안에 들어가 보면 도대체 이 큰 절이 어떻게 숨을 수 있었을까 의심이 들 만큼 방대하고 웅장한 규모인데도 밖에서는 좀처럼 그 모습을 구경하기 어렵다. 선종禪宗 사찰들이 산 속에 '숨어든' 이유를 대개는 속세와 절연하는 데 가치를 둔 옛 선승禪僧들의 생각에서 찾는다. '몸이 멀어지면 마음도 멀어진다'고 공간적 격리는 당연히 심리적 단절을 유도한다. 그러나 여기에는 불교가 세속 권력과 융합된 탓에 일상화할 수밖에 없었던 '갈등과 마찰'에서 스스로 몸을 빼려는 의지도 작용했던 듯하다. 경주 황룡사의 승려들이 왕궁을 위압하는 절에 몸을 붙이고 있다 해서 의기양양하지만은 않았을 터이다. 정교政敎 분리 이후로도 종교 권력이 세속 권력과 다투는 일은 왕왕 있어왔지만, 종교적 힘은 결국 세속의 힘 앞에 무릎을 꿇곤 했다. 특히 우리나라에서 종교 권력은 일찌감치 세속 권력에 대한 '과유불급過猶不及'의 미덕을 깨닫고 '속세 뒤로' 물러나 앉았다. 그런 역사적 경험 탓인지 심지어 새로 개창된 조선 왕조가 불교를 일거에 비공식 세계로 내몰 때에도 사찰과 승려들은 별다른 저항 없이 '퇴각'했다. 개항 이후 이 땅에 자리잡은 신흥의 종교 권력이 자신의 신이 지닌 '무한한 권능'을 자랑하듯 도시 공간 위에 거리낌 없이 과장된 모습을 드러내기 전까지는 서울은 확실히 세속 권력이 일방적으로 우위를 점한 도시였다.

　　당연한 말이지만 세속 권력의 중심에는 왕이 있었다. 왕도王都는 왕을 위한 공간이었고, 이 공간 위에 왕은 자신의 권위와 신성성을 드러낼 수 있는 숱한 장소들을 만들었다. 비단 왕 개인을

_ 겸재 정선의 〈압구정〉. 한명회가 지은 이 정자는 동호東湖의 건너편에서 강의 북쪽을 바라다보고 서 있었다. 그는 비록 나는 새도 떨어뜨릴 위세를 자랑했지만, 왕의 권위에 필적하려 들지는 않았다.

위한 것만이 아니라 왕의 친족을 위한 장소들도 궁극적으로는 '왕'에게 귀일歸一되는 것이었다. 그러니 궁궐과 종묘, 사직은 물론이요 도성 내외 도처에 들어선 별궁別宮이나 누각, 정자들도 '왕과 종친'의 것인 한 아무것도 거리낄 이유가 없었다. 반면에 그 자신 권력자 소리를 듣기는 했지만, 왕의 양해와 뒷받침 없이는 그 권력을 누릴 수 없었던 고관들은 예전의 중들이 그러했던 것처럼 '절제의 미덕'을 깨우쳐야 했다. 세도가들이 사적인 건조물을 세울 때에는 그가 아무리 '나는 새도 떨어뜨릴' 권력을 쥐고 있었다 해도, 일단은 '알아서 기어야' 했다. 그러면서도 '만인지상'의 권위는 표현해야 했으니, 공간 위에 '절제된 과시'를 담는 것이 그리 쉬울 수는 없었다. 세도가 중에는 국법을 어겨가며 100칸이 넘는 집을 짓는 자도 있었고, 집 기둥에 감히 단청을 칠하는 자도 있었지만, 어쨌든 그걸 공공연히 자랑할 수는 없었다. 그들은 '과시'와 '은폐' 사이에서 적당한 절충점을 찾아야 했다.

조선시대 서울에서 과시와 은폐의 변주를 가장 잘 보여주는 건조물이 바로 누정樓亭이다. 조선 초기인 15세기까지 한강 변에

_ 1993년에 복원된 효사정. 세종대 우의정을 지낸 노한이 지은 정자인데, 1993년 동작구 흑석동 한강변 언덕 위에 복원되었다. 주로 노숙인들의 잠자리로 이용되고 있어 쉽게 발길이 가지 않는 곳이지만, 이곳에서 내려다보는 한강 풍경—특히 야경—은 가히 일품이라 할 만하다.

는 수십 개의 누정이 들어섰는데, 그 대다수는 왕이나 왕족이 지은 것들이었다. 화양정華陽亭·황화정皇華亭·제천정濟川亭·칠덕정七德亭·유하정流霞亭·담담정淡淡亭·영복정榮福亭·이수정二水亭·춘초정春草亭·낙천정樂天亭·풍월정風月亭·태화정太華亭·세심정洗心亭·희우정喜雨亭(망원정望遠亭) 등은 모두 왕(곧 국가)이나 대군이 지은 정자들로서 기우제를 지내거나 수군 습진習陣을 지켜보는 등 국가적 행사를 위한 장소였을 뿐 아니라 강안江岸과 강상江上의 풍광을 구경하기 위한 유상遊賞의 장소이기도 했다. 때로는 조선의 고관들이 중국 사신을 접대하는 장소로도 이용되었다. 이들 정자는 거개가 한강 줄기를 굽어볼 수 있는 강안 언덕 위에 자리하고 있었다. 그런데 보는 사람의 시야가 넓으면 그만큼 노출되는 부위도 늘어나기 마련이다. 정자에 올라 놀면서 강변 행인이나 강상 어부의 시선을 피할 도리는 없었다. 그 위에서는 굽어보는 만큼 우러러 보였으니 정자가 자리잡은 위치나 서 있는 모양새는 비록 '과시적'이었지만, 그 안에서 노는 사람들은 아무래도 '스스로 삼가는' 행태를 보여야 했다. 적어도 강가의 정자에서 '관음적觀淫的 시선'이 자리잡을 여지는 없었다.

대관들도 강가에 정자를 지었다. 한명회가 압구정鴨鷗亭을 지었고, 노한이 효사정孝思亭을 지었으며 김국광이 천일정天一亭을 지었다. 그런데 이중 두 개의 정자는 모두 강 건너편에 있다. 내려다보는 풍광에 손색이 있는 것은 아니었으되, 사람들은 이들 정자를 올려다보기보다는 쳐다보았다. 당세의 세도가 한명회의 정자조차도 왕이나 대군의 정자들과 어깨를 나란히 할 수는 없었던 모양이다. 그래서 압구정과 효사정은 그 선 모습은 오만하되 자리잡은 터는 나름대로 겸손한 정자, '절제된 과시'를 담은 정자가 되었다. 조선 초기에도 양반 관료들이 산속에 정자를 짓는 일이 없지는 않았지만, 정자라기보다는 집 옆의 별채에 가까운 것이었고 그 수도 극히 적었다.

그런데 15세기에 활발하던 정자 건축은 16~17세기에 들어 주춤하는 양상을 보였다. 사신 접대니 강상 연회니 해서 종친과 대관들이 정자 위에 올라 떠들썩하게 놀 때마다 민폐를 끼치지 않을 도리가 없었으니, 성종은 그를 기꺼워하지 않았다. 그는 강변에 정자를 다시 짓지 못하게 했을 뿐 아니라 이왕에 있던 정자까지도 다 부숴버리라는 지엄한 분부를 내렸다. 그랬다고 이미 자리잡은 정자가 모두 철거된 것은 아니었지만, 이 지시로 인해 정자의 신축은 크게 줄어들었다. 그리고 그 약발이 채 떨어지기도 전에 두 차례의 대규모 전란이 전국을 휩쓸었고, 그 탓에 17세기까지도 유상을 위한 정자가 새로 만들어지는 일은 드물었다.

정자 건축이 다시 활기를 띤 것은 18세기 중엽 이후였다. 그런데 이 시기에 정자가 자리잡는 위치나 정자를 세우는 사람들의 신분은 15세기와는 크게 다른 경향을 보였다. 강가보다는 산속에 자리잡는 정자가 늘어났고, 왕이나 종친보다는 세도가들이 짓는 정자가 많아졌다. 특히 못쓰게 된 경복궁의 서쪽과 뒤쪽, 인왕과 백악의 풍치 좋은 계곡(이른바 장동壯洞이라 하는 곳으로 안동 김씨의 도성 내 근거지가 되었다)에는 도처에 세도가들의 정자가 들어섰다. 아무리 '인자요산 지자요수'仁者樂山 知者樂水라지만, 18~19세기 지배층 문화가 15세기의 그것보다 인후해진 탓이라고 할 수는 없을 것이다. 왜 그랬을까?

우선은 강변 풍광이 달라진 데에서 이유를 찾아야 할 듯하다. 언제나 그렇듯이 자연 경관을 망치는 으뜸가는 요소는 사람이다. 인류는 아직껏 자연을 완벽히 보존하면서 그와 어울려 살 수 있는 방법을 찾지 못했다. 18~19세기 인구증가는 주로 한강 변에 집중되었다. 이때에도 강변 마을은 한성부의 관할하에 있었지만, 늘어난 인구로 인해 이미 성내와는 전혀 다른 분위기를 지닌 위성

_ 석파정. 철종 대 김흥근이 지은 것인데 후에 흥선대원군 이하응이 우격다짐으로 빼앗았다. 김흥근이 이 정자를 팔려 하지 않자 대원군은 고종을 이 정자로 불러 함께 연회를 즐겼고, 김흥근은 왕이 행차했던 곳을 신하가 쓸 수 없다 하여 울며 겨자 먹는 격으로 대원군에게 내주었다. 이 정자의 소유권 이전은 그 자체로 당대의 '권력 이양'을 상징했다. 석파정은 백악 뒷편, 도성 사람들의 눈에 띄지 않는 곳에 숨어 있었다.

도시가 되어 있었다. 이 일대의 지역 사회는 더 이상 문벌이나 학식이 권위를 갖는 사회가 아니었다. 여기에서 '힘'은 시서화詩書畵에 능한 사람이 아니라 '돈' 많은 사람이 지니고 있었다. 18세기 이후 서울 외곽의 강변 지역에서 먼저 자본주의적 도시 문화가 형성되고 있었던 것이다. 그 탓에 강변은 더 이상 고즈넉이 앉아 유유히 흐르는 강물을 완상할 수 있는 장소가 아니었다. 그곳은 말 그대로 '시장 바닥'이었다. 시장 바닥에 정자를 지어보았자 오가는 장돌뱅이들이 쉬어 간다는 핑계로 들어앉아 술추렴이나 하는 장소로 쓰일 것은 뻔한 일. 누가 제 돈 들여 그런 자선 사업을 하겠는가.

그러나 이유가 거기에만 있었던 것은 아니다. 나는 이 시기의 정치 문화가 공적 관계보다는 사적 관계를 중심으로 전개된 것도 정자의 입지에 영향을 미쳤을 것으로 본다. 국가의 공식적인 관직 체계에 분배되어야 할 권력이 몇몇 세도 가문의 유대 체계 안으로 흘러가버리고, 세도가들이 왕권을 허구화시킨 채 사적 관계를 통해 '국가의 대사'를 결정하는 행태가 일반화하면서, 그런 행태를 담을 수 있는 공간적 담보가 필요했던 것은 아닐까. 외부에 잘 드러나지 않으면서도 그 안에서 함께 어울리는 사람들 사이에는 일종의 '공범의식'을 형성할 수 있는 아늑하고 안전한 공간, 곧 '아지트'Agit로 사용할 수 있는 산속 정자가 다수 만들진 것은 그 때문일 것이다.

조선시대에도 건축물의 '고도제한'이 있었다. 왕궁 담장 너머로 보이는 곳에는 왕의 것을 제외한 인공 구조물이 들어설 수 없었다. 감히 궁궐을 굽어보는 위치에 건물을 짓는 것은 바로 '대역부도'의 죄를 범하는 일이었다. 그러니 산속에 정자를 지을 때에는 선승들이 즐겨 쓰던 방법을 따르지 않을 도리가 없었다. 이 시기의 산속 정자들은 안에서는 수려한 산세와 계곡을 흐르는 물, 그

곁에 웅장하게 솟은 암반을 볼 수 있되, 밖에서는 쉬 눈에 띄지 않는 곳에 들어섰다. 왕의 눈을 피할 수 있다면 다른 사람의 눈도 피할 수 있는 법. 이제 산속 정자는 밀회와 밀담에 더없이 좋은 장소가 되었다. 재상과 장수, 각사各司 당상들이 시를 읊고 고사古事를 논한다는 평계로 아무 아무개 대감의 정자에 무시로 모여 들었다. 남산의 귀록정歸鹿亭이니 홍엽루紅葉樓니 노인정老人亭이니 하는 곳에서, 백악 인왕 일대의 옥호정玉壺亭이니 취운정翠雲亭이니 부암정傅巖亭이니 석파정石坡亭이니 하는 곳에서, 이들은 '사적'인 모임을 갖고 '국사'를 주물렀다. 반대 당파를 완전히 꺾어버리기 위한 모의가 진행되기도 했을 것이고, 누구누구를 비변사 당상에 올리자는 담합이 이루어지기도 했을 것이며, 심지어는 누가 다음 왕이 되는 것이 좋겠는가를 두고 중지를 모으기도 했을 것이다. 그러니 18~19세기에 다시 꽃피운 정자 문화를 양반들의 격조 높은 풍류 생활과 관련해서만 이해해서는 곤란하다. 이 시기 정자 문화는 근대의 요정 문화나 현대의 호텔 밀실 문화의 원류였던 것이다.

서울은 깊다·12

남주북병 南酒北餠

영조 38년(1762) 9월 17일(음력), 임금이 친히 숭례문에 나아가 남병사南兵使 윤구연의 참형을 지켜보았다. 당당한 장수를 참형에까지 이르게 한 것은 '금주령이 시행되는 중에 술 냄새가 나는 술병을 가지고 있었다'는 죄였다. 물론 윤구연이 금주령을 어긴 탓으로만 죽었다고는 하기 어렵다. 뒷날의 사신史臣은 권극, 남태회 등이 교묘한 방법으로 윤구연을 사지로 몰아넣었다고 썼다. 먼저 사간司諫 권극이 금주령을 위반하는 자는 효시할 것을 청하여 비답批答을 얻었고, 이어 대사헌 남태회가 윤구연이 금령을 어기고 늘상 술에 취해 다닌다고 고발하는 한편 선전관 조성이 증거품으로 '술 냄새 나는 병'을 찾아냄으로써 영조로 하여금 윤구연을 죽이지 않을 수 없게 했다는 것이다.

   인류가 술을 발명한 이래로 '술'과 관련된 죽음은 전체 죽음에서 꽤나 높은 비중을 점해왔다. 술 취한 자에게 맞아 죽거나, 술 취해 해서는 안 될 소리를 했다가 잡혀 죽거나, 술김에 다투다 죽거나, 겨울철 술 취해 밤길을 걷다가 얼어 죽거나, 여름철 술 취해 징검다리를 건너다 실족해 죽거나, 아니면 술독이 올라—술이

_ 김홍도의 〈군선도병〉群仙圖屛. 신선의 필수 소지품은 다름 아닌 술 호로였다. 술은 신성을 담고 있는 대표적 음식물이었으니 술을 잘 마시는 사람을 주선酒仙이라 하기도 했다.

요즈음처럼 흔하지는 않았으니 알코올성 질환에 의한 죽음은 극히 적었을 것이지만―죽은 사람들을 어떻게 이루 다 헤아릴 수 있을 것인가. 그렇게 본다면 '집에 술 냄새 나는 병을 보관' 했다는 이유로 죽은 윤구연이 특별히 억울해할 이유는 없을 터이다. 동서양을 막론하고 국가 권력이 술과 다투는 일은 비일비재했고 결국 술이 이기기는 했지만, 그 다툼 과정에서 많은 사람들이 옥살이를 하거나 심지어는 죽기까지 했다.

혹자는 술을 인류가 만들어낸 최고의 발명품으로 꼽기도 한다. 술은 사람의 오감을 두루 자극할 뿐 아니라 예술적 충동을 불러일으키고 나아가 관련 산업을 발전시킨다. 빛깔, 따르는 소리, 향기, 입 안에서 느껴지는 감촉, 목구멍을 타고 넘어갈 때의 느낌, 뱃속에 들어갔을 때의 감각, 취기가 오르는 속도, 술에서 깨어날 때의 기분이 술에 따라 다 다르다. 사람들은 그 감각 전부, 또는 일부

를 즐긴다. 특히 사람에 따라 정도의 차는 있지만 '만취한 상태'는 '신들린 상태=미친 상태'와 거의 구분되지 않는다. 술은 사람을 초인으로 만든다. 확실히 술은 특별한 음식이요, 인간이 신에 접근할 수 있는 보편적 도구이다(술보다 훨씬 더 강하고 빠른 효과를 내는 것이 마약이지만 이것이 보편화한 일은 거의 없었다). 당연히 세계 어느 곳에서나 가장 비싼 음식은 '술'이요 최고의 예술성을 지닌 그릇도 거개가 술과 관련된 것들이다. 밥그릇보다는 술잔이 좋아야 하고 물병보다는 당연히 술병이 비싸야 한다. '신성한 음식'을 담는 도구는 그 자체로 고귀해야 했다.

애초에 술이 '신성한 음료'로 취급되었기 때문에 그를 만드는 원료에도 '신성'의 이미지가 따라 붙었다. 술의 원료는 지역과 문화에 따라 다르지만, 그를 만드는 방법은 기본적으로 같다. 모든 술은 발효, 숙성 또는 증류, 혼합의 과정을 거쳐 만들어진다. 엄밀한 의미에서 발효주·증류주·혼합주(발효주 또는 증류주에 색소, 향료, 기타 천연 약재나 꽃잎 등을 섞은 것) 외에는 술이 아니다. 현대 한국인들이 즐겨 마시는 '소주'燒酎('酒'가 아니다)는 인공적으로 뽑아낸 알코올에 물과 감미료를 섞은 것이어서 아무리 독해도 '알코올 함유 음료'일 뿐 '술'은 아니다. 여기에는 절대로 신성神性을 부여할 수 없다.

그런데 술의 원료가 되는 '신성한 곡식(또는 과일)'은 대체로 '주곡'主穀과는 달랐다. 세계적으로 보자면 보리·포도·수수나 사탕수수가 주로 술의 원료로 사용되고 있다. 한국이나 일본처럼 주곡=쌀을 바로 술의 원료로 삼는 경우는 드문 예에 속한다. 오누키 에미코大貫惠美子는 일본인들에게는 쌀이 천황권과 직결된 것으로서 그 자체로 일본 민족을 상징한다고 하였다. 비록 대다수 일본인들이 쌀을 주식으로 한 기간이 100년 남짓밖에 되지 않았고, 그나마 현재에는 이미지로만 '주곡'인 상태에 머물러 있지만, 쌀은 그들의 정체성을 지탱하는 핵심요소라는 것이다. 우리나라에서도 사정은 같다. 지금도 한반도 어느 지역에 사는 사람들은 '살'과 '쌀'을 발음만으로는 구분하지 못한다. 한국에서나 일본에서나 '쌀' 이외의 곡식은 뭉뚱그려 '잡곡'이다. '잡스러운 것'을 들고 신에게 다가갈 수는 없는 노릇이니 '정'精하고 '정'淨한 쌀로 술을 담가야 했다. 한국에서 기타제제주(희석주)인 소주 시장이 급속히 확대되는 데에는 일제의 값싼 알코올 공급 정책과 더불어 박정희 시대의 '쌀막걸리' 금지 조치도 한몫했다.

우리나라에 증류주, 즉 소주燒酒('酎'가 아니다)의 제법製法이 전래된 것은 고려 말의 일이었다. 소주를 '아라기' 또는 '아락주'라고도 했는데, 이는 아라비아어 '알코올'에서 나온 말이다. 이 제법에 따라 한 되의 제대로 된 소주를 만드는 데에는 대략 같은 분량의 쌀이 소요된다. 여기에 누룩과 물, 시간과 손길이 추가되어야 하니 중류주 한 되의 가치는 쌀 한 되의 가치를 멀리 뛰어넘는다. 귀한 음료인 만큼 귀한 대접을 받아야 마땅했다. 귀한 것과 드문 것은 서로 통하는 법이니, 소주와 같은 좋은 술은 일생에 몇 번 마실 수 없는 음료였다(19세기까지 한국인들의 평균수명이 40살을 넘지 못했던 것과 어린아이와 여자에게는 술을 주지 않았던 것을 생각하라). 조상을 모시는 제사 때, 설날과 한가위 같은 축일 때가 아니고서는 좋은 술을 입에 대기가 쉽지 않았다. 보통 사람들은 가끔씩 일차 발효로 마무리한 발효주를 마시거나 아니면 기껏 술 담그고 남은 찌꺼기에 물을 타서—술지게미를 음식 대용으로 할 수 있는 것도 쌀의 미덕 중 하나이다—마시는 것으로 만족할 수밖에 없었다. 제대로 된 술을 자주 마실 수 있는 사람들은 그것만으로도 특권 신분임을 인정받을 수 있었다.

_ 김홍도의 〈주막〉. 18세기에는 술을 파는 주막이 도성 내외 도처에 들어섰으니 돈만 있으면 누구나 신선이 될 수 있었다.

다시 앞서 얘기한 사건으로 되돌아가보자. 남태회, 권극 등은 윤구연이 "매일 술에 취하는" 사람인 것을 알고, 금주령 위반을 빌미로 그를 죽음으로 몰아넣었다. 이 무렵 서울의 고관들 중에는 술을 매일, 취하도록 마시는 사람이 이미 적지 않았던 것이다. 비단 고관들뿐이 아니었다. 그 친지들, 겸인들까지도 함께 어울려 밤새도록 술 마시고 취하는 일이 비일비재했다. 하룻밤 잔치에 소 한 마리—최근에는 이런 상호를 단 고깃집도 곳곳에서 성업 중이다—가 안주거리로 사라지기도 했다. 성문 밖 동막東幕에는 수백 동이의 술을 담가두고 파는 '술도가'도 있었다. 쌀 한 말로 지은 밥을 한 자리에서 먹을 수 있는 '대식가'는 없다. 그러나 '두주불사'斗酒不辭의 호주가好酒家는 있다. '밥 배'와 '술 배'가 다르다는 것은 술을 잘 못 마시는 사람들도 다 안다. 술의 원료로 소비되는 쌀은 '배 불리는 쌀'과는 다른 쌀인 셈이다.

    18세기 중엽 서울에 반입되는 쌀 중 대략 1/3 정도가 양조용으로 쓰였다. 이 무렵 서울 주민들이 '밥'으로 먹는 쌀이 연간 100만 석 정도였으니 '술'로 먹는 쌀은 그 절반인 50만 석에 달했던 것이다. 굶주림을 참지 못해 남부여대男負女戴하고 서울로 밀려드는 거지떼, 땅꾼이 날로 늘고 있는데, 같은 도시 한편에서는 '밥 배'를 채우는 것으로 모자라서 '술 배'까지 가득 채우는 사람들이 있었으니, 왕정王政의 불인지심不忍之心으로 이를 방치할 수는 없었다. 영조의 금주령은 바로 "배 불리는 데 쓰이지 않는" 쌀 소비를 줄여 백성의 질고疾苦를 덜어주려는 의도에서 나온 것이었다. 그러나 앞에서도 말한 바와 같이, 세계사에서 금주령이 끝내 성공한 예는 없었다. 이때에도 제사에 쓰기 위해서라느니 병자용 약으로 쓰기 위해서라느니 노인을 봉양하기 위해서라느니 하면서 갖은 예외 사안을 만들어 술을 만들고, 팔고, 마셨다.

    보통은 술과 전혀 다른 것으로 생각하지만 재료 면에서나 기능 면에서나 효용 면에서 술에 상응하는 것이 '떡'이다. 우선 떡은 쌀, 그중에서도 특히 좋은 쌀로 만든다. 또 떡은 술과 함께 제례에 사용되는 음식이며, 끝으로 '떡' 역시 '밥'을 완벽하게 대체하지 못한다. 김유정은 오랫동안 굶주린 한 계집아이의 잔칫집 식탐을 소재로 하여 단편소설 「떡」을 썼다(『중앙』, 1935년 6월). 소설에서 열여섯 먹은 작은애기(소실)는 한없이 먹어대는 일곱 살 계집아이

19세기 말의 술도가. 바닥에 늘어놓은 고두밥만으로도 쌀 한 석 분량은 넘을 듯하다. 일제가 주세酒稅를 부과하기 전에는 이 정도 규모의 술도가가 도처에 있었다.

의 식탐이 신기하여 먼저 이밥을 주고, 이어서 팥떡, 백설기, 꿀 바른 주악을 내온다. 밥만 먹은 뒤에도 이미 '바람 넣은 풋볼'처럼 배가 불러 있던 계집아이는 신기할 정도로 뒤에 내온 떡들을 뱃속에 우겨 넣는다. 김유정은 음식을 내온 순서가 반대였다면 그 계집아이가 결코 그를 다 먹지는 못했으리라고 단정했다. 사람에 따라서는 밥 먹은 뒤에도 '죽기 직전까지는' 떡을 먹을 수 있었다. 떡 역시도 쌀을 과잉 소비케 하는 음식인 것이다.

　　18세기 이후 서울에서는 '남주북병'南酒北餠이라는 말이 유행했다. 남촌 사람들은 술 빚어 마시는 걸 즐겼고, 북촌 사람들은 떡을 잘 만들어 먹었다는 뜻이다. 당시에는 오늘날 종로 이북과 율곡로 변의 여러 동네—계동·재동·가회동·안국동·경운동·원남동·와룡동 등—를 북촌이라 했고, 을지로 남쪽으로 충무로를 가로질러 남산 기슭 일대—필동·남산동·주자동·묵정동·저동·인의동·회현동 등—를 남촌이라 했다. 수질로만 따진다면 진흙이 섞여 들어간 남촌의 물보다는 백운동, 청학동 계곡의 화강암반을 타고 흘러내리는 북촌의 물이 더 좋았다. 남북촌을 술과 떡으로 갈라놓은 것은 재료가 아니라 소비자의 기호였다.

　　　　　　이 무렵 남촌에는 무반이 아니면 실세한 남인들이 모여 살았고—윤구연 역시 남촌의 이현泥峴, 즉 오늘날의 충무로 일대에 살았다—북촌에는 무시로 궁궐에 출입하는 노론 벌열 가문이 모여 살았다. 아무래도 술에는 주량을 사내다움의 정도와 동일시하는 무인의 '마초이즘'이나 불우를 한탄하는 낙척서생의 '한恨'이 잘 어울린다. 사내들끼리 주량을 겨루는 일은 흔히 볼 수 있고, 대체로 그걸 비난하지도 않는다. 또 '쓸쓸한 심사'는 떡으로는 결코 풀리지 않는다. 반면 떡은 딱히 배가 고프지 않으면서도 무엇인가 궁금할 때 어울리는 음식이다. 아무런 근심 걱정 없이 세상만사를 즐기면서 대청에 모로 누워 입에 넣을 수 있는 것이 떡이다. '누워서 떡먹기'가 가능한 사람은 따로 있었다. 보통 사람들은 북촌의 유력 인사들 집 안에서 흘러나오는 '떡메' 소리를 마냥 부러워할 수밖에 없었다.

　　　　　　17~18세기 농업 생산력의 증대에 기반하여 나타난 잉여 미곡은 이런 식으로 자태를 변환하여 한계효용의 법칙을 돌파하면서 새로운 소비시장을 만들어냈다. 서울뿐 아니라 지방의 소도읍지나 농촌에서도 술과 떡의 소비는 늘었을 터이다. 흔해지면 천해진다. 아니 적어도 더 이상 귀한 것으로 대접받기는 어렵다. 더구나 이 음식물에는 신분에 따른 제한이 없었다. 집의 규모에도, 의복과 관대冠帶에도, 하다못해 밥상에 올리는 반찬의 가짓수에도 신분별 제한이 있었지만, 술이나 떡은 능력—오늘날 이 단어는 돈이나 재산과 완전히 동의어이다—만 있으면 아무나 먹을 수 있었다. 술과 떡의 원료 물자인 쌀이 특권적 지위를 잃고 돈과 함께 등가 교환의 세계로 휩쓸려 들어가면서 쌀·술·떡이 갖는 신성성도 변해갔다. 쌀은 생명의 원천이기 때문에 신성한 것이 아니라 비싸기 때문

에 귀한 것이 되었다. 이런 변화와 더불어 도시 자체가 갖는 신성성도 변화했다. 서울 사람들에게 왕권의 신성함은 여전히 부인할 수 없는 것이었지만, 돈도 왕에 비견되는 신격을 얻었다. 술과 떡은 이 새로운 신격을 상징했으니 남주북병은 서울의 남촌과 북촌이 각각 만들어낸 물신物神을 이르는 말에 다름 아니었다.

서울은 깊다 · 13

탕평, 땅평

일연은 『삼국유사』 「기이편」紀異篇에서 "환웅이 태백산 신단수 밑에 내려와 도읍을 정했으니 이곳을 신시라 했다" 하고, 이어 그와 함께 내려온 전문가Specialist 집단을 간략히 소개하고 있다. 풍백風伯·우사雨師·운사雲師 등이 그들인바, 이들은 곡식·수명·질병·형벌·선악 등 인간사 360여 가지 일을 주관하여 세상을 다스리고 교화했다는 것이다.

360가지라는 것은 세이레, 백일, 돌처럼 자연의 순환주기와 인생의 리듬을 맞추면서 만들어낸 억지춘향의 숫자이겠지만, 갓 농경시대에 접어들었던 당대의 기준에서는 그보다 더 많은 수를 상상하기도 어려웠을 것이다. 오늘날의 직업 숫자에 비하면 턱없이 적기는 하지만[1] 어쨌든 도시 직업은 농촌 직업과는 비교조차 할 수 없을 정도로 많았고 그 현상은 지금껏 지속되고 있다. 옛날 농촌의 직업이라는 것이 농업 말고 또 무엇이 있었겠는가. 드문드문 대장장이나 도축자(백정)가 있으면 그만이고 그들이 없더라도 가끔씩 찾아오는 장사꾼이 있으면 그것으로 족했다. 그 밖의 세리稅吏, 노역 징발자, 공물 징수자 등은 농촌을 수탈하는 도시의 촉수 구

[1] 노동부 산하 국립중앙직업안정소의 조사에 따르면 2001년 말 대한민국에는 1만 2,306종의 직업이 있었다.

실을 하는 자들로서 설령 농촌 내부에 있더라도 본질적으로는 외부의 타자들이었다.

반면에 도시는 발생 당초부터 '분업과 협업'을 발전시켰다. 물론 이때의 분업과 협업 체계는 생산 과정에서 작동하기보다는 주로 노동력이나 생산물을 관리하는 과정에서 작동했다. 노예의 가사노동이나 왕과 제사장을 위한 궁정노동—귀족을 위해 견마지로犬馬之勞를 다하면 노예요, 왕의 뒤뚜다꺼리를 하면 관료(=지위 높은 노예)가 되는 것이니 가화위국家化爲國이란 이를 말함이다—은 무척 이른 시기부터 정교한 분업 체계 안에서 이루어졌다. 인류는 생산 자체보다는 그 생산물을 분배하고 관리하는 데 더 많은 신경을 썼고, 그 방면에서 더 복잡한 사회적 관계망을 만들어왔다. 도시의 지표 위에 새겨진 도로와 필지, 그 위에 우뚝 솟은 건조물들은 그 관계망이 그려낸 그림에 다름 아니었다. 도시 주민의 직능별 구분선은 동시에 도시 공간을 구획하는 구분선이기도 했던 셈이다.

기능별로 구획된 도시 공간 위에 펼쳐진 주거지 역시 각각의 기능을 담당하는 사람들로 채워지게 마련이었다. 다양한 개인적·집단적 이동수단이 만들어진 근대 이후에야 직장·작업장과 멀리 떨어진 곳에 주거를 마련하는 일이 가능해졌다. 20세기 전반기까지만 해도, 도시 발달의 속도가 가장 빨랐던 서유럽에서조차 공장 노동자는 점심시간을 집에서 보냈다. 걸어서 이동하는 데 오랜 시간이 걸리는 위치에 직장과 집을 따로 떼어놓을 수는 없었다.

_ 남대문 부근 성벽 바깥의 자내 지역. 성벽에 바짝 붙어 초가집들이 늘어서 있다. 자내 주민들의 주된 생업은 채소 재배나 볏짚, 버들가지 등을 이용한 간단한 수공업품 제작이었다.

_ 경강 나루터. 오강의 역부들은 옷도 걸치지 않고 뭍과 물을 오가며 일을 했던 모양이다.

관청 주변에 관료가, 시장 주변에 장사꾼이, 제작소 주변에 공장工匠이 모여 살 수밖에 없었다. 도시가 기능적으로 다원화하면 거주지 역시 복잡한 변주를 거쳐 재편되기 마련이지만, 근대 이전의 도시에서는 거주지 정보 하나만으로도 그의 직업과 신분, 지위를 대강은 알 수 있었다. 하기야 오늘날의 서울이라고 해서 크게 다르지도 않겠지만.

19세기 서울의 주거 공간은 오촌五村, 양대, 자내字內, 오강五江으로 나뉘어 있었다(소춘, 「예로 보고 지금으로 본 경성 중심세력의 유동」, 『개벽』, 1924년 6월). 오촌은 동·서·남·북·중의 다섯 촌村이요, 양대는 윗대·아랫대의 두 대이며, 자내는 성을 둘러 펼쳐진 성 밖의 거주지이고, 오강은 경강京江(서울 앞을 흐르는 강, 곧 한강이다) 변에 늘어선 주거지역이다. 자내라는 말은 도성을 쌓거나 보수하거나 경비할 때 담당 기관이나 담당 지역을 배정하기 위해 일정한 길이로 구획하여 각 구간에 천자문 순서대로 이름을 붙인 데서 온 말이다. 즉 성벽 밖 황자黃字 구간 밑이나 영자盈字 구간 밑 등이 모두 자내가 되는 것이다.

구획된 서울의 도시 공간 위에는 서로 구분되는 종류의 사람들이 끼리끼리 모여 살았다. 오촌 중 중촌을 제외한 나머지 네 촌은 양반·관료들의 주거지였다. 동촌은 낙산 언저리(오늘날의 이화동, 동숭동, 충신동, 혜화동 일대), 북촌은 백악 아래, 남촌은 남산 기슭이었으며, 서촌은 인왕산 밑에서 서소문 주변에 이르는 지대였다. 조선 중기 붕당의 이름이 대개 이 사촌에서 나왔다. 김효원이 동촌에 살아 그 일파가 동인이 되었고, 심의겸이 서촌에 살아 그 일당이 서인이 되었다. 동인이 다시 나뉠 때 남산골 사는 일파가 남인이 되었고, 북촌에 사는 일당이 북인이 되었다. 물론 얼마 전의 동교동계나 상도동계가 다 동교동, 상도동에 몰려 살지 않았던 것처럼 당시에도 북인이 모두 북촌에 살고 남인이 몽땅 남촌에 살았던 것은 아니었지만, 그래도 유유상종이라, 16세기에도 끼리끼리 모여 사는 추세는 지속되었다.

동서남북 분당 이후 여러 차례의 정치적 변동을 거치면서 각 촌의 주인도 바뀌었다. 땅의 지위라고 해서 바뀌지 않는 것은 아니로되, 그보다는 언제나 사람의 지위 변화 속도가 더 빨랐다. 무엇보다도 19세기까지는 궁궐의 지위를 위협할 수 있는 공간요소는 아무것도 없었다. 조선시대 내내 서울 북촌은 전국 최고의 주거지였다. 18~19세기 노론 일당 지배 체제가 별다른 동요 없이 유지되면서 북촌은 당연히 노론의 집거지가 되었다. 화동·재동·계동·가회동·안국동·경운동 등지에는 반세기 전까지만 해도 아흔아홉 칸 저택이 도처에 웅자를 뽐내고 있었다(세상이 일변하매 그 집들은 태반이 요정料亭이 되었다가 그나마 근 20여 년 사이에 거개가 필지 분할되어 빌라 단지가 되어버렸다). 반면 어쩔 수 없는 북향에 토질조차 좋지 않아 1년 내내 나막신을 신고 살아야 했던 남촌의 진고개泥峴 언저리는 양반이되 양반 대접 받지 못하는 남인과 무반의 주거지가 되었다. 동서 양촌에는 소론과 북인이 다수 모여 살았지만, 다른 당색의 양반 관료들도 더러 섞여 살았다. 그런데 그 무렵의 양반님네들은 이미 양반으로서의 동질감을 느끼기보다는 당색별 차이를 드러내는 데 더 집중했던 모양이다. 그들은 서로 다른 가례家禮에 따라 혼·장례를 치르고 제사를 모셨을 뿐 아니라 옷고름 매는 방식, 갓끈 매는 방법에도 차이를 두었다. 거주지뿐 아니라 모양새에서도 자당自黨과 타당他黨을 구별짓고자 했던 것이다. 그 탓에 딴 동네 양반이 북촌을 어슬렁거릴 양이면 봉변까지는 당하지 않더라도 눈총 받기 십상이었다. 이런 형편이었으니 '남산골 샌님 역적 바라듯 한다'(스스로 재주는 있다고 생각하는데 세상이 펼칠 기회를 주지 않으니 그런 세상이 한번 뒤집어졌으면 하고 바란다는 뜻)는 속담이 나오지 않을 수 없었을 게다.

한편 광교에서 효경교(종묘 앞에 있던 다리)까지 이어지는 개천 변 양안 일대를 중촌이라 했으니 오늘날의 다동·무교동·수표동·관수동·삼각동·입정동 등지가 이곳이다. 이 일대에는 의관醫官·역관譯官·화원畵員 등 이른바 '기술직 중인'들이 모여 살았는데, 중촌과 중인이라는 명칭 사이에는 아무래도 모종의 관계가 있었던 듯싶다. 동촌에 살아 동인, 서촌에 살아 서인이고, 남북촌 역시 남인 북인을 낳았는데 중인이 중촌과 관계가 있으리라 생각해서 잘못은 아닐 터이다. 본래 조선 후기의 '중인'에서 '중'은 이중의 의미를 지녔다. 즉 이때 '중'은 '상중하'의 지위·위계 개념뿐 아니라, 동서남북중의 방위 개념까지도 포함하고 있었던 것이다. 그리고 이 두 가지 개념은 거의 같은 시기에 만들어지고 통합되었다.

조선 전기만 해도 기술직 관료는 종류도 많고 수도 많았다. 의관·역관·산사·율사·화원 등만이 아니라 삼청관三淸觀[2]이나 서운관書雲觀[3]에 소속된 도사道士들도 있었다. 국초부터 이들을 사대

[2] 도교에서의 세 분의 청清, 즉 원시천존, 통천교주, 그리고 태상노군이라 불리는 노자 등을 모신 도관.

[3] 고려의 제도를 계승한 것으로 조선시대 천문·재상災祥·역일曆日·추택推擇의 일을 맡았다. 국초에는 한양으로의 천도 작업에 큰 몫을 하였는데, 세종 때 관상감觀象監으로 개칭되었다.

부들에게서 떼어내어 따로 '중인' 자리에 몰아넣은 것은 아니었다. 17세기까지 중인이 특정한 지위·신분에 있는 사람들을 칭하는 말로 사용된 예는 거의 없었다. 중인은 군자와 소인 사이에 있는 보통 사람이거나, 오성悟性이 평범하여 성인聖人이 될 수는 없되 그렇다고 하우下愚에 속하지도 않는 범인凡人이거나, 중간 정도 규모의 재산을 가진 사람이었다. 때로는 (나인과 상대하여) 궁중에서 일을 보는 남성 내관을 지칭하는 말로 쓰이기도 했다. 사림파의 도학道學 정치 실험이 본격화하는 16세기에 들어와 중인이라는 말에 '사대부와 다른 자'라는 새로운 의미가 부가되기는 했으나, 이때까지도 이 말이 신분 개념으로 사용된 것은 아니었다.

이 말이 양반-중인-평민-하천下賤으로 이어지는 신분적 위계질서 상에 놓여 있는 개념으로 변한 것은 17세기 말의 일이었다. 중인과 서자를 아우르는 중서中庶라는 말이 일상적으로 쓰이기 시작했고, 중인은 점차 사부士夫·업유業儒 이하 상한常漢 이상의 신분을 가리키는 개념으로 고착되어갔다. 그런데 이 무렵에는 이미 서울의 중촌 일대가 기술직·잡직 관리들과 시전 상인들의 집단 거주지가 되어 있었다. 앞에 말한 바와 같이 17세기 말부터 18세기 중반 사이에 개천의 폐색이 심해지고 천변 주거 환경이 악화된 것도 중촌 일대 주민 구성의 변화에 영향을 미쳤을 것이다. 이 때문에 중간 신분이라서 중인이라는 말이 붙었는지, 중촌 사람이기 때문에 중인이라는 말이 붙었는지를 엄밀히 따지기는 불가능하다. 다만 일단 잡직 관료와 그 일족, 후손들에게 중인이라는 딱지가 붙으면서 이 말은 바로 일반화하여 경향 간에 중인이라는 말이 널리 사용되기 시작했다. 이 말을 쓰는 사람들이 대체로 사대부였던 만큼 중인이라는 말에는 '미천하다'는 이미지가 각인되었고, 영·정조 연간에는 시정市井 사람 일반을 가리키는 말로까지 쓰이게 되었다.

이어 정조 때 편찬된 『대전통편』大典通編에는 중인과 서인의 등용에 관한 규정이 명문화하기에 이르렀다.

그런데 근래의 연구는 아무래도 중인의 스펙트럼을 너무 넓게 잡고 있는 듯하다. 당당한 품관品官인 의관·역관이나 지방의 찰방·참봉參奉—이들은 수령 자리에까지도 오를 수 있었다—으로부터 경아전이나 시골 이서배吏胥背에 이르기까지를 모두 중인으로 보고 있으니, 이쯤 되면 말 그대로 '어중간한 사람들'은 뭉뚱그려 중인이 되는 것 아닌가. 내 좁은 소견으로는 중촌에 집거하던 역관·의관·화원 등 잡직 관료와 그 후손들에 국한하여 '중인'이라는 말을 써야 할 듯하다. 심중으로는 중인이라는 말 자체가 '중촌 거주자'에서 나왔다는 당대 중인들의 항변이 맞는 것 같기도 하다. 신분이 세습되는 사회에서 서자의 자식은 비록 적자라도 서족庶族이 되었으니, 중인의 자제가 벼슬이 없어도 중인이 되는 것 또한 당연한 일이었다. 일자리 없는 중인 자제가 향곡鄕曲에 내려가 산다고 해서 그들이 바로 이서배 노릇을 하지는 않았을 테니까.

무엇보다도 시골 이서배에 상당하는 경아전 무리는 중촌에 살지 않았다. 아전衙前이라는 말 자체가 '관아 앞 동네에 사는 사람'이라는 뜻이니, 서울의 웃대(=상촌)가 바로 그들의 거주지였다. 경복궁 주변, 육조 관아가 늘어서 있던 오늘날의 당주동·도렴동·체부동·순화동 등지에 사는 사람들을 상촌인, 또는 웃대 사람이라 했는데, 상촌 사람은 중촌 사람(=중인)과는 여러 모로 달랐다. 이들은 직위가 직위이니만치, '공손'이 몸에 밴 사람들이었다. 말투도 행동거지도 항상 조심스러웠고, 옷차림도 언제나 단정했다. 말단 공무원의 이미지가 그때라고 해서 지금과 크게 다르지는 않았을 것이다. 나들이 길에 방만하게 굴다 자칫 상사의 눈에라도 띌 양이면 그 뒷감당을 하기가 쉽지 않았으니, 이들에게는 조심성이 체질화할 수밖에 없었다. 웃대 사람은 흔히 중촌을 건너뛰어 펼쳐진 아랫대(=하촌) 사람과 비교되었다. 효경교 동쪽 개천 하류 양안을 따라 오간수문과 광희문 사이로 이어지는 아랫대에는 주로 군병들이 살았다. 어영청御營廳, 동별영東別營, 훈련원訓鍊院 등이 모두 이 일대에 자리잡고 있었던 탓에, 오늘날의 광장시장 주변이나 광희문 언저리에 군병들이 모여 산 것은 당연한 일이었다. 그 밖에 예지동·연지동·을지로 5~6가 일대, 성문을 나서 왕십리까지가 군병이 다수 거주한 지역이었다.

한국 중세의 군사 제도가 '병농일치제'에 따라 유지되었다고는 하지만, 17세기 이후 수도 방위에 관한 한은 '병상일치제'兵商一致制라 해야 맞을 것이다. 군비 조달에 어려움을 겪던 정부는 군병들에게 소소한 물품을 만들어 팔 수 있게 해주었는데, 17~18세기 난전 문제도 처음에는 군병들로부터 시작되었다. 이것이 세월을 따라 관행이 되어 종국에는 군인인지 장사꾼인지 그들 스스로도 알 수 없는 처지가 되었으니, 서울 최초의 상설 시장인 선혜청시장이나 배오개시장은 모두 군병·장사치들이 만들어낸 것이었다. 경성방직주식회사의 모태가 된 경성직뉴회사는 바로 광희문 일대의 군병과 그 가족들이 만들어낸 직뉴업(띠·대님·댕기 같은 끈 종류의 섬유 제품을 만들어 파는 일)을 기반으로 설립되었다. 이 자리는 오늘날 동대문시장과 평화시장을 비롯한 일군의 '섬유·의류타운'으로 이어졌으니, 참으로 질긴 장소성이다. 그리하여 아랫대 사람들은 군인의 투박함과 장사치의 교활함을 아울러 지니게 되었고 말투나 행동거지 역시 거칠었다고 한다.

성 밖 지역은 비록 한성부의 행정 관할 아래에 있었지만 그곳에 사는 사람들은 온전한 서울 사람 취급을 받지 못했다. 서울에서 오래 산 노인들의 회고를 들어보면 1950~1960년대까지도 성 밖 사람을 낮춰 보는 것이 일반적이었다고 하니 18~19세기 당대에야 오죽했으랴. 성 밖 사람들도 서울 사람 특유의 깍쟁이 기질이야 공유했겠지만, 아무래도 주변에 이렇다 할 양반 나리들이 살지 않은 관계로 반상班常을 구별하고 예의범절을 지키는 데에는 미숙했을 터이다. 이들은 서울 촌놈, 시골뜨기였고, 성안 사람들은 자신의 정신 건강을 위해서라도 물건 팔러 들어온 성 밖 사람들을 '약간은 모자라는 놈'으로 치부하는 편이 좋았다. 말씨나 태도는 금방 가르칠 수 있는 것이 아니었던 데다가, 성 밖 사람들 자신이 그런 걸 배우고 싶어하지도 않았다.

— 조리 장수. 조리, 채, 광주리 등 가정용품을 만들어 성안으로 팔러 다니는 사람들은 대개 성 밖 자내 사람들이었다.

그러나 같은 성 밖 지역이라도 자내와 오강은 또 달랐다. 도성민을 위한 찬거리 공급지라는 점에서는 자내나 오강이 다를 바 없었지만, 자내 사람들은 직접 농사짓고 가축 기르는 일을 했고, 오강 사람들은 먼 데서 오는 물건들을 사서 도성민에게 되파는 일을 업으로 했다. 남대문 밖의 청파, 동대문 밖의 왕십리, 서대문 밖의 무악재, 심지어 연신내 일대에 이르는 광활한 성 밖 지역에는 미나리·토란·무·배추·우엉 등 다양한 채소 농지가 펼쳐져 있었고, 돼지를 기르거나 닭을 치는 집들이 많았다. 도성 안에 들어와 분뇨를 쳐 가는 것도 자내 사람들이었다. 자내 사람들은 농사꾼이자 행상이었으니, 매일 새벽 남문 안 조시朝市나 배우개(종로4가) 조시에 들어와 야채나 계란, 장작 따위를 늘어놓고 파는 자들 역시 자내 사람들이었다. 반면 오강 사람들은 상인이 아니면 짐꾼이거나 막일꾼이었으니, 자내 사람보다도 더 거칠고 그악스러웠다. 각지에서 물건 싣고 오는 뱃놈 상대하랴, 강변 포구에서 호랑이 행세하는 별감 나리 상대하랴, 각전各廛 상인 어르랴―오강 상민들에게는 육의전 각전의 난전 단속이 가장 심각한 문제였다. 오죽하면 '각전 상인 난전 몰듯'이라는 속담이 생겨났을까―오강 사람들로서는 '빠꼼이'가 되지 않고서는 살아남기 힘들었을 터이다.

사람의 기질은 '혈통'뿐 아니라 환경으로부터도 영향을 받는다. 지역 문화라는 것은 그 지역에 거주하는 사람들이 만들어 내는 것이로되, 그 지역 문화에는 특정한 자연환경에 대한 거주민의 집단적 적응 양식은 물론 거주민들 사이의 사회적 관계망도 포괄된다. 서울이라는 작은 도시 공간 안에서도 오촌과 양대, 자내와 오강 지역의 문화는 다 달랐다. 18~19세기 양반문화만 놓고 보아도 동서남북 사촌이 다 달랐고, 그들 사이에는 쉬 해소될 수 없는 차별의식과 적대감이 가로놓여 있었다. 영조와 정조는 탕탕평평蕩蕩平平을 필생의 과제로 내세우고 사색四色을 고루 등용하여 당쟁의 폐해를 불식해보려고 애썼으나, 결과는 그리 신통치 못했다. 정치적 연대 시도에도 불구하고 같은 당파끼리 모여 사는 관행이 지속되는 한 지역 간 적대감이 해소되기는 어려운 일이었다. 배타적 지역 커뮤니티를 해체할 수 있는 '땅평'이 탕평보다 앞서야 했지만, 그 일이 어려워서였는지 아니면 몰라서였는지, 북촌의 '특권성'을 해소하려는 시도가 나온 적은 없었다.

지금도 매번 선거 때면 '지역감정'에 따른 투표 행태가 여론의 도마 위에 오르곤 한다. 사람들은 자기 스스로 '지역감정'을 떨치지 못하면서도 이 감정이 '망국적'이라는 데에는 서슴없이 동의한다. 심지어는 같은 서울 하늘 아래에서도 어느 동네는 어느 지역 출신자가 많아 어느 당 소속 인물이 당선되고 다른 어느 동네는 또 다른 지역 사람들이 많아 반대당 소속 인물이 당선되는 일이 반복되고 있다. 정치가들, 언론인들, 학자들이 저마다 지역감정 해소를 주창해왔지만, 그 대안이라는 것이 큰 틀에서는 영조나 정조가 써봤던 방법을 벗어나지 못하고 있다. 그때나 지금이나 문제는 당㶛이 아니라 '땅'이다. 이 땅과 저 땅 사이에 차별이 없어진 뒤에라야, 사람들은 이 당과 저 당을 다른 각도에서 보게 될 것이다.

서울은 깊다 · 14

어섭쇼

한동안 봄가을 주말이면 남의 결혼식이나 돌잔치 참례에 바빴는데 이즈음에는 상가나 고희연장古稀宴場으로 향하는 발걸음이 잦아졌다. 어느새 내 삶이 다른 계단 위에 올라선 탓인데, 그런 곳에서 내오는 음식을 씹으면서는 '각령覺齡의 쓸쓸함'을 느끼지 않을 수 없다. 그런데 그와는 별도로 장례식장을 찾은 사람들이 표하는 상투적인 애도나 칠순 잔치 마당이 강요하는 작위적인 활기도 사람의 마음을 스산하게 한다. 돌잔치 자리에서는 해맑은 아기의 웃음에 기꺼이 동화할 수 있지만, 칠순연 같은 곳에서는 아무래도 세월이 만들어준 반투명한 탈을 쓰고 있어야 한다. 나만 그런 것이 아니라 다들 그러니, 억지웃음이 새겨진 가면을 쓰고 생의 마지막 잔칫상을 받는 주인공을 쳐다보는 사람들이 만들어내는 묘한 분위기에서 울적한 느낌을 받지 않을 수 없다. 게다가 '아는 게 병'이라고 연석宴席 뒤편에 키치적 문구를 담고 걸려 있는 현수막을 보면 때로는 짜증스러워지기까지 한다. 언젠가 "만수무강하옵시고 천수를 누리소서"라는 글귀가 새겨진 현수막을 내건 잔칫집에 간 적이 있었는데, 그때 나는 이 글귀에서 축원의 뜻이 아니라 경박한 장삿속 앞에 속절없이 무너지고 있는 주인공의 품위와 소양을 보았다.

조선시대에도 나이 70이 넘으면 천민에게도 벼슬을 주었고, 도성 안에 사는 사람들은 궁궐로 불러들여 왕이 직접 잔치를 베풀기도 했다. 질기게 살다 보면 궁궐 출입도 해보고 죽은 뒤에 묘비명도 바뀔 수 있었으니 오래 살고 볼 일이었다. 그런데 오늘날에는 오래 산다고 해서 묘비명이 바뀌는 일은 없다. 80에 죽으나 90에 죽으나 범인은 모두가 학생學生이요 유인孺人이다. 그런데 정작 70회 수연壽宴 자리에서는 느닷없이 천자天子가 되고 태후太后가 되어 감히 '만수무강'하라는 축사를 받으니 아무리 명분 인플레가 심한 시절이라고 해도 이건 좀 심하다는 생각이 든다. 더군다나 앞에서는 '만년 동안 건강하게 살라'고 해놓고는 곧바로 하늘이 내려준 수명(=천수)만 누리라는 야박함에도 쓴웃음을 짓지 않을 수 없었다. 마지막으로, '하옵시고'라는 존대 역시 '만수무강'이라는 말로 주인공을 지존무상至尊無上의 지위에까지 올려놓은 탓에 쓴 것이기는 하겠으되 일상에서는 이미 사라진 말이어서 어색한 느낌만 더해줄 뿐이다.

흔히 외국인들이 우리말을 배울 때 가장 어려워하는 것이 '존대법'이라고들 하지만, 어디 외국인만 그러랴. 나 자신이 존대법을 잘 모르고 내 주변 사람들 역시 대개 그러하며, 내 아이들은 더하다. '오시래요'와 '오라서요'를 늘 헷갈리는 데다가 '잡수세요'와 '드십시오'를 각각 어디가 어떻게 잘못되었는지 생각도 못하고 마구잡이로 섞어 쓴다. 오늘날 한국 표준말—사전적 정의로는 현재 교양 있는 서울 사람들이 쓰는 생활 언어—에서는 '시' 또는 '세'만 들어가면 모두 존댓말이요, 그렇지 않으면 모두가 '반말'이다. 이제 존댓말은 공식 언어이면서 일상생활에서는 화자보다 손위일 듯한 사람에게 무차별적으로 쓰는 말이고, 반말은 사적 언어로서 자기와 친한 동급 인물이나 가족들, 또는 아랫사람에게 쓰는 말이 되어버렸다. 그 탓에 '네가 뭔데 반말이야?'는 일상의 다툼에서 '선전포고'격 표현으로 가장 흔히 사용되고 있다. 그러나 말뜻으로만 본다면, 존댓말의 반대말이 반말일 수는 없다.

　　수천 년간 '어음'語音과 '문자'文字가 서로 맞지 않는 생활을 해온 탓에 지금으로서는 세종 이전의 언어생활을 짐작하기 어렵지만, 국어학자들은 세종 대에만 해도 존대법이 20세기 중반의 그것만큼 복잡하지는 않았을 것이라고 한다. 지금은 망가지면서 단순해지고 있지만, 과거 한때의 존대법은 화자와 청자 사이의 관계뿐 아니라 대화 중에 등장하는 대상에 따라서도 달리 사용되었다. 나는 우리말의 존대법―좀더 엄밀하게는 존비법尊卑法―이 아마도 16세기 이후 주자학적 명분론이 사회 전반으로 확산되면서 한층 세밀화하고 정치화精緻化하였을 것으로 짐작한다. 명분이란 말 그대로 사람의 등급(=이름[名])을 나누는 데서 시작하는 것이니 등급에 따라 호칭도 달라야 한다는 생각은 자연스러운 일이었을 것이다. 조선 후기에는 사람 수를 셀 때에도 등급에 따라 다른 표현을 썼다. 관리는 원員으로 세고 양반은 인人으로 셌으며 평민은 명名으로 셌고, 노비는 가축家畜과 합쳐 구口로 셌다. 인구人口란 인人과 구口를 합친 개념이다.

　　등급이 세분화하는 만큼, 대하는 말씨도 세분할 필요가 있었다. 20세기 후반까지도 그럭저럭 살아남아 있던 존비법은 기본으로 다섯 단계, 확장하면 일곱 단계였다. 친구 간에 사용하는 평어平語는 '하오'①였고, 같은 등급의 손윗사람에게 쓰는 상대어上對語는 '하시오'②였으며, 아랫사람에게 쓰는 하대어下對語는 '하게'③였다. 윗급 사람에게 쓰는 존대어는 '하십시오'④였고, 아랫급 사람에게 쓰는 비대어卑對語는 '해라'⑤였다. 요즈음에는 영문법의 영향으로

_ 서당에서 글을 배우는 어린아이들. 글을 배울 만한 나이가 되면 '반말 시대'도 끝내야 했다.

보통 '하십시오'와 '하시오'는 뭉뚱그려 존댓말로 취급되고, 하게는 '청유형'請誘形, 해라는 '명령형'으로 사용되고 있지만, 이 차이는 영어에서 'Please'가 들어가고 안 들어가고의 차이와는 근본적으로 다른 것이다. 여기에 왕과 왕비, 대비 등에게만 사용하는 극존대極尊對가 있어 '하시옵소서'(때로 '하옵소서')⑥가 추가되었는데, 어미만 변하는 것이 아니라 대상을 표현하는 말까지 바뀌는 경우가 적지 않았다. 이를테면 밥 먹어라, 수저를 들게, 진지 잡수십시오, 수라를 젓수시옵소서 따위가 있어서 같은 대상과 행위를 화자와 청자의 관계에 따라 달리 표현하게끔 하였다.

어린아이들이 이 복잡한 존비법을 배우는 데에는 아무래도 상당한 시간이 걸리게 마련이었다. 그래서 아이들에게는 따로 배움을 위한 '유예기간'을 주었는데, 그동안에 사용하는 말이 어미를 생략하고 어간만 쓰는 '반*말'⑦이었다. 즉 반말은 '어린아이의 말'이었다. 조선시대에 몇 살 때까지 반말이 용인되었는지는 알 수 없지만, 지금도 그렇듯이 개인차는 있었을 것이다. 어려서부터 엄격한 교육을 받은 명문가의 아이는 일찍 '반말 시대'를 졸업했을 것이고, 그렇지 못한 집 아이들은 여남은 살까지도 '반말 문화'를 지켜갔을 것이다. 몇 해 전 평소 잘 알고 지내던 젊은 여성이 결혼한 후 시부모를 '시엄마, 시아빠'로 지칭하는 것을 듣고 충격을 받은 일이 있었다. 대상을 시엄마, 시아빠로 지칭한다면 그 대상에게 하는 말씨 역시 '반말'이 될 터이겠으니 말이다. 엄마에게는 '~해줘'가 어울리고 어머니에게는 '~해주십시오'가 어울린다. 수십 년 이래 자녀를 한둘만 낳는 경향이 일반화하고 가족주의가 확산되면서, '어린아이 시절' 역시 극단적으로 길어지고 있다. 고등학생이 '어린이날 선물'을 기다리고, 이미 부모가 된 사람이 제 부모를 '엄마, 아빠'로 부르는 일이 새삼스럽지 않다. 반말이 평어의 자리를 대신한 것은 쓰기 쉽기 때문이라기보다 아무래도 이 같은 사회현상 탓일 게다. 신분제도가 무너진 이상 말살이의 존비법도 당연히 무너져야 마땅하지만, 평어나 상대어가 사라지고 존댓말과 반말만 남은 현상이 좋아 보이지는 않는다.

   그런데 18~19세기 어느 시점에도 서울말에서 존비법이 균열의 조짐을 보이기 시작했다. '하시오'와 '하십시오'의 중간쯤에 자리잡은 얼버무림형 존대, '합쇼'가 서울 특유의 방언으로 등장한 것이다. 내가 어렸을 때만 해도 이른바 '깝쇼체'라고 하는 서울 방언은 도처에서 수시로 들을 수 있었다. 택시기사는 '어섭쇼, 어디로 모실깝쇼'라고 행선지를 물었고, 음식점 점원은 '어섭쇼, 뭘 드릴깝쇼'로 주문을 받았으며, 남대문시장 옷가게 주인은 '어섭쇼, 골라봅쇼'로 흥정을 걸었다. 얼핏 들으면 '어서 오십시오'를 줄인 말 같으면서도 또 한편으로는 '어서 오시오'를 살짝 틀어놓은 말 같기도 했다. 이 말씨가 겨누는 목표는 바로 이 애매함과 불확실함이었다. 흔히 '서울 방언'이라고는 하지만, 이 말투는 서울 사람 중에서도 특정한 부류, 곧 상인층이 일반적으로 사용하던 말투

_ 비록 초가집이지만 가족들의 입성이나 가구, 살림살이는 깔끔하고 단정하다. 남녀노소 함께 모여 사진기 앞에 늘어선 것을 보아 가장이 '개화'에 적극적이었던 듯하다. 집의 규모나 복식, 사람들의 태도 등을 보건대 아마도 중인 가정이었을 것이다.

였다. 신분제를 사회 운영의 핵심 원리로 간직하고 있던 중세 도시에서, 사람들은 어떤 방식으로든 자신의 신분을 가리키는 '표지'를 달고 다녀야 했다. 그러나 그 중세성이 해체되어가면서 도시는 이제 '익명성의 공간'으로 바뀌기 시작했다. 그런데 신분제와 익명성은 결코 정합적일 수 없었다. 조선적 신분제 속에서 정형화한 존비법은 도시에서 배회하는 '익명의 존재'들로 인해 심각한 혼란을 겪어야 했다. 보통 사람들이라면 신분을 특정하기 어려운 존재와는 상종하지 않으면 그만이었지만, 장사꾼들은 그럴 수 없었다. 그가 양반인지 무뢰배인지 시골 아전인지 외양만으로는 알 수 없을 경우, 장사꾼 특유의 셈법으로 대해야 했다. 시전 상인들 역시 중촌에 살아 스스로를 중인으로 치고 있었는데, 정체불명의 사람을 대하면서 호칭에서 먼저 손해볼 수는 없었다. 어정쩡하게 얼버무리는 존대가 만들어진 것은 그런 심사 때문이었을 것이다.

18세기 이래 서울의 특징적인 방언은 이렇듯 '도시 내 익명성의 확장'에 의해 만들어졌다. 이후 도시 서울이 상업도시, 소비도시적 특징을 강화해가면서, 상인의 언어 역시 도시 주민 전체에 확산되었다. 1933년, 조선어학회는 '표준어'를 지정하면서, 그를 "서울 중류층 사람들이 두루 쓰는 말"로 규정한 바 있다. 그런데 정작 이 조선어학회를 주도한 사람들 중에는 서울 사람이 그리 많지 않았다. 최현배는 울산 사람이었으며 이희승은 개성 사람이었고 이극로는 의령 사람이었다. 그들의 스승 주시경도 황해도 평산 사람이었다. 이들은 서울 사람들을 중류니 상류니 하류니 하는 식으로 나누고,[1] 그중 중류층 사람들의 말을 '표준'으로 삼고자 했다. 그런데 문제는 당시 조선어학회 사람들이 도대체 어떤 사람들에게 '서울 중류층'이라는 딱지를 붙여주었는가이다. 앞에서 말한 바와 같이 20세기 초까지도 서울에는 여러 '부류'와 층위의 사람들이 살고 있었고, 그들 각각은 서로 다른 말씨로도 구분되고 있었다. 궁중 언어나 고관대작 나리들의 입에 밴 '해라'체는 당연히 고려 밖이었을 터이다. 하촌이나 문밖의 '아랫것'들 말투도 '교양 없음'을 표시하는 것이라 하여 빼놓았을 듯싶다(오늘날의 표준어 규정은 '중류층'이라는 개념 대신 '교양 있는'이라는 개념을 사용하고 있다). 상촌의 아전 말씨는 비굴해 보였을 것이니, 아마도 이때 '서울 중류층'에 걸맞은 지위로 표상된 사람들은 예전의 중인들이었을 게다. 더구나 이 시대에는 이미 이들이 도시 문화를 지배하고 있었다. 의사(의관), 변호사(율사), 통역관(역관), 예술가(화원) 등 근대 이후 당당한 '중산층의 본류'가 된 직업은 거의가 옛 중인들의 일이었다.

중인의 언어가 표준어가 되었다고 해서 '깝쇼체'까지 표준어가 된 것은 아니다. 오히려 이 말투는 좀더 하급의 서울 사람들이,

1_ 원래 상류·중류·하류 등의 구분은 전형적인 일본식 표현이지만, 이 글에서 그것을 문제 삼으려는 것은 아니다.

— 한말의 중인가. 1890년대 서울 중인은 20세기에 들어와 도시 중산층의 중핵이 되었고, 그들의 직업 역시 '최고의 직업'으로 격상되었다. 이들은 양반 지배 체재에 불만을 품었던 만큼, 근대 지식의 수용에도 열성적이었다.

_ 1900년경의 신문 광고. 이때만 해도 불특정 다수를 향한 알림글에는 상대어上對語인 '후시옵'과 '후시오'가 쓰였다. 그러나 이런 문구와 말의 사용은 일제 강점기에 급속히 줄어들었는데, 여기에는 '평어'와 '존대어'만 있는 일본어의 영향도 작용했던 듯하다.

특히 인력거꾼이나 행상, 점원들이 쓰는 방언으로 지위가 격하되었다. 상인들은 중인으로 자처했지만 다른 중인들이 그를 용인하지 않았기 때문일 것이다. 그러나 다만 1930년대 이전 어느 시점부터는 중인의 언어와 문화가 '일본인의 그것'과 함께 서울 도시 문화의 새로운 표준으로 기능하기 시작했다는 점은 기억할 필요가 있다. 식민지화 이후, 서울의 새로운 도시 문화를 만들어내고 이끌어간 사람들 중 다수가 서울 출신이든 지방 출신이든 중인 대열 속에서 나왔고, 1930년대 초반에 가서는 자신들의 언어적 표준을 전국적 표준으로 선포할 수 있는 자격을 자임할 수 있었던 것이다. 물론 이때의 표준어 선포는 어디까지나 자임自任이었다. 일본 식민지 권력이 그를 공인할 이유는 없었으니까. 사실은 이 무렵에도 서울의 언어생활은 '신분제의 유제'와 '익명성' 사이에서 표류하고 있었다. 1934년 여름, 당주동에서는 한 젊은이가 집에 물 길어다 주는 물장수에게 '하게체'로 말했다가 20여 명의 물장수들에게 집단 구타당한 사건이 발생했다. 북촌 젊은이에게 체질화되어 있던 '양반의 습성'과 새로이 '시민권'을 얻은 북청 출신 청년들의 '익명성에 기댄 평등의식'이 정면으로 충돌한 사건이었다. 사람들은 이런 사건들을 일상에서 무수히 겪으면서 차츰 언어생활에서 신분적 구분선을 걷어냈다. 그리고 어느 사이엔가 우리는 '하십시오', '하시오', '하게', '해라', 반말을 모두 사용하면서도 범주로는 존댓말과 반말만 남겨둔 언어 세계를 만들어냈다(이제 '하오'는 '여보'[=여기 보오, 이보오)나 '와요' 등 부부 사이에서만 제한적으로 사용되는 말이 되어버렸다). 그 때문에 범주와 용법의 불일치로 인한 오해와 다툼도 아직껏 되풀이되고 있다. 꽤 오래전 내가 무척 좋아하는 후배에게 '하게'체로 말을 건넨 적이 있었다. 이 마음 여린 친구, 면전에서는 아무 말도 안 했지만 속으로 무척 화가 났었다는 말을 한참 후 다른 후배에게 전해 들은 적이 있다. 이런 오해를 피하기 위해서라도 이제는 범주와 용법을 통일하려는 노력이 필요할 듯하다. 그렇다고 요즘 새롭게 만들어지고 있는 특이한 언어들이 표준의 지위를 얻도록 방치할 일도 아니다. 내 아들 녀석, 아침마다 '안녕히 다녀오3' 하고 인사하는데, 그놈의 '하3체'는 아무리 들어도 익숙해지지 않는다.

●

몇 해 전 어느 학술회의 석상에서 중견 국어학자에게 '표준말' 제정 당시의 서울 중류층이 도대체 어떤 사람들이었느냐고 물어보았는데, 돌아온 대답은 '모르겠다'였다. 어쭙잖게 이런 글을 쓴 것은 그 모르는 문제에 관해 생각을 나누고 싶어서이다.

서울은 깊다 · 15

복수의 하나님

내가 초등학교에 다닐 무렵에는 반공 글짓기 대회니 포스터 그리기 대회니 하는 대회가 무척 잦았다. 그런데 주제와 소재가 고정되어 있는 이런 창작 활동을 통해 무슨 창의력이나 표현력을 키울 도리는 없었다. 반공 글짓기에서는 무지막지한 북한 공산 집단에 대한 끓어오르는 증오심을 거리낌 없이 표현하고, 입이 찢어지면서도 '나는 공산당이 싫어요'를 외친 이승복 어린이를 본받자는 다짐만 하면 되었다. 포스터를 그릴 때에는 도화지 아래쪽에 먼저 '잊지 말자 6·25'나 '북괴는 노린다/우리의 빈틈을' 따위의 표어를 크게 쓰고 검은 배경색을 칠한 다음 '붉은색 악마'를 그리면 그걸로 끝이었다. 붉은 악마는 본래가 화마火魔 비슷하게 생겨서, 그 아래쪽 글씨를 '불조심'으로 바꿔도 별로 어색하지 않았다. 그러니 불조심 포스터나 반공 포스터나 그릴 때마다 똑같은 그림이 되곤 했다.

      똑같은 글, 똑같은 그림을 반복적으로 쓰고 그리는 일을 지속해온 아이들의 색과 형상에 대한 사고가 정형화하지 않는다면 그것이 이상한 일일 게다. 그런 교육을 받고 자라온 나 역시 보통의 기성세대와 마찬가지로 한국 청소년 국가대표 축구팀이 '붉은 악마'로 불렸을 때 큰 충격을 받았다. 1983년 멕시코 청소년 축구대회 때 한국 팀에게 'Red Furies'라는 별명을 붙인 외국 기자는 한국인의 레드 컴플렉스를 몰랐을 테니 유니폼 색만 보고 그런 단어를 썼다 해서 나무랄 일은 아니었다. 그러나 나를 포함한 한국인들에게 그 말은 유니폼 색깔 이상의 심각한 의미로 다가왔다. 그 단어에서 조건반사적으로 '북한 공산집단'을 떠올리지 않으면 한국인이 아니었다. 그랬기에 외국 기자들이 한국 팀에게 '빨갱이'의 딱지를 붙였다는 국내 매스컴의 담대한 보도를 접하고 어색한 심사를 갖지 않을 도리가 없었다. 당연히 그때만 해도 후일 한국인들이 가슴팍에 '빨갱이가 되라' Be the Reds는 글자를 새긴 옷을 '거족적'으로 차려입고 이 도시 한복판을 뒤덮으리라고는 상상도 하지 못했다.

그러나 이제 '붉은색'과 '악마'의 이미지는 과거의 틀에서 벗어나 있다. 내 아이들은 '붉은 악마'와 '북한 공산집단' 사이에서 아무런 연관성도 발견하지 못한다. 학교에서 숙제로 내준 6·25 기념 글짓기를 할 때에도 날 선 증오감만을 담지는 않는다. 한국의 교육 현실은 여전히 살인적이지만, 창의력과 표현력이 교육의 새로운 화두로 등장한 이래 정형화한 이념교육의 틀은 많이 약해진 모양이다. 색과 형상에 대한 오래된 고정관념은 그렇게 무너져가고 있다.

그런데 사람을 둘러싼 공간의 이미지는 교과서나 거듭되는 잔소리를 통해 전달되는 이미지보다 더 오랫동안 지속되며 더 강한 영향을 미친다. 인간의 정착 생활이 시작된 신석기시대부터 현재에 이르기까지 특정 지표면과 특정 인간 집단 사이의 관계는 거의 고정되어 있다. 인간은 자신을 둘러싼 지표면의 형태나 식생植生, 그 위에 자신들이 세운 구조물들과 일상적으로 대면한다. 공간은 참고자료나 부연설명 없이 자신이 있는 모습 그대로를 인간에게

_ 1900년경 서울 외곽 북한산 자락의 작은 마을. 산자락이 끝나는 지점에 10여 채의 초가가 옹기종기 모여 있다. 주변 경지는 극히 적어 도시적 삶이 지배하는 마을이었을 것으로 보이지만 입지는 농촌 마을의 전형을 따르고 있다.

가르친다(Seeing is Believing, 보는 것이 믿는 것이다). 그래서 특정 공간에 대한 특정 인간 집단의 정형적 사고는 문명 전환기에나 바뀌는 '고유문화'(장기지속적인 삶의 태도)의 영역에 속한다. 어떤 곳에 집을 짓고 어떤 곳에 경지를 일구며 어떤 곳에 죽은 자를 묻을 것인지를 결정하는 것은 이 정형적 사고가 내면화한 데 따른 직관이다. 우리가 방방곡곡坊坊曲曲이라 하는 것을 일본에서는 진진포포津津浦浦라 한다. 계곡 끝자락에 집을 짓든지 물가 포구에 마을을 만들든지 그거야 사람 마음먹기 나름이지만 그 마음을 지배하는 것이 바로 공간에 대한 직관이다.

　　예전에는 창작에도 '정답'이 있다는 식으로 가르쳤기 때문에 아이들은 서정적인 풍경화를 그릴 때에도 정형성에서 벗어나지 못했다. 도시는 애당초 풍경을 갖지 않은 공간으로 취급되었기 때문에, 그들은 예전에 살았던(또는 그림책에서 본) 시골 마을을 그린다. 먼저 산과 들, 내를 그리고는 아무 고민도 없이 산과 들이 맞닿는 위치쯤에 서너 채의 초가집을 조그맣게 그려 넣는다. 다음에 크레파스에 씌어 있는 글자에 따라 하늘은 하늘색, 땅은 황토색, 풀

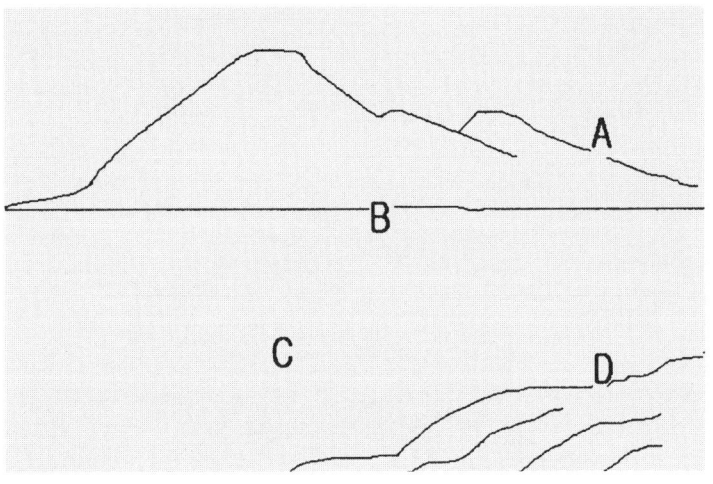

밭은 초록색을 칠해 넣으면 그럴듯한 초등학생용 풍경화가 완성된다(사실은 중고등학생이 된 후에도 그림의 정형성은 거의 달라지지 않았다). 이념과 주장을 표현하는 포스터나 감성을 표현하는 풍경화나 또래 아이들의 그림은 언제나 비슷했다.

  그런데 언제부터인지 아이들과 젊은이들의 공간적 감수성이 크게 바뀌었다. 강의실 칠판에 위와 같은 '산수화'를 그려놓고 학생더러 집이나 마을을 그려 넣으라고 하면 사람마다 제각각이다. 나 어렸을 적에는 분명 B가 정답이었는데, 요즈음에는 정답이 없다. 그들은 이미 산수 사이 어느 곳에나 집과 마을이 있음을 '직관적으로' 알고 있으며, 그 자신이 사는 곳, 살고 싶은 곳에 대한 공간적 준거를 가지고 있다. 공룡 같은 아파트 단지는 주변의 산수를 '경관요소'로만 취급함으로써 인간과 공간의 관계를 극단적으로 파편화해버렸다. 오늘날의 도시 사람들에게 산수는 조금 큰 '풍경화 액자'에 불과하다. 그리고 그 '풍경화'에 담긴 '그림으로서의 공간'은 아파트 가격에 꼭 그만큼의 영향을 미친다. 오늘날의 서울 집값을 기준으로 하면 아파트 단지 입지에 적합한 자리는

석촌동 적석총. 고구려 국내성(집안)에 갔을 때에도 이와 비슷한 무덤을 평지 도처에서 볼 수 있었다. 평지에 쓴 옛 무덤은 무덤이되 '산소'는 아니었다. 정착 농경이 본격화하면서 생명의 원천인 곡식을 생산하는 땅=평지는 죽은 자와 거리를 두어야 했고, 산 사람이 평지로 내려오자 죽은 자는 산으로 올라갈 수밖에 없었다.

D〉A〉B〉C 순이 될 터이다. 지난 수십 년 사이에 공간을 바라보는 태도가 완전히 달라진 것이다.

　이런 변화는 도시 생활이 이 시대의 표준적 삶으로 자리잡은 결과이다. 그러나 농업 경제가 중심이던 시절에는 농민의 감수성이 표준이었다. 농민의 공간적 감수성은 지금에도 초기 철기시대와 크게 달라지지 않았다. 농촌 마을은 대개 산자락이 끝나고 들판이 펼쳐지기 시작하는 바로 그 지점에 자리잡고 있다. 사람들은 들에서 먹을거리를 얻었고 산에서 땔거리를 얻었다(산에서도 산나물이나 과실을 얻을 수 있었지만 이는 부수적인 먹을거리였다). 농민의 노동현장은 주로 들이었고 산은 제한적으로만 이용하는 공간이었다.

　무엇보다도 산의 주인은 '죽은 자'들이었다. 우리나라의 무덤이 '산소'山所가 된 것은 이미 삼국시대 초기의 일이었다. 고구려인들과 초기 백제인들은 죽은 자의 공간과 산 자의 공간을 후대 사람들과는 달리 보았다. 그들은 죽은 자를 평지에 묻었고 집은 산 위에 지었다. 유목과 수렵을 중시하던 사람들, 잦은 전쟁을 겪어야 했던 사람들이 보는 공간은 그렇게 달랐다. 그러나 광활한 경작지가 중요성을 더해가면서 마침내 산 자들은 평지로 내려왔고 죽은 자를 산속으로 내몰았다. 공간을 낭비함으로써 자신의 권위를 드러내고자 했던 왕들은 여전히 평지에 무덤을 썼지만, 그래도 산에 무덤을 만든다는 형식은 갖추고자 했다. 그 탓에 인민에게는 본래 있지도 않은 산을 새로 만드는 역役이 추가되었다. 산의 이미지가 죽은 자의 공간으로 고착되면서 산에 대한 외경심畏敬心이 커졌다. 물에는 '귀신'이 살고 산에는 '신령'이 살게 된 것이다.

　　　　　조선시대 서울의 건축물 고도제한에 대해서는 이미 언급한 바 있지만, 여기에는 민民이 왕보다 높은 위치를 점해서는 안 된다는 생각 외에도 산 자가 죽은 자의 땅을 침범해서는 안 된다는 생각도 작용했다. 죽음과 친한 종교건축(=사찰)은 산속에 들어설 수 있었지만, 죽은 자가 산 자와 너무 가까이해서는 안 되었고 산 자의 눈에 쉽게 띄어서도 안 되었다. 이 역시 우리나라 산사山寺가 숨어 있는 또 하나의 이유일 것이다. 서울이 산이 많은 도시라 화기를 꺾기 위해 높은 곳에 집을 짓지 않았을 뿐 아니라 높은 집도 짓지 않았다는 주장이 있다. 이른바 '풍수지리설'의 영향론이다. 그러나 풍수지리설은 산 자의 땅과 죽은 자의 땅에 대한 정형화한 관념 위에 얹힌 사고체계일 뿐이다. 장풍득수藏風得水의 명당이니 양택陽宅 음택陰宅의 길지니 하는 것은 모두 평지와 산지를 구분하고 난 뒤에야 정할 수 있다. 아무리 용한 풍수쟁이라도 몽골 초원이나 만주 벌판에서 명당과 길지를 짚어낼 수는 없을 터이다. 조선 후기 서울 인구가 급증하면서 주택 부족이 심각한 현상이 된 뒤에도 사람들은 천변에 집을 지을망정 산비탈에 집을 짓지는 않았다.

　　　　　산 능선 위에 당당하게 모습을 드러낸 건축물, 그것도 높이 솟은 뾰족탑을 가진 건축물을 처음 세운 것은 프랑스 선교사들

- (좌) 중림동 약현성당. 1892년 준공. 고딕양식의 얼개를 갖춘 붉은 벽돌조의 교회 건물은 이후 한 세기 동안 한국 교회 건축 양식의 기본 모델이 되었다.
- (우) 1898년의 명동성당. 아트막한 구릉 위에 하늘을 찌르는 모습으로 서 있다. 첨탑 위의 십자가는 경복궁 광화문을 정면으로 향하고 있다.

이었다. 1886년 조불수호조약이 체결되자마자 파리 외방전교회는 조선 천주교 포교 과정에서 다수의 순교자를 낸 장소들을 점유占有하기 시작했다.1_ 사후死後 조선 최초의 순교자 지위를 얻은 김범우 토마스의 집터, 순조 원년(1801) 신유박해 때 천주교도의 피로 물든 새남터 주변, 신유·기해·병인박해 때 역시 40여 명의 교도가 처형당한 서문 밖 일대 토지가 차례로 천주교회의 땅이 되었다. 땅을 점유한 후 전교회는 이들 '성지'聖地에 바로 교회 건물을 짓기 시작했다. 이윽고 약현성당(1892), 새남터 신학교와 성당(1892, 1902), 명동성당(1895) 등 뾰족탑 위에 십자가를 세운 붉은 벽돌의 건물들이 야트막한 구릉 꼭대기, 조선 사람들이 생각지도 못하던 자리에 낯선 모습으로 등장했다. 이후 첨탑이 달린 붉은 벽돌조 건물은 한국 교회 건축의 기본 모델이 되었다. 또 구릉이나 언덕 위, 하늘에서 가장 가까운 곳이 최적의 교회 입지로 여겨졌다. 시골 마을에서조차 "동구 밖에 기차 정거장, 언덕 위에 하얀 예배당"(조영남, 〈내 고향 충청도〉)은 정해진 패턴이었다(시골 예배당 자리는 대개 옛 서낭당 자리였다). 내가 어릴 적 살던 서울 변두리 동네에도 높은 언덕 위에는 조야한 고딕양식의 붉은 벽돌 예배당이 서 있었다.

당시 천주교회가 그 자리에, 그 높이의 건물을 지은 것은

1_ 조선시대 서울의 땅은 원칙적으로 모두 국유지였다. 거래할 수 있는 것은 주택뿐이었는데, 전교회傳敎會는 학교와 병원을 짓는다는 명목으로 구릉이나 택지 주변의 빈 터를 차지하고 교회를 지었다. 점유라는 애매한 표현을 쓴 것은 이 때문이다.

_ (위) 1920년대의 예장동. 일본인들이 지은 새 건축물들이 남산 자락을 깊숙이 파고들었다. 사진 우측 중간부에 원 통감부, 조선총독부 건물이 도시 전체를 내려다보며 서 있다.
_ (아래) 서울 옥수동 재개발아파트 단지(1987). 뒤쪽의 남산 능선부는 이 아파트 뒤편에 사는 사람들에게만 온전히 보인다. 남산 경관을 독점한 아파트 주민들은 무척 흡족했겠지만, 나머지 시민들은 산을 '볼 권리'마저 박탈당했다.

한편으로 하나님에 대한 믿음으로 죽음도 불사한 순교자들을 기리기 위해서였고, 다른 한편으로는 순결한 성도들을 무참히 학살한 조선 왕실과 정부를 능멸하기 위해서였다. 조선 사람들의 처지에서 본다면 이들 건물은 죽은 자를 기리는 건물이되 산 자의 공간과 너무 가까이 붙어 있는 건물이었고, 도성 안에 있으면서 왕궁을 위압하는 건물이었다. 모양이나 재질도 낯설었지만 무엇보다 그 '위치와 방향'이 충격적이었다.

유목민 기질을 오랫동안 간직해온 서구인의 공간관은 우리 옛 고구려인의 그것과 비슷했다. 그들은 구릉 위나 산 능선에 집을 짓는 데 아무런 거리낌이 없었다. 그들은 더 멀리 조망할 수 있는 고지를 오히려 좋아했다. 개항 이후 서울에 정착한 외국인들은 대개 고지대에 집을 지었고, 야트막한 초가집들을 내려다보며 문명과 인종의 우열을 장소의 높낮이와 결부시켰다. 하늘이 만든 자연과 인간이 만드는 건조물 사이의 관계에 대해 오랫동안 조선 사람들이 유지해온 정형적 태도는 그들에게 아무런 영향도 미치지 못했다. 여기에 더해, 프랑스 선교사들이 지은 교회 건축은 좌향에 대한 세속적 금기도 깨어버렸다.

　　에리히 프롬Erich Fromm은 근대 심리학 지식을 동원하여 서양 기독교의 주조主調가 '사랑'보다는 '복수와 처벌'에 있음을 설파한 바 있다. 그는 어머니가 자식에 대한 무한하고 조건 없는 사랑을 체현한 존재임에 반해, 아버지는 자기를 닮은 자식, 자기를 따르는 자식에게만 편파적인 사랑을 베푸는 존재요, 자기 뜻을 거스르는 자식에게는 단호한 처벌을 마다하지 않는 존재라고 보았다. 어머니는 사랑의 어머니이되 아버지는 처벌의 아버지이다. 동양의 가족 윤리가 제시하는 '엄부자모'嚴父慈母 역시 이와 비슷하다. 프롬은 '하나님'을 아버지라 부르는 데에서 '부성父性의 신격神格'을 찾았다. 그는 자신을 믿고 따르는 자는 사랑하되 그렇지 않은 자에게는 가혹하고 잔인한 신이었다. 노아 시대와 소돔과 고모라의 시대, 모세 시대의 인류로서 그를 거스른 자들은 모두가 참혹한 징벌을 받았다. 더구나 그의 징벌은 현세에 그치지 않았다. 영원히 지속되는 무한 공포의 징벌이었다. 프롬은 기독교에서 '사랑의 하나님'이 아닌 '징벌과 복수의 하나님'을 보았다.

　　이 땅에 처음 세워진 천주교회들은 '복수의 하나님'이 무도한 세속 권력에 희생된 '하나님의 성도'들을 어떻게 위로하는지, 또 그들에게 어떤 미래를 예비해주었는지를 명료하게 보여주는 가시적 증거물이었다. 명동성당은 십자가가 달린 뾰족탑을 경복궁 정문, 광화문을 향해 세웠다. 하늘에서 내려다보면 마치 쇠뇌로 경복궁을 겨누는 형국이다. 아마도 구약시대의 하나님이었다면 '그의 종들이 폭군의 처소를 향해 쇠뇌를 겨누고 있는 모습을 보시고 무척 흡족해하셨을 것'이다.

명동성당이 건립된 지 110년이 넘었다. 한국에서는 또 한 분의 추기경이 나왔고 천주교회보다 훨씬 많은 개신교회가 세워졌다. 이제 밤에 남산 서울타워에 올라가 서울 도심부를 내려다보면 어느 방향에서나 밤하늘의 별처럼 빛을 발하는 수많은 붉은 십자가를 찾을 수 있다. 하나님의 복수는 멋지게 성공했다. 명동성당이 경복궁을 겨눈 쇠뇌였다는 사실을 아는 사람은 당시에도 적었고 지금은 더욱 없다. 아마도 경복궁에 살던 고종과 수시로 궁을 드나들던 대관들은 처음부터 그 사실을 알았을 게다. 그들이 명동성당 건축에 그토록 자주 불쾌감을 표시하고 항의한 것도 그 때문이 아니었을까. 그러나 어쨌든 명동성당은 그 자리에 그 모양으로 섰고 왕조가 몰락한 후에도 오랫동안 왕궁을 능가하는 랜드마크 구실을 했다.

높은 언덕 위에 높이 솟은 건물은 한편으로 동양의 세속 전제 권력에 대해 서양의 신성 권력이 승리했음을 알리는 상징이었다. 서구적 공간관이 '복수의 하나님'을 매개로 한국적 공간관을 패퇴시키고 서울을 점령한 셈이다. 더불어 이는 1,000년 넘게 지속되어온 이 땅 사람들의 공간관에 결정적인 파열구破裂口를 내었다. 약현성당과 명동성당 건축의 종교적 후예들만이 아니라 세속의 후예들 역시 산자락을 파고들었다. 하늘이 만들어낸 자연의 선을 인간이 만든 건축물의 선이 침해해서는 안 된다는 오랜 금기는 여지없이 깨져나갔다. 물론 사람들이 서울 안의 야산들을 거리낌 없이 택지宅地로 취급하기까지에는 조금 더 시간이 필요했지만, 이는 어쨌든 '시간문제'에 불과했다.

　　　서울에 인구증가의 파도가 밀려올 때마다 남산·안산鞍山·인왕산 자락이, 뒤이어 북한산·관악산·아차산 자락이 차례로 또는 동시에 집터로 바뀌어갔다. 산자락의 집들은 대개 허술한 무허가 판잣집으로 시작했지만, 얼마 후 양성화했다가 한참 후 재개발되면서 엄청난 공룡으로 커버렸다. 거대한 주거용 건물군이 산자락을 장악함에 따라 그래도 '경관'만은 함께 누릴 수 있었던 서울 사람들의 '시각적 유대'도 붕괴되었다. 자본주의적 가치법칙은 경관의 소비에도 관철되어, 소비할 수 있는 자와 소비할 수 없는 자를 나누었다. 이제 초고층 건물 초고층에 살지 않는 한, 어느 곳에서도 온전히 조망할 수 있는 능선은 없다.

●

　　　나는 명동성당의 좌향에 관한 얘기를 서울시립대학교 건축과 김성홍 교수에게 들었다. 그는 석사과정 학생이 알아낸 것이라고 했는데, 그 학생의 이름은 아예 듣지 못했다. 그 얘기를 듣고 지도를 살펴보고 나서 "아뿔싸"를 외칠 수밖에 없었다. 아관파천 이후 고종이 경복궁을 버리고 새로 경운궁을 정비한 데에는 명동성당을 보고 싶지 않았던 심리가 작용했는지도 모른다는 생각이다.

서울은 깊다 · 16

종로, 전차

전근대의 도시는 본래가 "농촌이라는 거대한 바다 위에 떠 있는 작은 섬"이었다. 이 섬의 경계인 해안선(도시의 성벽)은 누구나 명료히 인지할 수 있었고, 아무나 함부로 건널 수 없었다. 그러나 제어할 수 없는 확장 동력을 내장한 근대 도시는 자신의 경계(=성곽)를 스스로 허물면서 커나갔다. 오늘날 도시는 더 이상 '작은 섬'이 아니며, 그 경계 역시 해안선처럼 명료하지 않다. 현대의 거대도시는 농촌에 둘러싸인 공간이 아니라 다른 이름을 가진 도시에 포위된 공간이다. 한 도시를 벗어나면 곧바로 다른 도시가 나타나는 '연담도시'(대도시를 중심으로 주변의 여러 도시들이 유기적으로 연계되어 있는 도시군)에서 공간구조나 가로 경관만으로 도시의 경계를 판단하기란 쉽지 않다. 마치 대머리인 사람의 이마와 머리를 구분하기가 쉽지 않은 것처럼. 자동차를 타고 달릴 때, 서울을 벗어났음을 알려주는 시각정보는 "안녕히 가십시오. 또 오십시오. 서울특별시"라고 쓰인 표지판과 그 건너편에 "어서 오십시오. 여기서부터 경기도입니다"라고 쓰인 표지판뿐이다.

　　도시의 구분선이 모호한 마당에 도시 내부의 경계가 명료

_ 서울에서 땅값이 가장 비싼 곳. 2008년 현재 충무로 1가 24-2 파스쿠치 자리는 한 평당 1억 9,600만 원을 기록했다. 최고 지가^{地價}의 땅이 명동에서 충무로 쪽으로 이동한 것은 최근의 재개발 탓이기는 하지만, 일제 강점기 내내 충무로(=본정^{本町})가 1위였던 것을 감안한다면 여기에서도 '탈환'이라는 말을 쓸 수 있을 듯하다.

1_ 오늘날의 강남구·서초구 일대는 한동안 영등포의 동쪽 지역이라는 뜻에서 영동지구라는 몰개성한 이름으로 불렸다.

할 수는 없다. 특히 오랫동안 도시 내부를 구획하는 기준점 구실을 해왔던 도심은 이제 더 이상 객관적 실체가 아니다. 오늘날의 거대도시에서 교통의 결절점이면서 행정·산업·문화의 중추 기능이 모두 모여 있는 '단일 장소'를 찾거나 만드는 것은 불가능에 가깝다. 현대의 거대도시는 본래가 다핵도시^{多核都市}이다. 1974년 구자춘 시장을 만난 홍익대 교수 김형만이 서울을 "철학이 있는 다핵도시"로 만들자는 의견을 내지 않았더라도 서울은 다핵도시, 다심도시^{多心都市}가 되었을 터이다. 이때의 '철학이 있는 다핵도시' 주장은 도시의 다핵화를 낳은 것이 아니라 세종로에 행정부, 여의도에 입법부, 영동^{永東1}에 사법부 하는 식으로 다소 우스꽝스러운 권력 거점의 공간적 분기를 낳았을 뿐이다.

현대 서울 사람들은 각자의 경험과 처지에 따라 도심을 달리 설정한다. 도시 공간을 거리나 면적을 중심으로 이해하는 사람들에게 도심은 용산이나 한남동이고, 땅값²을 기준으로 도시 공간을 바라보는 사람들은 명동을 도심으로 생각한다. 또 물질의 소비보다 욕망의 소비를 중시하는 사람들에게는 청담동이나 대치동이 도심이다. 사람들은 자기가 설정한 도심을 기준으로 자기 동네와 자기 자신의 위치—어느 곳에 살고 어느 자리에 서는지가 사람의 등급을 표현하는 것이니, 지위^{地位}라는 말은 참으로 절묘하다—를 판단한다. 서울의 도심은 분명 여러 곳이다. 도시계획 전문가들이 도심부를 특정하고 부심^{副心}을 설정하는 등의 행위와는 별도로 사람들은 자기 자리와 눈높이에서 도심을 생각한다. 그렇지만 노인들

– (좌) 탑골공원 성역화 사업은 한편으로 노인들의 탑골공원 입장을 제한하려는 의도를 담고 있었는데, 그에 따라 공원 안의 노인 밀도는 줄었지만, 공원 밖에서 노인이 점거한 공간은 오히려 늘었다.

– (우) 종묘공원의 노인들. 탑골공원 성역화 이후 종묘 부근이 노인들의 새로운 거점으로 등장했다.

의 도심, 기억 속의 도심, 그래서 역사적인 도심은 단 한 곳, 종로뿐이다.

주지하다시피 현재 탑골공원과 종묘공원은 '노인의 공간'이며, 이 두 지점을 잇는 길은 '노인의 거리'가 되어 있다. 노인들이 탑골공원을 거점으로 삼기 시작한 것은 1980년대 말부터였다. 1988년의 탑골공원 무료화가 일차적인 계기였고, 1994년 65세 이상 노인을 대상으로 한 전철 무임승차제 도입도 지하철 1·3·5호선이 통과하는 종로3가역의 노인 인구 흡인력을 배가시켰다. 노인들이 이곳을 거점으로 삼자 노인을 상대로 하는 자선활동과 무료봉사를 포함한 각종 영업도 이 주변에서 활기를 띠었다. 교통의 편리성과 무료 휴식공간, 노인을 대상으로 하는 각종 영업적·비영업적 활동이 노인들을 이곳으로 끌어들인 것은 분명하다. 그러나 그뿐일까. 서울시가 노인들을 탑골공원에서 몰아내기 위해 경운동에 서울노인복지센터라는 새 쉼터를 마련해주었음에도 불구하고, 노인들은 그곳으로 가려 하지 않는다. 오히려 그 반대편, 종묘 쪽으로 이동하여 노인의 공간을 확장시켰다. 노인들이 탑골공원 주변을 찾는 것은 이곳이 단순히 '접근이 용이하고 비용이 적게 드는 곳'이기 때문만이 아니라, 이 일대에 그들의 '왕년'往年이 함께 머물러

2_ 같은 도시 안에서라면 상업적으로 이용되는 토지의 가격은 주택지의 가격보다 비싸게 마련이다. 상업용지가 집중한 중심업무지구Central Bussinss District(소매상업과 사적 이익을 위한 다양한 사무소 활동이 지배적인 지구)의 지가는 다른 지역보다 훨씬 높은데, 이 개념은 대개 도심부와 큰 차이 없이 사용된다.

있기 때문일는지도 모른다.

구도심 종로는 쇠락해 있고 더 쇠락해가는 도심이다. 그래서 그 역시 노쇠해 있고 더 노쇠해가는 노인들에게 이 장소는 그들 자신의 처지와 오버랩되는 '이미지의 공간'이다. 이미 일제 강점기에도 종로가 쇠락하고 있다는 불만은 여러 곳에서 제기되었지만, 1960년대까지도 보신각 주위의 '종로 네거리'는 한국은행 앞 광장과 더불어 당당한 양대 도심이었다. 그러나 근래의 종로는 중심업무지구의 지위를 상실한 지 오래이다. 삼성종로타워(1999년 완공)가 당당한 강북의 랜드마크로 자리잡고는 있지만, 상업 가로로서는 아무래도 을지로나 남대문로에 훨씬 미치지 못한다. 1960년대 말 이후 종로는 지속적으로 쇠락했다.

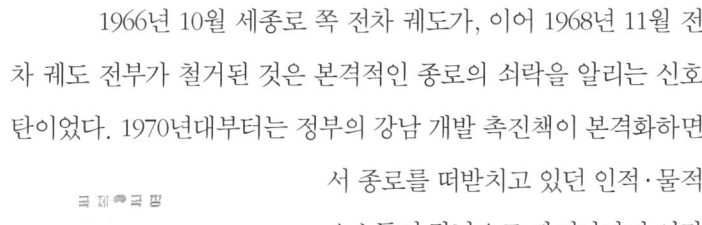
1966년 광화문 지하도 건설 현장. 이 지하도를 건설하면서 세종로의 전차 궤도가 철거되었다. 그리고 이는 곧 시내 전차 전 노선의 철거로 이어졌다.

1966년 10월 세종로 쪽 전차 궤도가, 이어 1968년 11월 전차 궤도 전부가 철거된 것은 본격적인 종로의 쇠락을 알리는 신호탄이었다. 1970년대부터는 정부의 강남 개발 촉진책이 본격화하면서 종로를 떠받치고 있던 인적·물적 요소들이 강남으로 빠져나가기 시작했다. 70년대 중반에는 경기, 휘문 등 종로 북변의 '명문' 고등학교들과 종로 동편의 서울대학교가 한강 이남으로 옮겨갔고, 주변의 입시학원들도 모습을 감추기 시작했다. 1979년에는 반도호텔과 국립도서관, 산업은행(옛 조선식산은행) 자리에 롯데가 초대형 호텔과 백화점을 세우면서 상업 중심지를 남대문 쪽으로 한걸음 더 끌어내렸다. 충무로

신축공사 중인 화신백화점. 이 건물은 본래 육의전의 수좌이던 선전 자리에 박흥식이 새로 지은 것이다. 선전은 중국산 비단을 취급하던 곳이었는데, 선전이라는 말을 순 우리말처럼 해석하여 한자로 입전立廛이라 쓰기도 했다. 그래서인지 일제강점기에는 종로의 최고층 건물(반도호텔이 서기 전까지는 전국 최고층 건물이었다)이 이 자리에 세워졌으며, 이 건물이 헐린 뒤에도 삼성종로타워가 들어서 강북의 새로운 랜드마크가 되었다. 입전에서 화신으로, 다시 삼성으로 건물의 외양과 이름이 바뀌었지만 이 자리에 선 건물은 모두 종로에서 가장 크고 높은 건물이라는 공통점을 지녔다.

의 신세계백화점(옛 미쓰코시백화점三越百貨店)과 더불어 서울의 양대 백화점으로 명성을 누리던 화신백화점은 이미 1970년대 중반부터 남대문로와 명동에 새로 들어선 백화점들에 밀리다가 1987년에 헐려버렸다. 1980년대까지 지식인·대학생들의 아지트로 각광을 받던 종로서적이 인근의 대형서점, 교보문고와 영풍문고를 당해내지 못하고 부도처리된 것은 2002년 월드컵 때의 일이었지만, 그보다 훨씬 전에 동화서적·양우당·문학당 등 종로의 중견 서점들은 자취를 감추었다.

    1990년대 이후 종로 중심가 북변을 점거한 노인들이 젊었을 때의 종로, 왕년의 종로는 그 모습이 지금보다는 누추했지만, 그 상대적 활기와 중심성은 지금보다 높았다. 명동 충무로 일대가 6·25 전쟁으로 폐허가 되어버린 탓에 화신백화점, 동아부인상회, 영보빌딩, 한청빌딩, 명월관, 단성사, 우미관優美館 등이 곳곳에 포진

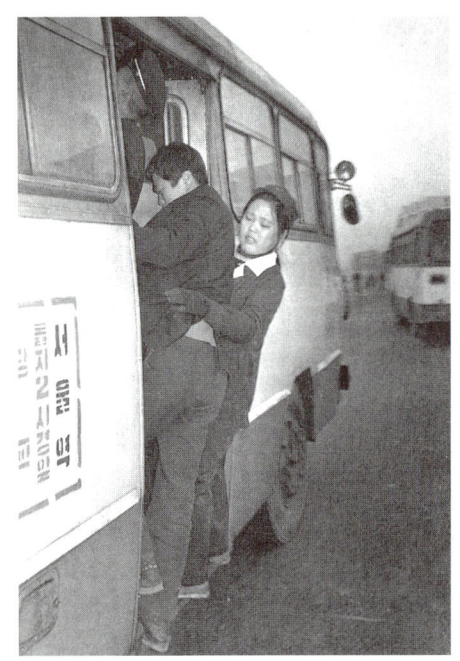

_ 달리는 차 안으로 승객을 밀어 넣으려 애쓰는 버스 차장. 1970년대 서울의 여성 취업인구 중에서는 공장 노동자·가정부·시내버스 차장의 비중이 무척 높았는데, 이들을 비하하여 각각 공순이·식순이·차순이라고 불렀고, 합해서 '삼순이'라고도 했다. 얼마 전 큰 인기를 모았던〈내 이름은 김삼순〉이라는 드라마에서 느닷없이 이들을 떠올린 이들도 적지 않았을 것이다.

서울 지하철의 도상圖上 계획은 그 이전에도 있었다. 1965년에는 「고속전차시설기본계획조사보고서」라는 것이 만들어진 바 있고, 그보다 훨씬 전인 1930년대에도 박흥식의 지하철 계획과 경성부의 지하철 계획이 있었다. 그러나 이들 계획은 아무런 실현 수단도 전망도 갖지 못했다.

해 있던 1950~1960년대의 종로는 '북촌 조선인'의 중심가로 위세를 떨쳤던 일제 강점기보다 더 화려했다. 명동백작을 비롯한 숱한 저명인사들이 명동 골목골목에 진한 추억을 남긴 것만큼이나 지금 탑골공원과 종묘공원에 모여 앉은 가난한 노인들의 '화려한 왕년'은 종로 피맛길의 목로주점을 무대로 펼쳐졌다.

종로의 쇠락이 전차 철거로부터 시작되었듯이, 종로가 그나마 과거의 영화에 대한 기억을 보존할 수 있었던 데에는 '지하철 1호선' 건설이 큰 힘이 되었다. 사실 전차 철거와 지하철 1호선 건설 간에는 일반이 생각하는 바와 같은 '의도적 관련'은 전혀 없었다. 1966년 김현옥 시장이 전차 철거를 결심하면서 대체 교통수단으로 지하철 건설을 생각한 것은 아니었다.[3] 그는 누구보다도 군용 지프에 익숙한 사람이었고, 그 주위의 '승용차를 타는 높은 분'들도 대개 전차로 인한 자동차 교통의 장애에 불평을 늘어놓는 사람들뿐이었다. 그가 본 1960년대 중반의 서울 전차는 적자투성이의 애물단지였고, 한 대만 고장이 나도 줄줄이 늘어서는 고물단지였으며, 자동차의 원활한 소통을 방해하는 장애 시설이었다. 그는 전차 궤도만 없어지면 자동차가 그 빈자리를 저절로 메우리라 생각했다.

그러나 버스가 늘어났어도 그것만으로는 과거 전차가 담당하던 교통수요를 충족할 수 없었다. 1968년 전차 전 노선이 철거된 뒤 1974년 8월 15일 지하철 1호선이 개통될 때까지, 종로를 관통하는 도심의 공공교통에 '지옥'이라는 이름이 붙은 것은 결코 과장이 아니었다. 당시에는 젊은 여성들이 버스 차장[4] 일을 했는데,

차장의 업무는 박봉에도 불구하고 '기사'보다 훨씬 많았다. 너무 많은 승객을 태운 탓에 옆과 뒤를 볼 수 없는 기사를 위해 수시로 몸을 차 문 밖으로 내밀고 '오라이, 스톱, 빠꾸'를 외치는 일, 요금을 받고 잔돈을 거슬러 주는 일, 차량 내부를 청소하는 일, 이미 만원이 된 지 오래인 차 안에 한 사람이라도 더 밀어 넣는 일, 짓궂은 승객과 음흉한 관리자를 상대하는 일 등등. 그 무렵 종로에서 청량리를 거쳐 중랑교 방면으로 가는 버스 차장들은 정류장에 차가 서자마자 내려서는 "청량리 중랑교 가요"를 외쳤는데, 이 소리가 그네들의 고달픈 삶에 연민을 느끼는 사람들에게는 "차라리 죽는 게 나아요"로 들리곤 했다.

도심의 교통지옥 상태를 해소하는 방안으로 지하철 건설이 구체적으로 모색된 것은 1970년의 일이었는데, 이때 확정된 노선이 지금의 지하철 1호선이다. 지하철 1호선이 옛 전차 노선을 따른 것은 서울역과 청량리역의 기존 철도와 연계가 가능했던 데다가 종로의 가로 폭이 가장 넓어 상대적으로 공사가 용이했기 때문이었는데, 나는 그와 더불어 도시 공간과 도로에 대한 관성적 태도, 즉 무의식적으로 감지된 도시의 역사성도 크게 작용했을 것으로 본다. 지하철을 예정하고 전차를 철거한 것은 아니었지만, 새로 만

— (좌) 1974년 광복절의 지하철 1호선 개통. 종로를 관통하여 청량리에 이르는 도로의 역사성은 땅 밑을 달리는 새로운 운송 수단의 노선 결정에도 영향을 미쳤다. 이 노선은 서울역에서 시청을 거쳐 종각에 이르는 노선을 제외하면 1898년에 놓인 전차선로를 그대로 답습한 것이다. 경부·경인·경춘선 등 기존 철도 노선 자체가 전차 노선과 관련하여 만들어진 것이었기 때문에 기존 철도와 연계하여 수송 효율을 높인다는 지하철 건설 구상에도 '홍릉의 그림자'가 드리워진 셈이다.

— (우) 전차가 철거된 후 지하철이 개통되기까지 6년간, 서울 도시 교통은 거의 전적으로 버스가 담당했다. 그러다 보니 출퇴근 시간대의 버스 정류장 부근은 아비규환의 혼잡을 연출할 수밖에 없었다. 1972년, 종로.

4_ 버스 차장은 후에 안내양이라는 야릇한 이름으로 바뀌었다. 안내양이라는 말을 글자 그대로 풀면 '안내하는 처녀'쯤 될 터이지만, 실상 그네들의 일에서 '안내'는 극히 적은 부분에 불과했다.

_ (좌) 1900년경의 보신각. 보신각이라는 이름을 굳이 해석하면 황제가 지정한 중앙, 또는 황도皇都의 중심이라는 뜻이 될 것이다.
_ (우) 1979년 새로 지어진―복원이 아니다―보신각. 짓기는 누樓를 지어놓고 이름은 예전대로 각閣을 썼다. 보신각이나 보신루나 잘 모르는 사람이 들으면 보신탕 전문 요리점 같기야 매한가지지만, 명실불부名實不附하게 만들어놓은 데 대해서는 몰상식이라 해도 무방할 것이다.

5_ 임진왜란 전에는 종각鍾閣이 아니라 종루鍾樓였다. 본래는 종로 네거리에 웅장한 누각을 세우고 종을 걸었던 것인데, 임진왜란 때 종루가 파괴되고 종도 여기저기 옮겨다니는 액운을 겪은 후 그 위계와 규모를 크게 줄여 각閣으로 만들었다.

들어질 지하철이 종로 전차를 대체해야 한다는 데에 반대하는 사람은 없었다. 종로는 전차가 놓이기 전에도 서울의 중심 도로(=국중國中의 대로)였고, 전차가 놓인 후에는 더더욱 그러했다. 서울이 조선의 수도가 된 이래 서울 사람들은 언제나 종로 네거리, 보신각 앞을 서울의 공간적 중심으로 인지해왔다.

앞에서도 언급한 바와 같이 도시 공동체는 종루鍾樓5의 종소리를 같이 듣는 사람들로 구성되었다. 그런 만큼 종은 본래 도시의 공간적 중심에 걸어야 했다. 서울 정도 직후 종을 걸었던 자리는 원각사 입구, 청운교 서쪽이었는데, 태종 대에 지금의 위치로 옮겼다. 그 탓에 종루의 위치는 도성의 공간적 중심에서 서쪽으로 치우치게 되었다. 아마도 창덕궁에 거처하던 이방원은 종소리의 데시벨dB을 가급적 낮추고 싶었던 모양이다. 하기야 새벽 단잠을 깨우는 종의 굉음을 가까이에서 듣고 싶어할 사람은 없을 것이다. 그에 따라 도성의 물리적 중심과 감성적 중심은 괴리되었다. 종로 네거리는 도성의 중심이기 때문에 종이 걸린 것이 아니라 종이 걸렸기 때문에 도성의 중심이 된 것이다.

종루를 중심으로 하여 혜정교惠政橋 앞에서 탑동 어귀(현재의 교보빌딩 앞에서 탑골공원)까지 동서로 뻗은 길은 조선시대 내내

_ (좌) 운종가 한복판, 보신각 맞은편(현 YMCA 옆 장안빌딩 자리)에 한성전기회사 사옥이 들어섰다. 고종과 콜브랜이 50:50으로 합작하여 설립한 회사이지만 초대 사장은 이채연이 맡았고, 중역진은 이근배, 김두승 등 유력한 시전 상인들로 구성되었다. 간판을 단 회사로는 아마도 이 회사가 처음일 것이다.

_ (우) 한성전기회사와 보신각. 우측 끝에 있는 것이 보신각이고 좌측 중앙부에 보이는 서양식 첨탑을 단 건물이 한성전기회사이다. 1905년경.

사람들이 구름처럼 몰려다닌다는 뜻의 운종가雲從街라는 이름으로 불렸다. 조선 후기에는 선전縮廛·백목전·청포전·저포전·지전 등 육의전의 중심 상전들이 모두 종각 주위에 분포했다. 종각 앞, 종로 네거리는 이 도시의 상징적 중심이자 상업적 중심이었다. 종각에 보신각普信閣이라는 이름이 붙은 것은 1895년 3월 15일이었다. 서울의 4대문에 인의예지仁義禮智 순으로 이름을 붙였던6 고례古例에 따라 중앙을 뜻하는 신信을 쓴 것인데, 이로써 종각은 서울의 공간적·상징적 중심으로 공인되었다. 더불어 이 무렵부터 황제가 내탕內帑을 들여 만든 각종 시설·건물들에는 대개 보普자가 붙기 시작했다. 3·1운동 때 독립선언서를 인쇄했던 보성사, 고려대학교의 전신인 보성학교, 우리나라 최초의 신탁회사 격인 보신회사 등이 모두 그러했다.

서울의 한복판인 종로를 관통하여 서대문에서 청량리까지 이어지는 전차 궤도 부설 공사는 1898년 10월 17일부터 12월 25일에 걸쳐 진행되었다. 일본인들은 『경성전기주식회사이십년연혁사』(이하 『연혁사』로 줄임)에서 이 전차 부설의 배경을 희화적으로 묘사했는데 그 대강의 내용은 이렇다. 1897년 11월 명성황후의 국장을 치른 이후 고종의 홍릉洪陵 행차가 잦았는데, 그때마다 10만 원 안팎의 엄청난 비용이 소요되었다. 이 능행을 돈벌이 기회로 포착

6_ 홍인지문, 돈의문, 숭례문은 이 순서에 맞는데 북문은 숙정문肅靖門(처음에는 숙청문肅淸門)이었다. 잡설이지만, 백악의 산세가 드세어 음陰이 양陽을 누르게 될까봐 북문에는 다른 이름을 붙였다고 한다. 지智자는 그 대신 홍지문弘智門에 붙였다. 이 참언이 맞았기 때문인지, 조선시대 역대 왕 중에 장남으로 왕 노릇을 제대로 한 사람은 극히 드물었을 뿐 아니라, 왕위에 오른 사람도 적었다.

한 미국인 콜브랜Arthur H. Collbran, 高佛安과 보스트윅H. R. Bostwick은 고종을 알현하고 능행길에 전차를 놓으면 이동이 편리하고 경비도 절약될 뿐 아니라 평시에는 시민을 위한 교통수단으로 활용하여 돈을 벌 수 있다고 꼬드긴다. 감언이설에 현혹된 고종은 선뜻 전차 부설에 동의하고 총신寵臣 이학균으로 하여금 콜브랜, 보스트윅과 교섭하게 한다. 계약이 체결된 것은 1898년 2월 19일이었고, 이어 이채연을 사장으로 하고 이근배, 김두승 등 종로 상인들을 중역으로 하는 한성전기회사가 출범했다. 한성전기회사는 전차 부설뿐 아니라 한성오서 내 전등·전화의 가설, 운영권까지 독점했다. 전차 선로 공사는 정부와 황실의 적극적인 지원 덕에 순조롭게 이루어져 불과 두 달여 만에 완성되었고, 바로 장안의 일대 명물이 되었다. 사월 초파일, 전차 개통 당일에는 전차를 보거나 타기 위해 시민들이 몰려들었고 선로 전체가 사람들로 메워져 전차는 거의 달리지 못할 지경이었다. 그런데 정작 능행길에 이용할 목적으로 전차를 놓은 고종 자신은 객차가 상여처럼 생겼다 하여 한 번도 타지 않았다.

일본인들이 『연혁사』에 소개한 내용은 오늘날 전차 부설 경위에 대한 상식이 되어 있다. 그런데 이 글에는 몇 가지 납득하기 어려운 점이 있다. 우선 이 설명대로라면 이 땅 최초의 전차, 서울 지하철 1호선의 원형이 만들어진 배경은 고종과 명성황후 간의 사적 관계 속에 용해되어버린다. 고종이 죽은 황후를 그리워한 탓에 능행이 되풀이되었고, 그것이 전차 부설의 직접적 배경이 된 셈이니까. 일본인들이 만들어놓은 문헌에 그려진 고종과 왕비(황후)는 언제나 한결같다. "무능하고 나약한 혼주昏主 고종과 탐욕스럽고 꾀 많은 여걸 민비." 일본인들은 고종을 대원군 손아귀의 여의주 노릇이나 하다가 이른바 "친정"親政이라는 것을 하게 된 뒤에는 여편네 치마폭에 감싸여 살면서 아내를 엄마처럼 생각하고 산 사람,

_ (좌) 사직에 제례를 드리러 가는 황제의 행렬. 어떤 행차이든 간에 황제의 행차는 그 자체로서 장엄하고 화려한 퍼레이드였다. 중국의 역대 황제들은 대군을 거느린 친정의 유혹에 쉬 빠져들곤 했지만, 대한제국의 황제는 그런 행렬에 관한 기억과 전례前例를 갖지 못했다. 그렇더라도 자신의 엄청난 '권위'와 '힘'을 때때로 보여줌으로써 도시민들에게 '황제의 실존'에 관한 인상을 각인시키는 일이 필요하다는 것쯤은 알고 있었다.

_ (우) 1898년 가을의 종로 전차 궤도 부설공사. 이미 부설된 레일 위로 침목을 실은 수레를 옮기고 있다. 종로 양편의 가가는 모두 철거되어 있고 전찻길 우측에는 전선 없는 전봇대가 미리 서 있다.

심지어는 홀아비가 된 뒤에도 그런 집착에서 벗어나지 못한 정신적으로 미숙한 사람"으로 묘사하고 싶어했다. 이런 이미지메이킹은 무척 성공적이었던 데다가 다른 측면에서 비슷한 내용을 전한 당대 지식인들의 글도 남아 있어서 오늘날 고종에 대한 일반적 이미지로 자리잡고 있다. 그러나 정말 그럴까? 고종의 이런 이미지와 전차 부설에 얽힌 이런 이야기들은 과연 사실일까?

왕비가 시해된 것은 1895년 10월 2일이었고, 황후의 예로 국장을 치르고 홍릉에 안장한 것은 대한제국 선포 후인 1897년 11월 27일이었다. 문제가 된 고종의 홍릉 행차는 당연히 이 이후의 일이다. 그런데 그로부터 채 석 달도 되지 않아 한성전기회사가 출범했다. 이 짧은 기간 동안에 "엄청난 경비"를 낭비할 만큼 잦은 능행을 할 도리는 없다. 설사 능행이 잦았다 하더라도 거기에 소요되는 비용 중 가마를 메거나 깃발을 드는 역군들에게 지급하는 몫은 무시해도 좋을 정도였다. 이 역은 대개 시전 상인들이 담당했는데, 그들에게는 따로 역가役價를 지급하지 않았다. 조선 후기 이래 능행 비용에서 가장 많은 몫을 점한 것은 가가假家7_ 철거 및 개건비였다.

언제부터 종로 양측에 가가들이 들어섰는지를 정확히 알

7_ 가가란 임시로 지은 가건물을 말하는데, 주로 상업용으로 사용되었기 때문에 이 말이 변한 '가게'가 곧 상업점포를 지칭하는 의미로 변했다.

_ (좌) 1896년 이전의 종로. 도로 양편에 초가로 얼기설기 엮은 '구멍' 만 한 가가들이 듬성듬성 늘어서 있다. 동대문에서 서대문 방향으로 찍은 사진인데 도로 한복판으로는 장작을 진 소떼 행렬이 유유히 지나고 있다. 운종가 부근의 가가는 이보다 더 많았을 것이다.

_ (우) 전차 궤도 부설 후의 종로. 대로 양편을 메우고 있던 가가는 깨끗이 철거되었고 도로 한복판에서 약간 북쪽(사진 오른쪽)으로 치우쳐 궤도가 부설되어 있다. 궤도 옆으로는 전봇대가 나란히 늘어서 있다. 대로 양편의 행랑은 일직선으로 곧게 늘어서 국초 건설 당시의 모습을 되찾았다. 사진 중앙부에 돌출한 양식 가건물은 전차표 판매소이다.

8_ 오늘날의 호객꾼, 속어로 '삐끼'이다. 소비자를 상인에게 데려다준 대가로 이익금의 일부를 받는다 해서 여릿군이라고 했고, 종로 좌우에 줄 지어 늘어서 있다 해서 열립군列立軍이라고도 썼다.

도리는 없다. 아마도 1791년 신해통공으로 육의전 전관專管 물종을 제외한 여타 소소한 물종의 자유 방매가 허용되면서 소상인들이 임의로 가건물을 짓기 시작했던 것 같다. 이 무렵 가가들로 가득 찬 운종가에는 그 가가만큼이나 많은 여릿군餘利軍8들이 늘어서서 지방에서 올라온 어리바리한 소비자들에게 바가지를 씌우곤 했다. 그리고 어느 사이엔가 가가 터에 대한 권리가 물권화物權化되어 전상매매轉相賣買되는 지경에까지 이르렀다(오늘날 포장마차에 권리금이 붙는 것과 같다).

원칙대로라면 국중의 대로요, 법으로 정해진 노폭을 가진 종로 좌우에 들어선 건물은 모두 불법이었다. 당연히 이들 건물에 대해 국가 권력이 취해야 할 '정당한' 태도는 눈에 띄는 대로 철거하는 것이다. 그렇지만 또 옳다고 해서, 법에 정해져 있다고 해서 그냥 밀어붙일 수만도 없는 것이 나랏일이다. 소민小民과 세민細民에게 먹고살 길을 열어주는 것은 왕도의 기본이었다. 물론 엄밀히 말하자면 옛날의 가가 주인이나 오늘날의 포장마차 권리자가 모두 영세민들로만 구성되었다고 할 수는 없다. 그러나 살 만한 사람들과 어려운 사람들을 정확히 구분하는 것도 불가능하다. 그래서 이런 일에는 언제나 '오죽하면'이라는 부사가 덧붙게 마련이고, 이들을 거리에서 내쫓는 것은 횡포한 권력이나 하는 일이 된다. 아무 일도 하지 않는 깍쟁이들에게조차 살길을 열어주는 것이 왕의 일인데, 먹고살려고 하는 일을 법에 어긋난다고 막아서야 되겠는가. 그깟 길이야 일시적으로 침범하면 어떠랴. 왕이 길을 쓰고자 하면 알아서 철거한다는데. 그 마음 씀씀이가 갸륵하지 않은가. 그래서였는지, 다시 어느 시점에선가는 왕실에서 가가 철거 및 개건비를 '보조'해주는 관례가 생겨났고, 이윽고 그 액수가 눈덩이처럼 불어났다.

그런데 콜브랜이 전차 부설을 건의하던 당시는 이미 가가 철거 및 개건에 돈을 들일 이유가 없어진 뒤였다. 1896년 9월 30일, 내부內部는 종로와 남대문로 변에 늘어선 가가 일체를 철거하되 노폭에 여유가 있는 곳에 지은 일부 가가를 양성화하는 것을 골자로 한 '한성 내 도로의 폭을 개정하는 건'을 발포했다. 19세기 이래 간단없이 제기되어왔던 도로정비, 도시 공간 개조를 알리는 신호탄이었다. 이에 따라 서울 도심부에 가득 차 있던 가가는 대부분 철거되었고 영업장소를 잃은 가가 상인들을 수용하기 위한 장소로 선혜청 옛 창고 등 각처가 새로 배정되었다. 명성황후의 국장이 치러지기 전에 이미 종로 대로는 완전히 다른 모습으로 변

〈시흥환어행렬도〉始興還御行列圖. 정조가 능행길에 시흥 행궁으로 들어서는 모습을 그린 것이다. 백성들은 땅에 엎드리지 않은 채로, 행렬을 편안히 구경하고 있는데, 심지어 엿장수, 떡장수까지 돌아다니고 있다. 왕에게는 '빠르고 편안하게 목적지에 도달하는 것' 보다는 '수많은 수행원을 거느리고 이동하는 모습을 보여주는 것'이 정치적으로 더 중요했다.

해 있었다. 『한국과 그 이웃나라들』 Korea and Her Neighbours 의 저자인 이사벨라 버드 비숍 Isabella Lucy Bird Bishop 은 불과 몇 년 사이에 이 길이 변화한 모습을 보고는 "과거 동방에서 가장 더러운 거리[9]가 이제 가장 깨끗하고 현대적인 거리로 바뀌었다"고 찬탄했다. 종로가 바뀐 만큼 종로를 지나는 능행에 드는 비용도 이전보다 크게 줄일 수 있었다. 그러니 돈을 아끼려 전차를 놓았다는 말은 믿기 어렵다.

다음으로 일본인들의 기록은 '능행'陵幸이 갖는 정치적·상징적 의미를 애써 묵살하고 있음에 유의할 필요가 있다. 능행은 왕이 자신의 선조를 추모하는 사적 행위에 머무는 것이 아니었다. 그것은 먼저 장안 백성들에게 그 자체로 존엄한 왕의 실존을 알리는 퍼레이드였으며, 더불어 왕이 백성에게 전하고자 하는 정치적 메시지를 담은 시위였고, 나아가 일반 백성에게 직접 왕을 대상으로 발언할 기회를 주는 소통의 통로였다. 굳이 심각한 의미를 부여하지 않더라도 이 행렬은 별다른 오락거리를 갖지 못했던 서울 시민들에게 훌륭한 볼거리를 제공하는 것이기도 했다.

능행의 정치성은 조선 후기에 특히 두드러졌다. 예컨대 정조가 한강 도하渡河라는 번거로움을 무릅쓰면서 생부인 사도세자(장조莊祖)의 능을 굳이 수원에 쓴 것은 그럴 만한 이유가 있어서였다. 그는 이 장엄한 행렬을 통해 자신의 존재를 과시하고 사도세자의 죽음과 관련된 기억을 되살리고자 했으며, 더불어 빠르게 변화하고 있던 한강 변과 그 이남 지역의 실태를 직접 확인하고자 했던 것이다. 그래서 왕의 능행은 호화롭고 웅장하다는 점에서는 과시적이면서도 잡인의 접근에 개방되어 있다는 점에서는 포용적인 이중적 성격을 띠었다. 억울한 사연을 지닌 사람들은 궁궐 앞에 나아가 신문고를 치는 대신에 왕의 능행길 옆에서 징이나 꽹과리를 침으로써 왕에게 직접 호소할 기회를 얻을 수 있었다. 요컨대 능행은

[9] 그녀는 서울을 보기 전까지는 북경보다 더러운 도시는 없을 것이라고 생각했었다고 썼다.

왕의 정치적 의도와 백성의 정치적·사회적 요구가 만나는 한마당의 굿판이었다. 그런 만큼 능의 위치나 노정의 결정 등에는 정치적 고려가 담길 수밖에 없었다. 그랬을진대 황제의 능행을 단지 황후에 대한 그리움의 발로였다고 심상히 보아 넘길 수 있을 것인가. 그러면 종로와 전차, 지하철 1호선의 역사는 고종의 '못 다 이룬 사랑'이 남긴 한낱 에피소드가 되어버릴 것이다.

고종이 설령 바보였다 해도 능행에 새겨진 정치적·사회적·문화적 의미를 몰랐을 턱이 없다. 아니 오히려 그는 선왕先王들이 만들어온 '국장國葬과 능행의 정치학'에 대한 식견이 무척이나 깊었다. 그랬기에 왕후가 죽은 지 2년 동안이나 장례를 치르지 않다가 제국을 선포한 다음에야 황후의 예로써 국장을 치른 것이며, 그랬기에 굳이 동대문 밖 청량리에 능을 쓴 것이고, 그랬기에 종로를 관통하는—고종이 홍릉에 행차할 때에는 이미 전차 부설 공사가 진행 중이었다—능행길에 올라 시민들의 오감을 직접 자극한 것이다.

대한제국을 역사적으로 어떻게 자리매김하건 간에 이 '나라'는 적어도 한 가지 점에서만은 한국사 전체에서 확실히 특이한 위치를 점한다. 대한제국 선포 이후 고종이 강제로 양위하기까지

— (좌) 1897년 덕수궁 대안문 앞 명성황후 국장 행렬. 고종은 왕비가 죽은 후 2년이나 지난 뒤, 대한제국을 선포한 이후에야 비로소 '황후의 예'로 장사 지냈다. 대안문을 나선 행렬은 종로를 관통하여 청량리까지 이어졌는데, 그 전에 이미 종로길은 깨끗하게 정비되어 있었다. 이 국장 행렬은 대한제국 시기 서울 시민이 기억하는 행렬 중 가장 대규모의 것이었다.

— (우) 1974년 8월 19일 육영수 여사 국민장. 유신체제하에서는 엄청난 규모의 군중을 동원한 대중 집회가 자주 열렸다. 이 국민장 역시 애도와 비탄, 증오와 저주의 감정을 고취하는 범국민 궐기대회의 일종이었다.

10년간, 이 '나라'는 국모가 없는 나라였다. 이 땅에서 왕조의 역사가 시작된 이래 수천 년간 남자가 왕위에 있으면서 그 공식 배우자가 지정되어 있지 않은 적은 단 한 번도 없었다. 심지어 64세에 홀아비가 된 영조도 그 다다음해에 15살 먹은 어린애를 계비繼妃로 들였다. 그런데 아직 강건한 40대의 고종은 곤위坤位를 비워둘 수 없다는 숱한 간언諫言을 묵살하면서까지 계비를 맞아들이지 않았다. 을미사변 직후 한때 간택 작업이 진행되기는 했지만 아관파천 이후 곧 무효가 되었다. 그러고는 더 이상 황후 간택과 관련된 조치는 나오지 않았다. 고종은 왜 사상 유례가 없는 이 같은 일을 저질렀을까? 사실 고종은 황후를 새로 맞아들이는 일과 관련해서는 아무 일도 하지 않았다. 그러나 때로는 아무것도 하지 않는 것이 무엇인가를 하는 것보다 더 큰 사태를 빚기도 한다. 고종이 새 황후를 들이지 않은 것은 국모가 없는 기형적인 나라를 '만드는' 엄청난 일이었다.

고종이 죽은 황후를 못내 그리워한 때문이라고 볼 수도 있다. 일반적인 고종의 이미지에는 이 설명이 가장 잘 어울린다. 그러나 그가 정말 아내에게서 모성을 찾은 정신적 미숙아였는지는 의문이다. 그는 홀아비가 된 이후에도 여러 비빈을 거느렸고, 자식도 새로 낳았다. 고종과 명성황후에게서 에드워드 8세Edward VIII(윈저공)의 러브스토리와 비슷한 무엇인가를 찾으려는 사람들에게는 솔깃한 해석이겠지만, 조선식, 그것도 왕실의 부부관계를 그렇게 해석할 수는 없다.

고종이 굳이 새 외척을 만들고 싶어하지 않았기 때문이라는 해석도 가능하다. 고종을 외척 등쌀에 시달리면서 아무것도 자기 뜻대로 하지 못한 왕으로 본다면 이 또한 설득력이 있다. 그런데 조선 말기 세도정치의 아이러니 중 하나는 왕의 친족들은 숨도 제대로 쉬지 못할 지경으로 억누르면서도 그 외가나 처가붙이들에게는 마음껏 활개칠 수 있는 공간을 열어준 데에 있다. 종친은 왕권을 위협하는 자요, 외척은 왕권의 울타리라는 관념은 외척들뿐 아니라 왕 자신도 동의하는 것이었다. 다 알다시피 조선 후기 왕권 침식의 주역은 다름 아닌 외척이었지만, 그들에게 왕은 어쨌든 주머니 속의 여의주였으니 결코 버릴 수 없는 존재였다. 왕권의 전제성을 바란다면 외척을 억눌러야 했지만, 왕위의 안전을 바란다면 외척이 없어서도 안 되었다. 더구나 나이 50을 바라보는 장년의 왕은 외가붙이든 처가붙이든 외척을 겁낼 이유가 없었다. 그러니 이런 해석도 별 설득력이 없다.

나는 고종이 새 황후를 맞아들이지 '않음'으로써 국모 없는 나라를 '만든' 것은, 황후가 '없는' 상태를 지속시킴으로써 그 연유에 관한 기억을 '상존'시키려 한 때문이라고 본다. "무위無爲의 위爲"로써 "부재不在의 재在"를 표현한 절묘한 수법이 아닌가. 국장을 치르고 한 달, 두 달, 한 해, 두 해가 가도록 황후 간택에 대한 소식은 나오지 않았다. 서울 개천 변 빨래터에 모인 아낙네들에게나 궁벽한 산골 토반土班의 사랑에 모인 남정네들에게나 '황후의 부재'는 자주 화제로 떠올랐을 것이다. 그들은 처음 새 황후가 뉘 집에서 나올지에 관심을 보였을 테지만, 이윽고 황후 간택이 늦어지는 이유로, 나아가 황후 부재 상태 자체로 논의의 대상을 확장해갔을 것이다. 그 과정에서 때로는 을미년 의병이나 백범白凡의 의거(일본군 중위 쓰치다土田亮亮를 죽인 일)를 떠올리면서 복수설치復讐雪恥를 주장하는 젊은이들이 나타나기도 했을 터이다. 설사 과거에 황후를 증오해 마지않았던 사람일지라도, '나라의 원수'를 갚아야 한다는 데에는 주저 없이 동의했으리라.

1974년 8월, 당시 초등학생이었던 나는 난생 처음으로 청

_ (좌) 동대문에서 청량리로 향하는 전찻길 주변. 길 좌우에 무성한 백양목 가로수가 늘어서 있다. 고종 재위 시에 이 가로수 관리는 홍릉 위병의 책임이었다. 한동안 시민들은 길 연도에 늘어선 나무들에서 황후를 안장하던 날에 도열해 있던 자신들을 떠올렸을 것이다.

_ (우) 1935년, 간선도로 개수 직후의 청량리. 전찻길 옆으로 새로 자동차 길을 내면서 가로수를 베어버린 것은 그렇다 쳐도 굳이 전찻길 옆에 있던 가로수까지 다 베어버릴 필요가 있었을까. 이로써 청량리는 이름과 달리 황량리가 되어버렸다.

와대―알다시피 이곳은 아직까지도 일반 지도에는 그려지지 않는 금단의 영역으로 남아 있다. 요즘도 가끔 차를 타고 그 부근을 지날 때면 어쩔 수 없이 긴장하는 나 자신을 발견하곤 한다―라는 곳에 들어가볼 수 있었다. 물론 그 이후 지금껏 들어가볼 기회를 얻지 못했고 아마 앞으로도 그럴 것이다. "영부인 육영수 여사가 8·15 기념행사가 열린 국립극장에서 북괴의 지령을 받은 조총련 소속 재일동포 문세광이 쏜 흉탄에 맞아 돌아가셨다"는 소식은 온 국민을 비탄에 빠트렸고, 분노하게 했다. 내 아버지도 어린 자식 손을 잡고 청와대에 마련된 분향소로 향했다. 그 자리에서 나는 나름대로 숙연하게 분향하고 머리를 조아리면서 '북괴의 만행'을 잊지 않으리라 굳게 다짐했었다. 그 얼마 후 육영수 여사의 국민장은 건국 이래 최대 규모의 행사로 치러졌다. 연도에 빽빽이 늘어선 시민들, 특히 할머니들은 목을 놓아 울부짖었는데, 그런 그들의 모습은 해마다 8월이 되면 연례행사처럼 TV 화면을 채우곤 했다.

유신체제가 몰락한 후 이 사건에 대해서는 여러 가지 '의혹'이 제기되었고 몇 해 전에는 모 방송에서 그 의문점들을 하나하나 정리한 다큐멘터리를 방송하기도 했지만 당시에는 사건에 의문을 던질 이유도 여유도 없었다. 비록 대통령과 영부인 사이가 별로 좋지 않다는 소문은 널리 퍼져 있었지만―그 무렵 청와대 비서실과 경호실 직원들은 대통령 내외의 부부 싸움을 '육박전'이라는 은어로 표현했다고 한다―그건 중요하지 않았다. 그 이후 홀아비 대통령과 엄마를 대신해 그 옆에 선 불쌍한 '영애'令愛는 존재 자체로서 '북괴가 국모를 시해했다'는 사실을 반복적으로 상기시키는 상징이 되었다.

뻔한 얘기를 하기 위해 너무 먼 길을 돌아왔다. 국장도 능행도 핵심은 보여주는 데 있었고 만나는 데 있었다. 황후의 능을 굳이 동대문 밖 청량리에 쓴 것도 이 장엄하고 과시적인 행렬이 도성의 한복판, 국중의 대로를 관통하게 하려는 의도에 따른 것이었으리라. 더 말하면 잔소리다. 이 퍼레이드는 치밀하게 고안되고 화려하게 장식된 '시위'에 다름 아니었다. 이 퍼레이드가 통과할 길은 이미 몇 해에 걸쳐 널찍하고 정결하게 정비되었고, 동대문 밖에서 홍릉에 이르는 연도에는 이 땅 최초의 가로수로 백양나무가 늘어섰다. 이 가로수는 혜화동에 살던 홍태윤이라는 사람이 자비를 들여 심었는데, 그는 이 공을 인정받았음인지 이후 양주군수, 홍릉 감독을 역임했다. 이 가로수는 홍릉 위병衞兵들이 극진히 관리한 탓에 무척 잘 자라서 1930년경에는 동대문에서 청량리에 이르는 도로가 전국 최고의 가로수길이 되어 있었다. 그러나 이 가로수들은 1933~1934년경 도로 확장 공사 과정에서 모두 베어져 지금은 사라지고 없다.

아마도 콜브랜은 이 퍼레이드가 갖는 상징적 의미를 잘 알지 못하고 '사람의 행렬'을 '기계의 왕복'으로 대신하자고 제안했을 것이다. 그런데 치밀하게 퍼레이드를 준비해왔던 고종은 그를 위해 애써 다듬고 가꾸어놓은 길 위에 전차 궤도를 놓자는 제안을 덜컥 수용해버렸다. 정말 단지 빠르고 편하게 능행을 하고 싶어서였을까? 황후의 죽음과 관련된 제반 조치들의 총괄 기획자였을 그

_ (좌) 특실이 있는 개통 당시의 전차. 전차 옆의 태극무늬가 선명하다. 앞 칸에는 차장으로 보이는 젊은 남자와 장옷을 쓴 여인이 한참 떨어져 앉아 있는데, 어쨌거나 같은 의자이니 '남녀칠세부동석'의 원칙은 이미 깨진 뒤이다. 뒷칸에는 곰방대를 물고 다리를 꼬고 앉은 양반이 탔고, 전차 앞에는 어린아이가 매달려 있다. 전차는 이렇게 예전 같으면 한 자리에 있을 수 없던 사람들을 좁은 공간 안에 모아 놓는 미술을 부렸다.
_ (우) 황실용으로 도입된 객차. 고종은 이 객차를 도입해 놓고도 한 번도 타지 않았다. 그 이유가 무엇인지는 알 수 없지만, 일본인들은 고종이 이 객차에서 '상여'를 연상했기 때문이라고 썼다.

가 능행의 형식과 절차, 상징성—일반 대중에게는 상징적인 것이지만 황제 개인에게는 현실적으로 유용한 것이었다—전체에 영향을 미칠 대토목 공사를 정말 별 생각 없이 승인했으리라 볼 수는 없다. 그는 아마도 새로 놓일 전차에 자기 나름의 의미를 부여했을 것이다. 그는 가가 철거와 가로수 식재, 국장과 능행을 겪으면서 종로에서 시민들이 느꼈던 '황후 부재'의 이미지를 항구화하는 데 이 기계가 조금이라도 도움이 될 수 있으리라 생각했던 것이 아닐까? 그는 하루에도 몇 차례씩 종로를 관통하여 홍릉 앞까지 '자동으로' 왕복하는 거대한 가마를 백성들에게 보여줌으로써, 그들이 원통하게 세상을 떠난 황후를, 국모의 위位를 비운 채 와신상담하는 황제를 떠올려줄 것을 바랐는지도 모른다.

『연혁사』는 고종이 능행용으로 전차를 부설하고도 막상 전차가 개통된 후에는 객차의 모양이 상여를 닮아 불길하다고 하여 한 번도 이용하지 않았다고 썼다. "바보 같은 군주"에 이보다 더 잘 어울리는 증거도 없다. 아마도 처음 등장한 전차를 보고 상여를 닮았다는 말이 있기는 했을 것이다. 그런데 사람들은 아무런 연상 작용 없이 서로 다른 대상 사이에서 유사성을 찾지는 않는다. 객차와 상여는 닮았다면 닮았고 닮지 않았다면 또 닮지 않았다. 죽은

_ 파괴당한 전차의 잔해. 전차가 개통된 지 얼마 되지 않아 이 기계의 무서움을 모르는 어린아이가 치어 죽는 사고가 일어났다. 사람들은 일단 이 새로운 '살인기계'를 파괴함으로써 보복했지만, 동시에 '피하는 게 상책'이라는 사실도 깨달았다.

사람이 타는 가마가 상여인 것이니 탈것의 모양이야 그렇고 그런 것 아닌가. 가마 닮았다고 하면 될 것을 굳이 상여 닮았다고 할 것까지는 없었을 터인데도 사람들은 객차에서 상여의 이미지를 보았던 모양이다. 그것도 보통 사람은 죽어서도 탈 수 없는 무척이나 큰 상여. 사람들이 개통식 당일에 객차에서 떠올린 것은 바로 한 해 반 전, 이제는 전찻길이 놓인 그 길을 따라, 이날과 같이 온 장안 사람들이 모두 나와 지켜보는 가운데 행차했던 바로 그 큰 상여는 아니었을까. 고종은 객차가 상여를 닮았다는 말을 듣고 오히려 회심의 미소를 지었을지도 모를 일이다.

누차 반복하는 말이지만, 공간을 '소비'하는 사람들은 공간을 설계한 사람의 의도대로만 움직이지는 않는다. 설사 그 설계자가 황제라 할지라도, 사람들은 거리낌 없이 그 뜻을 거스르곤 한다. 사람들은 황제가 전차에 부여한 복합적 용도와 의미를 그대로 받아들이지 않았다. 상여를 닮았든 어쨌든 사람들은 기꺼이 다투어 전차를 탔고, 그 주변에 몰려들어 환성을 질렀다. 날이 가물어 흉년이 든 것은 전차가 천지간의 습기를 말려버렸기 때문이라는

_ 전차와 달구지의 충돌 사고. '중세적 속도감'에 익숙해 있던 사람들은 한동안 전차의 '근대적 속도감'에 적응하는 데 어려움을 겪었다. 그러나 이윽고 사람들은 이에 익숙해졌고, 그 얼마 후부터는 더 빠르지 못한 데에 불만을 토로하기 시작했다.

소문도 나돌았고, 전차로 인한 교통사고에 격분하여 전차를 뒤집어엎고 태워버리기도 했다. 그러나 대중은 점차 전차에 친숙해졌고, 전차 노선도 빠르게 확장되었다. 그 과정에서 대중이 한때 전차에 부여했던 상여·괴물·살인기계 등의 의미도 점차 희석되었다. 그리고 결국은 핵심만 남았다. 문명의 이기로서의 전차.

이 문명의 이기는 사람들의 이동을 편하게 하는 교통수단에 머물지 않았다. 전차는 같은 무렵에 개통된 경인철도와 힘을 합쳐 수천 년간 변하지 않고 있던 시간과 공간 사이의 정합성을 뿌리째 흔들어놓았다. 도보를 기준으로 하룻길이니 반나절길이니 하던 일정日程 대신에 훨씬 더 세분된 기계적 시간이 거리 측량의 새로운 기준으로 떠올랐다. 전차 개통과 때를 같이하여 보신각 타종이 중단된 것은 전차 궤도가 남대문을 통과하면서 더 이상 문을 여닫을 수 없게 된 탓도 있지만, 기본적으로는 낮과 밤의 구분보다는 생활시간의 분할이 더 중요하게 된 때문이었을 것이다. 이제 성문의 개폐 시간을 알리는 인경人定과 바라罷漏 대신에 새로 정오 시간을 알리는 오포午砲가 등장했다. 또 이 교통수단은 남녀노소를 구별하지 않

고 태웠다. '남녀칠세부동석'이라는 성별·연령별 '격리'의 관념은 점차 약화되었고, 무차별적인 '대중'(이 이상한 집단을 만드는 데 교통수단만큼 큰 영향력을 행사한 것도 드물 것이다)이 가시적 실체로 모습을 드러냈다. 전차가 그리 빠르지는 않았지만, 그래도 전차 승객들이 시각視覺을 통해 받아들이는 단위시간당 정보량은 크게 늘어났다. 올 테면 오고 말 테면 말라고 배짱을 튕기던 가로변 상점들이 하나 둘 간판을 내걸어야 했고, 전차에도 광고 문구가 붙었다. 사람들은 전차를 타면서 본격적으로 '자본주의'를 체험하기 시작했다. 전차가 가져다준 변화는 다면적이고 심층적이며 불가역적이었다. 콜브랜은 어땠는지 모르나 고종도 이채연도, 김두승도 이런 변화를 예측하지는 못했을 터이다. 그러나 그것이 어쩔 수 없는 전차의 본질이었다.

종로도 전차와 함께 변화했다. 보신각(다른 말로 인경전人定殿이라 했다) 종은 비록 벙어리 신세가 되어 중심점으로서의 상징성이 많이 퇴색했지만, 대신에 중심 가로로서 종로의 지위는 한층 굳건해졌다. 더구나 경운궁이 대한제국의 정궁이 되고 그 동문 대안문이 대궐의 정문이 되면서 종로는 동서축 가로라는 태생적 한계10를 극복하고 새삼스럽게 중앙대로의 지위를 얻었다. 종로에 궤도

_ (좌) 장옷을 쓰고 전차에서 내리는 아낙. 몸은 가렸으나 전차 안에서 신체 접촉을 피할 도리는 없었을 것이다. 전차는 내부에 아무런 칸막이도 없어 남녀노소가 섞여 탈 수밖에 없었다. 전차는 사람과 사람 사이의 물리적 거리를 극단적으로 좁힘으로써 그들 사이의 심리적·문화적 격차도 줄여놓았다.

_ (우) 보신각 앞에 정차한 전차. 전차에 오르는 노인을 떠꺼머리총각이 밀어주고 있다. 전차 지붕 옆에 붙은 산호표니 삼영표니 하는 상표는 자본주의의 본격 도래를 알리는 상징물이었다.

10_ 제왕남면帝王南面이니 정궁은 남향해야 한다. 당연히 나라의 중앙대로main street는 남북축선상에 놓여야 했다.

1906년 서울 남산에 설치되었던 오포. 포소리가 나면 교회당에서 종을 쳐 정오인 것을 알렸다. 전차 개통에 따라 도성의 대문을 여닫을 필요가 없어졌다. 문의 개폐를 알리던 종을 대신하여 일상의 시간적 분할을 알리는 대포가 등장했다. 전차는 이렇듯 일상의 재조직을 강요하기도 했다.

가 놓인 지 얼마 되지 않아 남대문에서 용산으로 이어지는 남북 간 궤도도 건설되었지만, 종로선에서 그대로 연이어진 서대문-애오개-마포 간 노선의 비중이 더 컸다. 청일전쟁 이후 일본인들이 개천 남쪽에서 원原 청국인 거류지와 상권을 탈취하고 이어 종로 한인 상가를 위협해 들어오는 상황에서 전차 선로는 마포 객주로부터 시전 상인으로 연결되던 종래의 한인 간 유통구조를 뒷받침하는 강력한 공간적 담보로 기능했다. 후일 이른바 선은전광장鮮銀前廣場(현재 한국은행과 신세계백화점, 중앙우체국으로 둘러싸인 충무로 광장)이 경성의 새 도심으로 떠올랐을 때에도 종로가 '조선인의 도심'이자 '조선의 상징적 도심'으로 남을 수 있었던 데에는 전차의 힘이 컸다. 전차는 일제의 식민지 통치 아래에서도 종로를 도심으로 남게 한 유력한 도구였다.

1970년 10월 30일 오전 10시, 종로 네거리 보신각 앞에 지하철 전 노선의 기준이 되는 수준점이 설정되었고, 이를 계기로 지하철 건설이 본격적으로 시작되었다. 옛 전차 노선 아래로 지하철을 놓겠다는 명시적 합의는 없었지만, 또 이미 이때의 서울은 사대문 안으로 국한되었던 1890년대의 서울이 아니었지만, 사람들은 여전히 종로 네거리 보신각 앞을 서울의 중심으로 인정했고, 지하철 1호선은 종로를 관통해야 한다고 생각했다. 그 무렵까지도 사람들은 종로에 대해 어쩔 수 없는 집단적 이끌림을 느꼈던 것 같다. 그리고 또 40년 가까운 세월이 흘렀다. 오늘날 탑골공원과 종묘공원 사이를 산보하는 노인들은 전차가 달리던 옛 종로의 모습을 기억하겠지만, 대다수 사람들은 왜 서울역에서 청량리로 뻗은 노선이 지하철 1호선인지 알지 못하고 알려고도 하지 않는다. 더구나 110여 년 전 이 길 위에서 벌어졌던 장중한 행렬을 기억하는 사람은 이제 아무도 없다. 그러나 기억하는 것만이 역사가 아니라 잊어버리는 것도 역사다. 한성전기회사는 러일전쟁 직후 한미전기회사로 바뀌었고, 명성황후의 능은 고종 사후 금곡으로 옮겨졌다. 1929년에 『연혁사』는 전차에 관한 고종의 기획을 한갓 코미디로 만들어버렸고, 1933~1934년 사이에는 동대문에서 청량리까지 '엄숙하게' 늘어서 있던 백양목 가로수들이 모두 베어져나갔다. 1968년 종로 전차 궤도가 철거될 때쯤에는 이미 더 이상 잊을 것은 아무것도 남지 않은 상태였다.

_ 남대문 안으로 통행하는 전차. 전찻길이 놓이면서 문을 여닫는 일이 불가능해졌고, 그 결과 보신각 타종도 중단되었다.

서울은 깊다 · 17

덕수궁 돌담길

몽골이나 알래스카 같은 초원지대에 사는 사람들은 한국인들보다 훨씬 '눈'이 좋다. 몽골에 갔던 어떤 지인이 전해준 이야기인데, 초원 위 먼 곳에서 가물가물 움직이는 점의 정체를 현지인에게 물었더니, 바로 말 탄 사람이라고 대답하더란다. 그는 심지어 말 탄 사람이 입은 옷의 색깔까지 맞추었다고 한다. 나 자신 몇 해 전에 강의실에서 몽골 학생 몇 명을 접할 기회가 있었는데 그들 중 안경 낀 사람은 한 명도 없었다. 몽골인의 뛰어난 시력에 대해서는 얼마 전 어느 방송사에서도 다룬 바 있다.

시력을 결정하는 유전자가 다르기 때문일 수도 있고, 자연광과 형광등이 시력에 미치는 영향이 각각 다르기 때문일 수도 있다. 같은 환경 속에 사는 사람들 사이에서도 시력은 천차만별이니까. 그러나 경향적으로 보자면 근시는 일종의 도시적 풍토병이다. 도시의 밀집된 물리적 환경과 도시 생활의 기계적 반복성은 지속적으로 시력을 갉아먹는다. 한국처럼 산이 많은 땅에서 사는 사람들은 평생을 가야 지평선을 볼 일이 없다. 그저 초점이 맺히지 않는 허공을 바라보지 않으면 기껏 눈앞 2~3km에 시선을 고정할 수

_ 명동 거리. 원경遠景은 현대 도시의 일상 너머에 있는 경관이다. 안에서든 밖에서든 사람들의 시야를 채우는 것은 모두가 근경인데 그나마 시각 정보가 너무 많아 정신없이 '눈알을 돌려야' 한다. 도시에서 원하는 정보를 얻기 위해서는 무엇보다도 '눈이 빨라야' 한다.

있을 뿐이다. 도시에서는 더 심하다. 오늘날 서울 사람들은 100m 전방의 사물을 응시하는 일조차 드물다. 거리에 나가면 불과 10~20m 앞에 육중한 건물이 막아서 있고, 길을 걸을라치면 2~3m 앞의 간판들이 시선을 가린다. 복잡한 도심에서는 스칠 듯 가까운 거리에서 모르는 사람들과 대면해야 한다. 사무실이든 방 안이든 눈과 벽 사이의 거리는 길어야 3~4m이지만 일상의 시선은 그 벽에까지도 도달하지 못한다. 대개는 50cm도 안 되는 거리에 있는 모니터나 서류에 시선을 고정하고 산다. 가까운 곳에 시선을 고정하고 살 수밖에 없는 사람들이 곧 도시 사람들이다. 현대 도시보다는 훨씬 나았겠지만, 고대 도시든 중세 도시든 도시는 인위적 구조물들이 조밀하게 들어선 공간이었고, 그 탓에 그 안에 사는 사람들을 근시로 만들었다.

멀리 내다본다거나 근시안적이라거나 하는 말도 말 자체로는 사람과 그의 시선이 닿는 지점, 즉 공간적 관계를 표현하는 것이지만, 이 역시 실제로는 시간대와 관련된 말로 쓰이고 있다. 근시안적인 사람은 '눈앞의 이익'만을 챙기다가 정작 더 큰 미래의 '보

두바이의 신도심 세이크자이드 거리의 초고층 빌딩. 현대 도시의 구조물들은 '초인간적'(=비인간적) 규모를 자랑한다. 이 엄청난 구조물들은 걷는 사람들의 시야에서 자연을 빼앗아간다. 그러나 도시인들은 자신을 둘러싼 기계적 실체가 크면 클수록 더 큰 만족감을 느낀다. 초고층 빌딩들이야말로 '도시적 분위기'를 만드는 일차적 공간요소들이다.

상'을 놓치는 사람들이다. 조선 후기 이래 '제 꾀에 제가 속아 넘어가는' '서울깍쟁이'의 속성으로 자주 거론된 것도 바로 이 점이었다. 도시적 삶은 눈앞의 사물에만 집중하고 그 뒤에 펼쳐진 경관은 무시하게 만든다. '경박성'이 도시의 삶에 외피처럼 달라붙어 있는 본질적 구성요소가 된 데에는 이런 사정도 단단히 한몫했을 터이다. 하나 마나한 이야기이지만, 도시가 '압축적으로 표현된 근대적 공간'인 이상, 근대인들의 삶 자체가 경박성을 면할 수 없는 것이다.

백문百聞이 불여일견不如一見, 'Seeing is Believing'이라고는 하지만 보이는 대로 믿는 성향은 도시 사람들에게 특히 심하다. 게오르크 짐멜Georg Simmel은 이를 두고 "도시에서는 시감각이 모든 것을 지배한다"고 말한 바 있다. 짐멜 같은 석학이 아니더라도 조금만 예민한 사람이라면 이런 성향을 쉽게 간파할 수 있다. 도시는 본래가 자연적 요소보다는 인위적 요소가 압도적 비중을 점하는 공간이다. 건물 자체가 특정 가로(또는 골목)의 분위기를 결정하는 중요 요소이기 때문에 그런 만큼 도시민들에게 주입되는 시각 정보는 거개가 인위적으로 만들어진(심하게 말하면 조작된) 정보들이

_ 청계천 변천사. 개천을 덮고 그 위로 고가도로를 놓은 것도, 고가도로를 헐고 복개도로마저 뜯어낸 것도 모두 권력이 한 일이다. 개별 도시 공간의 변천사는 어떤 의미에서는 특정한 공간에 대한 역대 권력의 변덕스러운 태도 변화를 추적하는 일이다. 물론 거기에는 권력의 배경과 기반, 행사 방식이 어떻게 변화해왔는지를 이해하는 것도 포함된다.

다. 공간을 지배했던 사람들은 도시 공간을 분할하고 요소요소에 전달하고 싶은 정보와 이미지를 담은 구조물을 세워놓는 것만으로도 다른 사람들의 생각과 태도에 영향을 미칠 수 있음을 일찍부터 알고 있었다. 무엇이든 보여주면, 믿음을 얻을 수 있는 법이다.

오늘날 '권력'이라는 단어는 여러 함의를 가진 말로 쓰이고 있지만, 도시 공간과 관련해서는 '공간을 개조할 수 있는 힘' 정도로 해석해도 무방할 것이다. 내 경우 마음대로 바꿀 수 있는 평면 공간은 책상 위의 1/3평에 불과하다. 거실 가구의 위치는 물론 책상 위치조차도 내 마음대로 할 수 없다. 그렇게 보면 내 아내가 나보다는 권력이 조금 더 많은 셈인데, 대다수 한국인 가정이 그렇게 공간 권력을 배분하고 있을 터이다. 그러나 조그만 땅이라도 가진 사람들은 그 위에 어떤 건물을 지을지 결정할 수 있을 것이고, 더 넓은 땅을 가진 사람들은 공장이든 리조트든 시설물의 집적체를 만들 수 있을 것이다. 당장 최근의 일만 보더라도 시장은 복개

했던 개천의 복원을 결정할 수 있고, 대통령쯤 되면 아예 도시 하나를 새로 만들거나 나라의 산수山水 체계를 바꾸려 할 수도 있다. 공간에 대한 지배력은 통상적으로 생각하는 권력의 크기와 기하급수적 비례 관계를 맺는다.

주부들은 서너 평짜리 공간을 꾸미면서도 가구의 배치, 벽지나 커튼의 색깔과 재질, 바닥재의 종류 등을 두고 깊은 고민에 빠진다. 그는 깔끔하거나 우아하거나 화사하거나 세련되거나 아기자기하거나 클래식하거나 모던하거나 심플한 분위기 중 하나 또는 둘을 선택할 것이고, 그를 통해 자신의 교양과 품성, 덕목을 드러내고자 한다. 그뿐 아니라 그 공간에 같이 거주하는 사람들에게는 그 분위기에 맞추라고 요구한다. 아니 그럴 필요조차 없다. '분위기 하나 제대로 못 맞춘다'는 소리를 듣고 싶은 사람은 없으니까. 이렇듯 뭐라고 딱 집어 말하기 어려운 '분위기'가 사람의 행동과 의식, 곧 삶 자체에 적지 않은 영향을 미치는 것이다. 분위기는 문자 그대로 사람이 자신을 둘러싼 공간요소들에 대해, '안에서' 주위를 느끼는 감각이다. 그런데 공간적으로 안과 밖의 경계가 확실한 것은 아니다. 집 안이건 마을 안이건 도시 안이건 어느 '안'에나 그를 둘러싼 공간 환경이 만들어내는 특유의 분위기가 있게 마련이다. 물론 내부 공간의 규모가 커질수록, 그 공간은 다시 여러 가지 분위기를 가진 작은 공간 단위들로 분할된다. 그래서 도시 공간은 대체로 다채롭다. 오늘날 대다수 서울 사람들은 종로, 신촌, 홍대입구, 청량리, 영등포, 압구정동, 청담동 등이, 혹은 강남구와 강북구, 양천구와 은평구 등이 서로 다른 분위기를 가진 지역이라고 생각할 뿐 아니라, 그 차이를 감각적

_ 무교동에서 본 오늘날의 '복원' 청계천.

— 건물의 내부를 지칭하는 'interior'와 그 밖을 지칭하는 'exterior'의 구분은 갈수록 모호해진다. 과거에 힘있는 어떤 사람이 대학로의 건물들을 모두 붉은 벽돌조로 하자는 '튀는' 아이디어를 내는 바람에 한동안 정말로 붉은 벽돌 건물이 대학로를 뒤덮었다. 이 역시 건물들을 인테리어 요소로 본 것이다. 최근에는 아예 간판의 색조와 디자인을 통일하려는 시도도 있었다. 오늘날에는 건물 안의 분위기도 그 밖 골목의 분위기와 가급적 연속성을 가져야 한다. 현대 도시는 건물에게조차 '분위기를 맞추도록' 요구하고 있는 셈이다. 사진의 '민들레영토'는 분위기의 상품화를 선도한 곳이다. 이곳에서는 커피나 차를 파는 것이 아니라 '문화'로 표상되는 분위기를 판다. 그래서 요금도 '문화비'다.

으로 짚어낸다. 한번은 학생들에게 장난삼아 서울 지도 위에 지역이 주는 느낌에 따라 색을 입혀보라고 한 적이 있는데, 그들이 만들어낸 지도의 색상 배열은 대체로 비슷했다. 학생들은 서울 공간의 여러 지점들이 젊음·활기·음습·화려·낙후·퇴폐 등의 이미지와 강하게 결부되어 있다고 보았고, 그 지점들의 색상을 파란색·노랑색·남색·주황색·회색·분홍색 등으로 나누어 표현했다.

현대의 대도시가 다채롭고 다양하며 다층적이고 다면적이라는 사실을 굳이 부연할 필요는 없을 터이다. 그러나 동시에 대도시에도 '중심적 이미지'가 있고 그와 관련하여 인지되는 중심적 분위기가 있다. 사람들은 파리, 런던, 뉴욕, 북경, 도쿄, 로마 등의 세계적 도시들에 대해서 나름대로 단일하거나 단순한 이미지를 부여한다. 또 그 분위기의 중심에는 대개 그를 주도하는 랜드마크가 자리잡는다. 에펠탑, 빅벤, 자유의 여신상, 자금성, 후지산, 바티칸 성당 등. 도시의 특징적 이미지는 한 걸음 더 나아가 도시적 삶의 특징과도 연결된다. 얼마 전 화제가 되었던 '된장녀'(일반적으로는 '서울에서 뉴욕 사람 행세하는 젊은 여성'을 말한다)나, 오래전 집중포화를 맞았던 '오렌지족'(역시 서울을 '오렌지카운티'로 착각하고 활보하는 젊은이들을 지칭한 말이다)은 글로벌화의 직접적 산물이지만 동시에 도시 서울의 전반적인 분위기에는 잘 어울리지 않는, 한마디로 '분위기 파악 못하는' 존재들이기도 하다.

도시 내 작은 구역에 대해서든 도시 전체에 대해서든, 또

_ 경복궁 광화문 앞의 육조거리. 이곳은 지금 기준에서도 도로라기보다는 광장에 가까운 곳이다. 조선시대 서울의 여타 도로와 비교해본다면 규모의 압도성은 더 두드러진다. 이 거리는 애당초 '통행을 위한 길'로 만들어진 것이 아니라 '과시를 위한 장식'으로 만들어진 것이다.

세부적 이미지든 중심적 이미지든, 도시의 분위기와 이미지는 사람들이 상대적으로 강렬하게 인식하는 '공간요소'들에 의해 만들어진다. 케빈 린치Kevin Lynch는 이를 길path · 중심node · 구역district · 접경edge · 랜드마크landmark의 다섯 요소로 정의함으로써 현대 도시계획학의 대가가 되었거니와 이야말로 콜럼버스의 달걀이다. 이 다섯 요소는 도시에 사는 어린 학생들이 자기 집 약도를 그릴 때조차 거의 빼먹지 않는 요소들이다. 또 한 가지, 이 공간요소들은 모두가 인위적 요소들이다. 간혹 자연적 경관요소가 '접경'이 되는 경우도 있지만, 그조차 '순수하게' 자연적이지는 않다. 반복하거니와 농촌이 자연 경관에 지배되는 공간임에 반해 도시는 인공 경관에 지배되는 공간이다.

　도시 공간은 인위적으로 배치된 가로와 구조물들로 이루어진 공간이다. 이 공간은 사람들의 일상적인 시선과 동선의 흐름을 제약하고, 그들을 특정한 느낌과 분위기 속에 가두어놓는다. 도시의 가로와 광장이 동선과 행위, 집합을 통제하는 것이라면, 도시 내 건조물은 시선과 상징Symbol에 대한 느낌을 통제한다. 특정 공간

_ 〈도성도〉都城圖. 김정호의 필사본. 1860년대. 19세기 서울 도성의 도로망이 상대적으로 잘 표시된 지도이다. 붉은 선이 도로인데, 동서로 뻗은 종로를 줄기로 하여 남북 방향으로 잔가지가 이어지듯 도로망이 형성되어 있다. 그중에서 경복궁 앞과 남대문에서 종로로 이어지는 도로가 '국중의 대로', 곧 왕도王道였다.

에 길을 새로 내거나 어떤 구조물을 새로 짓거나 하는 일은 결국 그 안에 살고 그 안에서 왕래하는 사람들의 사고와 태도를 지배하는 효과를 낳는다. '민감한 권력'은 이 효과를 간과하지 않는다. 누차 강조한 바와 같이 권력은 적극적으로 공간 위에 자신을 표현하고자 한다. 그래서 도시 공간은 그 위에서 살아가는 주민과 권력 사이의 관계를 드러내고, 권력이 주민을 통제하고자 하는 방향을 나타내준다.

도로는 방향과 너비, 길이를 갖는 공간요소로서 권력의 의지를 담기에는 가장 효과적인 속성을 가지고 있다. 애당초 한자의 '도'道는 우두머리(首)가 무리를 거느리고 천천히 행차하는(辵), 인위적으로 만들어진 길이다. 여러 사람들이(各) 편한 대로 밟고 다닌(足) 탓에 저절로 만들어진 길인 '노'路와는 그 형성 배경이 다르다. '도'는 곧 왕과 제후의 길이다. 도의 방향은 왕권의 행사 방향을 상징하며,1_ 그 길이는 왕권이 미치는 범위를 상징하고, 그 너비는 왕권의 크기를 상징한다. 동양의 중세 도시에서 남북으로 넓고 길게

1_ 앞서도 밝혔듯이 제왕은 북좌남면北座南面하여 만백성을 굽어본다. 따라서 북北이 상위上位가 되고 남南이 하위下位가 된다. 동양의 중세 도시에서 왕궁 앞 도로는 남북 간 도로가 되며 이 도로는 바로 왕과 백성 사이의 상하관계를 표현한다. 또 황제구궤皇帝九軌니 제후칠궤諸候七軌니 하는 말은 그 자체로 왕권과 도로 폭 사이의 관계를 보여준다.

_ (좌) 1897년 고종이 러시아 공사관에서 경운궁으로 환궁한 뒤 궁궐을 증축하는 공사 장면. 경운궁 증축 공사는 고종이 러시아공사관에 있을 때 시작되어 환궁한 이후에도 오랫동안 계속되었다. 공사는 궁궐 내부에서만 진행된 것이 아니라, 궁궐 외부의 가로로까지 확대되었다. 이에 따라 규모는 크게 줄어들었지만 대안문 앞이 경복궁 앞처럼 '광장'으로 기능하게 되었으며, 외국인들은 이 장소를 'public park'으로 표현하기도 했다.

_ (우) 대한제국 황제 즉위식이 열리던 날의 경운궁 앞. 경운궁이 대한제국의 정궁正宮이 된 이후 그 앞 '광장'은 여러 용도로 사용되었다. 그 용도 중에는 심지어 대중 시위示威도 있었다. 대한제국 시기 이 광장은 황제의 위의威儀를 과시하는 장소에 머문 것이 아니라, 황제와 민의 소통을 매개하는 구실도 했다.

뻗은 길은 곧 왕의 은덕이 천하 만백성을 '널리' 포용하며 '멀리' 궁벽한 곳까지 미침을 표현하는 것이었다.

예전에 대통령을 지낸 어떤 분은 대통령이 되기 전에나 그 뒤에나 '대도무문'大道無門이라는 휘호를 즐겨 썼다. 이는 '크고 바른 길에는 거리낄 문이 없다'거나 '대도에 입문하는 길이 따로 있는 것이 아니다'라는 뜻으로 푸는 것이 일단 맞지만, '왕화王化가 드나드는 데에는 문이 필요 없다'라는 뜻도 되고, '제왕무치'帝王無恥 2 와 같은 뜻이라 우겨도 틀린 말이 아닐 것이다. 당장 우리나라에서도 왕조시대에나 공화정시대에나 많은 권력자들이 '제왕다움'과 '후안무치'를 혼동했던 바, 이를 그들의 인품 탓으로만 돌릴 일은 아니다. '부끄러움을 모르는 것'은 오히려 유교적(또는 한국적) 정치문화가 그들에게 발급해준 면허 같은 것이었다.

동양의 옛 도시에서 왕궁 전면에서 시작하여 남쪽으로 뻗은 단방향의 길을 '주작대로'朱雀大路 3 라 불렀다. 이 길이 바로 왕의 길이요, 왕권을 상징하는 길이었다. 조선 개국 후 경복궁 앞에서 혜정교 앞까지 광폭으로 닦아놓은 도로(오늘날의 세종로)도 주작대로였다. 임진왜란으로 경복궁이 불타 없어진 뒤, 그 앞의 육조거리가 갖는 상징성은 크게 흔들렸지만, 그렇다고 완전히 사라지지도 않

2_ 제왕에게는 부끄러워할 일이 없다. 고로 제왕은 어떤 것에도 구애받지 않는다는 뜻.

3_ 주작은 남방을 관장하는 신수神獸이다.

_ (좌) 대안문 옆 팔레스호텔. 외국인은 고종이 가장 적극적으로 소통하고자 한 대상이기도 했다. 팔레스호텔은 경운궁 뒤의 손탁호텔과 더불어 황제를 '배알'하고자 하는 외국인들이 주로 묵는 공간이었다. 경운궁이 정비된 직후부터 대안문(대한문) 주변은 빠르게 근대색을 입기 시작했다. 그러다 보니 그 길을 지나는 사람들조차 '분위기'에 걸맞은 '근대적 외양'을 갖추어야 했나 보다. 갓 쓰고 두루마기 입은 채 '선글라스'를 쓰고 걸어가는 '한국 신사'가 인상적이다.

_ (우) 손탁호텔의 인력거 대기소. 고종이 러시아공사관에 이어한 직후 베베르 공사의 처형 존탁(한국명 손탁)이 한동안 시중을 들었는데, 고종은 그에 대한 보답으로 경운궁 뒤편의 건물을 하사했다. 존탁은 그 터에 새 건물을 지어 호텔을 개업했던바, 이 호텔은 개업 직후 정동구락부의 회합장이 되었다. 정식 명칭은 손탁호텔Sontag Hotel이었지만, 당시 외국인들은 흔히 레일웨이호텔Railway Hotel이라고 불렀는데, 이는 호텔이 경인철도 경성정거장에 인접해 있었기 때문이다. 호텔 터는 현재 이화여고 동문 주차장 자리이다.

았다. 대원군이 자신이 세운 공을 모두 까먹을 만큼의 타격을 받으면서도 굳이 경복궁을 중건重建한 것은 이 상징성을 온전히 되살리고 싶었기 때문이다. 그러나 대원군이 애쓴 보람도 없이, 이 도로의 상징성은 한 세대 후 형태를 바꾸어 다른 장소로 옮아갔다.

중세 서울에는 육조거리와 종로, 남대문로의 J자형으로 이어진 3대 간선도로를 제외하면 넓은 도로도, 쭉 뻗은 도로도 없었다. 개항 이후 서울 거주 외국인들이 집중적으로 불만을 표시한 것도 바로 이런 도로 사정이었다. 그런데 서울의 도로 문제에 대한 비판이 외국인에게서 먼저 나온 것은 아니었다. 조선 후기에 중국 사정에 상대적으로 밝았던 지식인들도 치도론治道論이나 용거론用車論을 펴면서 도로의 재정비 문제를 제기한 바 있었다. 다만 이때 그들이 문제로 삼은 것은 도로의 경제성에 국한되어 있었다. 그들의 시야는 보고 듣고 배운 바에서 벗어날 수 없었다. 그들이 본받고자 한 도시 도로는 같은 철학 위에 구축된 북경의 도로뿐이었다. 개항 직후 박영효가 치도국治道局을 설치하고 도로 개수에 착수하려 했을 때에도, 주로 생각한 것은 도로를 평탄하고 넓게 하여 경제성을 높이는 문제였다. 그러나 박영효, 김옥균 일파의 도로 개수 구상은 그들의 다른 모든 구상과 함께 물거품이 되어버렸다. 서울에서 도로 개수가 본격적으로 진행된 것은 그로부터 10여 년이 지난 후의 일이었다.

1895년 4월 16일, 한성부윤 유정수는 '도로를 범하여 가옥을 건축하는 일을 일절 금하는 명령'을 발했다. 갑신정변 후 망명했던 박영효가 귀국하여 내각에 참여한 지 넉 달이 지난 시점의 일이었다. 동년 8월에는 다시 내각에서 '도로수치^{道路修治}와 가가기지^{假家基地}를 관허^{官許}하는 건'을 결정했다. 이로써 도로변 가가 신축이 금지되었고, 이미 있는 가가도 건축 자재, 높이와 너비, 건물과 가로 사이의 거리 등을 통일하여 정돈된 모습을 보이도록 했다. 이를 우리나라 최초의 지구단위계획이자 경관관리지침이라 해도 틀린 말은 아닐 것이다. 이는 외국인에게 보이기 부끄러운 누추하고 너저분한 거리를 일거에 정돈하겠다는 의지―1960년대에도 이런 권력의 의지가 두드러지게 나타난 일이 있었다―의 표현인 동시에 1880년대 중반 한 차례 시도한 바 있던 '도로의 경제성'을 높이려는 조치였다. 그러나 1896년 2월 고종이 러시아공사관으로 이어^{移御}하고 박영효가 재차 망명함으로써 이 조치는 중도반단되었다.

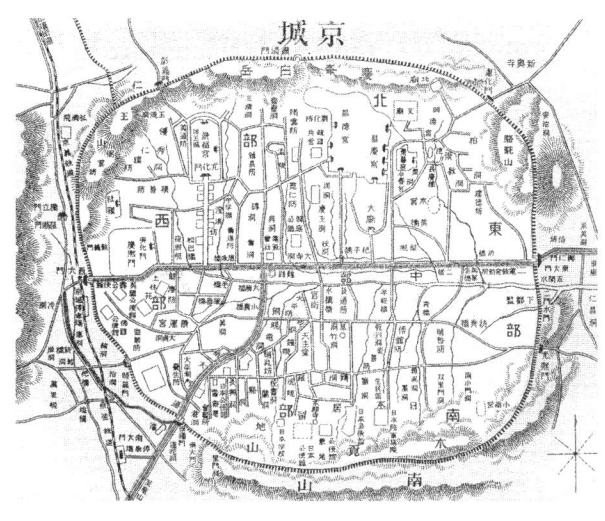

1908년 학부에서 발행한 지도이다. 경복궁에서 남쪽으로 뻗은 육조거리는 가는 선으로 묘사된 반면 종로와 신문로가 일직선으로 연결되어 남대문로와 함께 뚜렷한 정丁자형을 이루고 있다. 경운궁 앞은 남대문로와 신문로 사이를 거미줄처럼 잇는 방사선형 도로망의 중심으로 동선과 시선의 종점이 되었다.

고종이 러시아공사관에 머물고 있던 1896년 9월 29일, 내부령 제9호로 공포된 '한성 내 도로의 폭원^{幅員}을 규정하는 건'은 형식적으로는 한 해 전에 실행하려다 못 한 일을 마무리 지으려는 것이었다. '구본신참'^{舊本新參}이라, 갑오·을미년에 이른바 개화파들이 하고자 했던 일 중 민정^{民情}과 시의^{時宜}에 맞는 일은 굳이 그만두지 않

_ (좌) 독립문과 독립관. 독립문을 통과하는 의주로는 남대문에서 성벽을 따라 이어지는 길이었으나, 신문로가 확장, 정비됨으로써 경운궁·경희궁과도 연계되었다. 경운궁에서 의주로로 이어지는 도로 공사비는 러시아 공사의 기부금으로 충당했는데, 말이 기부금이지 실제로는 그가 고종에게 받은 하사금이었다.

_ (우) 외국 공관들이 에워싸고 있는 경운궁(1901년 석조전 건설 이전). 서구 제국의 공사관 건물이 대개 정동에 들어서게 된 것은 1885년의 거류지 확정에 관한 김윤식과 청·일 양국 대표 간 회담의 결과였지만, 경운궁이 황궁이 된 이후 외국 공관이 갖는 상징성은 크게 달라졌다. 외국 공관들 틈새에 낀 '황궁'에 대한 오늘날의 비판적 시각과는 별도로, 고종은 외국 공관들이 경운궁을 '옹위'하는 모양새에 흡족해했을지도 모른다.

겠다는 성의聖意가 작용한 탓일까. 그러나 박영효가 생각한 '대군주의 권력'과 고종이 생각한 '황제의 권력' 사이에는 천양지차가 있었다. 박영효는 기존 도로에 굳이 새로운 정치적 상징성을 추가할 필요를 못 느꼈으나, 고종은 '법고창신'法古創新하는 방식으로 새 나라, 새 도읍을 만들고 싶어했다. 고종은 유교적 군신관을 유지하면서도 루이 14세Louis XIV 같은 절대군주가 되고자 했다. 1899년 8월에 공포된 '대한국 국제'는 명색은 국제이나 제1조를 빼고는 모든 조항이 황제의 권력을 설명하는 것으로 채워져 있다. "제1조, 대한국은 세계 만국에 공인돼온바 자주 독립하온 제국이니라. 제2조, 대한제국의 정치는 이전부터 오백년간 전래하시고 이후부터는 항만세恒萬歲 불변하오실 전제 정치이니라. 제3조, 대한국 대황제께옵서는 무한하온 군권을 향유하옵시느니 공법公法에 이르는바 자립 정체이니라. 운운."

1882년 이래 조선의 권력자들은 여러 경로를 통해 서양 도시들에 관한 정보를 얻을 수 있었다. 이 땅에 들어와 있던 외국인 고문관이나 건축 기사를 포함한 기술자들, 1882년 미국행 보빙사報聘使를 필두로 세계 각 도시를 방문했던 조선인 관리들, 그리고 외교관과 선교사들이 서양 도시와 가로망에 관한 다양한 정보를 전해

- (좌) 황궁으로 일차 정비된 경운궁 전경.
- (우) 홍교. 경운궁과 경희궁을 연결한 이 땅 최초의 보도육교이다. 화강암제의 이 거대한 구조물은 종로와 새문안길 양쪽에서 모두 조망되는 것으로서 궁궐은 아니되 바로 궁궐을 연상시키는 요소였다. 한동안 경운궁에 러시아공사관으로 연결되는 땅굴이 있다는 이야기가 떠돌았고, 그것은 고종에게 '개구멍' 드나드는 황제의 이미지를 덧씌우는 근거로 이용되기도 했다. 그러나 이는 이 홍교 교각이 러시아공사관 경내를 지났던 것이 와전된 탓인 듯하다. 내 생각으로는 경운궁 후원을 샅샅이 뒤진다 해도 땅굴을 발견할 수는 없을 것 같다. 러시아공사관 측이 땅굴을 허용했다면 교각 하나쯤 경내에 놓인다고 해서 항의하지는 않았을 것이기 때문이다.

주었다. 그런데 이 무렵 서구 각국의 수도는 주로 '제국주의적이고 절대주의적인 공간관'을 담고 있었다. 많은 도시의 중앙부에는 절대적 존재인 황제의 위엄과 은덕이 사면팔방으로 뻗어나가는 것을 형상화한 환상방사선형環狀放射線形 도로망이 채택되어 있었다. 군주가 신하를 통해 백성과 만나는 '단방향의' '계서적'階序的 관계가 아니라 황제가 직접 만민과 소통하는 '다방향의' '직접적' 관계가 도시 공간 위에 도로망으로 표현되었던 것이다.

고종은 서울에 이 공간관을 적용하려고 했다. 물론 서울의 중심을 바꾸고, 도로체계를 개편하는 것은 『주례』가 가르친바 유교적 공간과는 전혀 무관한 체계를 만드는 일이었다. 그러나 절대주의적 군민君民 관계는 이 땅에서도 일찍이 정조가 '만천명월주인옹'萬川明月主人翁으로 자호自號하면서 표방한 바 있었다. 고종으로서는 이를 빌어 '동도'東道를 이으면서 '서기'西器를 채용한다는 명분을 세울 수 있었다. 내부령 9호가 나온 직후, 종로와 남대문로는 국초의 너비를 대략 되찾았고 도로 양편의 행랑도 면모를 일신했다. 이어 1897년 6월, 고종은 러시아공사관을 나와 경운궁으로 들어갔다.

고종은 러시아공사관에 머물면서 새로운 나라와 새로운 황도皇都, 새로운 황궁을 구상했다. 경운궁 수리 공사는 독립협회가 대대적인 환궁 운동을 벌이기 전인 1896년 7월부터 시작되었다. 이 공사가 반년여 만에 얼추 마무리되자 고종은 경복궁을 아예 버려두고 이곳으로 이어했다. 이후에도 선원전, 함녕전, 보문각 등을 영건하는 공사가 지속되었고, 1898년 4월에는 궁궐 주변의 외국인 가옥을 일부 매입하여 부지를 확장하고 경내에 수옥헌, 중명전, 정관헌 등 여러 채의 양관洋館을 신축했다. 그런데 경운궁은 처음부터 궁궐로 조영된 것이 아니었던 데다가[4] 부지의 일부가 외국 공관에 할당되어 있었기 때문에 황궁다운 위엄을 갖추기에는 한계가 있었다. 이 한계를 극복하기 위해 고안된 방안이 경운궁 옆의 경희궁을 수리하여 한 궁궐처럼 사용하는 것이었다. 경운궁과 경희궁을 잇는 궁궐 콤플렉스 조성 사업은 1901년 8월, 폴란드 계 독일인 기사의 설계로 홍교虹橋를 건설함으로써 본격화했다. 서대문로를 횡단하여 양 궁궐을 잇는 이 대형 육교는 이 땅 최초의 육교였다. 홍교 건설 이후 경희궁 내 여러 전각을 수리하기 시작했고, 이는 러일전쟁 직전까지 지속되었다. 일제는 통감부를 설치한 직후부터 경희궁을 다른 용도로 쓰고자 했지만, 고종은 황위에 머물러 있던 동안에는 이 궁궐을 확장하려는 생각을 결코 버리지 않았다. 경운궁과 경희궁이 서로 이어진 궁궐 콤플렉스가 되면 그 사이를 관통하는 종로는 바로크적인 '장대한 직선 경관축'을 형성하면서 황도의 메인스트리트가 될 것이었다.

경운궁이 옹색하나마 황궁다운 면모를 갖추자 고종은 국호를 대한제국으로, 연호를 광무光武로 하는 새 나라를 출범시켰다. 더불어 경운궁은 새 제국의 새 황궁이 되었다. 이때를 전후하여 황궁 주변에서 도로 신설 공사가 진행되었다. 고종은 경운궁으로 옮기면서 그동안의 노고(?)를 치하하는 뜻으로 러시아 공사에게 거금을 하사했는데, 베베르Karl Ivanovich Veber[5] 공사는 그 돈을 공사관 뒤쪽

[4] 경운궁은 본래 성종의 형 월산대군의 집이었다. 임진왜란 때 선조가 임시 행궁으로 삼았기 때문에 궁호가 붙었을 뿐, 광해군 때 인목대비를 유폐시킨 것과 인조가 즉위한 것 말고는 그 후에 궁으로 사용된 적이 없었다.

[5] 러시아의 외교관. 한국을 방문하여 조러수호통상조약을 체결했다. 청일전쟁 이후 삼국간섭에 중요한 역할을 했다.

_ 경운궁에서 바라본 원구단과 황궁우. 원구단은 경운궁의 정문이던 대안문 정면에 위치했다. 그 때문에 건물 자체의 형식이 갖는 '신성의 이미지'를 바로 경운궁에 덧씌울 수 있었다.

의 새문안길을 확장하는 자금으로 다시 내놓았다. 경운궁을 중심에 두고 만들어진 새 도로망은 종로, 남대문로, 육조거리, 새문안길 등 기존의 주요 도로와 연계되면서 이 도시 도처에서 황궁을 쳐다보고 황궁에 접근할 수 있게 하는 시선 및 동선의 유도장치로 기능했다. 고종은 정조가 그랬던 것처럼, 백성들에게 자신을 편재 omnipresence 하는 존재로 인식시키고 싶어했고, 새 도로를 그를 구체화하는 수단으로 삼았다. 여러 개의 나뭇가지 사이에 끝을 건 거미줄처럼, 새 도로망은 경운궁을 서울의 모든 대로와 연결되는 공간적 중심으로, 그리하여 마침내 상징적 중심으로 끌어올리려는 구상에 따라 기획되었다. 그러나 그것만으로 황궁을 존엄하고 신성한 공간으로 만들 수는 없었다. 다른 장식들이 필요했다. 도로 개설이 끝나자마자 도로를 가로街路로 만들기 위한 건축물들과 정치적 상징성을 지닌 건조물들이 신축되기 시작했다.

대한제국 황제 즉위식이 거행된 원구단圜丘壇은 경운궁 대안문 정면에 있던 남별궁 터에 들어섰다. 원구단을 남별궁 터에 지은 것은 일차적으로 남별궁이 경운궁 정면의 대표적인 랜드마크였던

_ 경인철도 경성정거장. 오른쪽에 프랑스공사관 첨탑이 보인다. 경부철도 완공과 더불어 남대문정거장(오늘날의 서울역)이 대규모로 확장되기 전까지는 이 역이 서울의 중앙역이었다.

데 이유가 있었지만, 더불어 이 장소에 각인된 '상징의 역전'을 기도한 때문이기도 했다. 남별궁은 본래 태종의 부마 조대림의 집터로서 처음에는 '소공주댁'이라 불렸다. 이것이 이 일대가 소공동으로 불리게 된 연유인데, 임진왜란 때 명나라 장수 이여송이 이 집에서 거처한 이래 중국 사신들의 숙소나 연회장으로 자주 이용되었다. 또 임오군란 직후 부임해온 초대 총판조선상무위원總辦朝鮮商務委員 진수당陳壽棠도 한때 이곳을 사무소로 썼다. 그런 만큼 남별궁 자리는 한국에 대한 중국의 영향력을 상징하던 곳이었고, 그 주변에는 중국 상인들이 다수 거주하고 있었다. 중국으로부터의 독립과 새로운 '천하'의 건설을 상징하는 원구단을 바로 이 남별궁 자리에 설치하기로 결정한 것은 1897년 9월 6일의 일이었다. 공사는 10여일 만에 완료되어 그달 17일에 황제 즉위식이 거행되었던바, 이는 그 자체로 대청 사대관계의 완전한 종식을 알리는 것이었다. 행사는 그것으로 일단 끝났지만, 그 후에도 원구단은 새 '천하'의 중심이자 '제국의 상징'으로 꽤나 오랫동안 자리를 지켰다.

　　　　광무 원년(1897) 11월 20일에는 대중국 사대관계의 또 다

_ 육조거리와 종로의 교차점, 신문로와 종로의 연결점에 건립된 기념비전. 지금은 그 규모가 크게 축소되어 교보빌딩에 부속된 '미술품'처럼 되었지만, 이 기념비전은 서울의 상징적·물리적 중심점에 위치하여 이 도시가 '민의 자발성에 의지하는' '신성한 황제'를 중심으로 개조되고 있음을 보여주는 구실을 했다.

른 핵심 상징물이던 영은문迎恩門 북쪽에 독립문이 완공되었다. 서재필－독립신문－독립협회－독립관－독립문을 하나의 연상체계 위에 올려 세운 교과서 탓에 독립문을 서재필이 세운 것으로 알고 있는 사람들이 아직 많지만, 그 건립 자금의 상당액은 황실에서 나왔다. 독립문 건립 사업에 국한해본다면 독립협회는 이 사업의 관민官民 측 대표였을 뿐이다. 문으로서는 전혀 쓸모없는, 그야말로 상징성 말고는 아무것도 가진 게 없는 이 문을 세우기 위해 대대적인 모금 운동이 벌어졌다. 원구단이 황권을 상징했다면 이 문은 국권을 상징했다. 대한제국은 비록 '황제가 무한한 군권을 향유하는 전제군주국'이었지만, 그 군권을 행사하는 데에는 민民의 협찬이 필요했다. 아마도 고종은 이 문이 '백성이 황제를 보필하여 독립의 기틀을 굳건히 다진다'는 관념을 퍼뜨리는 데 도움을 주리라 기대했을 것이다.

광무 6년(1902)에는 혜정교 옆, 기로소耆老所(조선시대 70세 이상·정이품 이상의 문관들을 예우하기 위해 설치한 기구) 앞에 '칭경기념비전'이 만들어졌다. 고종이 즉위 40년, 51세가 되는 것을 기념하기 위해 만든 비석이 영주永住할 전각이었다. 우리나라 전국에 걸쳐 비각碑閣은 무수히 많지만 내가 아는 한 비전碑殿은 이것 하나뿐이다. 전殿이란 왕과 왕후, 대비만이 거처할 수 있는 최고위 건물이다. 그러니 비석으로서는 최상의 호사를 누리고 있는 셈이다. 기념비전이 들어선 자리는 조선 후기 역대 왕들이 백성의 상언上言을 받아들인 장소로서 왕과 백성 간 소통을 상징하는 지점이었다. 이 비전은 애초 대대적인 국가 행사로 치르려던 칭경기념식을 앞두고 관민이 함께 출자하여 만든 것으로, 조선 후기 이래 이 장소가 지녀온 상징성을 계승하는 의미를 담고 있었다.

 이들 세 가지 상징적 건조물은 숭례문·소의문昭義門 등 국초에 만들어진 건조물들과 함께 새 황궁으로 접어드는 길목을 표시하는 랜드마크로 기능했다. 도로를 통한 동선의 통제체계에 뒤이어 건조물을 이용하여 시선을 자극하는 체계가 만들어진 것이다. 같은 무렵, 경운궁 주변 일대의 건조물 경관도 빠르게 서구화해갔다. 당장 경운궁 안에서 석조전 건물이 착공된 것이 1900년의 일이었거니와, 그 인근에는 철도역사(경인철도 경성정거장)와 호텔(손탁호텔과 팔레스호텔), 외국 공관과 서양식 학교(배재학당과 이화학당), 교회(정동교회와 새문안교회)들이 새로 들어서거나 서양식으로 개축되었다. 이 시기 경운궁 주변 경관은 "몰라볼 만큼 달라진 서울"(이사벨라 버드 비숍)을 대표하는 것이었다. 이 거리를 지나다닌 사람들이 바뀐 경관에 쉽게 적응했는지, 아니면 어색해하고 당혹스러워했는지를 알 도리는 없다. 그러나 어쨌든 일단 지표 위에 고정된 구조물은 '영속의 환상'을 심어줄 정도로 오래가기 마련이어서, 사람들은 새로운 분위기, 새로운 시각요소에 반응하면서 '권력의 의지'를 감지하고 수용해갔을 것이다.

 고종이 경운궁 주변에 새로 만든 길들은 오랫동안 덕수궁 돌담길로 불렸고 오늘날에는 '서울 걷고 싶은 거리 1호'로 지정되어 있다. 서울시는 아예 이 길 중앙부를 '걷고 싶은 마음'이 들게끔 꼬불꼬불하게 장식해놓았다. 당시의 척도로는 결코 좁은 길이 아니었지만 오늘날 이 길은 디자인상의 특성까지 덧붙여져 '도심의 오솔길'에 지나지 않게 되었다. 주변의 옛 건물들 다수가 흔적도 없이 사라진 데다가 그 자리를 인간적 척도를 훨씬 뛰어넘는 초거대 건물들이 차지하고 있는 탓에 길의 왜소성은 더 두드러진다. 그러나 아무리 많은 변화가 있었다고 해도 애초부터 이 방사선형 도로들이 길지도 넓지도 않았음은 엄연한 사실이다. 새 도로의 폭이 좁고 길이가 짧았던 만큼, 대한제국의 권력기반도 협소했고 그 시대도 오래가지 못했다. '천하만민 사이에 편재하는 황제'가 고종의 꿈이었을지언정, 그가 만든 황도조차도 그 꿈을 온전히 구현해주지는 못했다.

●

속설에 '연인이 덕수궁 돌담길을 함께 걸으면 이별하게 된다'는 것이 있는데 무엇 때문에 이런 말이 나돌게 되었는지는 확실치 않다. 여러 이야기가 있으나 내 생각에는 두 가지가 그나마 설득력이 있다. 하나는 1927년 이후 경성재판소(현 서울시립미술관)가 정동에 들어선 이래 이혼 소송이 이곳에서 진행되었기 때문이라는 것이고, 다른 하나는 배재학교 학생과 이화학교 학생들이 정동 입구로 나란히 걸어 들어가다가 정동교회 앞에서 헤어지기 때문이라는 것이다. '연인'과 '이혼하기 위해 다투는 부부'는 분위기상 확연히 표시가 날 테니 뒤의 이야기가 더 사실에 근접한 것 같기도 하다.

서울은 깊다 · 18

팔각정

1996년 발표된 대중가요 〈네모의 꿈〉은 온통 '네모난 것'들로 가득 찬 '둥근 세상'을 꼬집었다. 이 노래는 건물에서부터 가구와 소품에 이르기까지 오늘날 사람들이 일상생활에서 접하는 '물건들' 수십 가지를 나열한 후, 그것들이 '둥근 지구' 위에 존재하는 부조리에 대해 언급한다. 물론 우리 주변의 사물이 주로 네모로 되어 있는 현상을 '부조리'하다고 느끼는 사람은 거의 없다. 사람들은 집이든 책이든 예전부터 네모였고(역사성), 네모로 된 것이 가장 낭비가 적으며(실용성), 길이를 조절해가며 꾸미기에도 적합하다(장식성)고 생각한다. 물건을 만들 때 네모로 만드는 것은 그래서 때의 고금古今과 양洋의 동서를 막론하고 '당연한 것', 따라서 그만큼 '합리적인 것'으로 인식되어왔다. 다만 옛날에는 '합리성'이 지배하는 영역이 상대적으로 좁았기 때문에, 합리적으로 보이지 않는 물건들도 지금보다는 많이 만들어 썼다.

　　근대 세계에서 사각형은 가장 일반적으로 사용되는 합리적 도형이다. 이 도형은 분할과 합병이 상대적으로 자유로우며 그 과정에서 버려지거나 남는 자투리도 적다. 종횡으로 줄을 세워 관리하기도 편하고 면적을 계산하기도 쉽다. 굳이 자본주의 경제 법칙을 동원하지 않더라도 사각형만큼 유용하고 실리적인 도형은 없다. 1990년대 초중반부터 이 땅의 지식 세계에 영향력을 확대해온 포스트모더니즘이 비판한 것은 바로 이 근대적 '실용주의'였다. 예컨대 1950년대 구미에서 유행했던 포스트모던 건축은 '사각형 건물'에 대한 고정관념을 깨고 중세까지 사람들의 의식 속에 남아 있던 '형태와 의미' 간의 상관관계를 드러내 보이고자 했다. 근대에 대한 회의가 전근대에 대한 관심으로 이어졌던 것이니, 포스트모던 건축가들에게서 포스트모던post-modern과 프리모던pre-modern은 모던modern을 건너뛰어 연속되었다.

    포스트모던 건축가들이 '형태와 의미' 간의 연관성 회복을 통해 근대적 획일성에서 벗어나고자 했을 때, 그들은 도형의 '상징성'에 대한 전근대의 기억을 되살리는 데에서 출발하지 않을 수 없었다. 유럽에서는 중세 고딕양식 건축의 첨탑에서 연상되는 삼각형이 피타고라스Pythagoras 이래 기본 도형 구실을 했던 것 같지만,[1] 유교 문화권 내에서는 원圓과 방方의 두 도형이 모든 도형의 지위를 규제했다. 이른바 '천원지방설'天圓地方說이라는 것인데, 원과 방을 천지로 나누어 이해하는 이 도형관은 아마도 유교가 만들어지기 전에 이미 정립되었던 듯하다.

    얼마 전 초등학교에 다니는 둘째 아들 녀석이 늘 하던 식으로 느닷없는 질문을 던졌다. "아빠, 이 세상에 동그란 게 많게, 네모난 게 많게?" 녀석은 그 질문에 지체 없이 "동그란 거"라고 답하는 내가 좀 실망스러웠던 모양이다. "어떻게 알았어? 애들은 전부 네모난 거라고 하던데." 다소 풀 죽은 대답이 돌아온다. 의기양양해할 거리 하나를 잃은 데 따른 당연한 반응이다. 주변의 다른 아이들이 '세상'을 문자 그대로 '지표상'에 국한한 반면 녀석은 그

---

[1] 피타고라스는 윤회설을 주장하는 등 인도 불교의 영향을 깊이 받은 것으로 알려져 있는데, 싯다르타(석가모니)보다 20년쯤 일찍 태어났으니 그 관계를 일방적으로 설정하기는 어렵다. 어쩌면 피타고라스학파의 윤회설이나 수학·기하학이 인도 불교에 영향을 미쳤는지도 모르겠다.

것을 '전 우주'로 확대했고, 그에 따라 무수한 '별들'이 동그라미 집단에 가세했다. 물론 내 아들 녀석은 천원지방설을 알지 못한다. 그러나 산만한 독서의 결과로 얻은 잡다한 지식으로나마—애석하게도 도시에서 태어나 자라는 아이들은 하늘을 직접 관찰할 기회를 갖지 못한다—땅 위에는 네모난 게 많고 하늘 위에는 온통 동그란 것뿐이라는 '사실'을 인지하고 있었다.

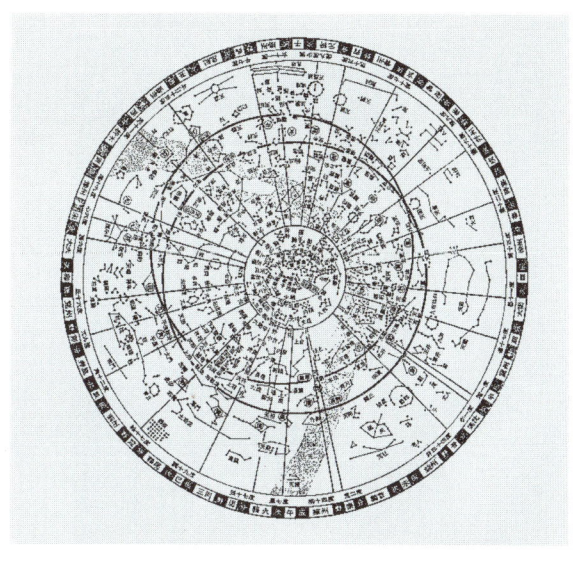

_ 〈천상열차분야지도〉天象列次分野之圖. 고구려 천문도를 1395년에 복제한 그림이다. 천체와 천계의 모양, 천체의 운행 궤적이 모두 원으로 그려져 있다. 하늘은 둥글다는 사실은 이때 이미 보편적으로 인지되고 있었다.

인류가 직립보행을 하게 되면서 덤으로 얻은 소득은 자유롭게 하늘을 볼 수 있는 능력이었다. 더구나 인간은 등을 땅에 대고 눈은 하늘을 향한 채 잠자는 습성을 키워왔다. 그런 만큼 인간은 그 종적種的 출현과 동시에 하늘에 관심을 갖기 시작했을 것이다. 그 관심이 형상에 대한 탐구와 그 상징성의 추적, 나아가 포괄적인 숭배로까지 확산된 것이 언제부터인지를 단정짓기는 곤란하다. 농경이 시작되면서 천기天氣의 중요성이 제고된 탓인지[2] 아니면 "청동기시대 외계 충격"[3] 탓인지는 알 수 없지만, 신석기시대와 청동기시대 어간의 어느 때부터 하늘은 '신의 공간'이요 '하늘나라'로서 지표와 구분되는 또 하나의 '세상'을 구성하게 되었다. 이제 신이 인간을 징벌하는 도구는 번개·비·태풍 등 '하늘에서 내려오는 것'들로 구성되었으며, 그 이전까지 신성을 담지했던 맹수의 이빨, 풀의 독과 같은 것은 잡귀나 마귀의 '수단'으로 격하되었다. 그리스의 다신교에서도 최고의 신은 태양신(아폴론)이나 달의 신(아르테미스)이 아니라 번개의 신(제우스)이며, 우리 일상 언어에서도 가

[2] 단군 신화에도 천신의 아들 환웅의 수행원 상좌上座는 바람·구름·비를 관장하는 자들이 차지한 것으로 되어 있다.

[3] '청동기시대 외계 충격'은 학제간학회의 1997년 연차대회 주제였다. 이 대회에서는 청동기시대에 운석 강하, 공중 폭발 등 장기간의 외계 충격이 계속되어 인간이 하늘을 공포의 대상으로 인지하기 시작했고, 그에 따라 하늘에 신神이 있다는 보편적 관념이 등장했다는 이론이 제출되었다.

장 무서운 천벌은 '벼락 맞아 죽는 것'이다. 오늘날까지도 신의 징벌에 대한 공포는 종교의 핵심요소를 이루고 있다. "예수 천국, 불신 지옥"만큼 종교의 본질을 압축적으로 설명하는 문구도 찾기 어렵다. 사람들은 신이 어떤 벌을 내릴지, 그 조짐을 알기 위해서라도 신의 공간을 조심스럽게 살펴야 했다. 사람들은 '신의 공간'을 관찰하면서 천체가 둥글 뿐 아니라 그 운행 역시 둥글다는 사실을 발견했다. '신의 세상'은 온통 둥근 것으로 이루어졌다! 신의 세상이 둥글다면 인간의 세상은 그와는 달라야 했다. 하늘에서 신이 탄생한 그 무렵에, 인간이 사는 집들은 부정형이나 타원

_ 첨성대. 장방형의 돌을 원형으로 쌓아올려 가다가 창구와 정상부는 사각형으로 처리했다. 이 건조물이 천문 관측용인지 제의용인지에 대해서는 논란이 있지만 당대인들이 원형과 방형을 상호 구별되는 '특수한 도형'으로 생각한 것만은 분명하다.

형에서 방형으로 바뀌어갔다. 오늘날에도 몽골 초원이나 알래스카 설원, 아프리카 사막지대에 사는 사람들은 원형으로 집을 짓기도 하지만, 범인류적 관점에서 보자면 특수하거나 예외적인 사례일 뿐이다.

하늘과 땅이 각각 신의 세계와 인간의 세계로 구분되고, 그 사이에 상하의 엄격한 위계가 설정되면서 사람들이 '하는 일'의 가치도 그 위계 속에 자리매김되었다. 유교의 사농공상土農工商 직역관職役觀은 하늘과 땅, 인간의 관계에 대한 고대적 사고를 중세의 세련됨으로 포장한 것이다. 하늘의 도리를 이해하고 하늘의 일을 대신 행하는 자, 곧 무巫·사제司祭·승僧·사士가 수위首位요, 그 다음은 땅에서 곡식을 심고 가꾸며 수확하는 자, 농農이고, 천지의 작용 없이 손으로 물건을 만드는 자, 공工이 그 아래이다. 그 자신은 세상 만물

종묘 악공청. 악공청 기둥은 사각, 팔각, 16각, 원 등 여러 도형을 취하고 있다. 천지간의 소리를 담아 조화시키는 것이 곧 음악이라는 생각이 반영된 것이다.

에 아무것도 추가하는 것이 없으나 유무상통有無相通하여 천지인天地人 각각이 만들어낸 만물을 천하에 고루 통용시키는 자가 최하위의 상商이다.⁴ 그 밖에 세상에 아무 실익도 주지 못하여 하늘의 호생지덕好生之德을 비익裨益하지 못하는 자들은 천賤이며, 호생지덕에 반反하여 죽임으로써 업을 삼는 자, 곧 백정, 도축업자는 천지천賤之賤이다.

사람의 직역에만 위계가 만들어진 것이 아니라 도형과 도형 사이에도 위계가 설정되었다. 하늘의 원은 신의 도형이요, 땅의 방은 사람의 도형이 되었다. 사람과 신이 만나는 건조물의 경우에는 그 의미를 형상화한 다른 도형을 선택했다. 첨성대는 한 건조물에 원형과 방형을 함께 사용하는 것으로 중간 도형의 의미를 담았는데, 그보다는 팔각형이 더 자주 사용되었다. 사각의 네 귀퉁이를 자르면 팔각이 되고, 다시 그 여덟 귀퉁이를 자르면 16각이 된다. 이렇게 32, 64각으로 깎아나가다 보면 어느새 원이 되는데, 그 탓에 팔각은 방형과 원형의 중간 도형으로 해석되었다.

종묘의 몇 안 되는 부속건물 중 하나인 악공청樂工廳은 원형 대로 남아 있지는 않지만, 그 기둥 모양의 의미만은 그대로 전하고

4_ 조선 후기 화폐인 상평통보常平通寶는 원형과 방형을 같이 사용하여 '천지간에 유통하는 보물'이라는 뜻을 담았다.

– (좌) 월정사 팔각구층석탑. 팔각 도형은 삼국 중 고구려에서 특히 많이 사용했는데, 고려 건국 이후 소생한 고구려 문화 중 대표적인 요소가 팔각탑이다.

– (우) 다보탑. 기단부와 1층은 사각, 2층은 팔각, 옥개석 위의 상륜부는 원형이다. 땅에서 하늘로 올라가는 모습이자 사바세계에서 원융세계로 이행하는 모습을 형상화했다.

있다. 악공청 기둥은 사각에서 원에 이르는 여러 도형들로 구성되어 있다. 악樂은 천하를 측량하는 기준[5]인 동시에 천지간 만물의 소리를 표현하고 조화시키는 틀이었다. 따라서 여러 모양의 악공청 기둥은 천상부터 지하까지 여러 계단의 음을 조율한다는 의미를 담은 것이다.

우리나라 사람들이 팔각형을 사각형과 원의 중간 도형으로 취급한 것이 언제부터였는지를 정확히 말하기는 어렵다. 천문도를 그린 고구려 고분에 팔각 도형을 사용한 것이 있으며, 고구려 사찰에도 팔각탑이 채용된 사례가 있었다. 아마도 천원지방설은 지역이나 종족 단위의 우주관이 아니라 천문학을 만들어낼 능력을

— (좌) 창경궁에 있는 성종대왕 태실. 팔각 기단에 팔각으로 울타리를 둘렀으며 난간 역시 팔각이다.
— (우) 창경궁 풍기대. 기단은 사각, 깃대는 팔각, 그 위의 깃봉은 원형이다. 다보탑과 완전히 같은 형태 의미소를 담은 조형물이다.

갖춘 인간 집단이 일반적으로 공유한 우주관이었을 게다. 인도 불교에서도[6], 중국 유교에서도, 고구려의 독자적 종교에서도 팔각은 모두 특별한 의미, 즉 하늘과 땅을 잇는 도형이라는 의미를 지니고 있었다. 설혹 팔각 형태에 대한 의미 부여가 각각 달랐다 하더라도, 하늘과 땅을 구분하는 가장 기초적인 종교 의식이 존재한 이상, 팔각에 대한 서로 다른 의미 부여는 결국 하나로 융합되었을 것으로 보인다.

통일신라와 고려의 건조물에도 팔각이 가끔 채용되었는데, 이 도형에 천지를 잇는 신성의 이미지가 이미 깊이 배어 있었기 때문에 불탑과 같은 종교적 건조물이 아니고서는 감히 쓸 수 없었다. 다만 이때까지는 중국과는 다른 천하를 상정하고 있었기 때문에 원형 건물이나 팔각 건물을 짓는 것이 금제禁制는 아니었다. 고려에도 하늘에 제사를 지내는 천단天壇, 원구단이 있었다. 그러나 중국 중심의 천하관을 받아들이고, 하늘과 소통할 수 있는 중국 천자의 독점적 권리를 승인한 이후로는, 원형이나 팔각 건조물은 제후국에서 지을 수 없는 것이 되어버렸다. 세조 때 일시적으로 제천 의례를 부활시키고 원구단을 지은 적이 있지만, 주자성리학이 왕의 통치이념이자 민民의 생활윤리로 정착하면서부터 명분에 어긋나는

5_ 사물의 크기나 두께에서 나타나는 미세한 차이를 식별하는 능력은 눈보다 귀가 뛰어나다. 같은 소리를 내는 피리는 재질이 같다면 길이와 두께, 대롱의 크기도 같다. 그 탓에 고대 중국에서는 피리를 도량형의 기준으로 삼았는데, 이를 황종척黃鍾尺이라 했다. 피리의 길이가 척尺의 기준이 되며, 그 무게가 관貫의 기준이 되고, 그 안에 들어가는 기장黍의 부피가 두斗의 기준이 된다. 조선 초 세종이 박연을 시켜 음악을 정비케 한 것은 기실 도량형 정비에 궁극적 목적이 있었다.

6_ 불교에서도 부처의 세계를 원융圓融으로 설정했으니 팔방 팔대명왕설 역시 천원지방설과 무관하지 않을 것이다.

참월僭越한 건축물은 더 이상 지을 수 없었다.

조선 중엽 이후로 원형은 왕의 무덤에나 쓸 수 있는 도형이 되었고(범부범부凡夫凡婦도 죽으면 학생이 되고 유인이 되는데, 왕이 죽으면 신격神格을 얻어야 마땅하지 않겠는가), 팔각형은 왕의 태실胎室이나 건조물의 외곽 장식 부위인 난간에나 쓸 수 있는 도형이 되었다. 난간은 건조물의 일부를 구성하는 것이기는 하되 어쨌든 지표에서는 떨어져 있으니 하늘과 땅의 중간에 존재하는 물체로서 그에 합당한 대우를 받아야 했다. 건물의 기둥조차도 왕궁이나 사찰, 종묘, 사직 등 신성한 건물이 아니고서는 원형을 쓸 수 없었다. 현재 경복궁과 창경궁에는 풍기대風旗臺라는 것이 남아 있다. 18세기에 조성된 이 구조물은 사각 기단에 팔각 깃대를 세우고 그 위에 원형의 깃봉을 꽂게 되어 있다. 사상적·종교적 관점에서는 다보탑과 전혀 다른 구조물이지만 형태의미론적 관점에서는 완전히 같은 형식을 취하고 있다. 모든 도형이 단순한 디자인 요소로 전락하지 않았던 시절에는 팔각은 하늘 자체는 아니로되 하늘과 땅 사이에 게재하여 그 둘을 매개하는, 달리 말하면 하늘의 뜻을 땅에 전하는 도형이었다.

1897년 10월, 대한제국이 선포되면서 원과 팔각 사용에 대한 금제도 풀렸다. 칭제건원稱帝建元에 앞서 경운궁 정면, 전 남별궁 터에 원형 건물 원구단이 건립되었다. 원구단은 곧 천단이다. 천자가 하늘과 직접 소통하는 장소이니 그 자체가 하늘이었다. 고종은 이곳에서 황제로 즉위한 지 2년 후 그 옆에 다시 팔각 황궁우皇穹宇를 지었다. 황궁우에는 천신과 지신, 인신(태조)의 신위를 모셨다. 이 건물은 하늘과 땅, 사람을 아우르는 것이었기에 온통 팔각으로 만들어졌다. 건물 모양도 팔각이고 건물 기둥도 팔각이며 건물을 둘러싼 난간석도 팔각이다. 원구단과 황궁우는 대한제국이 천자국임

_ 현 조선호텔 자리에 있던 원구단과 황궁우. 원형과 팔각형 건조물이 나란히 서 있던 이곳은 대한제국기 이 땅에서 가장 신성하고 존엄한 곳이었다.

을 상징하는 건조물이었고, 이 두 건물이 들어선 장소는 이 나라에서 가장 존엄하고 신성한 곳이었다.

 그런데 황궁우를 지은 지 다시 2년 뒤에 종로 탑골공원 한복판에 팔각정이 들어섰다. 탑골공원의 건립 이유와 시기에 대해서는 여러 주장이 있지만, 나는 1896년 9월 내부령으로 공포된 '한성 내 도로의 폭을 개정하는 건'을 계기로 급진전된 가가 철거, 도로 개수, 도시 개조 과정에서 만들어진 것으로 본다. 본래 도시공원은 산업혁명 이후 도시 노동자의 급증으로 인한 도시 환경 및 경관의 총체적 악화를 배경으로 출현한 공공시설이었다. 유럽과 미국에서조차 이 시설이 출현한 것은 19세기 중반 이후의 일이었다. 그런 면에서 본다면 1890년대 중반의 서울은 공원을 필요로 할 정도는 아니었다. 이 시점에, 매일같이 인파로 뒤덮이던 운종가 동쪽 끝자락, 옛 원각사, 연방원聯芳院, 한성부로 쓰이다가 당시에는 민가로 빽빽이 둘러싸인 채 쓸모없는 공간으로 남아 있던 곳에 공원을 만든 것은 실용성보다는 상징성을 먼저 고려한 때문이었다. 영국인 총세무사 맥리비 브라운 John McLeavy Brown이 어떤 의도로 공원 조성을

_ (좌) 탑골공원 조성 전의 원각사지. 원각사지 십층석탑 주위로 초가집들이 늘어서 있었다. 이 터는 이미 오래전부터 민가의 점유지가 되어 있었기 때문에, 공원 조성을 위해서는 먼저 이들 집을 사들이는 조치가 필요했다. 당시만 해도 불법 건축물이라 해서 마구잡이로 허는 일이 용납되지는 않았다. 민民의 억울함을 풀어주는 최후의 의지처는 어쨌든 국國이요 군주였다.

_ (우) 탑골공원 조성 공사가 진행되던 무렵의 원각사지.

건의했든 간에, 고종은 이 공원에 나름의 의미를 부여했다. 공원은 황실의 정원Garden은 아니었다. 고종이 시정잡배들로 우글거리는 민民의 거리 운종가에 민의 공간을 '만들어준' 것은 영조가 준천을 할 때에도, 정조가 '통공'을 할 때에도 되풀이해 밝혔던 '위민爲民의 왕정王政'을 계승하고자 했기 때문이다.

공원은 황제가 '만들어준' 공간이었으되, 만들어지자마자 시민사회를 위한 공간적 담보로 기능했다. 공원이 만들어진 직후인 1898년, 시민사회의 출현을 알리는 신호탄이라 할 수 있는 만민공동회가 당장 이곳에서 열렸다. 도시 내에 공식적인 '민의 자리'가 지정되었고, 민은 자신의 요구와 주장을 공개적으로 표출할 수 있는 거점을 얻었다. 그런데 조선시대에도 민이 왕과 만나는 장소들은 있었다. 영조는 능행이나 종묘 행차 때면 혜정교 앞이나 수표교변, 종묘 동구 등에 잠시 어가御駕를 멈추고 시민, 즉 공시인貢市人들을 불러 무슨 어려운 일이 없는지를 묻곤 했다. 이는 이윽고 '공시인순막'貢市人詢瘼이라는 이름의 관행이 되었는데, 이 행위에도 역시 '이민위천'以民爲天의 사고가 담겨 있었다. 그러니 고종의 시각으로

18 팔각정

_ 탑골공원에 들어선 팔각정. 팔각 정자의 기둥에는 구름 모양의 장식을 달았다. 이는 곧 이 건물이 하늘에 닿을 만큼 높음을 상징하는바, 그 '높은 자리'가 민民의 자리로 지정되었다는 데 이 건물의 정치적·상징적 의미가 있다. 이민위천이니, '민'은 대한제국 기의 '전제 황권'이 기대고자 했던 마지막 의지처였고, 황제는 이 건물을 통해 그런 생각을 밝혔다.

보자면, 공원의 조성은 민심을 읽기 위한 한 방편이기도 했다. 그는 만민공동회의 헌의육조獻議六條를 가납嘉納하면서 아마도 선왕 대의 관례를 떠올렸을 것이다.

1902년 '고종황제 어극御極 40년, 망육순望六旬 칭경稱慶 기념대제전'을 준비하는 과정에서 탑골공원 한복판에 팔각정이 만들어졌다. 이 건물을 지은 도편수 최백현은 지금 교보빌딩 앞에 있는 기념비전을 지은 인물이기도 하다. 앞서 언급한 대로 원형의 원구단과 팔각형의 황궁우는 제국과 황권의 상징이었다. 같은 맥락에서 탑골공원 한복판에 들어선 팔각정은 다름 아닌 '황제가 인정한 민권'의 상징이었다. 민심은 곧 천심이니 이 건물은 황제가 언제나 하늘의 뜻에 이목을 기울이고 있음을 상징하는 것이었다. 이 건물은 그래서 민국民國7_ 이념의 구현물이라 해야 마땅한 것이었다. 1919년 3·1운동이 이곳을 거점으로 해서 시작된 것도 당시 사람들이 이 장소, 이 건물에서 느낀 아우라와 무관하지 않을 것이다.

광복 후 1959년, 남산 옛 국사당 자리에 다시 팔각 정자가 세워졌다. 정자의 이름은 당시 대통령 이승만의 호를 따서 '우남

7_ 이태진 교수에 따르면 이 말은 "나라의 주인은 민과 왕"이라는 뜻이다.

_ (좌) 1953년에 세워진 남산의 이승만 동상. 유사 이래로 신이 되고자 한 사람들을 이루 다 헤아릴 수는 없다. 다만 한 가지 분명한 사실은 신이 된 사람은 결코 없다는 것이다. 산 자를 신격화하려는 시도는 언제나 엄청난 부작용만을 남기고 끝났다.

_ (우) 남산 우남정 앞의 이승만(1959). 팔각정에 자기 아호를 붙인 것이 '빨리 죽어 귀신이 되라'는 뜻일 수도 있음을 알기는 했을까.

정'이라 했다. 이보다 앞서 1956년, 탑골공원과 남산 옛 조선신궁 자리에는 이승만의 동상이 섰다. 당시 동상과 정자의 입지를 선택한 사람들은 분명 탑골공원과 팔각정이 지닌 장소와 건조물의 신성한 아우라를 이승만에게 갖다 대려는 생각이 있었을 것이다. 대한제국 기를 '민권운동'으로 보냈던 이승만 역시 그 상징성을 누구보다 잘 알았을 테고. 그러나 발터 벤야민 Walter Benjamin이 말한 바와 같이, 건축가가 건축물에 부여하는 이미지와 사람들이 그로부터 얻는 의미는 별개이다. 설계자와 건축가는 팔각정의 아우라를 이승만에게 덧씌우고자 했지만, 사태는 오히려 팔각 도형의 세속화로 귀결되었다.

남산 정상의 팔각 정자에 '우남정'이라는 이름을 붙임으로써 이승만을 신격화하고자 했던 탓인지, 이승만은 그 바로 얼마 후 '산 귀신'—하야 후의 이승만은 살아 있으되 죽은 것이나 다름없는 존재였으니 '산 귀신'이라 해도 그리 틀린 말은 아닐 것이다—이 되었다. 4·19 이후 시민들은 탑골공원과 남산의 이승만 동상을 쓰러뜨리고 새끼줄에 묶어 끌고 다니면서 조작된 '신성'을 모욕했다. 이때 우남정도 함께 철거되었다. 1968년, 정부는 우남정이 있던 자리에 다시 팔각 정자를 세우고 그저 정자의 모양만 표현하는 몰개성한 이름을 붙였다. 팔각정. 이와 더불어 형태와 의미 간의 오래된 관계도 단절되었다. 얼마 후부터 북악스카이웨이를 비롯한 서울 곳곳, 나아가 지방 도처에 '신성의 아우라'가 완전히 소멸된 팔각 정자들이 속속 들어서기 시작했다. 지금도 한강 변 야트막한 구릉지에 계속 지어지고 있는 팔각정들에서 '신성'을 느끼는 사람들은 이제 아무도 없다.

서울은 깊다 · 19

시계탑

내가 세상에 태어나서 처음으로 배운 노래는 '학교종이 땡땡땡'으로 시작하는 〈학교종〉이었다. 그 무렵 이 노래는 모든 '아이'들이 학교에 입학하기 전에 미리 배워두는 것이어서 요즘 식으로 표현하자면 '꼬마용 국민가요'쯤 되는 노래였다. 이 노래는 최근까지도 아이들이 초등학교에 입학하자마자 배우는 첫번째 노래이기도 했다. 그런데 나는 내 아이들이 이 노래를 부르는 것을 들어본 적이 없다. 내가 아는 한 다른 집 아이들도 마찬가지여서 무슨 〈곰 세 마리〉니 〈악어떼〉니 하는 가족주의적이거나 '자연주의'(?)적인 노래가 아니면 〈뽀뽀뽀〉나 〈텔레토비〉 같은 유아용 방송곡을 먼저 배우고 바로 만화영화 주제가로 넘어간다. 노래 부문에도 조기교육의 열풍이 불어 닥쳐 '초등 1학년용 노래'는 그냥 건너뛰게 된 탓일 수도 있겠지만, 나는 그보다는 이제 '학교종'이 더 이상 현실적 의미를 갖지 못하게 된 데 따른 당연한 결과라고 생각한다. 당장 나부터도 '학교종' 소리를 듣고 등교한 기억은 없다. 수업의 시작과 끝을 알리는 종소리[1]는 고등학교 졸업할 때까지 매일 10여 번 이상을 지겹게 들어왔지만, 등교를 알리는 학교종 소리는 들어본 기억

1_ 한자의 종이나 영어의 'bell'이나 그게 그거지만 한국인들의 일상 언어에서 'bell'은 아무래도 가볍고 경망스러운 소리를 내는 전기식 기계장치라는 뉘앙스가 강하다. 그래서 학교종은 '땡땡땡'이지만 수업종은 '따르릉'으로 표현된다.

이 없다. 지금 생각해보면 내가 다니던 국민학교에는 아예 종이 없었던 것 같기도 하다.

  2005년 초에 신문 지면을 통해 이 노래를 작사 작곡했던 김메리[2]가 100살 넘게 살다가 미국에서 작고했다는 기사를 접했다. 그가 군정청의 요청으로 이 노래를 지었던 해방 직후만 해도 시간관념을 갖고 학교에 입학하는 아이들은 거의 없었다. 윤석중이 1940년에 발표한 동시 「넉 점 반」의 앞 구절은 '아기가 아기가 가겟집에 가서/영감님 영감님 엄마가 시방 몇 시냐구요'였다. 이 동시는 넉 점 반이라는 시각을 알아낸 아이가 이곳저곳 돌아다니며 한참 놀다가 집에 들어가 '엄마 시방 넉 점 반이래'라고 때늦은 보고를 하는 것으로 마무리되는데, 그 무렵 여염집의 시간관념을 압축적으로 보여준다. 시간에 대한 궁금증이 사람들 사이에 자리 잡기는 했지만, 방 벽에 시계를 걸어두고 있는 집은 무척 드물었으니 그를 알 방법이 마땅치 않았다. 또 어렵사리 물어 안다고 해도 어쩔 수 없이 정확도가 떨어지는 시간관념을 가질 수밖에 없었다. 당연히 숫자와 화살표 모양 바늘 사이의 상관관계를 배울 수 있는 아이도 많지 않았다.

  교육열이 부쩍 높아진 1920년대부터는 보통학교에 입학할 때에도 시험을 치러야 했는데, 그 시험 문제란 것이 한쪽 귀 없는 사람 얼굴을 그려놓고는 어디가 이상하냐고 묻는다든가, 한쪽에는 사과 다섯 개, 다른 쪽에는 네 개를 그려놓고 어느 쪽이 많으냐고 묻는 정도였다. 시계 보는 법은 저학년을 넘은 뒤에야 배우는 '고급 단원'이었다. 아이들뿐 아니라 대체로 근대 교육을 받지 못했던 그 부모들에게도 '시간 지키기'는 쉽지 않은 규율이었다. 학교종은 그런 사람들, 시계를 본 적도 없고 볼 줄도 모르는 학생과 부모들에게 등교 시간을 가급적 정확히 알리기 위한 기계장치였다. 해방 직

---

[2] 김메리의 한국명은 김삼식이며 우리나라 최초로 주식회사를 만들었던 김익승의 딸이자 우사 尤史 김규식의 사촌이다.

_ 1886년 배재학당 신축 공사. 1890년경 배재학당의 시간표는 서양시간으로 15분 단위까지 표시했다. 15분은 조선시대의 1각(刻)에 해당하는데, 일제 강점기는 물론 최근까지도 영화관의 상영시간표는 15분을 단위로 하여 짜여졌다. 다만 이 15분 단위가 서양에서 유래한 것인지, 조선시대 이래의 관행이 지속되고 있는 것인지는 불분명하다.

후 〈학교종〉이 음악 교과서 제일 앞 장에 수록된 것은 일차적으로 이런 실용적 목적 때문이었지만, 아울러 이로써 아이들은 '시간 지키기'가 다른 어떤 것보다도 중요하다는 근대적 사고와 태도를 배울 수 있었다. 아이들은 즐겁고 경쾌하게 〈학교종〉을 부르고 학교종 소리에 맞춰 등교하면서, 자연스럽게 평생 동안 시간의 지배를 받을 몸과 마음의 준비를 갖추어나갔다.

근대를 '변화가 일상화한 시대'로 볼 때, 사람들의 시간관념과 '시간을 분할하여 의식하는 정도'는 근대적 변화의 속도와 대략 일치해왔다. 조선시대 아이들은 '동서남북'을 구분하는 것이 먼저였지만 요즘 아이들은 시간을 알고 그에 맞추어 행동하는 법을 먼저 체득한다. 젊은 부모들은 아이가 배가 고프건 말건 시간에 맞추어 분유를 주고, 졸리건 말건 시간에 맞추어 재우며 또 시간에 맞추어 깨우려고 애쓴다. 일어나는 시간, 이 닦는 시간, 화장실에 가는 시간, 밥 먹는 시간, 어린이집에 가는 시간, 집에 돌아오는 시간이 다 정해져 있으며, 어린이집이나 유치원에서도 아이들은 시간별로 정해진 프로그램에 따라 움직인다. 그렇게 어느 사이엔가 시간은 나서부터 죽을 때까지 사람의 일상적 행위를 지배하는 강력한 힘이 되어버렸다. 그러나 근대 이전에는, 심지어 매일같이 학교 종이 울리던 해방 직후만 해도, 시간의 힘이 이토록 세지는 않았다. 옛 사람들에게 시간은 초나 분 단위로까지 세분하여 인식해야 할 만큼 중요한 것이 아니었다. 그들은 "동창이 밝아오거나" "노고지리가 우지질 때" 일어나면 되었고, 생체 리듬이나 천체 리듬에 따라 지칠 때까지 또는 해 질 때까지 일하면 그만이었다. 언제나 같은 속도로 움직이는 기계적 리듬―그런 기계 자체가 없었지만―은 삶에 아무런 영향도 미치지 못했다.

시간이란 사람이 인지하는 천체의 운행속도, 템포^{Tempo}(이 말은 'Time'과 어원이 같다) 그 자체였다. 천체는 복합적인 원운동을 하는 실체이니 모든 것이 서로 다른 주기를 가지고 반복된다. 지구의 공전주기(해)와 자전주기(날), 달의 공전주기(달)가 수학적으로 딱 맞아떨어지는 관계에 있는 것은 아니지만, 사람들은 먼 옛날부터 천체의 순환에서 일정한 법칙성을 찾고 그를 이해하려 들었다. 특히 농경이 시작된 이후로는 파종·제초·수확 등의 시점을 알려주는 농사력^{農事曆}을 만들고 지키는 것이 중요했다. 더불어 대략 일정한 주기를 가지고 반복되는 자연재해도 가급적 정확히 예측해야 했다. 자연현상이 반복되는 주기를 이해하고 그를 일정한 단위로 구분짓는 것, 그 구분선과 관련하여 특별한 의미가 부여된 날들에 축제·노동·휴식·금기 등 인간의 특정한 행위를 대응시키는 일은 이미 신석기시대 혹은 그 이전부터 시작되었을 것이다. 그러나 그뿐이었다. 시간을 그 이상으로 세분하여 인지할 수 있는 '고급 지식'은 농촌이 아니라 도시에서 만들어지고 축적되었다.

천체 운행의 법칙성을 정확히 이해하기 위해서는 서로 멀리 떨어진 여러 장소에서 축적된 경험과 지식들을 한 곳으로 집중할 필요가 있었다. 그래서 고대 국가들의 거대한 수도는 물리적 구조물일 뿐 아니라 천문학을 중심으로 하는 지적 구조물이기도 했다. 더불어 '집중할 수 있는 힘'이 곧 권력이 되었으니 고대의 이집트·메소포타미아·중국 등지에서 천문학과 함께 신격화한 초월적 권력이 출현한 것은 우연한 일이 아니었다. 천체의 운행에 관한 '비밀의 열쇠'를 손에 넣은 권력은 그것으로써 하늘과 자신 사이의 혈연적 관계를 입증하고자 했으며, 그런 시도는 예외 없이 성공을 거두었다. 앞에서도 언급했지만 청동기시대 언저리에 보편화한 하늘에 신이 있다는 믿음, 또는 하늘은 신의 영역이라는 믿음과 맞물려 하늘의 움직임을 알고 그에 따라 인간이 대처해야 할 방도를 알려주는 자는 곧 신이거나 신의 아들로 인정받았다. 한 해의 날수를 정하고 길고 짧은 달을 정하는 권리는 신을 대행하는 자에게만 독점적으로 부여된 권리였다. 동서양을 막론하고 시간은 하늘 그 자체였고, 그 주기적 흐름은 하늘의 뜻이었다.

그러나 천자든 신의 아들이든, 그는 하늘 또는 신의 대리자였을 뿐 결코 '신 그 자신'은 아니었다. 사람들이 믿고 의지하며 복종한 대상은 따로 있었고, 그 대상이 주재하는 '자연적 시간'은 그 대리인이 관리하는 '인위적 시간'과는 어쨌든 차이가 있을 수밖에 없었다. 권력은 자연과 인간 사이에 부단히 개입하여 자신의 존재를 드러내고자 했지만, 오랜 세월 동안 사람들은 권력의 개입 없이도 자연의 주기적 변화 법칙을 터득하고 그에 맞추어 자신의 생애 주기와 일상을 조직해왔다. 자연이 사실상 물리적 환경의 모든 것이었던 농촌에서, 사람들은 낮과 밤, 또는 그 각각을 몇 개의 큰 조각으로 나누는 이상의 시간 분할을 필요로 하지 않았다. 그들은 해가 뜨면 일어나 일하고 해가 지면 들어가 잤으며 배 고프면 밥을 먹었고 피곤하거나 일에 싫증이 나면 쉬었다. 하루를 수백 개의 분

_ 1930년 10월 24일 『조선일보』에 게재된 미쓰코시백화점 신관 개점 광고. 좌측 하단에 '오전 9시 개점, 오후 9시 반 폐점'이라는 문구가 쓰여 있다. 1920년대까지만 해도 개폐점 시간을 명기하는 상업 시설은 많지 않았기 때문에 '시간의 명기'는 근대성을 표상하는 구실을 했다.

_ 1935년 미쓰코시백화점의 내부. 오늘날의 백화점 건물들은 고객을 가급적 오래 머물게 하기 위해 내부에 시계도 걸지 않고 창도 크게 내지 않지만(이는 상업용 건물 인테리어의 우선적 고려사항이다), 당시에는 '고객이 머무는 시간'보다는 공간 내부의 '근대적 권위'가 더 가치를 인정받았던 모양이다. 1930년대의 벽걸이 시계는 일반적으로 그것이 걸린 공간 내부의 권위를 격상시키는 구실을 했다.

分이나 수만 개의 초秒, 또는 100개의 각刻으로 나누는 따위의 일은 본질적으로 농촌의 자연적 삶과는 무관했다.

권력은 한 해, 한 달의 날수를 정하는 것뿐 아니라 하루를 다시 수십, 수백 개의 조각으로 나누는 일에도 관심을 기울였지만, 그렇게 분할된 조각들에 일상적 삶을 맞추어야 하는 사람들은 많지 않았다. 그 탓에 낮과 밤을 각각 몇 개의 조각으로 분할하여 표시하는 기계인 시계는 권력과 하늘 사이의 거리를 표시하는 것이 주된 임무였고, 그 분할된 시간을 사람들에게 알려주는 일은 달리 선택해야 할 문제였다. 이 기계를 발전시키고자 한 지적 노력의 결실이 근대를 여는 데 결정적 구실을 했던 점을 별도로 한다면, 서력 기원전으로까지 거슬러 올라가는 이 기계의 발명은 권력자의 진귀한 장식품 목록을 늘리는 데 기여했을 뿐이다. 다만 권력자와 '같은 공기'를 호흡할 수 있는 공간 범위 안에 있는 사람들, 혹은 권력자의 의지에 즉각적으로 반응해야 하는 공간 범위 안에 있는 사람들만이 다소간 이 기계의 영향을 받았을 뿐이다.

고대로부터 중세에 이르기까지, 숱한 기술자들의 창의적 지혜와 땀의 소산인 정밀한 천문 관측기구들은 권력이 요구하는 달력과 시계를 만들기 위한 중간재에 지나지 않았다. 정도의 차는 있지만 달력과 시계는 각 문명권에서 하나의 독립된 세계, 또는 천하를 구획하는 기준이었고, 그 독립된 천하의 주인은 이 기계를 통해 신을 대신하여 시간을 지배하는 권리를 선포했다. 그런 만큼 이들 기계는 그 자체로 신성한 것으로 취급되었다. 농촌에서든 도시에서든, 범인은 이 신성한 기계를 만들거나 소유할 이유가 없었다. 물론 땅바닥에 막대기를 꽂거나 양초나 향을 태우는 등의 소박한 시간 측정까지 불가능했던 것은 아니지만 그것들로 표시되는 시간은 '조각난 시간'으로서 신성의 극히 일부만을 표시했을 뿐이다.

시간을 분할하여 측정하는 기계장치와는 별도로 시간을 알리는 기계에도 신성성이 담겨 있었다. 먼 옛날부터 지금에 이르기까지 종은 시간을 알리는 기계장치로서 세계 전역에서 보편적으로 사용되어왔다. 종은 다른 어떤 소리보다 멀리 퍼지고 또 길게 울리는 금속성 공명음을 내는 악기일 뿐 아니라 그 표면에 상징적인 글씨나 문양 등을 자유롭게 새길 수 있는 악기이기도 하다. 콰지모도가 노트르담 성당 종탑에서 울려대던 종도, 어린아이가 엄마 찾는 울음소리를 내던 에밀레종[3]도 모두 신의 뜻을 소리로 전하는 성물聖物이요 신물神物이었다. 영어 'clock'의 어원은 중세 라틴어 'cllocca'인데, 이 말의 뜻도 다름 아닌 '종'이다.

하늘의 신이 직접 주재하는 시간을 측정하는 시계와 소리로 그 시간의 어느 시점을 표시하는 종은 모두 신성한 물건이었고, 그런 만큼 그를 소유하고 지배할 수 있는 것은 신탁神託을 받은 권력뿐이었다. 깊은 산속 고찰에서 우는 종소리와 도시 한복판에서 굉음을 내는 종소리가 사람들에게 주는 감흥이 같지는 않았겠으나 정해진 시간에 맞추어 울리는 그 소리에는 거부할 수 없는, 거부해서는 안 되는 신의 의지가 담겨 있는 것으로 간주되었다. '종 치는 시점'을 결정하는 권력은 '시간을 주재하는 천신天神의 뜻'을 잘 살펴 그에 어긋나지 않는 시점을 정확히 선택해야 할 의무가 있었다. 이것이 왕궁이나 신전(교회)에서 천문을 살피고 그 변화를 측정하는 데 그토록 심혈을 기울였던 까닭일 것이다.

시간에 맞추어 종을 치는 행위가 애초부터 종교적 행위였

[3]_ 이른바 한국적 정서의 꽃이라고들 하는 '한' 중에서도 가장 질기고 망극한 것이 자식 잃은 어미의 한이다. 옛 남도에서는 무당 일이 시어미에서 며느리로 전승되었다고 하는데, 그 신내림 절차 중에는 며느리가 낳은 자식을 희생시키는 행위도 있었다고 한다. 그야말로 믿거나 말거나이지만, 어린 자식을 바침으로써 신과 소통하는 길을 넓힐 수 있다는 믿음은 보편적이었던 듯하다. 아브라함이 하나님께 바치고자 했던 희생도 다름 아닌 그 아들, 이삭이었다. 에밀레종 설화가 사실을 바탕으로 한 것이든 아니든 그 종에 짙은 한이 서려 있다는 믿음은 종 자체의 신성성을 한껏 드높이는 결과를 낳았으니 다 알다시피 이 종의 공식 명칭은 '성덕대왕 신종'이다.

_ 1900년경 한강에서 인천까지 왕래하던 증기범선. 대한제국 기에는 대한협동우선회사 소속선 등 연안해운선뿐 아니라 강운과 해운을 겸하는 배들도 정기적으로 운행했다. 이들 정기선의 시간표는 당시 신문에 꼬박꼬박 실렸으나 정작 그 이용객들이 시간을 정확히 맞출 방법이 있었는지는 의문이다.

던 만큼 그 소리가 구속하는 인간 삶의 영역도 대개는 종교적인 데 국한되었다. 물론 옛사람들에게 삶의 종교적—오늘날의 관점에서 보면 거개가 '미신적'이겠지만—영역이 현대인들의 그것처럼 날짜별로나 행위별로 명료히 구분되는 것은 아니었지만, 그래도 종소리는 일상의 노동에는 별 영향을 미치지 않았다. 농업노동을 중심으로 일상을 조직하는 데에는 굳이 시계가 필요치 않았던 것이다. 시계뿐 아니라 그것이 표상하는 세분된 시간 자체가 그리 중요하지 않았다. 농업노동의 주기는 '시·분·초'는커녕 '날짜'와도 별 관계가 없었다. 농민들에게 의미 있는 시간 단위는 절기 정도였다. 조선시대 왕실에서는 연·월·일을 정확히 표시하면서 기록을 남겼지만, 농촌 사람들은 "갑자년 상강후 칠일"이니 "을축년 백로전 삼일"이니 하는 정도만 알면 그만이었다(오늘날에도 서예가들은 간혹 제문題文에 이런 표현을 쓴다). 굳이 더 정확한 날짜를 알고 싶다면 달을 쳐다보면 되었다. 마르크 블로흐Marc Bloch가 말한 대로 중세의 농민들은 시간에 무관심한 사람들이었다. 그들에게는 굳이 시간이 아니더라도 복종해야 할 대상이 너무 많았다.

노동과 별 관계가 없는 종교적 시간, 신성한 시간(그러나 본질적으로 인위적인 시간)의 힘은 왕궁과 신전 안에서 가장 강했고, 그를 둘러싸고 있는 제한된 공간(도시 내부)도 그로부터 직접적인 영향을 받았다. 도시에서 펼쳐지는 일상은 농촌과는 달리 계절이나 날씨의 변화에 크게 좌우되지 않았다. 종교적·학문적 활동이든 수공업적 생산 활동이든, 혹은 군사훈련이나 경계순찰과 같은 활동이든, 도시민들의 일상은 단순하고 반복적이어서 리듬감을 갖지 못하는 지루한 것이었다. 천체의 리듬이 즉각적으로 반영되지

_ 물건을 만드는 공방工房이나 점방店房으로 보이는데, 뒷벽에는 옷가지와 벽시계가 걸려 있다. 이 시계가 실제로 이들의 노동 과정을 분할했는지, 아니면 값비싼 장식품에 불과했는지는 알 수 없지만, 방 안에 있는 물건 중에서는 유일한 '근대적 소품'이다. 시계는 근대가 사람들의 일상에 파고드는 선봉先鋒 구실을 했다.

못하는 일상에 리듬감을 주기 위해서는 인위적인 기준점이 필요했다. 또 도시의 노동은 상대적으로 발달된 분업 및 협업 체계를 갖추고 있었기 때문에 집합과 해산, 출근과 퇴근, 통행의 금지 및 허용 등의 행위를 집단적으로 규제할 수 있는 신호도 필요했다. 요컨대 시계와 종은 중세에도 도시를 움직이는 핵심 기계장치였다. 다만 중세까지는 시계가 허술한 만큼 그것이 짜놓은 그물도 헐거웠을 뿐이다.

　　13세기 말 서유럽에서 기계식 시계가 발명된 이후 시계는 점차 그 정확도를 높여갔고, 그에 비례하여 사람들의 일상에 대한 지배력을 키워나갔다. 루이스 멈퍼드는 증기엔진이 아니라 시계가 바로 현대 산업사회의 핵심 기계라고 했던바, 유럽 도시에서는 산업혁명에 앞서 시간혁명이 일어났다. 기계식 시계에 의존하여 철저히 시간을 지키는 우편마차는 증기기관차보다 먼저 등장했다. 누적 또는 연속적 변화를 통해 시간을 표시한 물시계나 해시계와는 달리, 기계식 시계는 균일한 반복(진자의 반복운동)을 통해 시간을 분할하여 표시했다. 당시의 기계식 시계가 갖추고 있던 세 가지

구성요소, 바늘·추·종은 오늘날까지도 벽시계의 기본 구성요소로 남아 있다. 기계식 시계에 의해 시간은 균등한 각 부분으로 분할할 수 있는 것, 그럼으로써 헤아리고 계산할 수 있는 어떤 것으로 변했다. 이제 시간은 절약할 수도, 낭비할 수도, 더하고 뺄 수도 있는 사물이 되었다. 더불어 그 단위도 시간에서 분·초로 세분되었다.[4] 시간이 사물로 변함으로써, 신과 시간 사이의 관계도 소원해졌다. 기계식 시계가 표시하는 시간은 기계적 운동의 결과일 뿐, 신의 의지나 계시와는 무관한 것이었다. 물화한 시간과 시간적·공간적 제약을 받지 않는 동력(증기기관)은 서로 어울려 도시를 물신의 공간으로 바꾸어나가기 시작했다.

우리나라에 자명종이라는 이름의 기계식 시계가 처음 들어온 것은 1631년의 일이었다. 이해에 정두원이 명나라에서 자명종을 얻어 돌아왔는데, 유럽에서는 이미 15세기부터 시계에 스프링을 사용하고 있었기 때문에 이때 들여온 자명종 역시 스프링 시계였을 것이다. 스프링 시계는 탈진기를 장치한 추시계보다 작고 정밀했으며 내구력도 강했다. 하루를 정밀하게 24등분하면서 한 시간 단위로 종소리를 냈을 이 기계에 대해 조선의 왕공대신들이 어떤 반응을 보였을지는 짐작만 할 수 있을 뿐이지만, 그 후로도 자명종은 여러 차례 들어왔을 것이고, 이윽고 왕실과 그 주변 인물들에게는 낯설지 않은 물건이 되었을 것이다. 어쩌면 이 기계의 작동원리를 이해할 목적으로 뜯어 살펴본 사람들이 있었을지도 모른다. 그러나 서양의 신기한 기계가 간직한 비밀은 오래도록 풀리지 않았다. 또 당시 사람들은 계절에 관계없이 하루를 24시간으로 등분하는 서양식 시간관념을 굳이 받아들일 이유가 없었다. 그 때문에 기계식 시계는 그 안에 내장된 종 이외에 다른 큰 종(종각의 종)에는 아무런 영향도 미치지 못했다.

[4] 하루를 24시간으로 분할하고 각 시간을 60분으로, 분을 60초로 나누는 것은 고대 이집트와 바빌로니아, 헬레니즘과 로마 문화가 어우러져 만들어낸 관습이다.

서양식 시간 구분법이 현실적 힘을 갖기 시작한 것은 개항 이후였다. 1887년 통리아문統理衙門 장정은 직원의 출근 시간을 사시巳時 초(오전 9시)로, 퇴근 시간을 신시申時 초(오후 3시)로 규정하고 그를 함부로 어길 수 없게 하는 한편, 휴목일休沐日5을 당시의 외국 통례에 따라 7일 1회로 정했다. 그전까지 서울의 관리들에게는 당제唐制에 따라 5일마다 하루씩의 휴일이 주어졌지만, 대외 교섭을 담당했던 통리아문은 서양인들의 생활 리듬에 맞추기 위해서라도 서양식 7일 1휴제를 채용하지 않을 수 없었다.

보통은 7일 1휴제가 유대교와 기독교의 산물인 것으로 알고들 있으나, 사실은 바빌로니아 태음력의 소산이다. 바빌로니아 사람들은 달의 변화하는 모습을 기준으로 구획한 7일 주기를 중요시했고, 각 주기의 마지막 날은 '악의 날'로 정하여 특별한 터부를 부과했었다. 유대인이 바빌로니아 유랑을 겪으면서 이 주기를 받아들였고, 그것이 7일에 한 번씩의 안식일로 바뀐 것이다. 또 매 주기마다 해와 달·화성·수성·목성·금성·토성의 이름을 붙인 것은 각각의 날을 이 별들이 지배한다는 로마인의 믿음에 따른 것이었다. 이 주기가 애초에 달의 모양을 기준으로 만들어진 것인 만큼, 태음태양력이라 해야 할 시헌력時憲曆에 익숙해 있던 조선 사람들에게도 그다지 어색하지 않았을 듯하다. 물론 통리아문에서 7일 1휴제와 '9 to 3'의 출퇴근 시간제를 택했다고 해서 그것이 전체 관직 사회로까지 파급되지는 않았겠지만, 중국 연호와 다른 연대 표기법, 시헌력과 무관한 달 수 구분법, 요일제와 7일 1휴제, 하루 24시간 구분법 등 시간에 대한 새로운 관념은 이를 계기로 서서히 확산되어갔다.

1894~1895년 '갑오·을미개혁' 와중에서 결행된 연호 제정과 태양력(그레고리우스력) 채용은 천하의 주인이 곧 시간의 지

5_ 휴목일이라는 단어만 가지고도 이 시대 사람들이 목욕을 거의 하지 않았다는 통념에 문제가 있음을 충분히 유추할 수 있다. 집집마다 욕조를 들여놓기 전에는 일요일은 일단 목욕부터 하고 쉬는 날이었다. 20세기 초에 한국을 찾은 헝가리인 버라토시 벌로그 베네데크 Barathosi Balogh Benedek는 한국인들이 잘 씻지 않는다는 '소문'에 대해 '한국인들은 일을 마치고 집에 돌아오면 머리부터 발끝까지 깨끗이 씻는다'고 반박한 바 있다.

배자라는 오래된 관념을 한 축으로 하고, 이미 일본이 채용하고 있던 서양식 역법을 다른 한 축으로 한 '시간 개혁'이었다. 그러나 이 개혁 이전에 이미 양력과 요일제, 24시제는 서울의 도시 생활 한 귀퉁이에 자리를 잡고 있었다. 지금도 크게 달라지지 않았지만 조선의 관료제는 전문관료제가 아니어서 상당한 품계를 가진 관료들은 이 부서 저 부서로 다니며 순환 근무하는 것이 상례였다. 통리아문과 그 속사屬司에 근무한 경험을 가진 사람들은 갑오·을미년의 '시간 개혁'이 있기 훨씬 전부터 서력西曆과 요일제, 24시제를 알고 있었고, 일부는 그에 익숙해져 있었다. 왕도 서울에서 관료군은 그 수적 비중에 관계없이 도시문화를 주도하는 지위에 있었기 때문에, 그들이 알고 적응해간 '시간'은 그들의 하인과 겸종, 가족 및 친지들과도 어렵지 않게 친해질 수 있었을 것이다. 물론 달라진 시간을 안다고 해서, 또 그에 적응할 수 있다고 해서 바로 그 지배를 받게 되는 것은 아니다. 최근까지도 태양력은 도시에서만 압도적 우위를 점했을 뿐이고, 요일제나 24시제 역시 도시민들에게만 유의미했다. 일제 강점 초기까지는 요일제나 24시제에 큰 관심을 보이지 않는 도시민도 많았다. 일본인들은 일요일에 쉬지 않는 종로 상점, 시간에 관계없이 문을 닫는 조선인 상점을 대놓고 조롱하곤 했다. 십이지신十二支神과 무관한 날짜들, 천문 시계나 생체 시계와 늘상 어긋나는 기계 시계는 아직 도시민 전체의 일상을 완벽히 지배하지 못했다. 근대 서구의 시간관이 기계식 시계를 매개로 사람들의 의식 속에 깊이 파고들기 위해서는 굳이 사람마다 시계를 갖고 있지 않더라도 어디에서나 눈만 돌리면 시계를 볼 수 있는 환경이 필요했던 것이다.

  이 땅에 최초로 기계식 시계를 설치한 건조물(시계탑)로 추정되는 것은 1888년 경복궁 내에 신축된 관문각觀文閣 옆의 시계탑

_ 명성황후가 시해된 옥호루玉壺樓 뒤편으로 1888년에 완공된 관문각 상층부 유리창이 보인다. 경복궁 관문각은 시계탑이 설치된 것으로 추정되는 최초의 양식 건축물이다.

이다. 이태진은 일본에서 발간된 『일청전쟁화보』日淸戰爭畵報에 수록된 삽화를 근거로 하여 관문각 옆에 시계탑이 서 있었음을 밝혔다. 관문각이라는 이름 자체가 '천문을 본다'는 뜻이니 이름만으로도 그 옆에 시계탑을 세울 충분한 이유가 된다. 최초의 시계탑을 궁궐 내에 설치한 데 대해서는 여러 가지 해석이 가능하겠지만, 나는 여기에도 신문물에 대한 '동도서기'東道西器적 태도가 작용했다고 본다. 시간을 보는 철학적 태도는 유교적 틀을 유지하면서 시간을 재는 기계는 서양의 것을 채용한 것이다. 관문각 옆의 시계는 도성의 문을 여닫는 일이나 관료들의 출퇴근 시간을 알리는 일과는 전혀 관계가 없었다. 그것은 비록 기계식 시계였으나 독자적인 천하의 주인이며 독립적인 시간의 주재자가 되고 싶어한 조선 국왕의 염원을 상징한 기계였다. 이 시계는 흡사 세종 대의 자격루처럼 궁궐 깊은 곳에 자신의 존재를 '숨겨놓은' 비장의 장식물일 따름이었다. 이 시계는 시간을 분할하거나 재조직하는 시계 본연의 기능을 수행한 것이 아니라 고종의 자존심, 더 긍정적으로 해석한다면 '반청자주'反淸自主의 의지'를 표현한 시각적 상징물로 주로 기능했다. 이 시

_ 1904년 러일전쟁 당시 일본군이 진주한 인천. 서양인과 일본인들이 경영한 상점에는 드물게 시계가—시계탑이 아니라—걸리기도 했다. 그 밑에 늘어선 한국인들 중에 이 시계를 '해독'할 능력을 가진 사람은 아마 거의 없었을 것이다.

계탑이 언제 철거되었는지는 알 수 없으나 청일전쟁 이후 개국 연호를 사용하고, 뒤이어 연호를 새로 제정했을 때 그 상징적 효용은 사라졌다. 1897년, 대한제국 황제와 하늘 사이의 관계를 직접 표현하는 장소로 마련된 원구단은 시계탑보다 더 직접적인 천자의 상징물이었다. 중국, 일본과 구분되는 별도의 대한제국 표준시[6]를 채택한 것도 '별도의 독립된 천하'를 구성하려는 의지의 표현이었다.

고종이 러시아공사관으로 이어한 직후 우선적으로 취한 조치 중에는 태양력 전용 방침을 폐기하는 것도 포함되어 있었다. 그렇다고 과거의 태음력으로 되돌아간 것도 아니었다. 시간 개혁은 이번에도 역시 '동도서기'의 원칙에 따라 이루어졌다. 황실 의례, 국가 경일慶日 등 충군애국의 '도'道와 관련된 시간은 음력이, 행정이나 대외 교섭 등 '기'器에 관한 시간은 양력이 지배하기 시작했다. 24시제의 기계적 시간은 일상생활에 한걸음 더 가까이 다가왔고, 이윽고 종각의 종도 울음을 멈추었다.

1899년, 경인철도와 서울 전차가 각각 개통되었고 그보다 앞서 한강 변 주요 포구와 연안 각 항구 사이를 왕래하는 증기선들

6_ 워싱턴에서 열린 국제 자오선회의에서 그리니치 천문대를 통과하는 자오선을 본초 자오선으로 결정하고 그를 기준으로 각국의 표준시를 정한 것은 1884년 10월의 일이었다.

이 시간에 맞춰 운행했으나 따로 시계탑이 만들어졌다는 증거는 찾을 수 없다. 시간의 표준은 정해져 있었으나 그를 측정하고 표시할 기계가 없었으니 이후 수십 년간 외국인의 조롱거리가 되고 한국인의 자괴自愧거리가 된 '코리언 타임'이 비집고 들어갈 여지가 넓어지지 않을 수 없었다. 물론 '코리언 타임'이라는 것은 시간대의 변화와 시계 장치의 보급 사이에 넓은 간격이 생김으로써 시간을 정확히 지킬 방법을 갖지 못했던 비서구 세계 사람들에 대한 서구인들의 '오리엔탈리즘'적 조롱의 한 갈래일 뿐이다. 약속시간에 늦는 것만 '코리언 타임'이 아니라 한 시간씩 빨리 도착하는 것도 '코리언 타임'이었다. 이슬람 타임은 코리언 타임보다 더 심각했다고 하는데, 바빌로니아의 순태음력을 고수했던 이슬람 사람들은 1980년대 이전의 한국 사람들보다 더 시간관념이 없어서 '보름달 뜰 때쯤 만나자'는 식의 시간 약속이 일반적이었다고 한다. 이런 식의 '오리엔탈 타임'이 '시정'되는 데에는 의식적 노력보다는 테크놀로지의 발전이 더 큰 구실을 했다.

도시 서울 한복판, 누구나 바라볼 수 있는 자리에 '공공 시계'가 등장한 것은 1902년의 일이었다. 서울 전차와 전기 사업을 독점하고 있던 한성전기회사는 처음에 보신각 맞은편 행랑을 사옥으로 썼으나, 전등·전차 사업이 확장되면서 1901년에 새 건물을 짓기 시작했다. 지금의 YMCA 좌측, 장안빌딩 자리였다. 새 사옥은 르네상스 양식으로 설계되었고 완공 후

_ 1910년경의 종로 YMCA 앞. 사진 왼쪽 끝에 경성전기회사(원 한성전기회사) 사옥의 시계탑이 보인다. 준공 당시의 전기회사 시계탑은 도성민의 시선을 집중시킨 랜드마크였으며 전차 운행과 결부되면서 도시인들에게 근대적 시간과 공간의 상관성을 가르친 교재였다.

_ 1906년 설립된 대한의원(현재의 서울대학병원 구내) 시계탑(1908). 마등산 언덕배기, 옛 경모궁지에 들어선 대한의원 시계탑은 병원 내부에서 이루어지는 의료 행위의 기준 시간을 알렸을 뿐 아니라, 서울 주민들에게 시계의 존재를 알리는 구실도 했다. 당시의 도시 건축 환경에 비추어볼 때 이 시계는 분명 남산 자락에서도 보였을 것이다.

중앙 첨탑에는 대형 시계가 설치되었다. 아마 이 무렵부터 전차도 시간을 지켜가며 운행하기 시작했던 듯하다. 개통 직후의 전차는 정해진 시간표가 없었을 뿐 아니라 정거장도 정해져 있지 않아 아무 곳에서나 승객을 태우고 내려주었다. 이런 운행은 전차의 속도를 떨어뜨렸을 뿐 아니라 사고 유발의 가능성을 높였다. 이런 문제들은 일정한 위치를 정하여 전차의 발착發着을 통제하지 않고서는 해결할 수 없는 것이었다. 정거장을 따로 만들면서, 구획된 거리에 대응하는 구획된 시간을 적용할 필요성이 생겼고, 그에 따라 시간을 알려주는 기계식 시계에 대한 요구도 높아졌을 것이다. 한성전기회사 사옥의 시계는 시간과 거리, 속도 사이의 함수를 가르치는 훌륭한 교본이었다. 사람들의 전차 이용이 잦아지면서 원판 위를 일정한 속도로 움직이는 시곗바늘과 정거장 사이의 레일 위를 빠른 속도로 달리는 전차 사이의 상관요인들이 자연스럽게 인지되기 시작했다. 이제 '절약되는 시간'과 '단축되는 공간'이 구체적 실체로 다가서게 되었다.

우리말에서 '조금' 또는 '좀'은 '잘' 만큼이나 글자만으로

는 해석하기 어려운 부사다. '잘했다'
가 욕인지 칭찬인지 구분하기 위해서
는 먼저 그 말이 튀어나온 상황 전체를
이해해야 하듯이 '조금'이 'little'인지
아닌지, 시간을 말하는지 공간을 말하
는지는 겪어봐야만 안다(비서구 세계
사유방식의 특징을 통째로 '연역적 사
고'에서 찾는 서구 학자들도 많다). 나는
대학 시절 겨울방학 때 시골의 친구 집
을 찾아가는 길에 한 촌로에게 목적지
까지의 '거리'를 물어보았다가 된통 골탕을 먹은 경험이 있다. 그
노인은 심상하게 '쫌만 가면 돼'라고 답했는데, 그 '쫌'이 거리인지
시간인지, 거리라면 대략 몇 킬로미터이고 시간이라면 대략 몇 분
인지를 구체적으로 물어보지 않은 것이 실수였다. 눈보라 치는 추
운 겨울날, 해 저물어 가는 길을 겁에 질린 채 허위허위 걸어야 했
던 기억은 지금껏 생생하다. 지금은 농촌의 시간대도 판연히 달라
졌지만, 1980년대 초만 해도 분이나 킬로미터보다는 반나절이니
시오리니―50%의 편차는 일반적으로 허용되었다―하는 말이 더
어울리는 공간이 남아 있었다.

　　　　전기회사 사옥의 시계탑은 시간에 대한 중세적·농촌적 태
도와 근대적·도시적 태도를 가르는 기준점이었고, 종교적으로 통
합되어 있던 시간에서 물화된 시간을 떼어내는 메스였다. 다만 이
시계는 사람의 동작과 행위를 직접 규제하지는 못했다. 이 시계는
다른 기계, 즉 전차를 매개로 사람들의 시간 생활에 개입했고, 그런
만큼 간접적이었다. 사람의 행동을 직접적이고도 강력하게 규제하
는 공공 시계는 1908년 대한의원 본관이 완공되었을 때 비로소 출

_ 1935년에 신축된 경성부민관 (현 서울시의회 별관). 시계탑을 건물의 주요 구성요소로 배치함으로써 시계의 '공공성'을 극단적으로 부각시킨 건물이다.

현했다. 서양의 점성술이든 동양의 사주학이든 사람이 태어난 시간(연·월·일·시)에 따라 평생의 운명이 결정된다고 보는 것은 매한가지다. 근대 이전의 서양 의학은 특히 점성술과 건강의 관계에 민감했다. 천문학은 의과대학의 필수과목이었는데 환자의 출생 시간이 그의 질환에 영향을 미친다고 보았기 때문이다. 그 시절의 의사들은 수술 시간을 정할 때에도 천문을 살피곤 했다. 근대 서양 의학은 천문학과는 완전히 결별했지만, '시간의 신비로운 힘'에 대한 의존을 다 버리지는 못했다. 지금도 의료와 관련된 모든 행위는 시간과 관련하여 표현된다. '매 식후 몇 분마다 복용할 것', '매일 몇 시간 이상 규칙적으로 운동할 것', '식후 몇 시간 뒤의 수치', '분당 맥박 수', '몇 시간에 걸친 대수술' 등. 시간을 중시하는 서양 근대 의학의 관행이 근대적 합리성의 소산인지 아니면 중세적 신비주의의 잔영殘影인지를 굳이 따질 필요는 없다. 병원의 시계는 의료진과 환자 모두에게 '취해야 할 행동'의 시점을 알리는 일종의 필수적인 '의료 기계'였다. 이 기계는 다른 매개장치 없이 곧바로 사람의 행위와 동작을 지배했다. 매개장치가 있다면 그것은 명령권과 지배권을 가진 다른 인격(의사, 조수, 간호부 등)이었다. 명령조든 당부조든 '시간에 맞추어' 자라, 일어나라, 밥 먹어라, 피 뽑자, 주사 맞아라와 같은 지시는 환자 자신을 위해 거부해서는 안 되는 것이었다. 병원 시계의 바늘은 사람의 동작을 직접 규제했고, 시간 지키기는 다른 모든 행위의 전제가 되는 기초적 행위였다.

  1888년 이후 20년에 걸쳐 서울 공간 위에 차례로 들어선 세 개의 시계탑은 신이 주재하던 신비로운 시간이 기계적으로 분할되는 물리적 시간으로 변화하는 과정을 상징적으로 보여주었다. 그러나 모든 변화는 언제나 중첩적이며, 자주 역방향의 변화를 포함한다. 물리적 시간이 모든 사람의 일상을 지배하기까지에는 아

응접실을 장식하던 탁상용 시계와 벽걸이형 시계.

직도 험난한 길이 남아 있었다. 시간은 시계를 통해 물화한 자태를 보여주었지만, 사람들은 그에 즉각적으로 친숙해질 수 없었다. 시간 앞에서는 그 어떤 절대 권력도, 그 어떤 초인도 작아질 수밖에 없었고, 그런 시간을 표시하는 시계 역시 존귀한 신물로 대우받았다. 시계가 금은보석과 어깨를 나란히 하는 '보물'이 된 것은 단지 그 값이 비쌌기 때문만은 아니다(1910년대 초반 시계 하나의 값은 어지간한 서울 기와집의 반값 정도였다). 1970년대까지만 해도 라디오나 TV 방송에서는 사진관이나 보석상 광고를 자주 내보냈다. 나는 아직도 '사진하면 허○허○사장寫場'이나 '금은보석 시계는 종로 보○당에서'라는 광고 멘트를 그 리듬까지 기억하고 있다. 초상화의 후신인 사진처럼 시계도 신물이었고 그래서 귀물貴物이자 보물로 취급받은 것이다. 시계는 예전처럼 천자나 왕을 상징하는 물건은 아니었지만, 여전히 그에 버금가는 부귀를 누리는 사람들의 신분과 지위를 표상하는 물건이었다.

그러나 이윽고 시계는 도시 곳곳의 '공공시설' 벽면이나 별도의 시계탑에 속속 내걸리기 시작했다. 철도역에도, 학교에도, 관공서에도, 교회에도, 공장에도 시계가 내걸렸고 그중 상당수는 종소리로 출근 시간이나 등교 시간을 알렸다. 이들 시계탑은 들어

_ 1992년 여름 청량리역 시계탑 앞에 모여든 젊은 피서객들. 역전 시계탑은 광장을 포함하는 랜드마크로서 찾기 쉽고 모이기 쉬운 장소였을 뿐 아니라, 만남의 '시각'에 대한 기준점이기도 했다. '약속'이라는 개념의 시간적·장소적 결합체로서 이보다 좋은 곳은 드물었다.

서자마자 도시의 중요한 랜드마크가 되었고, 특히 역 시계탑 앞은 오랫동안 약속장소로 애용되었다. 그 뒤를 이어 상점, 회사의 벽면에도 괘종시계가 걸렸고, 가장 값나가는 집들이 선물로 시계가 선택되는 시대가 열렸다(얼마 전까지만 해도 큰 나무 상자 안에 들어 있는 괘종시계로 거실 한쪽 면을 다 채우다시피 한 집이 많았다). 1차 대전을 계기로 손목시계가 대중화한 뒤로는 하이칼라 신사나 모던보이·모던걸의 손목에도 시계가 둘리기 시작했다. 귀하다는 것은 곧 드물다는 것이니 흔해지면 천해지기 마련이다. 시계가 늘어나면서 거기에 달라붙어 있던 신의 자취도 희미해져갔다.

내가 처음 손목시계를 얻은 것은 중학교에 입학한 다음이었다. 중학생이 찰 정도면 이미 흔해진 것이라 해야겠지만, 지금에 와서 돌이켜보면 그때에도 시계는 귀했던 셈이다. 그 시계는 새것이 아니라 아버지로부터 물려받은 것이었고, 그 무렵의 내 동년배들이 모두 그러했으니 말이다. 그러나 오늘날 시계는 금은보석상에서도 취급하지만 구두나 핸드백을 만드는 '명품업체'에서도 만들고 길거리 노점상에서도 판다. 값비싼 시계와 싸구려 시계의 가

격차에 시계의 정확도가 꼭 비례하지도 않는다. 명품시계는 여전히 부귀와 특권의 상징이지만, 관심 없는 사람에게는 명품과 짝퉁, 싸구려가 잘 구분되지 않는다. 시간이 물화한 만큼 시계도 평범한 '물건'이 된 셈인데, 다만 시계는 현대가 과잉소비의 시대임을 감안하더라도 유난히 과소비되는 물건이라는 특징이 있다. 지금 나는 손목에도, 주머니 속에도, 책상 위에도, 거실 벽에도, 침대 옆에도 시계를 차고 넣고 두고 걸고 있다. 잠깐이라도 시간을 알지 못하면 당황하게 되어버린 탓인데, 이런 막연한 불안 상태는 현대 도시인 대다수가 공유하는 것이다. 또 내가 가진 시계의 일부는 특정 시점에 종소리를 내도록 되어 있다. 물론 그 종소리는 에밀레종이 내는 것처럼 신성하고 웅장한 느낌을 주지 않는다. 그저 경박하고 차마 듣기 어려운 기계음을 낼 뿐이다. 그러나 그 소리는 여전히 내 삶에 관한 전권全權을 쥔 신의 목소리이다. 비록 시계종이 울릴 시각을 정하는 것은 나 자신이지만, 나는 오늘도 그 시계의 알람음을 거역하지 못하고 잠자리에서 일어나야 했다. 내게 그 알람음을 중단시킬 권리가 있는 것만으로 만족하며.

서울은 깊다 · 20

제중원

가끔씩 버스나 지하철 안에서 여럿이 모여 떠드는 여중생들을 볼 때가 있다. 내 아들 또래의 아이들이니만큼 귀엽고 사랑스러운 마음이 들어야 하는 것이 인지상정인데, 막상 그 아이들이 내뱉는 욕설을 듣고 나면 절로 인상이 찌푸려지곤 한다. 저 아이들은 자기가 하는 욕설의 참뜻을 모르겠거니 하고 넘어가려 해도, 이미 그 뜻이 내 머릿속에 박혀 들어온 바에는 공연히 그 아이들의 부모를 걱정하게 된다. 사춘기 사내아이들이 거친 욕설을 입에 달고 사는 것이야 공격성의 과잉 표출이 곧 사내다움을 의미하는 것이라는 수만 년 된 착각의 발로라고 하겠지만, 여자아이들이 욕설을 입에 달고 살기 시작한 지는 얼마 되지 않았다. 이 현상이 남녀차별의 완화와 관련된 것인지는 모르겠으나, 우리의 '욕설'이 그동안 단순·과격·압축화의 길을 걸어온 것과는 분명 연관되어 있다.

       옛날에는 욕설에도 합당한 이유가 있었고 걸맞은 등급이 있었다. 자기에게만 잘못한 사람과 천인공노할 만행을 저지른 사람의 '죄질'은 분명 다르다. 절도와 강도, 살인죄를 일률적으로 다스릴 수 없듯이 '오라질 놈'과 '염병할 놈'도 구별해서 써야 했다.

욕설을 범주화하면 '모욕형'과 '저주형'으로 나뉜다. 모욕형은 상대방의 인격을 깎아내리기 위해 출생 내력을 모욕하거나(개자식, 후레자식 등), 불구자로 취급하거나(병신 ××하네 등), 패륜아로 몰거나(제기×, 제미× 등) 하는 유형이며, 저주형은 국가나 신이 상대방에게 벌을 내리길 비는 유형이다. '오라질'(오랏줄에 묶일), '경을 칠'(얼굴에 자자형刺字刑을 당할), '육시랄'(육시형戮屍刑을 당할) 등이 국법에 의해 처벌받도록 저주하는 것이라면, '벼락 맞을'이나 '염병할', '곱게 죽지 못할' 등은 천벌天罰을 '비는' 것이다. 오늘날에는 모욕형 욕설이 더 자주, 더 심한 욕설로 사용되고, 저주형 욕설은 다소 고졸古拙하고 상대적으로 가벼운 욕설로 취급되지만, 뜻을 알고서야 그리 쉽게 내뱉을 수 있는 말은 아니다. 의미상으로 본다면 모욕보다 저주가 더 지독하지 않은가.

저주는 대개 형벌이나 질병에 결부되어 있는데, 염병이나 나병, 오늘날의 AIDS같이 지독하면서도 고칠 방법이 없는 질병을 '천형'天刑이라고 하듯이, 욕설에서는 둘 사이에 근본적인 차이를 두지 않는다. 형벌과 관련된 저주가 상대적으로 '온건'하게 들리는 것은 왕법에 걸리는 것보다는 천벌을 받는 것이 한두 등급 높기 때문일 터이다. 우리나라 사람들의 저주 중에서도 가장 심한 저주는 주로 염병(전염병, 특히 장티푸스)과 관련되어 있었다. 단순히 '염병할 놈'에서부터 '염병에 까마귀 소리를 들을 놈', '염병에 땀을 못 낼 놈', '염병막살이 삼 년에 똥물 한 바가지 못 얻어먹을 놈' 등 염병과 관련된 저주는 무척 많았다. 세균설이 보편화하기 전까지, 우리나라 사람들은 염병을 천벌 그 자체로 이해했다. '호환 마마보다 더 무섭다'는 말이 남아 있는 것으로 보아서는 콜레라(호환)와 두창(손님, 마마, 천연두)을 더 무서워했던 것 같기도 한데, 굳이 염병을 든 이유는 정확히 알 수 없다. 호환은 19세기에 처음 전래된 전염병이고 마마는 이름 그대로 '마마'(존귀한 존재에 대한 높임말)였기 때문에 그랬는지도 모르겠다. 어쨌거나 벌은 죄에 대한 응보이니, 염병은 자신이 저지른 죄의 대가였고 범인으로서는 그 벌을 피할 도리가 없었다. 현세에 죄를 짓지 않은 자라고 해서 전생에 죄가 없었으리란 법은 없다. 역병의 창궐은 때로 왕이 지은 죄를 일반 백성에게 묻는 것으로 해석되기도 했다.

치명적인 전염병에만 천벌이라는 이미지가 붙어 있었던 것은 아니다. 사람들은 사소한 질병도 대개는 죄와 관련된 것으로 이해해왔다. 나태·불결·음란·탐욕·흡연·음주 등 개인의 악덕은 신체의 균형을 깨뜨리기 때문에 위험한 것이라기보다는 신의 뜻에 위배되기 때문에 나쁜 것이었다. 그 때문에 불과 수십 년 전까지만 해도 사람들은 병자와 죄수를 같은 부류로 취급했다. 이 부당한 동일시는 비단 우리나라에만, 또 근대 이전에만 국한되지 않는다.

한동안 명절이면 재탕 삼탕 방영되던 '마스터피스 영화' 중에 〈빠삐용〉(1973)이라는 것이 있다. 내가 이 영화를 처음 본 지도 벌써 30년이 넘었지만 당시 TV를 통해 본 죄수들의 모습은 여전히 강렬한 인상으로 남아 있다. 특히 흰색 바탕(흑백TV였기 때문에 정말 흰색이었는지는 모르겠지만)에 세로줄 무늬를 넣은 죄수복은 요즈음의 '환자복'과 구별하기 어려울 정도로 비슷해서 그때 이미 궁금증의 대상이었다. 당시 나는 '죄 지은 사람'과 '아픈 사람' 사이에서 아무런 유사성도 찾을 수 없었기에, 왜 그들의 복장이 같아야 하는지 이해하지 못했다. 내 궁금증은 몇 년 뒤 〈뻐꾸기 둥지 위로 날아간 새〉(1977)라는 영화를 보고 나서야 조금 풀렸다. 이 영화에서 교도소와 정신병원은 상호 전환 가능한 공간으로 설정되어 있었다. 두 영화에서 교도소 간수와 정신병원 간호사가 하는 일은 대략 같았고, 죄수와 정신병자를 가르는 기준도 극히 모호했다. 오늘날에도 흉악범을 교도소로 보낼지 정신병원으로 보낼지를 결정하는 것은 판사와 의사이다.

　　　　　죄수와 환자는 여러 가지 공통점이 있다. 그들은 모두 '보통 사람들'로부터 격리되어 있는 사람들이며, 일상적인 '타인의 감시' 아래에서 생활하는 사람들이고, 그들 자신에 관한 기록이 '체계적으로' 작성·정리·보관되는 사람들이다. 그들은 강압에 의해서든 자발적으로든 자신의 하루 일과를 시시콜콜한 것까지도 빠짐없이 '관찰자'에게 보고해야 한다. 그들에게는 근본적으로 '사생활'이 없다. '관찰자들'은 '수용자'(수감자든 입원환자든)들에게 그날 아침 혹은 전날 저녁에 무엇을 얼마나 먹었는지, 운동은 얼마나 했는지, 몸 상태는 어떤지, 가정환경은 어떤지, 부모나 가까운 친척들이 어떤 범죄를 저질렀는지 혹은 어떤 병에 걸렸었는지, 심지어 내밀한 부부관계에 이르기까지 보통의 사회관계에서라면 도저히 물을 수 없는 것들을 캐묻고 수용자들은 스스럼없이 그에 대답한다. '질문과 대답, 관찰과 보고'로 이어지는 일련의 과정은 모두 기록되고 그 '기록'은 다시 이들 시설에 수용해야 할 '일군의 사람들'을 식별해내는 계량적 지표로 사용된다. 죄수들은 강절도·폭행·사기·성범죄·방화 등 범죄 유형별로 분류되고 또 그 죄질에 따라 일정한 형량을 선고받는다. 환자들 역시 이환罹患된 질병의 종류와 정도에 따라 입원 치료 기간과 치료 방법이 정해진다. 병원에서 치료가 불가능하다는 진단을 내릴 경우 '사형선고'라는 말을 쓰기도 하는데, 이는 교정이 불가능한 범죄자와 불치병 환자가 같은 종류의 인간이라는 직관적 판단에 근거한 것이다.

　　　　　병 걸린 자와 벌 받는 자를 같은 범주로 묶어 보는 관행은 의학 지식이 '지배'하는 오늘날까지도 끈질기게 지속되고 있다. 그런데 우리나라 사람들은 애꾸눈이, 귀머거리, 벙어리, 언청이, 곰배

팔이, 앉은뱅이, 절름발이, 곱사등이, 문둥이 등 모든 병자와 장애인을 천시·멸시하면서도 유독 시각 장애인에게만은 '님'자를 붙여 '장님'(지팡이 짚고 다니는 님)이라고 부르거나 그것도 모자라 소경少卿이니 봉사奉事니 하는 벼슬까지 붙여주었다. 시각 장애인을 특별히 우대한 데에는 이유가 있었다. 첫째는 시각 장애가 다른 장애와는 달리 주로 장년기 이후에 발생했기 때문이다. 얼마 전까지 어른으로 공경하던 사람이 갑자기 앞을 못 보게 되었다고 해서 낮추어 부를 수는 없는 노릇이었다. 둘째로 아마 이것이 더 중요한 이유일 텐데, 육신의 눈이 감기면 마음의 눈이 열린다는 오래된 믿음이 작용했다. 동서양을 막론하고 사람들은 눈 감은 상태에서 보이는 형상(꿈)이 예시의 의미를 담고 있다고 생각해왔다. 그래서 눈 감은 채로 사는 사람들은 '신의 계시'를 더 잘 알고 있으리라 믿었다. 셋째로 우리나라에는 시각 장애인이 주로 하는 일이 관직 체제 안에도 들어 있었다. 고려시대의 소경은 점복占ト을 담당하는 관리였고, 조선시대의 봉사는 내의원內醫院·전의감典醫監·혜민서惠民署 등 '삼의사'三醫司에 소속된 의원醫員이었다.

시각 장애인을 점복과 의술을 담당하는 관리와 동격으로 취급한 의식의 밑바닥에는 무巫와 의醫가 본래 하나였던 '먼 옛날'에 대한 기억이 자리잡고 있었을 터이다. '醫'의 옛 글자는 '毉'인데, 이는 등에는 활통을 메고 손에는 창을 든 무당을 표시한 것이다. 이 글자가 '醫'로 바뀐 것은 주술 대신에 약('酉'는 술, 또는 나무나 과일의 진액을 의미한다)만을 쓰는 치료법이 정립된 뒤의 일일 것이다. 그러나 질병이 '죄의 대가'라는 생각이 뿌리 깊게 남아 있

치료를 위한 주술. 두통을 유발하는 악귀를 쫓기 위해 사람을 그려놓고 머리 부위에 낫을 꽂아두었다. 의사가 드물기도 했지만 의사가 고칠 수 있는 병도 많지 않았기 때문에 이런 주술은 가난한 사람들 사이에서 흔히 사용되었다. 조금 여유가 있는 사람들은 무당을 불러서 굿을 하는 고급 주술에 의존했다.

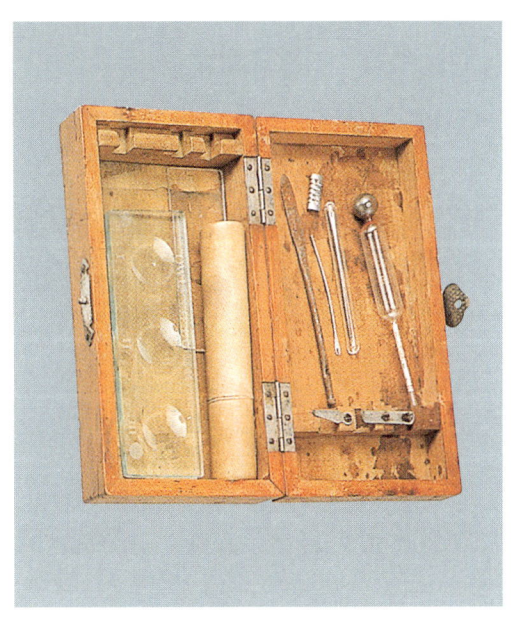

종두침과 두장판. 비록 졸렬해 보이는 도구이지만, 이 도구가 수많은 생명을 구하고 얼굴 얽는 것을 막아주었다. 종두 보급과 더불어 큰 병도 사람이 막을 수 있다는 믿음이 확산되었다. 세균이 '발견'되고 그를 퇴치하는 방법이 개발된 이후, 한동안 의학이 모든 병을 이길 수 있으리라는 희망이 널리 유포되었는데, 이 희망은 종교적 열정을 상당 부분 대체했다.

는 한, 의사와 무당(신관)이 전혀 다른 존재로 취급되지는 않았다. 또 병이 한 가지 이유로만 생기는 것도 아닌 만큼, 그를 치료하는 방법도 여러 가지가 있었다. 의학이 다른 방법들을 굴복시키고 유일한 '과학적' 치료법의 자리를 얻은 것은 그리 오래된 일이 아니다.

한자의 병病과 질疾, 환患은 오늘날 거의 같은 의미로 사용되고 있지만, 처음에는 서로 다른 질병(질환, 병환)을 지칭했을 것이다. 우리의 일상 언어에서도 병은 '들고 나는' 것이거나 '걸렸다 풀렸다' 하는 것이거나 '생겼다 사라졌다' 하는 것이다. '드는' 병은 몸 밖의 악귀(병마나 병독)가 들어오는 병이요, '걸리는' 병은 자신이 처신을 잘못해서('죄'에 걸려들듯) 걸려든 병이고, 생기는 병은 몸 안에서 '저절로' 만들어지는 병이다. 근대 의학이 정립되는 과정에서 질병의 정체와 원인을 둘러싸고 세계 여러 곳에서 여러 차례 격렬한 논쟁이 벌어졌지만, 결국 오래된 경험 속에서 만들어진 정의定義가 이겼다. 병은 드는 것이기도 하고 걸리는 것이기도 하며 생기는 것이기도 하다.

병을 가리키는 순 우리말로 '탈'이 있다. '탈'은 가면을 뜻하기도 한다. 신라 사람들이 만들어 썼다고 하는 처용 '탈'은 역신疫神을 쫓는 구실을 했다. 탈이 사고·고장이라는 뜻으로도 쓰이는 것으로 보아 '탈 나는 것'은 본래 상태에서 벗어나는 것을, 탈 쓰는 것은 본모습을 감추는 것을 의미하는 듯하다. 이 경우에는 드는 것과 걸리는 것, 생기는 것을 굳이 구분할 필요가 없겠지만, 오히려 이런 미분화한 언어가 질병 치유와 '속죄' 사이의 관계를 더 직접적으로 표현하는 것일 수도 있다.

고대에는 속죄 의식과 치료 의식이 같았다. 심지어 현대에도 '치유의 기적'을 과시하는 '신의 사도들'이 적지 않은데 그들이 사용하는 '기적의 치유법'은 종종 '처벌'이나 '고문'과 구별되지 않는다. 의식이 같은데 그 장소와 주재자가 다를 이유는 없었다. 치료와 속죄가 이루어지는 장소는 신전이었고, 신전을 품어 안고 있는 공간은 도시였다. 독실한 라마교 신자들은 라싸Lasa[拉薩]를 향해 오체투지五體投地로 삼보일배三步一拜를 되풀이하면서 수천 킬로미터를 간다. 이슬람 신자들은 매일같이 메카Mecca를 향해 경배를 드린다. '신에게 바친 땅'인 도시는 사람들의 몸과 마음 모두를 정화淨化하고 치유하는 공간이었다. 어쨌든 신도 도시에 가야 만날 수 있다. 의학이 주술과 결별한 이후에도 의사들은 도시를 떠나지 않았다. 특히 조선 왕조의 수도가 된 서울에는 의사는 새로 들어왔지만 무당은 쫓겨났다.

내 어머니는 지금도 아픈 갓난쟁이를 들쳐 업고 큰 마을 한약방을 찾아 캄캄한 밤 길 시오리를 허겁지겁 달렸던 일을 생생하게 기억하고 계신다. 그때까지만 해도 병원은 아주 멀리 떨어진 읍내에나 있었다. 병은 때와 장소를 가리지 않지만, 그를 치료하는 일에는 언제나 시간과 공간의 제약이 따른다. 통행에 최우선권을 보장받는 앰뷸런스는 그 제약을 줄이기 위해 만들어진 것이지만, 그 차에 동승한 환자 보호자들도 가끔씩 '너무 늦었다'는 소리를 들어야 한다. 의학적 치료는 도시에서나 가능했고(하고), 시골은 주술과 경험방經驗方의 땅, 기껏해야 돌팔이1- 의사가 간간이 출몰하

_ 호구씨. 두창 귀신이다. 호귀마마胡鬼媽媽라고도 한다. 아이를 잡아가는 두창 귀신은 여러 종류가 있었는데, '마마'나 '손님'으로 불렀다. 사람들은 손님이 찾아오는 일을 막을 수는 없지만 잘 대접해 보내면 큰 화는 면할 수 있다고 믿었다. 종두법이 도입되기 전까지, 무당이 주재하는 '마마 배송굿'은 두창의 거의 유일한 치료법이었다.

1_ 돌팔이란 돌아다니며 물건이나 기예를 파는 사람, 그래서 그 물건과 기예를 믿을 수 없는 사람을 말한다.

는 땅으로 남아 있었다.

조선 왕조 개창 직후, 서울에 내약방, 전의감, 혜민국, 동서대비원, 제생원濟生院 등 여러 개의 국립 의료기관이 만들어졌다. 그러나 인정仁政을 표방한 조선 왕조조차 인술仁術, 곧 의술을 펴는 국가적 시설은 서울에만 만들어놓았다. 내약방은 궁궐 안에, 전의감은 궁궐 가까이에, 혜민국은 도성 안 궁궐에서 멀리 떨어진 곳에, 대비원은 도성 밖에 있었다. 서울 안에서도 의술의 수준은 궁궐에 가까울수록 높았다. 그 얼마 뒤 내약방은 내의원으로, 혜민국은 혜민서로, 대비원은 활인서로 바뀌었고 제생원은 혜민서에 통합되었다. 내의원이나 전의감은 그 기능과 대상을 떠나 이름 자체가 드라이하지만, 대비大悲니 제생濟生이니 하는 이름은 그 안에 이미 종교적 색채가 짙게 배어 있었다. 대비원을 활인서로 개칭하고 제생원을 혜민서에 통합한 것은 '속죄와 치유'의 권능이 부처가 아닌 왕에게로 옮겨왔다는 것을 보여주려는 것이었다. 그런데 이들 국립 의료기관들의 이름에서 한 가지 더 주의해 보아야 할 것이 있다.

조선시대의 관서들은 기능과 위상, 등급과 위치에 따라 여러 명칭으로 나뉘었다. 중국 관서의 이름을 딴 것도 있고, 옛 왕조의 관행을 승계한 것도 있어서 이름만으로 관서의 등급과 성격을 구분할 수는 없다. 혹시 이런 걸 연구한 사람이 있을까 해서 여기저기 찾아봤지만, 관련 연구는 없었다. 무모한 감은 있지만 『한화대사전』漢和大辭典을 뒤적여 나름대로 추정할 수밖에. 전의감의 감監은 그냥 책임을 맡았다는 뜻이고, 혜민서·활인서의 서署는 대체로 단독 건물이다. 이런 이름은 오늘날에도 소방서, 세무서 등으로 남아 있다. 원院은 담장垣에 둘러싸인 건물(군)을 말한다. 그래서 승정원·사간원 같은 관서, 홍제원弘濟院·이태원 같은 국립 여관, 서원·사원 같은 사설 종교·교육 시설 등 '원'자가 붙은 시설은 모두 담장을 가진 건물(군)이다. 담장은 격리의 표징이다. 담장은 외부와 내부를 구분하고, 사람의 출입을 제한하며, 담장 안에 있는 사람들에게 내부의 규칙에 따르도록 하는 장치이다. 따라서 혜민국(서)과 제생원은 모두 백성에게 왕의 은혜를 베푸는 시혜적인 국립 의료 기관이었지만 이름이 달랐던 만큼 시설의 형식과 기능도 달랐다.

태조 6년(1397)에 설치된 제생원은 처음에는 의학 서적 편찬을 맡았으나 태종 5년(1405), '연고 없는' 환자를 수용하는 시설로 바뀌었다. 이 무렵 서울에서는 도성 조영을 위한 토목 공사가 끊일 새 없었다. 공사가 많다 보니 '산업재해'도 빈발했는데, 다친 일꾼들은 거의가 지방에서 올라온 장정들이었다. 이들은 서울에 이렇다 할 연고가 없는 사람들이기도 했다. 제생원은 주로 이들을 수용하여 돌보기 위한 시설이었다. 도성 조영 공사가 마무리된 뒤인 세조 2년(1456), 제생원을 없앤 것도 이 무렵에는 이미 '수용 치료'할 사람들이 많지 않았기 때문일 것이다. 격리 수용과 처치, 관찰이라는 근대 의학적―이는 분리 추출과 실험, 관찰이라는 근대 과학의 일반적 방법론과 동일하다―치료 방법이 만들어지기 전까지, '치료의 공간'은 주로 집이었지 병원이 아니었다. 그래서 의사는 많았으되 병원은 거의 없었다. 알렉산드리아Alexandria 같은 고대 도시나 피렌체 같은 르네상스 기 도시에 잘 만들어진 병원이 있었다고는 하지만, 이는 식민 도시나 참혹한 페스트 피해를 겪은 도시에 있었던 특징적인 시설이었고, 역시 가난하고 연고 없는 자들을 위한 수용 시설에 불과했다. 'Hotel'과 'Hospital' 모두 객客을 위한 시설이라는 의미를 지니는바, 유럽에서도 18세기 '대감금의 시대'를 겪고 난 뒤에야 수용과 치료를 병행하는 제대로 된 병원들이 출현했다.

제생원 폐지 이후 서울에는 환자를 위한 수용 시설이 따로 만들어지지 않았다. 활인서는 가난한 떠돌이들에게 죽이나 나눠주는 일을 맡았을 뿐이다. 우리나라에서 의사가 상주하면서 환자를 치료하는 시설(의원)이나 다수의 환자를 수용하여 치료하는 시설(병원)이 도시의 핵심 시설로 등장한 것은 개항 이후였다. 1877년, 일본군이 부산에 제생의원濟生醫院을 세웠다. 'Hospital'은 'Hotel'과 더불어 왕도 서울이 아닌 다른 도시2에 먼저 등장한 대표적인 근대 시설이었다. 이 병원에서 진료를 맡은 일본 군의軍醫는 조선인들에게도 근대 의학의 '혜택'을 베풀었다. 동시에 상대적으로 의심이 적은(일본 의사의 신체검사 제안을 받은 사람들은 이를 나라를 빼앗기 위해 미리 조선인들의 힘을 측정해두려는 술책이라고 의심했다) 조선인들을 '측정'하기도 했다. 측정의 결과는 믿을 수 없을 정도였다. 일본 군의 고이케 마사나오小池正直는 그가 측정한 조선인 남성 75인의 평균 신장을 180cm로 기록했다. 이는 그가 측정한 일본인 남성 2,500명의 평균 신장 158cm보다 20cm 이상 큰 수치였다. 황당한 수치이지만 당시 조선에 들어와 있던 일본인 의사들은 대개 이를 수긍했다. 그들은 이에 대해 여러 가지 설명도 덧붙였다.

원산에 있던 기타지마北島는 "한인韓人은 체격이 강장强壯하여 아시아 인종 중 제일인데, 이는 육식을 많이 하면서도 미개하여 정신을 쓰는 일이 적기 때문"이라고 했고, 역시 원산의 고마쓰小松는 "한인은 위생법을 알지 못하기 때문에 약한 자는 어려서 모두 죽어버리고 건강한 자만 살아남기 때문"이라고 했다. 인천의 다나카田中는 "한인의 체격은 구미인과 비슷한데, 인문人文의 개발에 따라 키가 작아진다는 중례證例가 있다면 한인도 그렇게 될 것"이라고 했다. 유독 서울에 있던 가이로세海瀨만이 조선인과 일본인의 평균 신장이 비슷하다는 주장을 폈는데, 서울 사람들이 시골 사람보다 더 작았는지도 모르겠다. 어쨌거나 개항장의 일본인 의사들은 조선인들의

2_ 19세기 말 이후 개항장 외국인 거류지들은 왕도의 촉수였던 도호부들을 제치고 근대 도시화의 길을 앞장서 열었다.

신체를 '측정'하고 그 결과를 '해석'했다(측정은 근대 의학적 방법으로 했으나, 해석은 비근대적·비의학적 방법으로 했다). 사람들을 측정하고 그 평균치를 구하며, 그를 역사·문화·생활과 관련하여 종합적으로 해석한 것은 이것이 처음이었다. 유럽 여러 나라에서는 국가나 왕, 사제들이 먼저 했던 일을 우리나라에서는 외국인 군의가 시작했다.

1885년 봄, 서울에 서양 근대 의학을 채용한 새로운 국립병원이 생겼다. 이에 앞서 조선 정부는 1882년 말에 왕이 백성에게 베푸는 은혜를 상징하던 혜민서와 활인서를 혁파하고 그를 전의감에 부속시켰다. 얼마 후 전의감 건물도 비우고 사역원司譯院3 안에 밀어 넣었다. 빈 전의감 건물은 우정국郵政局으로 사용하기로 했다. 이때에는 이미 서울에도 일본인 의사가 와 있었다. 또 1879년부터 시작된 우두 접종이 무당들의 반발에도 불구하고 조금씩 보급되고 있었다. '의술이 정묘하면 군인들이 전쟁터에서 두려움을 잊고 싸운다'는 식의 서양 의학 도입론도 저변을 확대해가는 중이었다.

고종은 아마도 혜민서와 활인서를 혁파할 때부터 서양식 병원을 염두에 두었던 듯하다. 그러나 언제나 문제는 '돈'이었다. 마침 공짜로 의술을 제공하겠다는 사람들이 나타났다. 1884년 일본에 와 있던 미국 선교사 맥클레이Robert S. MacLay는 김옥균을 통해 왕에게 서울에 병원을 내겠다는 제안을 전달했다. 왕은 이 일에 관심을 보였지만, 그 얼마 후 김옥균이 정변을 일으킴으로써 이 계획은 수포로 돌아갔다. 공교롭게도 김옥균이 난을 일으킨 건물은 예전에 전의감으로 썼던 우정국이었다. 그 건물에서 칼에 맞아 중상을 입은 민영익을 집으로 데려온 묄렌도르프Paul George von Möllendorff, 穆麟德는 중국 선교사이다가 조선에 흘러들어와 미국공사관 부속의사가 된 앨런Horace Newton Allen, 安連을 불렀다. 앨런은 민영익을 고쳤고, 그 덕

3_ 사역원은 역관 양성 및 통역 사무를 담당하던 기관이다. 조선시대 의관과 역관은 같은 부류로 취급되었고, 자기들끼리도 그렇게 어울려 살았다.

_ 1930년대 경기여고 기숙사로 사용되던 옛 제중원 건물. 제중원은 근대적 국립병원으로서는 작은 규모였지만, 국가가 서양 의학을—서양 종교가 아니라—공인했음을 상징하는 시설이었다. 제중원 설치를 계기로 사람들은 떳떳하게 '서양 의학'의 세례를 받기 시작했고, 마침내 신실한 '의학의 신도'가 되었다.

에 왕을 직접 만날 수 있었다. 앨런을 접견하는 자리에서 왕은 서양식 병원에 관심을 내비쳤고, 앨런은 병원만 만들면 공짜로 일할 사람들이 자기 말고도 더 있다고 했다. 이 만남의 결과 옛 제생원과 비슷한 이름의 제중원濟衆院이 만들어졌다.

제생원을 혜민국에 합설한 지 400여 년 만에, 서울에 다시 왕이 백성을 구제하기 위해 '수용'하는 시설이 생겼다. 이 시설은 갑신정변 주모자의 한 사람이던 홍영식의 집을 개조한 것으로, 진찰실·입원실·대기실·수술실·약국을 갖추고 있었다. 제중원 개원에 앞서 통리아문은 서울 사대문과 종각에 방榜을 붙이고 나라에서 약값을 대는 병원이 생겼음을 알렸다. 또 이 병원에 초빙한 미국 의사가 외과外科에 장점이 있음을 특기特記했다. 본래 제중濟衆이란 만 백성을 구제한다는 뜻이지만, 제중원은 '빈천한 백성'의 구제에 중점을 두었다. 공짜 좋아하는 것이야 빈부귀천이 차이가 없지만, 당시 사람들은 외과 질환을 '빈천자의 병'으로 생각하는 경향이 있었나. 그래서 성소 때의 의관 상명길은 『제중신편』濟衆新編에 "부귀한 자의 병은 대개 속本에서 오고 빈천한 자의 병은 대개 겉標에서 온다"고 썼다. 17~18세기 유럽 도시를 특징지었던 구빈원救貧院, Poorhouse 또는 Workhouse과 제중원은 그 이름에서만은 같은 시설이었다.

앨런은 제중원 개원 1년 만에 1만 명 이상의 환자를 보았다고 기록했다. 『한성주보』漢城周報의 통계는 그 수를 반 정도로 줄여 잡았다. 한두 사람의 의사가, 조수나 간호사도 없이 수술도 하고 조제도 하면서, 더구나 시도 때도 없이 궁중에 불려가는 상황에서, 말도 통하지 않는 환자를 하루 평균 30명 이상 보는 것이 가능할 것 같지는 않지만, 꾀병 환자를 포함하여 수많은 서울의 병자들이 제중원을 찾은 것은 분명하다. 당시 서울 성내 인구가 20만 명 정도였음에 비추어 볼 때, 전체 도성민의 5% 가까이가 개원 1년 안에 제중원을 찾은 셈이다. 물론 개중에는 아픈 데도 없으면서 그저 '양귀'洋鬼나 한번 볼 양으로 찾은 사람도 적지 않았을 테지만. 그러나 '강제로' 제중원에 끌려온 사람은 없었고, 그 안에서 '강제로' 노동했던 사람도 없었다. 이름에서, 그리고 어쩌면 구상構想에서 제중원은 유럽의 구빈원과 비슷한 시설이었지만, 그것을 끌어안고 있는 도시 공간과 도시민의 구성이 달랐다. 서울에서 놀고먹는 자들은 가난한 자들이 아니었고, 아직은 도시 빈민에게 시킬 일도 별로 없었다.

애초에 만들어지지 않았는지 나중에 멸실되었는지는 모르지만, 제중원 주사들이 작성한 통계 자료는 지금 남아 있지 않다. 앨런조차 몇몇 환자들의 수술과 치료 사례를 미국 선교본부에 보내는 보고서에 올렸을 뿐인데, 이런 사업의 속성을 감안한다면 그

_ '광혜원터' 표석. 현 헌법재판소 안에 세워진 이 표석은 제중원을 "앨런이 고종황제의 윤허로 설립한 한국 최초의 서양식 병원"이라고 소개하고 있다. 그러나 제중원은 앨런이 설립한 것도, 한국 최초의 서양식 병원도 아니다. 오늘날 박문국과 『한성순보』에서 이노우에 가쿠고로井上角五郎나 후쿠자와 유키치福澤諭吉를 떠올리는 사람은 없지만, 광혜원廣慧阮(제중원) 하면 바로 앨런을 연상하는 사람은 무척 많다. 우리의 근현대사가 일본에는 야박하고 미국에는 지나치게 후한 태도를 일반화시켰다 하더라도 이건 너무 심하다. 제중원에 대한 정확한 설명은 "앨런의 건의를 받은 고종의 지시에 따라 통리아문에서 설립한 우리나라 최초의 서양식 국립병원"이다.

수치를 곧이곧대로 믿을 수만도 없다. 또 앨런도, 헤론$^{John\ W.\ Heron}$도, 빈튼$^{Charles\ C.\ Vinton}$도, 에비슨$^{Oliver\ R.\ Evison}$도 조선 사람의 몸보다는 영혼에 주된 관심을 기울였다. 여행가들, 외교관들, 장사꾼들 중에도 조선인들의 규격을 측정하고 기록한 사람들이 있었지만, 제중원 의사들은 그런 일을 하지 않았다. 유럽에서는 과학이 종교에서 분리되고 나아가 종교에 대해 승리를 선언한 뒤였으나 선교사들이 조선에 가지고 들어온 의과학^{醫科學}은 역설적으로 종교와 재결합한 것이었다.

왕은 빈천한 백성들에게 자신의 은혜를 보여주고 더불어 그들을 '근대적으로' 관리하는 기술을 배우고 싶었겠지만, 선교사들은 왕의 은혜보다는 하나님의 은혜를 보여주고 싶어했고, 조선 국왕의 신하가 아닌 주님의 사도로 살고자 했다. 조건도 나빴다. 제중원 개원 이듬해, 서양 의사의 외과술이 탐났던 모양인지, 위안 스카이^{袁世凱}는 제중원을 자기 공관 옆으로 끌고 가버렸다. 1894년 고종이 일본군의 포로가 되었을 때, 에비슨은 정부와 결별을 선언했다. 제중원 운영의 전권은 미국 선교부로 돌아갔고, 그들은 이곳을 선교 기지로 만들었다. 왕은 그 뒤에도 제중원을 자기 병원으로 생각했고, 선교사들도 공식적으로는 '왕립병원'이나 '정부병원'이라고 했지만, 그들에게 조선 국왕이나 정부는 자기들 '신의 의지'를 구현하는 수단이었을 뿐이다.

대한제국 선포 후인 1899년, 정부는 다시 내부 산하에 새 '병원'을 설립했다. 후일 광제원^{廣濟院}으로 개명된 이 시설이 우리나라의 국립 의료기관으로는 최초로 병원 명칭을 쓴 것이다. '병원'은 서양 의학과는 직접 관계를 맺지 않았지만, 유럽 구빈원의 방법과는 연결되어 있었다. '병원'이 주로 관심을 기울인 대상은 빈민과 죄수들이었다. '병원' 의사들은 찾아오는 가난한 환자들을 치료하는 한편으로 감옥서監獄署(전옥서의 후신으로 갑오개혁 때 설치되어 형옥사무를 관장한 관서)에 찾아가 죄수들을 보살폈다. '병원'의 진료 실적은 매달 통계로 작성되어 상부에 보고되었다. 일반 환자와 죄수들을 '함께' 돌보았다는 점에서, 그러면서도 감옥서 진료, 양약 처방, 한약 처방을 구분하여 통계를 작성했다는 점에서, '병원'은 구빈원과 닮아 있었다. 그러나 병원 역시 환자와 죄수들의 평균치를 추출하는 데까지는 나아가지 못했다.

제중원도 '병원'도 사람에 관한 통계를 작성하는 '기계'로는 많이 부족했다. 그러나 병원은 그 안에 수용된 사람들에게만 영향을 미치는 공간이 아니다. 병원은 감옥과 더불어 그 밖에 있는 사람들에게 정상과 비정상의 경계를 가르친다. 근대 이후의 사람들은 어려서부터 '감옥에 가지 않기 위한' 처신법을 배우고 '병원에 가지 않기 위해' 개인 위생과 신체 규율을 배운다. 이 두 시설은 왕명이나 신의 뜻이 아니라 근대 사회가 만들어낸 '합리적 규율'을 사회 전체에 확산시키는 핵심 기구이다. 개항 이후 새로운 의학 지식을 접한 사람들은 병이(염병이나 호열자, 마마조차도) 악귀의 저주와 무관함을 알게 되었다. 이제 의학 지식은 법률 지식과 더불어 '욕설'에 담긴 저주를 풀기 위한 열쇠가 되었고, 사람들은 그 지식에 '자발적'으로 복종하기 시작했다. 복종하는 사람들을 배경으로, 법률 지식과 의학 지식으로 무장한 전문가들이 왕의 신하들을 대신해 사람들에 대한 실질적 지배권을 행사했다. 정치권력은 위생 지식을 확산시키는 데 힘을 기울였지만, '공중'公衆이 결국 굴복한 대상은 세속 권력이나 종교 권력이 아니라 지식 그 자체였다. 서울 사람들이 제중원과 '병원'에서 배우기 시작한 것은 바로 이 지식에 복종하는 법이었다.

제중원이 설치된 지 120년 남짓 지난 오늘날, 사람의 일생

_ 서울대학교병원. 생로병사로 고통받는 중생을 구제하기 위해 고행에 나선 싯다르타는 결국 붓다가 되었다. 고대인들의 생로병사를 지배한 것은 신전이었고, 그 유풍은 오래도록 지속되었다. 그러나 이제 사람들은 생로병사의 매 계기마다 병원을 찾는다. 종합병원은 현대의 대표적 신전인 셈이다.

은 '요람에서 무덤까지'가 아니라 '병원 신생아실에서 병원 장례식장까지'가 되어버렸다. 밥상에 채소만 올려놓는 어머니나 아내에게는 심하게 투정부리던 사람도, 방송에 나온 의사가 건강에 좋다고 하면 채소만 먹는 일을 마다하지 않는다. 의학의 발전은 사람의 수명을 많이 연장시켰지만, 사람들은 그렇게 얻은 시간 중 상당 부분을 병원에 다니거나 입원하는 데 바치고 있다. 이제 병원은 아플 때만 가는 곳이 아니다. 병원은 예뻐지기 위해서, 아프지 않기 위해서, 심지어는 자신이 아픈지 안 아픈지에 대한 판단을 구하기 위해서 찾아가는 곳이 되었다. 반복이지만 현대 의학에서 질병은 '아픈 상태'가 아니라 '정상적이지 않은 상태'를 의미한다. 현대인들은 자기 몸에 대한 포괄적 판단 권한을 의학에 양도한 사람들이다. 현대인들은 몇 시간을 자야 하는지, 무엇을 얼마나 먹어야 하는지, 화장실에는 몇 번을 가야 하며 얼마나 앉아 있어야 하는지, 이는 하루 몇 번을 몇 분 동안이나 닦아야 하는지, 얼마나 움직이고 걸어야 하는지, 책과 눈의 거리는 어느 정도가 되어야 하는지, 눕고

앉고 서는 자세는 각각 어때야 하는지 등등 세세한 동작 하나하나에 대해서까지도 의학적 판단에 의지하고 있다. '염병할'이 지독한 저주에서 가벼운 '상소리'로 지위가 급락한 것은 이 모든 과정과 함께였다.

●

제중원으로 용도 변경된 홍영식의 집은 재동 현 헌법재판소 구내에 있었다. 제중원이 구리개의 청국 병영 옆(지금의 을지로 외환은행 자리)으로 옮겨 간 뒤, 그 집은 안경수에게 넘어갔다가 안경수가 사형당한 뒤에는 이호준의 집이 되었다. 1900년, 그 집을 대한제국 정부가 매입하여 광제원으로 삼았다. 광제원이 의학교, 의학교부속병원, 대한적십자병원과 함께 대한의원으로 통합된 뒤에는, 한동안 관용 건물로 쓰다가 경기여자고등보통학교(해방 후 경기여고)가 되었고, 1988년 헌법재판소가 들어섰다. 홍영식과 안경수는 모두 역적으로 몰려 비명횡사했고(둘의 처형 모두 공식적인 것은 아니었다), 이호준은 천수를 누렸지만 그 두 아들 이윤용과 이완용은 만고의 역적이 되어 있다. 정말 지기地氣라는 것이 있는지는 모르겠으나, 불과 수십 년 사이에 한 집에서 줄줄이 역적이 나온 예도 찾기 어렵다. 더구나 제중원·광제원으로 쓰던 시절에 이 집터에서 얼마나 많은 사람들이 죽어 나갔는지도 알 수 없다. 흉하기로 치면 서울 안에 이보다 흉한 터도 없을 터인데, 지금의 헌법재판소는 바로 그 자리에 버티고 서 있다. 옛날의 역모를 현대적 개념으로 바꾸면 '위헌'違憲 정도일 테니, 위헌 여부를 심판하는 헌법재판소가 역적들의 집터에 서 있는 것도 하나의 역사적 아이러니라 할까.

서울은 깊다·21

촬영국

요즈음에야 중고등학생들도 카메라를 장난감처럼 들고 다니면서 필름 값·현상비 걱정 없이 마구잡이로 찍어대지만 내가 중고등학교에 다닐 무렵에는 카메라를 소유하고 마음대로 찍을 수 있는 사람은 그리 많지 않았다. 그렇다 보니 사진 한 장 찍는 데에도 여러 가지를 생각하고 번거로운 절차들을 거쳐야 했다. 대다수 사람들이 카메라 조작에 서툴렀던 데다가, 그런 촬영자를 위해 피사체가 되어야 하는 사람들 역시 어색한 표정을 감추지 못했다. 카메라 앞에만 서면 얼굴이 굳어지는 사람들에게 '치즈'니 '김치'니 하는 말들을 내뱉도록 시키지만, 정작 셔터가 눌리는 시점은 그 말을 억지로 짧게 내뱉은 사람들이 다시 표정을 원위치시킨 뒤이기 일쑤였다. 그래서 어렵게 찍은 사진이건만 현상되어 나온 사진 중에 마음에 드는 것을 찾기란 무척 어려웠다. 직업 사진가들의 사진은 훨씬 나았지만, 그들로서도 피사체의 표정만은 어찌할 수 없었다. 사진관에서는 사진이 실물보다 잘 나왔느니 못 나왔느니 하면서 주인과 손님이 실랑이를 벌이는 일들이 일상적으로 벌어졌다. 그러니 카메라를 평생에 몇 번 만져보지도 못한 사람이 찍은 사진에 대해

_ 1883년 말 견미사절단 일행이 일본에 들러 찍은 사진. 조선의 내로라하는 명문 자제들은 일찌감치 사진이 영정影幀을 대신할 수 있음을 배웠다. 사진은 아슬아슬할 정도로 모든 인물의 머리끝에서 발끝까지를 화면 안에 꽉 채웠다.

이러쿵저러쿵 뒷말을 늘어놓는 것은 예의 없는 짓이었다. 어디가 어디고 누가 누군지 알아볼 수 있을 정도면 정성껏 앨범에 넣어 소중히 보관하곤 했다.

    그러나 사진이 귀하다 해서 무조건 간직하지는 않았다. 아깝지만 부득이 버려야 하는 사진도 많았다. 당장 나 자신 중학교 졸업 사진으로 남은 것이 몇 장 없다. 그때 내 아버지는 어렵사리 이웃에게 카메라를 빌려서는 이리 재고 저리 재면서 여러 장을 찍었지만 막상 현상해보니 대다수 사진에서 인물들의 '신체 일부'가 잘려나가 있었다. 나란히 선 가족들의 발이 잘려 있거나 맨 끝에 선 사람의 어깻죽지가 잘려나간 이런 사진들은 보관할 가치가 없었다. 사진 속의 사람도 '사람'이었기 때문에 불구를 만들어서는 안 되었던 것이다. 나는 개인적으로 사람을 찍을 때 장소와 배경을 불문하고 굳이 '전신'을 담느냐 아니면 신체의 반, 또는 그 이상을 잘라내는 대담성을 갖고 있느냐에 따라 카메라에 익숙한 세대와 그렇지 못한 세대를 구분한다. 대학 시절 학술 답사 때 친구가 사진을 찍어준 일이 있었는데, 그 사진에서 나는 허리 밑이 완전히 잘려나가 있었다. 그럼에도 불구하고 사진이 시원시원해 보여서 결코 버릴 수 없었다. 증명사진을 제외하면 그 사진이 지금 내가 지니고 있는 가장 오래된 '불구 사진'이다. 내게 카메라가 생긴 것은 그로부터 얼마 지난 후였는데, 그 사진을 본 이후로는 다른 사람의 몸을 '잘라내는' 일에도 태연할 수 있었다.

사진을 모사模寫한 형상으로만 보지 않고 그 안에 피사체의 혼령이 담겨 있다고 믿는 태도는 이 땅에 사진이 도입될 당시에도 이미 형성되어 있었다. 사진을 '찍히면' 혼령이 달아난다고 믿는 사람들 탓에 초창기 사진가들이 겪어야 했던 곤란에 대한 이야기는 널리 알려져 있다. 지금도 나이 든 분들 중에는 '사진 찍으면 오래 못 산다'는 핑계를 대고 카메라를 피하는 분들이 꽤 있다. 그런데 당시 사람들이 사진에 관해서만 이런 태도를 취한 것은 아니었다. 사실 그림과 사진은 한 인물에 대한 1:1 대응관계를 가장 확실히 보여주는 텍스트이다. '호랑이는 죽어서 가죽을 남기고 사람은 죽어서 이름을 남긴다'는 말은 이름과 인격 사이에 분명한 1:1 대응관계가 존재한다는 전제하에 나온 것이지만, 사실 이름을 다른 인격체와 공유하지 않을 도리는 없다. 얼마 전 느닷없는 궁금증이 생겨 '아이러브스쿨'이라는 사이트에서 누구나 아는 이름 몇 가지를 검색해본 일이 있다. 실명으로 가입하지 않은 사람이 많은 탓도 있겠지만 김일성은 40여 명, 김정일은 무려 900명이 넘었고 이완용도 30명이 넘었다. 김일성과 김정일, 이완용을 욕할 자유와 권리는 광복 이후 지금껏 대한민국 국민들에게 무한정으로 허용되어왔다. 하나의 이름이 한 명의 인물에만 대응한다면 모르겠거니와 이런 판국에는 수많은 사람들—김대두, 주영형, 유영철 같은 사람들까지 포함하면 수만도 넘는다—의 인격이 몇몇 '악당' 때문에 도매금으로 매도당하는 일이 일상적으로 벌어질 수밖에 없다.

그러나 개별 인격체에 관한 그림이나 사진은 본모습과 닮았건 닮지 않았건 1:1 대응관계라는 전제하에 만들어지고 유포된다. 우리나라 화폐에 등장하는 사람들은 몇 가지 공통점을 지니고 있다. 첫째는 모두가 '이'씨라는 점이다. 이 사실은 더 이상 사용되지 않는 화폐를 포함해도 달라지지 않는다(새로 나올 고액지폐에는 다른 성씨의 인물들이 들어가지만). 이승만을 제외하면 이름을 알 수 없는 모자母子가 한때 화폐에 얼굴을 내민 적이 있을 뿐이다. 둘째는 굳이 붙이는 공통점이랄 수도 있지만 모두가 조선시대, 그것도 중기 이전 15~16세기의 사람들이라는 점이다. 셋째는 현행 화폐에 얼굴을 내민 인물들 중 '실물'을 그린 '영정'을 남긴 사람은 한 사람도 없다는 점이다. 모두가 김기창, 이종상, 이유태의 상상의 산물일 뿐이다. 설령 그들이 그림을 그리기 전에 해당 위인들이 '현몽'했다 할지라도, 꿈에서 스치듯 본 얼굴을 그린 그림이 본모습과 똑같다고 우길 수는 없는 일이다. 그랬거나 말거나, 사람들은 1만 원짜리 지폐에 그려진 얼굴을 세종대왕이라 하고 5,000원짜리 지폐에 그려진 얼굴을 이율곡 선생이라 하며 1,000원짜리 지폐와 100원짜리 동전에는 또 이퇴계 선생과 이순신 장군이 얼굴을 내밀고 있다고 믿는다. 어차피 본모습을 알 수 없는 인물들이니 그 그림들에 성종대왕이나 맹사성, 서거정, 임경업이라는 이름을 붙인다고 해서 안 될 것은 없겠으나 사람들이 이미 그 인물로 인정한 이상 그런 짓을 할 수는 없다. 세종이야 명 세종도 있고 청 세종도 있지만, 대한민국 조폐공사 발행 1만 원짜리 화폐에 그려진 세종은 다른 세종일 수가 없다. 사람들은 설령 그 그림이 완전한 상상의 소산이라 할지라도 일단 그림으로 그려진 '그'는 그 자신이지 결코 다른 누구가 될 수 없다고 믿는다.

동아시아에서는 불상과 같은 신상을 제외하고는 인물 조각을 만드는 일이 극히 드물었지만, 인물 그림이나 조각이 인격체와 정확히 대응한다는 관념은 아주 오래전부터 있어왔다. 신상이 신의 실체를 직접 확인하고 싶어한 사람들의 열망에 따라 만들어진 것처럼, 초상肖像이나 조상彫像도 죽은 사람의 혼령을 오랫동안 옆에 두고 싶어한 후손의 욕망으로 인해 만들어졌다. 혹은 죽은 뒤에까지 자손들 주변에 실재하고 싶어한 당자當者의 욕심 탓이었거나. 그러나 동물을 정물로 변환시키면서도 그 모습을 실체에 가깝게 그려낼 수 있는 능력을 지닌 화가는 많지 않았다. 사람은 태초부터 타인의 미세한 표정 변화까지 감지할 수 있는 능력을 키워온 존재이기 때문에, 인물화에 특히 놀라운 식별력을 갖고 있다. 화폐에 굳이 사람 얼굴을 그려 넣는 것도 위조 방지에는 그것이 어떤 그림보다 탁월한 효과를 발휘하기 때문이다. 누가 보아도 '그'임을 인정하지 않을 수 없을 정도로 정교하게 그려낼 수 있는 화가는 언제나 '전문직'이었고, 그런 만큼 그림 값도 비쌌다. 그래서 동서양을 막론하고 자신의 초상화를 남길 수 있는 사람은 극히 드물었다. 초상화에 고귀함, 신성함 등의 이미지가 따라 붙게 된 데에는 이런 이유들도 작용했다.

그래서 (예술가의 혼이 아니라) 죽은 이의 혼이 담긴 그림은 함부로 걸어두고 대할 수 있는 '물건'의 영역 밖에 자리잡았다. 영정은 '소장하는 것'이 아니라 '모시는 것'이었으니, 조선 왕조에서도 역대 왕의 영정은 영희전永禧殿 등지에 따로 모셨다. 인물 사진

_ 1890년 주한 프랑스 공사 프랑댕Hippolyte Frandin. 유럽에서는 영육을 분리해서 생각하는 유목민 문화가 지배적이었기 때문에 조각의 팔다리를 자르거나 그림에 반신半身만 나타내는 일이 어색하지 않았다. 그러나 정착 농경 사회에 보편적인 혼백일체론적 사고에서는 그림이나 사진이라 해도 신체의 일부를 잘라내는 것은 금기로 여겨졌다.

1871년 신미양요 당시 미군과 싸우다가 전사한 조선 병사들. 서양인들의 카메라에 찍힌 최초의 조선인 모습은 이토록 처참했다. 시체가 된 이들은 카메라를 향해 포즈를 취할 수도, 개성 있는 표정을 지어 보일 수도 없었다.

의 출현은 영정에 부착된 '귀족', '권위', '신성'의 이미지를 약화시키는 작용을 했지만, 당장 그 결과가 두드러지게 나타나지는 않았다. 사람들은 과거보다 훨씬 싼 값으로 더 정교한 인물 그림(사진)을 얻을 수 있게 되었으나 그림에 담겨 있던 (부분적으로 신격화한) 인격적 요소가 가격만큼 가벼워진 것은 아니었다. 오히려 한동안은 더 커졌다. 디지털 카메라가 일반화한 지금도 사진은 '찍는다'고 하고, 조금 예스러운 말로는 '박는다'고도 한다. 사진은 마치 도장처럼 사람을 실체 그대로 찍어내거나[1] 사람을 틀 속에 박아 넣는 것으로 취급되었다. 하기야 사진寫眞이라는 말 자체에 '참모습'이라는 뜻이 담겨 있으니 거기에 담긴 '인격적 실체'를 부정하기란 쉽지 않았을 것이다. 이 땅에서 인물 사진에 대한 오래된 금기가 깨지는 데에는 한 세기 가까운 시간이 필요했다.

이 땅과 이 땅 위의 사람들 모습을 담은 최초의 사진 기록은 1871년 신미양요 때 미국인들이 찍은 것이다. 그 탓에 처음 사진으로 모습을 남긴 한국인은 '꼬로와 시체들'이었다. 개항 이후 묄렌도르프를 필두로 서양인들이 속속 들어오면서 한국과 한국인

[1] 인격체와 일대일로 대응한다는 점에서 도장과 사진은 같다. 인감印鑑이 인격체의 의지를 최종적으로 담지하는 것으로 취급되는 시대가 언젠가 끝나기는 하겠지만 아직은 아니다.

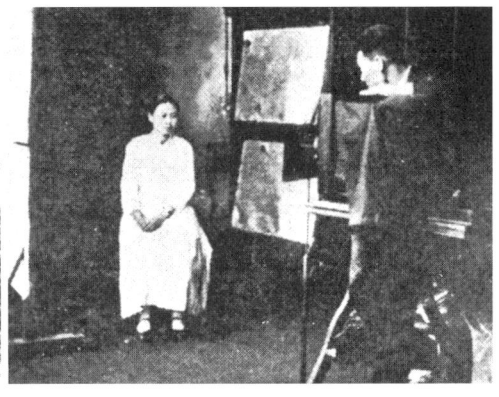

— (좌) 김규진의 천연당 사진관(중구 소공동). 1910년대. 초기의 사진가들은 화원이나 그림에 능한 중인들 사이에서 나왔다. 김규진 역시 서화에 능한 인물로서 오늘날 한국 사진예술계의 비조로 추앙받고 있다. 깔끔한 2층 건물 안에 고금서화관과 함께 자리잡은 이 사진관은 이 무렵의 사진관이 지닌 '근대성'과 '사업성'을 두루 표현하고 있다.

— (우) 1930년대 사진관 내부. 사진은 질 좋은 초상화를 값싸게 얻을 수 있게 해주었다. 양반 귀족 남성들의 전유물이던 초상이 여성에게까지 확산된 것도 이 테크놀로지 덕이었다. 더불어 인물 사진은 대청마루나 안방 벽 한복판에 걸리는 가장 귀한 '문서'의 지위를 얻었는데, 이는 르네상스 기 유럽의 귀족들이 조상들과 자신들의 '흉상'을 저택 홀에 세웠던 것과 흡사하다.

을 담은 사진도 늘어났는데, 이때쯤에는 '포로'와 비슷한 처지에서 마지못해 '찍힌' 사람들도 있었지만, 또 자진해서 기꺼이 사진에 얼굴을 내미는 양반 관료들도 생겨났다. 이 무렵 사진은 그림보다 정교하고 사실적이면서도 고생스럽지 않게 만들어 가질 수 있다는 장점 때문에 점차 초상화를 대체해가기 시작했다. 1883년 『한성순보』漢城旬報는 시내에 촬영국撮影局이라는 기관이 있다고 보도했는데, 이것이 이 땅 최초의 사진관이었다. 이름으로는 정부 설립 기관 같지만, 실은 김지성이 세운 사설 기관이었다. 김지성은 김용원이라는 이름으로 더 잘 알려져 있는데 앞서 말한 김메리의 삼촌이며 김규식의 아버지이다. 그는 화원 자격으로 수신사 김기수를 수행하여 일본에 가서 사진술을 접했고, 1881년에는 조사시찰단의 수행원이 되어 다시 일본에 건너갔다. 그 직전에 그는 부산의 일본인 거류지에서 따로 사진술을 배웠다. 그가 사진관을 낸 것은 조사시찰단으로 갔다가 귀국한 직후였다. 그러나 그의 촬영국은 갑신정변 때 불타버렸고, 사진 기계도 모두 파괴되었다.

1884년에는 지운영이 일본에서 사진 기술을 배워 와서는 고종의 어진御眞을 찍었다. 그는 이 땅에서 처음으로 우두종법牛痘種法을 시행한 지석영의 형이었는데, 문재文才가 있고 필법筆法이 좋다고 소문난 수재여서 남의 과문科文을 대신 써주고 통리아문 주사 자리를 얻기도 했다. 지운영은 갑신정변 이후 김옥균 암살을 위해 도일한 적이 있었고 만년에는 기인奇人으로 더 유명했다. 그는 자칭 시문서화詩文書畵의 사절四節이라 했는데, 윤효정이 전하는 바에 따르면 어떤 재치꾼이 여기에 선禪·광狂·치痴·혜慧의 사절을 더하여 팔절로 만들어주었다고 한다(이를 오늘날의 일상 언어로 풀면 '도통한 건지 미친 건지, 바보인지 똘똘한 건지 알 수 없다'쯤 될 것이다). 그의 그림 솜씨는 자타가 공인하는 것이었던 만큼 그가 새로운 그림 도구(사진기)에 일찍부터 관심을 가진 것도 무리는 아니다.

상하이에서 사진술을 배운 황철도 지운영에 앞서 한국 최초의 사진사 대열에 합류했다. 이들이 여러 장의 초상 사진을 찍은 것은 분명하지만, 그들이 찍은 사진들에 대한 상세한 정보는 남아 있지 않다. 그로부터 10여 년 후인 1895년, 역시 화가였던 김규진이 일본에서 사진 기술을 배워 와서는 소공동에 천연당天然堂 사진관을 열었다. 갑오개혁 이후 제도적으로 반상班常 차별이 철폐된 데다가 단발령이 시행되는 등 사람들의 자의식과 외모에 동시적인 변화가 일어나던 시절이었기 때문에 이 사진관은 크게 성공할 수 있었다. 그러나 김지성이든 황철이든 지운영이든 김규진이든, 그들은 주로 초상화를 대신할 인물 사진을 찍었고, 도시 경관을 찍는 데에는 대체로 인색했다. 값비싼 필름과 인화지를 '낭비'할 만큼 여유가 없었기 때문이다. 그래서 도시 경관에 관한 사진 기록은 주로 외국인이 잡은 앵글에 의존한 것들만 남아 있다. 그 탓에 현재 우리가 접하는 근대의 사진 기록들은 거의 모두가, '타자의 시선으로 본 우리'를 비추고 있다. 그들의 시선이 그 거리와 방향에서 한국인들의 시선과 같을 수는 없었다.

필름도 기록매체, 그것도 값비싼 기록매체이기 때문에 기

록자(촬영자)들은 그들 스스로 '기록할 가치가 있다'고 판단하는 것들만 기록한다. 개항 이후 이 땅에 들어온 서양인들은 스스로도 의식하지 못한 채 '한국에 고유한', 곧 '자신과 자국민이 보기에 신기한' 대상만을 골라 찍었다. 전차나 서양식 건축물 등 유럽 어느 도시에서도 흔히 볼 수 있는 신문명의 상징들은 한국 문화 전체에 관련된 콘텍스트 안에서는 분명 의미가 있는 것이었지만, 서양인들이 볼 때 개별 텍스트로서는 그리 인상적인 것이 아니었다. 더구나 그가 '일본이나 중국을 거쳐' 한국(조선)에 들어온 사람이라면, 그의 촬영 목록 안에는 이미 '동양에 뿌리내린 서양'을 기록해놓은 필름들이 적지 않았을 것이다. 때문에 그들은 결과적으로 '동양적이되 중국이나 일본과도 또 다른' 한국에 관한 정보에 집중하게 되었다. 그들은 별다른 악의 없이 일본의 발전과 극단적으로 구별되는 '낙후된 한국(조선)'에 주목했고, 그것들이 오늘날 개항기 서울 모습에 관한 '권위 있고 사실적인' 영상 기록의 지위를 차지하고 있다. 세심하게 관찰하지 않으면, 사진 찍은 이의 의도를 놓친 채 그냥 그 모습이 전부려니 하고 믿을 수밖에 없다. 1만 원짜리 지폐에 세밀화로 그려진 세종대왕이 진짜 세종대왕이 아니듯이, 오늘날까지 남아 전하는 사진들 속의 서울 풍경은 진짜 서울 풍경이 아닐 수도 있다.

(좌) 1884년 경복궁 주변. 퍼시벌 로웰Percival Lowell은 아마도 서울의 경관을 집중적으로 촬영한 최초의 외국인이었을 것이다. 1880년대 중반 그가 서울 사진을 찍을 때만 해도 궁궐과 그 주변은 가장 인상적인 경관요소였을 터이지만, 1890년대까지 그 상황이 지속되지는 않았다.

(우) 1900년경의 청계천 수표교 밑. 더러운 개천에서 빨래하는 아낙네와 그 앞에서 벌거벗고 노는 아이들. 서양인들은 무의식적으로 동양을 비문명 혹은 반문명反文明의 세계로 인지했고 동양에 와서는 그 증거를 찾아내기 위해 열심이었다. 개천의 빨래터는 조선(한국)의 반문명성을 보여주는 호적好適의 장소였다.

서울은 깊다 · 22

파리국 玻璃局

나는 사극을 잘 안 본다. 사극이 재미없거나 전부 엉터리라고 생각해서가 아니라 사극으로 인해 늘 겪어온 성가심 탓이다. 당장 옆에 앉아 함께 TV를 보는 가족들조차 내가 절대로 알 수 없는 시시콜콜한 것들을 물어보고는, 모른다고 하면 "당신(또는 아빠) 역사학자 맞아?" 하는 눈빛으로 쳐다본다. 처음 만나는 사람도 몇 마디 수작이 오간 다음에는 으레 역사학자 대접해준답시고 사극에 관한 얘기를 꺼내기 일쑤다. 내가 사극을 잘 안 보는 것은 다만 이런 일들을 피하기 위해서일 뿐이다. 그렇다고 다른 사람들에게까지 보지 말라고 할 수는 없는 노릇이어서 불가피하게 사극 장면이 지나가는 TV 앞에 앉는 경우도 있다. 그런데 그럴 때만 공교롭게 그런 장면이 나오는 것인지, 아니면 TV 사극이 다 그런 것인지 알 수 없으나 '아무리 역사적 상상력을 동원하더라도 절대로 말이 될 수 없는' 장면들이 꼭 눈에 띄곤 한다.

　　　얼마 전까지 공중파 방송 3사의 대하사극 프로그램은 중국의 동북공정에 대응한다는 취지에서 온통 고구려 이야기로 채워져 있었다. 〈주몽〉이라는 드라마도 그중 하나였는데, 등장인물들의 복색이 화려·찬란한 것은 그렇다 치더라도[1] 건물 창마다 정교하게 붙어 있는 '창호지'들에 대해서는 일종의 '직업적 분노' 같은 것을 느꼈다. 종이가 발명된 것은 기록상으로는 AD 105년이고 고고학적으로는 그보다 약간 앞서지만 어쨌든 이 드라마가 설정하고 있는 '주몽 시대'까지는 창호지로 쓸 만큼 일반화하지 못했다. 글씨는 죽간竹簡에 쓰면서도 창호는 종이로 덮는 '희한한 시대'가 눈앞에 연출되고 있었으니 한숨을 내쉬지 않을 도리가 없었다. 물론 드라마를 만드는 사람들에게는 창호지를 쓰느냐 마느냐 하는 것은 사소한 문제조차 되지 못한다. 그러나 중국인의 3대 발명품 수위에 있는 종이는 단지 기록 문화의 발전에만 영향을 미친 것이 아니라 인류의 생명 연장에도, 나아가 도시화의 규모와 정도에도 큰 영향을 미쳤음이 분명하다.

상식적으로는 도시(또는 서울)는 없는 게 없이 풍족한 공간이고 농촌(또는 시골)은 여러 가지가 부족한 빈곤의 공간이다. 그러나 이 상식은 물질의 총량에 대해서만 통용될 수 있을 뿐이다. 생물학적 존재로서 인간에게 꼭 필요한 물질에 관한 한, 도시는 오히려 상대적으로나 절대적으로나 '결핍의 공간'이다. 도시에는 언제나 맑은 물, 신선한 먹을거리, 깨끗한 공기, 따뜻한 햇볕, 넓은 뜨락 등이 부족했고, 산업혁명 이후로는 이 부족이 극단화했다. 쥐나 개 같은 동물도 좁은 공간에 여러 마리를 몰아넣으면 동종同種에 대한 공격성이 강화되어 자기들끼리 물어뜯고 뜯기다가 죽는 일이 생긴다. 만약 이 공간이 볕이 들지 않고 바람마저 통하지 않는 밀폐된 공간이라면, 한 개체의 사소한 감염이 전체를 폐사斃死로 이끌 수도 있다. 앞에서 중세 도시의 크기를 규정한 여러 요인들에 대해 이야기한 적이 있지만, 이 경제적으로 가치 없는 요소들의 부족을 극복할 수 있는 생산력적·기술적 토대를 만들지 못했던 것도 도시

---

[1] 예전에 사극의 복식 고증을 담당하는 의상학 전문가로부터 이 일의 고충에 대해 직접 들은 적이 있다. 대본상으로나 PD의 연출 방식에서나 별 차이가 없어야 마땅한 두 인물이 시청자들로부터 상반된 평가를 받는 경우, 상대적으로 '찬밥'이 된 캐릭터를 맡은 연기자가 복식이라도 좀 눈에 띄게 해달라고 '강력히' 요구한다는 것이다. 그는 어차피 100% 정확한 고증이 불가능한 만큼 60%나 30%나 거기에서 거기라는 심정으로 그 요구를 들어줄 수밖에 없다고 했는데, 그러다 보니 시청자들 처지에서는 복식에 관한 한 '대하역사드라마'를 보는 것인지 '첨단 SF드라마'를 보는 것인지 알 수 없게 된다. 시청자들이 그런 장면에 익숙해진 나머지 삼국시대가 조선시대보다 훨씬 풍요로웠다는 착각에 빠지거나 도대체 '백의민족'이라는 말이 어디에서 나온 것인지 모르게 된다 해도, 그건 복식 고증자의 책임만은 아니다.

1900년대 서울의 주택가. 같은 한옥이라도 서울의 '도시형' 한옥은 한정된 대지의 활용도를 높이기 위해 ㄷ자형이나 ㅁ자형을 취했다. 좁은 마당을 가운데 두고 동서남북으로 빙 둘러 건물을 앉혔으니 채광에 곤란을 겪지 않을 도리가 없었다. 이런 주거 형태가 사람들의 건강에 보탬이 되지 않았을 것임은 분명하다.

확장을 제약한 중요 배경이었다. 중세 말과 근대 초입에 페스트와 콜레라는 도시와 농촌을 가리지 않고 습격했지만, 어쨌든 사람들은 도시에서 벗어나는 것이 조금이라도 더 안전하다는 것을 경험으로 알고 있었다.

'마음의 창'이라느니 '세상을 보는 맑은 창'이라느니 하는 문구가 가리키는 것처럼, 사람들은 흔히 창을 안에서 밖을 내다보기 위한 시설 정도로만 생각하지만, 그보다는 건축물의 통풍과 채광을 조절하는 기능이 더 우선이다. 닥나무 섬유질을 성글게 엮은 창호지는 찬바람과 뜨거운 햇살은 막되 제한적인 통풍과 채광은 허용하는 매우 우수한 차단재였다. 나는 오랜 세월 동안 동아시아 도시들이 유럽 도시들보다 더 많은 인구를 수용할 수 있었던 데에는 종이를 붙인 창과 문—한옥은 거실이든 침실이든 방문에도 모두 창호지를 붙였다—의 역할도 적지 않았다고 생각한다. 옛 유럽의 도시 건물들에서는 햇빛과 공기가 결합되어 존재했다. 햇빛을 보기 위해서는 찬바람을 맞을 각오를 해야 했고, 찬바람을 피하기 위해서는 햇빛도 차단해야 했다. 커튼이나 판자로 막은 창은 모두를 막거나 모두를 통과시킬 수밖에 없었다.

산업혁명 직후 유럽 도시들에서 인구가 갑작스럽게 늘어남에 따라 건물의 고층화—당시의 기준에서—를 피할 수 없게 되었지만, 이들 건물은 거실도 침실도 작업장도 모두가 밀폐되고 어두운 공간들로 구성되어 있었다. 겨울철, 난방비를 아끼기 위해 햇빛을 포기해야 하는 '역설의 공간'은 그 안에서 일하는 노동자들의 건강을 지속적으로 갉아먹었다. 습기와 냉기, 악취 속에서 햇빛을 보지 못해 창백하게 찌든 얼굴이 이 시대 도시 노동자의 얼굴이었으니, 전통적인 도시 부르주아들은 이동의 불편을 무릅쓰고 교외로 나가는 길을 택했다. 이 문제를 크게 완화해준 것이 다름 아닌 '유리창'이었다. 나는 오늘날 수많은 사람들이 초거대 도시에 밀집해 살면서도 전염병에 대한 걱정을 덜게 된 데에는 파스퇴르Louis Pasteur나 코흐Heinrich Hermann Robert Koch보다도 유리창의 은덕이 더 크다고 생각한다. 햇빛은 강력한 살균력을 가지고 있고, 인체가 일부 비타민을 합성할 수 있도록 도와주기도 한다. 유리창은 햇빛의 이 기능을 거의 손상시키지 않으면서도, 차갑거나 더러운 외기外氣를 차단한 채 통과할 수 있도록 해준다. 뿐만 아니라 원재료 자체가 모래인 만큼, 석재나 콘크리트와 탄성이 거의 같아 온도가 변화해도 잘 균열되지 않는다. 창호지는 커튼이나 판자보다는 나았지만 그래도 유리보다는 성능이 떨어지는 차단재였다. 지금도 한옥과 창호지의 우수성을 찬탄하는 사람들이 적지 않지만, 유리창이 없었다면 오늘과 같은 서울도 없었을 것이다.

유리는 우리나라에서도 옛날부터 생산해왔다. 신라 고분에서도 유리로 만든 구슬은 흔히 출토된다. 조선시대에도 유리 세공을 업으로 하는 장인匠人들이 없지는 않았겠으나 『경국대전』經國大典 「사전」事典에는 유리장琉璃匠에 관한 조항이 없다. 유물 중에도 유리 제품이 드문 것으로 보아 유리 장인이 있었다 해도 그 기술 수준은 보잘것없었던 듯하다. 그런데 1880년, 다소 느닷없이 김용원―앞서 촬영국 편에서 쓴 바와 같이 이 사람은 우리나라 최초로 사진 기술을 배운 사람이었다―이 부산에 유리 제조소를 설치하기 위해 일본인 기술자를 불러왔다. 사진 기술에 몰두해 있던 그가 유리 제조 기술까지 배우고자 한 것은 습식 감광판(판유리에 감광제를 칠한 것)을 직접 만들고 싶었기 때문일 것이다. 그러나 이 일은 이듬해 그가 다시 조사시찰단 수행원이 되어 일본에 가게 됨으로써 중도 반단되고 말았다. 김용원의 일행 중에는 친구였는지 수하였는지 확실치는 않지만, 어쨌든 그와 절친했던 손붕구라는 사람이 끼어 있었다. 김용원은 선박과 총포에 관한 조사를 맡았기 때문에 유리 제조법에 관한 사항은 이 사람에게 떠넘겼던 모양이다. 그는 일본에 눌러앉아 유리 제조 기술을 배웠는데, 뜻대로 되지 않았던지 얼마 후에는 동경외국어학교에서 한국어 교사로 일했으며 1885년경에 귀국해서는 유리 관련 일은 하지 않고 제중원 주사가 되었다. 그가 유리 제조와 조금이라도 관련된 일을 한 것은 그로부터 15년쯤 지나 농상공부 광산국장이 된 것뿐이었다.

　　　김용원과 손붕구에 뒤이어 정부도 이 일에 뛰어들었다. 1883년, 파리국玻璃局이라는 이상한 이름의 관서가 통리아문 산하에 만들어졌고, 방판幇辦에 박제순이 임명되었다. 파리玻璃란 인도의 서쪽에 있는 나라(페르시아인 듯하다)를 뜻하기도 하고 파리국에서 만든 유리를 뜻하기도 한다. 이 무렵 '국'이라는 명칭을 쓴 관서들은 중국의 초상국招商局²처럼 대개 정부가 감독하고 상인들이 운영하는 관독상판官督商辦型 기업이나 제조장들이었다. 신문을 발간한 박문국博文局, 보부상을 집합시킨 혜상공국惠商公局, 담배를 가공하던 연화연무국蓮花煙務局(연무국), 떡 제조장이던 두병국豆餠局, 돈 찍어내던 전환국典圜局, 조운漕運을 전담한 전운국轉運局 등.

2_ 정식 명칭은 윤선초상국輪船招商局이다. 1872년 이홍장李鴻章이 중국 상하이에 설립한 중국 최초의 근대적 윤선회사로 정부가 자금의 대부분을 대고 상인들에게 운영을 맡겼다. 이런 형태의 기업을 관독상판 기업이라고 하는데, 이는 중국 양무운동 기의 주요한 기업 형태가 되었다. 조선 정부도 1880년대 초부터 이 모델을 따라 주로 '국'자를 쓰는 여러 개의 관영 및 관독상판형 기업을 만들었다.

_ 1900년의 경성우편국. 이 무렵부터 서울 도심부 곳곳에 석조 건축물들이 속속 등장하기 시작했는데, 이들 건물에는 빠짐없이 유리창이 사용되었다.

3_ 1907년 통감부 간섭하에서 주세·연초세·가옥세의 신삼세新三稅가 제정된 이래 담배는 최근까지도 전매품이고, 술 역시 내내 물품 값에서 세금의 비중이 가장 큰 기호품의 자리를 고수하고 있다.

 1880년대 초반 조선 정부의 신문물 도입 정책은 일견 어수선해 보이지만, 찬찬히 들여다보면 어려운 재정 형편에서나마 조선보다 앞서 서양 문물을 수용했던 중국과 일본의 경험을 나름대로 곱씹은 흔적이 엿보인다. 생사生絲 수출을 위한 잠상공사나 광산 개발을 위한 광무국礦務局, 조운 개혁을 위한 전운국 등은 자본주의 세계체제와 갓 조우한 나라에서 대외 수지의 균형을 이루기 위해서는 꼭 필요한 것들이었다. 또 연무국이나 양춘국釀春局은 담배와 술³의 생산과 유통을 통제해보려는 의도에 따라 만든 것이었다. '백해무익'한 술과 담배에 중과세하는 것은 근대 국가임을 나타내는 일종의 표식 같은 것인데, 조선 정부 역시 상당히 이른 시기부터 이 점을 알고 있었던 듯하다. 요컨대 1880년대 초반 시점에서 조선 정부는 이미 조선 산업 경제의 장기적 변화 방향에 대해 흐릿하나마 나름대로 비전을 갖고 있었던 것이다. 그 탓에 이들 국이나 공

1880년대 말의 오웬 데니Owen N. Denny 저택. 한옥의 형태를 유지하면서도 창호는 모두 유리창으로 바꿔놓았다. 유리창은 작은 판유리들을 격자형 창틀에 끼워 넣어 만들었는데, 이는 이후 개량한옥 유리창의 기본 형식이 되었다.

사는 모두가 색다르고 선구적인데, 오랫동안 도시사에 관심을 가져온 내게는 그중에서도 파리국이 가장 특징적이다.

파리국은 한강 변 모래밭에 설치한 탓에 삼호三湖파리국이라고도 했다.[4] 그 정확한 위치는 알 수 없지만 용산파리국이나 용진龍津파리국이라는 용례도 있는 것으로 보아 지금의 한강대교 북단 언저리였던 듯하다. 나는 어릴 적에 한강 변 종점 동네에 살았는데, 국군의 날에 '한강 백사장'에서 벌이는 에어쇼를 본 기억이 아직도 생생하다. 일제 강점기에도 한강대교 주변은 특별히 모래가 많고 좋은 곳이었다. 서울 인근에 유리 제조장을 만들 생각이라면 이보다 더 좋은 곳을 찾을 수는 없었을 터이다. 광나루 모래도 좋기는 했으나 도심과 너무 떨어져 있었다. 유리는 잘 깨지는 물건이므로 소달구지 위에서 깨지는 유리의 개수를 조금이라도 줄이려면 소비지와 생산지가 가까운 편이 좋았다.

[4] 삼호는 구체적으로는 동호·한강·서강의 삼강三江을 말하지만, 일반적으로는 오강이나 팔강八江처럼 한강의 별칭으로 사용되었다.

_ (좌) 1896년 러시아 교관 지휘하의 시위대와 병영. 건물 좌측의 유리창이 확연하다.
_ (우) 1903년 정동의 미국공사관. 프랑스·러시아·영국·일본 등이 다투어 웅장한 석조 공관을 짓는 동안에도 미국은 한옥 공관을 그대로 유지했다. 다만 종이 창호는 아무래도 불편했던지 모두 유리창으로 바꾸어놓았다.

이 모래를 재료로 판유리를 생산하면 좋으리라는 생각은 외아문 협판이던 묄렌도르프의 머리에서 나왔다. 산 설고 물 선 타지에 나가면 먹고 자는 모든 것이 어색하고 불편하게 마련이지만, 음식과 주거는 이질감을 느끼는 대상과 조건이 다르다. 음식에서는 주로 문화권의 차이가 느껴진다면 주거에서는 도농 간의 차이가 두드러진다. 서울 사람이라고 해서 농촌 음식에 불편을 느끼지는 않는다. 그러나 흡사 옛날로 돌아간 듯한 농촌의 주거 공간은 여러 모로 도시 사람을 당황케 한다. 때로 당혹감보다는 '포근함'을 느끼는 사람도 있지만, 그런 느낌을 곧이곧대로 표현하기 위해서는 '촌스럽다'거나 '덜떨어졌다'는 조롱을 감수해야 한다.

합법적으로 이 땅에 들어온 최초의 서양인이었던 묄렌도르프 역시 모든 것이 낯설었을 터인데, 불편은 감수할 수 있어도 위험은 참아서는 안 되었다. 묄렌도르프 이래 서울에 들어온 서양인들은 하나같이 조선인의 주거문화에 대해 이러쿵저러쿵 불평과 투정을 늘어놓았다. '자기 나라에서는 실내에 들어갈 때 모자는 벗고 신발은 신은 채 들어가는데, 조선인은 거꾸로 신발을 벗고 모자는 쓴 채로 들어간다'느니, '조선 사람이 극구 권해준 아랫목에 앉았다가 엉덩이 살이 바비큐 요리가 되는 줄 알았다'느니 하는 말들이었는데, 이는 애교로 넘길 수 있는 정도에 불과하다. 이런 문제는

_ 보신각 처마 밑의 유리 가스등 (1900). 빛을 거의 100% 투과시키는 특성 때문에 유리는 창호 외에도 전등, 램프, 액자 등에 두루 쓰였다. 유리는 근대 도시의 '밝기'를 규정한 핵심적인 물질이었다.

남의 집을 방문했을 때 생기는 일이지, 자기 집에서야 종이 장판 위에 다시 양탄자를 깔든, 부엌 아궁이를 없애고 벽난로를 만들든 남이 상관할 일이 아니었다. 정작 그들이 크게 곤란을 겪은 것은 불투명하면서도 일방적인 사생활 침해에 속수무책인 조신 가옥의 창,[5] 직사광선을 모조리 차단해버림으로써 햇살에 대한 유럽인들의 선천적 갈증을 철저히 무시하는 조선 가옥의 창이었다. 조선 정부가 묄렌도르프에게 하사한 집은 지금의 종로구청 부근, 옛 사복시 옆의 규모 있는 기와집이었는데, 당시 도심부 기와집이 모두 그랬던 것처럼 채광에는 거의 신경을 쓰지 않은 집이었다. 당장 집 구조야 바꿀 수 없었겠지만, 창이라도 몽땅 유리로 갈아치웠으면 좋겠다는 생각을 하지 않았다면 그게 이상한 일이었을 게다.

묄렌도르프가 조선에 들어온 지 얼마 되지 않아 그의 천거로 조지프 로젠봄 Joseph Rosenbaum, 羅生寶이라는 고상한 독일식 이름(장미나무라는 뜻이다)을 가진 미국인이 관영 유리 제조 공장의 관리 책임자 자격으로 입국했다. 그 직후 통리교섭통상사무아문 統理交涉通商事

5_ 창호지는 손가락에 살짝 침을 묻혀 누르면 소리 없이 구멍이 뚫린다. 그 구멍으로 실내를 엿보는 것은 종이 창호가 출현한 이래 지속된 '조선의 관습'이었다. 신혼 방도 엿보는데, 하물며 서양 귀신이 자는 방을 엿보는 것쯤이야 별 문제가 되지 않았다.

_ 1970년대 정릉의 문화주택군. 1970년대까지도 유리는 흥청망청 소비할 수 있는 재료가 아니었다. 유리창의 크기를 건물 전면으로 확대할 수 있는 부자도 그리 많지 않았다. 그래서 문화주택이지만 유리창 크기는 상당히 절제되어 있다.

務衙門(1882년 통리아문을 확충·개편한 것)에서는 삼호에 파리국을 설치하고 그를 기사로 임명했다. 그는 도성과 용산 일대를 둘러보고 유리 제조가 사업성이 있음을 확신했다. 일시 귀국해서는 수천 달러의 자금을 모아 1884년에 재입국했다(수천 달러라는 말은 아마 그의 과장일 것이다. 도박판에서 잃은 사람의 돈을 모두 합하면 판돈의 몇 배가 되고, 사업하다 망한 사람의 이전 자산 규모는 거의 재벌 급에 달하기 마련이다). 그러나 그는 곧 유리보다는 다른 쪽이 더 사업성이 있으리라고 판단했다. 당시까지 서울에 서양식 건물이 크게 늘어날 조짐은 보이지 않았고, 판유리 고객이라야 기껏 외국 공관이나 선교사들에 불과했다. '수천 달러'의 대자본가에게 유리창 시장은 너무 좁았다. 그는 판유리 제조 기술을 배우겠다는 조선 정부의 희망을 묵살하고 사업 목표를 성냥 제조로 변경했다. 불씨 꺼뜨리는 것만으로도 소박 사유에 해당하는 나라, 옆집에 불씨 얻으러 다니는 아낙네를 대놓고 손가락질하는 나라였으니 성냥의 수요는 무궁무진해 보였다. 개항 직후 자기황自起黃(성냥)은 석유와 더불어 조선 내에서 가장 빠르게 확산된 신물품이었다.

로젠봄의 성냥 공장 건설 계획은 순조롭게 진행되었다. 그러나 배신의 끝이 달콤할 수만은 없는 법인가 보다. 그는 애초 유리 공장으로 예정했던 부지 인근에 성냥 공장을 지으려고 했던 모양인데 1885년 여름의 홍수로 쌓아놓은 자재가 모두 유실되어버렸다. 그에게 남은 것은 예전에 조선 정부가 부여해준 '파리국 기사' 자격뿐이었고, 남은 길은 그걸 빌미로 '밀린 임금'을 받게 해달라고 사정하는 길뿐이었다.

  장미나무에 관한 이야기는 이쯤 해두자. 문제는 다시 판유리다. 1880년대 중반 이후 서울의 건축물이 변하는 모양새로 보아서나 해관의 수입품 물목으로 보아서나 국내에서 판유리가 생산되었을 가능성이 높은데도 기록은 찾을 수 없다. 김용원, 손붕구와 장미나무가 뿌린 씨앗을 거둔 조선 사람이 따로 있었거나 일본인이 새로 사업을 시작했는지도 모르겠다.

  파리국은 허무하게 끝을 맺었지만 파리국이 설치되었던 용산은 대한제국 시기에 들어와 공업지대로 변해갔다. 전환국, 군부 총기제조소와 피복제조소, 궁내부 정미소 등이 용산에 착착 둥지를 틀었고, 그 일대 사람들에게 '공장 노동'이라는 새로운 규율을 가르쳤다. 서울에서 최초의 여성 공장 노동자가 출현한 것도 궁내부 정미소에서였다. 일제 강점기 이 일대에 대규모 철도 공작창이 들어선 것도 먼저 이런 변화가 있었기 때문이다.

  어디에서 유리를 가져다 썼는지는 알 수 없으나 1880년대 중반부터는 창호에 유리를 붙인 건물이 서울 공간에 하나 둘씩 모습을 드러내기 시작했다. 경복궁 경내에 양관※館인 관문각이 준공된 것은 1888년이었는데 그 이후로 서울에 새로 지어진 외국 공관과 종교 시설에는 물론 한옥을 개조한 공관이나 병영에도 유리창이 사용되기 시작했다. 종로 길가에 높이 내걸려 희끄무레하게 밤

_ 1968년에 완공된 명동 유네스코회관. 커튼월 공법으로 지음으로써, 유리를 창문용 자재가 아니라 외장재로 사용한 이 땅 최초의 건물이다.

을 밝힌 가스등에도, 종로 한복판을 기세 좋게 내달린 전차 창문에도, 방 벽 한복판에 내걸린 사진 액자틀에도, 유리는 어김없이 붙어 있었다. 종이 창호도 나름대로 끈질긴 생명력을 유지했지만, 끝내 유리창의 매력을 당할 수는 없었다.

내가 어렸을 때만 해도 양옥[6]에서나 모든 창호를 유리창으로 하고 모든 방문을 나무 문으로 만들 수 있었다. 대부분의 서민 주택에서는 창호든 문짝이든 종이로 덮어씌운 것이 한둘은 있게 마련이었다. 유리창은 채광에 더없이 좋았고 창문을 닫고도 밖을 내다볼 수 있게 해주었지만 비싼 데다가 잘 깨지기도 했다. 지금 40대 남성 중에서 어린 시절 유리창 깬 죄로 야단

_ 아직까지는 서울의 대표적 랜드마크인 63빌딩. 역시 온통 유리로 뒤덮여 있다.

맞은 일이 한 번도 없는 사람은 거의 없을 것이다. 말썽꾸러기를 즐겨 주인공으로 삼는 어린이용 명랑 만화에서도 단골로 등장하는 장면이 유리창 깨는 장면이었다. 그때에는 어린아이들 사이에 유리창 깨는 일이 가장 큰 사고이자 가장 빈발하는 사고였다.

그러나 지금, 초거대 도시 서울의 초대형 건물들은 아낌없이 판유리를 소비하고 있다. 아파트 베란다 유리창조차 통유리로 할 수 없었던 때가 불과 얼마 전인데, 이제는 외벽 전체를 유리로 도배한 건물들이 도시 곳곳에서 위용을 뽐내고 있다. 더구나 그 유리들은 들여다보고 내다보는 쌍방향의 시선을 허용하지 않는다. 창호지 시절과는 정반대로, 안에서는 내다볼 수 있되 밖에서는 들여다볼 수 없는 유리들, 빛조차 반사해버리는 유리들이 도시를 지배하는 건조물들을 감싸고 있다. 유리로 둘러싸인 초고층 건물들

[6] 양옥은 한옥과 대비되는 구조를 가진 가옥을 지칭하는 말이지만, 판잣집은 물론이고 시멘트 벽돌집도 양옥으로 치지 않았다. 1970년대 초까지, 양옥은 붉은 벽돌집만 지칭하는 말이었고 변두리에는 그 수도 많지 않았다.

은 도시 전체를 상대로 하는 팬옵티콘panopticon으로서, 자신의 지배력을 한껏 과시하고 있는 것이다.

서울은 깊다 · 23

도깨비시장, 돗떼기시장

평범한 직장인들의 소박한 소원 중 하나는 마음껏 늦잠을 자보는 것이다. 나 역시 그렇지만, 주말이라고 한낮이 다 되도록 침대에서 뒹굴지는 못한다. 꼭 일어나야 할 특별한 일이 있어서가 아니라 더 자도록 놓아두지 않는 고약한 소음 때문이다. 동네마다 단지마다 조금씩 다르기는 하겠지만, 아파트라는 주거 공간은 위층에서 나는 발소리나 아랫길에서 나는 자동차 소리 말고는 다른 사람의 소리를 잘 용납하지 않는다. 그러나 늦게까지 집 안에 있을 수 있는 토요일 아침에는 꼭 다른 사람의 소리가 들린다. 아마도 전업 주부들은 매일 듣는 소리이겠지만, 어쨌든 나는 가끔씩 토요일 아침에만 듣는다. "세~탁, 세~탁" 하는 세탁소 주인의 목소리를. 아주 드물게, "찹쌀~떡, 메밀~묵" 하는 소리가 들리는 겨울철 늦은 밤도 있다. 이런 소리가 내 단잠을 깨우거나 방해하기는 하지만, 그럼에도 별로 짜증스럽지 않다. 오히려 이 소리들은 내게 현대 도시 생활(더 구체적으로는 아파트 생활)로 인한 '정서적 삭막함'을 씻어 주는 청량제 구실을 한다. 내게 "세~탁" 소리나 "찹쌀~떡" 소리는 어린 시절부터 귀에 익은 이 도시의 멜로디가 아직 남아 있음을,

그래서 도시에서도 때로는 향수鄕愁를 느낄 수 있음을 깨우쳐주는 소리이다.

단독주택에서 정해진 직장 없이 낮에 주로 집에 머물던 시절, 시간을 더 거슬러 올라가 주위에 아파트는커녕 2층집조차 보기 어려웠던 어린 시절에는 집 안에서도 수시로 다른 사람의 '목소리'를 들을 수 있었다. 골목 끝에 파묻힌 막다른 집에서도 들을 수 있었던 그 '소리'들은 흡사 도시가 살아 있고 움직이고 있음을 알려주는 신호 같았다. 요즈음에도 채소·과일·생선 등을 실은 트럭들은 단독주택가 골목골목에서 자동차 통로를 막고 서서는 녹음기에 연결된 확성기로 거친 목소리를 토해낸다. "계란이 왔어요, 계란. 싱싱한 계란이 왔어요", "배추, 무, 시

― 대한제국 시기의 짚신 행상. 지게 한 가득 짐을 올려놓았으니 서 있기조차 벅찼을 텐데도 고래고래 짚신이 왔음을 알리며 다녀야 했다. 그런 그들에게 여러 말 시키면 그게 바로 역경이다. 필요는 발명의 어머니다. 아주 옛날부터 이런 일을 하는 사람들은 단말마의 외마디 소리로도 짚신이 왔음을 알릴 수 있는 기법을 개발했고, 그를 전승시켰다. 그 탓에 요즘의 세탁소 주인들조차 그 리듬을 잊지 않고 있다.

금치, 싱싱한 상추가 있어요", "고등어, 갈치, 가자미, 새우가 있어요" 등등. 본래가 조금 쉰 목소리에 확성기로 인한 기계적 변성變聲이 가해진 이 소리가 듣기 좋을 턱은 없지만, 그래도 이 소리가 나면 골목골목에서 어느새 '아주머니들'이 모습을 나타내곤 한다.

1970년대까지, 이런 소리는 요즈음보다 다양했지만 확성기 없이 순전히 육성으로만 내는 소리였기에 그 음절 수는 훨씬 적었다. 그 무렵 장사꾼들이 질러대는 소리는 대개 3음절로 구성되어 있었다. "칼갈~어", "새우~젓", "베갯~속", "배추~사" 등. 개중에는 3음절을 살짝 넘는 경우에도 억지로 3음절에 맞추어 소리를 지르는 경우도 있었다. "구두~딱(또는 구두 닦으어~)", "아스껨(또는 아이스케~키)". 거리의 장사꾼들이 내는 소리는 가사는 다르지만 리듬과 멜로디는 모두 같은 짧은 '노래'였다. 그래서 아이스

케키 장수가 온 줄 알고 반색하며 나갔다가 베갯속 장수와 마주치고는 실망해서 되돌아서는 경우도 가끔 있었다. 물론 예외는 언제나 있는 법이어서 "고장난 솥이나 냄비 고쳐요~" "단지나 항아리 때워요~" 하는 경우처럼 여러 음절을 가진 소리도 있었고, "똥~퍼"처럼 묵직한 두 음절도 있었으며 "뻔~(번데기)"처럼 달랑 한 음절만 외치거나 아예 가위 소리(엿장수)나 종소리(두부 장수)로 말소리를 대신하는 경우도 있었다.

집 안에서 듣는 소리가 '친숙한 3음절'이었던 데 반해 번잡한 거리로 나가면 두 귀를 쫑긋 세우지 않고서는 알아들을 수 없는 엄청나게 빠른 템포로 수많은 '정보'를 쏟아내는 '목소리들'이 곳곳에서 들리곤 했다. "인천 앞바다에 사이다가 떠도 고뿌가 없으면 마시지를 못하고~"로 시작하는 약장수, "자~ 자~ 왔어요 왔어. 애들은 가라, 애들은 가! 이것이 무엇이냐~"까지 듣고는 손사래와 눈총에 어쩔 수 없이 그 앞에서 물러나야 했던 뱀 장수, 신나게 박수를 치면서 "골라~ 골라~ 싸구려~ 싸구려~"를 외치던 옷 장수 등.

주로 3음절로 구성된, 소리는 아주 컸지만 템포는 느렸던 노래는 행상들의 것이었고, 빠른 템포의 긴 가사를 가진 조금 큰 소리의 노래는 좌고坐賈들의 것이었다. 행상은 집 안에 있는 고객을 찾아 골목골목을 '돌아다니는' 장사꾼이

- (위) 1930년대의 엿장수. 목판과 가위는 아주 오래전부터 엿장수의 필수품이자 상징물이었다. 엿장수 가위질 소리는 다른 행상들의 노랫소리보다는 작았지만, 변변한 먹을거리가 없던 시절의 아이들에게는 귀가 번쩍 뜨이는 소리였다. 이들이 (고물상 겸업을 위해) 목판과 가위 외에 저울과 바구니를 함께 들고 다니기 시작한 것은 일제 강점 이후의 일이다.
- (아래) 1900년경 길가의 엿장수. '아기를 업은 아기'가 엿장수 옆에서 목판 위에 코를 빠트리고 있다. 엿장수는 골목골목을 돌기도 했지만, 적당한 장소가 나타나면 그 자리에서 바로 좌고로 변신하곤 했다. 1960~1970년대에는 그 자리를 대개 번데기 장수들이 차지했다.

요, 좌고는 도로 한 구석을 '차지하고 앉아' 지나다니는 행인을 고객으로 유인하는 장사꾼이다. 앉은 장사꾼이라 해도 자기 스스로, 또는 소나 말 한 마리가 감당할 수 있는 무게와 부피의 짐만을 들고 다녔기 때문에 좌고도 조금 넓은 의미에서는 행상이라 할 수 있다. 1970년대까지 이 도시에 생기를 불어넣었던 '돌아다니는 장사꾼'들의 노래는 마치 브람스Johannes Brahms나 김대현의 자장가를 모르는 이 땅의 할머니들이 수백 년, 어쩌면 수천 년 동안 흥얼거렸을 자장가(이 노래는 아기 옹알이 소리와 같은 리듬과 멜로디를 지녔다) 소리처럼 천편일률적이었지만 그런 만큼 모두에게 친숙했다. 그리고 아마도 장사꾼들의 노래(원조 CM송) 역시 옛 자장가만큼이나 오랜 역사를 가지고 있을 것이다.

행상은 먼 거리에서, 담벼락 너머에 있는 사람들에게도 들릴 수 있게 하자니 자연 큰 소리를 낼 수밖에 없었고, 큰 소리를 내자니 많은 말을 할 수도 없었다. 좌고는 잰 걸음을 옮기는 사람들을 붙잡기 위해 관심을 끌 만한 만담漫談이나 기담奇談을 섞어야 했고, 혹시라도 관심을 끊을까 봐 말을 중단할 수도 없었다. 이런 사정이 행상과 좌고로 하여금 각각 다른 CM송을 사용하게 한 것이다. 움직이는 동안은 행상이고 머무는 동안에는 좌고가 되는 오늘날의 이동형 트럭이 나올 수 있었던 것은 녹음기와 확성기 덕이다.

도시에서 행상이나 좌고는 아주 오래전부터 있었다. 조선왕조 개창 직후에도 서울에는 각처에 '여항소시'閭巷小市가 있었고, 지게에 물건을 얹고 골목골목을 돌아다니는 행상과 돌다리 위에 물건을 늘어놓고 행인을 기다리는 좌고들이 이 시장에 드나들었다. 이들은 고대로부터 현대에 이르기까지 상품 유통구조가 겪은 엄청난 변화에도 불구하고 꿋꿋이 자기 자리를 지켜왔다. 백화점, 대형할인점 등 초현대식의 초대형 유통기구가 대다수 상품의 유통

과정을 지배하고 있는 오늘날에도, 행상과 좌고는 대형 유통기구가 포섭하지 못하는 틈새를 뚫고 자신의 영역을 만들어내고 지켜내며 변화시키고 있다.

도시 한구석에 정연하게 정비된 상업구역을 시市라 하고, '행상이 몰려들어 교역하고 물러가는 곳을 장場이라 한다' 行商所聚 交易而退者 謂之場(『만기요람』萬機要覽). 조선 전기 서울에 있었다는 '여항소시'도 엄밀한 의미에서는 장이있을 것이다. 따라서 시장이란 상설 점포가 밀집해 있으면서 동시에 매일이든 며칠 간격으로든 행상과 좌고가 시끌벅적하게 몰려드는 특정 공간을 말한다. 오늘날 도시 재래시장은 시와 장이 결합해 있으되 장보다는 시의 특징이 지배적인 것들이다. 이런 곳에는 장바닥에 물건을 늘어놓고 파는 좌고들도 많지만, 그보다는 건물 내부를 한두 칸 정도의 작은 규모로 분할해놓고 그 안에 들어앉아 물건을 파는 사람들이 더 많다. 그래서 이름이 '시장'이다. 반면 농촌에서 열리는 정기시는 시장이라는 이름보다는 장시라는 이름으로 더 자주, 더 일반적으로 불린다. 5일 간격으로 정기시가 열리는 날을 '장날'이라 하며, 장이 열리는 공간을 '장터'라 하는 것도 마찬가지 이유에서이다.

우리나라에서 농촌 전역을 아우르는 촘촘한 장시 망이 만

— (좌) 1930년대 행상과 좌고, 우측의 방물장수는 행상이고 좌측의 고무신 장수는 좌고다. 돌아다니며 파느냐 한자리에 앉아서 파느냐의 차이는 있지만, 그 차이는 소지한 상품의 차이일 뿐, 가난하고 팍팍하기는 매일반이었다.

— (우) 좌고. 길가 아무 곳에나 물건을 늘어놓고 행인을 붙잡고 흥정을 붙였다. 사진에 보이는 사람처럼 고객이 물건을 고를 때까지 점잖게 앉아 기다리는 사람도 있었지만, '정신 차리고' 고를 수 없도록 별별 소리를 다 떠들어대는 사람들이 훨씬 많았다. 사진의 좌고는 1896년 이후 새로 정비된 배수로 판자 위에 앉아 있다. 도로변 하수도가 정비됨으로써 수인성 전염병을 예방하는 데 큰 성과를 거두었는데, 이는 서울 중앙에 도시 상설시장이 생겨난 것과 같은 맥락에서, 즉 '근대적 위생관'과 '질병관'이 확산됨에 따라 이루어진 일이었다.

(좌) 1904년경의 종로 시전. 별 볼품은 없지만, 이 정도 규모의 시전은 오늘날 대형 할인점이나 백화점 정도의 영향력을 지녔다.
(우) 1920년경의 지전紙廛.

들어진 것은 17세기 이후의 일이었다. 그 무렵부터, 서울 성곽 주변에도 장시가 만들어지기 시작했는데 이후로 오랫동안, 농촌은 물론 도시에서조차 지배적인 상업 공간은 시가 아니라 장이었다. 심지어 서울 종로의 시전가 앞에도 가가들이 즐비하게 늘어서서 장의 풍경을 연출하였다.

국초에 만들어진 시전 행랑이 있었음에도 불구하고 따로 장이 만들어진 데에는 몇 가지 이유가 있었다. 우선은 인구가 크게 늘어났다. 사람 수가 늘면서 그 사람들이 소비하는 재화의 양이 늘어났으니, 그 재화를 거래하기 위한 상업 공간도 늘어나야 했다. 그러나 성안에는 이미 집들이 빼곡히 들어차 있었을 뿐 아니라 새로 들어온 사람들을 수용하기 위해 이미 있는 집도 쪼개야 할 판이었다. 실제로 국초에 왕족과 고관들에게 널찍하게 나누어준 집터는 17~18세기에 한 번, 20세기 초에 한 번, 다시 20세기 후반에 한 번씩 여러 채로 쪼개졌다. 오늘날에는 쪼개졌던 도심부의 대지들을 다시 합치고 그 위에 초고층 빌딩들을 짓고 있는데, 이른바 '도심 재개발 사업'이라는 명목의 이 택지 재결합은 서울 공간 위에 남아 있는 역사의 흔적을 지우는 작업이기도 하다. 어쨌거나 17~18세기에는 건물의 입체화가 불가능했기 때문에 평면 공간을 나누거나 빈 터에 집을 짓는 것 말고는 주택 문제를 해결할 뾰족한 방법이 없

덕수궁 앞 수문장 교대식. 조선시대 수문장 교대식은 이 과시적인 이벤트처럼 화려하지 않았다. 『독립신문』은 "궁궐을 지키는 병정이 새끼줄로 허리띠를 하고 있는" 낯 뜨거운 꼬라지를 한탄하곤 했다. 병졸들은 자신의 차비를 스스로 마련해야 했지만 대개는 허리띠 하나 장만하기 어려울 만큼 가난했다. 서울에 세거世居하는 표하군들도 대다수가 빈민들이었다. 조선 후기 그런 사람들이 가난을 조금이라도 덜어보고자 장삿길에 나서면서 난전 문제가 불거졌다.

었다. 그 과정에서 아마도 여항소시가 열리던 공지들도 하나 둘씩 택지로 바뀌었던 듯하다. 당연히 새로운 시장 터, 서울 전역에 흩어져 있던 여러 개의 여항소시 터를 모두 합친 것보다 더 넓은 시장 터가 필요하게 되었다.

둘째는 군인들, 특히 상비병들이 문제였다. 임진왜란을 겪으면서 일본의 조총병을 상대할 목적으로 훈련도감이 신설되었고, 인조반정과 병자호란을 거치면서는 어영청과 금위영禁衛營이 또 설치되었다. 이들을 합해 도성삼군문都城三軍門이라 하거니와 여기에 도성 외곽의 북한산성과 남한산성에도 각각 총융청摠戎廳과 수어청守禦廳이 만들어져 도성 내외에 5개의 대규모 부대가 상주하게 되었다. 이들 중 훈련도감 군인만이 상비병이었고 나머지 군문은 농촌에서 번갈아 올라오는 번상병番上兵을 주축으로 하면서 일부 직업 표하군標下軍1을 끼워 넣어 구성되어 있었다.

그러나 상비군이든 번상병이든 정부 재정이나 봉족奉足2이 내는 군포軍布만 가지고 다 먹여 살릴 수는 없었다. 물론 그 사이에는 '걷을 때는 넉넉히, 내줄 때는 짜게'라는 오래된 '관행'이 자리 잡고 있었을 터이지만. 왕조 정부가 도성에서 근무하는 군병들의

1_ 요즘도 남대문이나 각 궁궐 주변에서 주말마다 벌어지는 '수문장 교대식'이라는 희한한 퍼레이드에는 '공익 요원'들이 병사로 분장하여 깃발을 들고 다닌다. 표하군이란 깃발을 들고 부대의 위세를 돋우는 일을 비롯하여 각종 군사 잡무를 담당한 직업 군인들을 말한다.

2_ 봉족이란 중세 판 병역의 의무를 다하기 위해 서울에 올라온 농민들이 서울에서 군복무하는 동안 지출해야 할 여비, 숙식비와 그가 집을 비움으로써 남은 가족들이 겪어야 할 경제적 곤란에 대한 보상비를 담당하는 이웃 농민들을 말한다.

쪼들리는 살림을 조금이라도 펴주기 위해 짜낸 묘안은 그들에게 '장삿길'을 열어주는 것이었다. 군인들은 국가의 배려 덕분에 보수로 받은 군포—당시 훈련도감 군인들이 받은 군포는 최상급 품질을 자랑했다—를 바로 내다 팔거나 처자를 시켜 띠, 대님, 댕기 등으로 가공해서는 내다 팔았다. 무슨 일이든 하다 보면 익숙해지고, 익숙해지면 또 비슷한 일을 찾아 문어발처럼 뻗어나가는 법. 이윽고 군인들은 돈이 될 만한 것은 '무엇이든' 취급하면서 본격적인 장사꾼으로 나서게 되었다. 이 무렵 서울의 군제는 병농일치제兵農一致制가 아니라 병상일치제兵商一致制에 입각하여 작동하고 있었던 것이다.

조선 후기 난전亂廛 문제는 이들 병졸 장사치들로부터 발단했지만, 곧 다른 사람들이 난전 대열에 합류했다. 시전 상인들이 병졸 장사치들을 함부로 대할 수 없었던 것은 그들의 배후에 막강한 군문軍門이 있었기 때문이다. 그런데 힘있는 기관이 군문만 있었던 것은 아니고 병졸들의 봉록만 적었던 것도 아니다. 여러 관서의 일꾼들(각사하예各司下隸), 각 궁방宮房의 겸종과 노복들이 슬금슬금 장삿길에 발을 딛기 시작했다. 덩달아 이들이 취급하는 물종도 갈수록 늘어나 필경에는 '없는 것 빼고는 다 있는' 지경이 되었다. 여기저기에서, 이 물건 저 물건을 들고 지고, 자기 것이 최고라고 외치는 장사꾼들 틈에서 누가 병졸이고 누가 하예인지를 알아볼 도리는 없었다. 그런 마당에야 훈련도감군이 아니면 어떻고 사복시나 내수사 하예가 아니면 어떠하며 모모궁 노복이 아니면 또 어떠한가. 필경에는 아무런 '줄'도 '빽'도 없는 사람들도 이 판에 끼어들었다. 물론 잘못 걸리면 가진 물건 몽땅 빼앗기고 그것도 모자라 치도곤을 당했지만, 그런 걸 겁낼 양이면 애초에 서울깍쟁이가 되지 말았어야 했다.

인가받은 장사꾼과 무면허 장사꾼들—언제나 그렇듯이 이

들을 정확히 구별하기란 불가능하다―은 시전에는 눈엣가시였다. 시전 상인들은 정부에 호소하여 금난전권禁難廛權을 얻어냈지만, 수십 년 동안 엄청난 송사訟事거리를 남기고 힘없고 빽 없는 불쌍한 장사꾼들만 거덜냈을 뿐, 난전을 뿌리 뽑지는 못했다. 그러나 무면허 장사꾼들이 뒤 보아주는 사람만 믿고 버젓이 시전가 한복판에서 사고 팔 만큼 후안무치하지도 않았다. 병졸들이야 신분 자체가 국역을 지는 사람들이었으니 시전 상인과 같은 처지라고 주장할 수 있었지만, 나머지는 그 빽이나 연줄이 어찌 되었든 뒤가 구린 사람들이었다. 이들은 종로의 시전 자리에서 멀찌감치 떨어진 곳, 성벽 바로 바깥이나 안쪽에 난전을 벌였다. 난전이 모인 곳이 곧 난장이니 '난장판'이 생겨난 것이다.

― 서소문 밖 난장. 19세기 초에 만들어졌는데, 이 난장에는 특히 소매치기니 꾀비위꾼들이 많았다고 한다. 옛 사람들은 돈 꾸러미를 도포 오른쪽 소매자락 안에 넣고 다녔다. 돈은 '더러운 것'이라서 '옳은'(right, 正) 손으로 만지면 안 되었기 때문이다. 번잡한 시장 풍경에 넋이 반쯤 나간 어리바리한 시골 양반이 지날 양이면, 눈치 빠른 깍정이가 뒤에서 접근하여 그 양반의 오른쪽 소매를 툭 친다. 돈 꾸러미는 소매 끝으로 튀어나오거나 땅에 떨어진다. 깍정이는 그 돈을 나꿔채거나 주워서는 잽싸게 줄행랑친다. '소매치기'라는 말은 이래서 생겨났다. 오늘날에는 다른 사람의 옷소매를 아무리 쳐봐야 아무것도 안 나온다.

요즈음은 실체가 사라져버려 그 말조차 거의 쓰이지 않지만, 한때 널리 쓰이던 말로 '도깨비시장'이라는 것이 있었다. 내가 어렸을 적 살던 서울 변두리 동네에도 언덕 위에 도깨비시장이 있었는데, 나는 그 시장을 왜 그렇게 부르는지 도무지 알 수 없었다. 세월이 한참 지나서, 그 시장이 완전히 사라진 다음에야 도깨비시장이 '무허가 시장'으로서, 단속반이 '뜨면' 씻은 듯 자취를 감추었다가 단속반이 지나가면 다시 생기는 시장이라는 사실을 알았다.

옛 기록을 살펴보면 도깨비는 독각귀獨脚鬼로 표기되기도 하고 '독갑獨甲이'로 표기되기도 한다. 독갑이란 도깨비를 억지로 한자화한 것이니 다시 생각할 여지도 없지만, 빗자루가 도깨비로 변신한다는 이야기에 비추어 보면 독각귀는 나름 그럴싸해 보인다. 그러나 어디까지나 그럴싸해 보일 뿐이다. 우리말에 '개비'라는 것이 있다. 가늘게 쪼갠 나무토막을 말하는데 거기에서 장작개비, 성냥개비가 나오고 담배개비가 나왔다. 빗자루나 삽자루, 괭이자루처럼 나무로 만든 자루 역시 개비다. 이 개비 위에 다른 사물이 덧씌워 보이면 덧개비가 되고 아무것도 없는데 마치 있는 것처럼 보이면 허깨비(헛개비)가 된다. 도깨비란 덧개비가 변한 말이다. 시장이 아니었다가 시장이 되었다가 또 시장이 아닌 곳으로 무상無常하게 변하는 곳이 바로 도깨비시장이고, 좀 고풍스러운 말로는 난장인 것이다. 1914년 일제는 '시장규칙'을 제정하여 도시와 농촌을 막론하고 모든 시장은 관의 허가를 받도록 했는데, 이 '근대적 규칙'이 제정되기 전에도 난장은 시전의 단속 대상이었다. 도깨비시장이 생겼다 사라졌다 한 것은 일차적으로 이 단속 때문이었지만, 정말로 무상해서야 소비자가 무슨 수로 장이 열리는지 알고 찾아올 수 있겠는가. 사실은 새벽녘 어스름에 열렸다가 날이 밝으면 씻은 듯 사라지는 시장은 이들 시장의 주역이 요즘으로 치면 '투잡족' two-job族들이었기 때문에 생겨난 것이다.

남대문 밖의 칠패七牌3와 동대문 안쪽의 이현梨峴4이 난장판이 된 것은 18세기부터였다. 19세기에는 서소문 밖에도 난장판이 하나 더 생겼다. 이 무렵에는 본래 시전가였던 종루 앞거리에 이현, 칠패를 더하여 '도성삼대시'라 하였는데(『경도잡지』京都雜誌), 그 탓에 18~19세기 서울에는 세 개의 시장만 있었던 것으로 생각하는 경우가 많으나, 대시라는 말에 주의할 필요가 있다. 소시나 중시가 있고 나서야 대시가 있는 법이니, 이들 말고도 분명 여러 시장이 있었을 터이다.

칠패든 배우개든 서소문 밖이든, 새로 만들어신 난상은 모두 성문 주변에 있었다. 성문은 사람뿐 아니라 물화도 드나드는 곳

3_ 조선 후기에는 각 군문별로 순찰 구역이 할당되었는데, 각 군문에서는 '패' 단위로 순찰대를 조직하여 담당 구역을 순찰하도록 했다. 남대문 옆 칠패길, 현재의 봉래동 칠패길이라는 이름은 이곳에 어영청 7패의 순청巡廳이 있어서 붙은 것이다.

4_ 이현은 우리말로 배오개(ㅣ모음 뒤의 ㄱ탈락), 서울 사투리로 배우개(ㅗ가 ㅜ로 바뀌는 현상: 삼촌→삼춘, 돈→둔 등)라 하는데 이 고개 이름의 유래에 대해서는 여러 설이 있다. 문자 그대로 이 야트막한 고개 초입에 배(梨)나무가 많아 배고개가 되었다는 설, 이 고개에 식인 호랑이가 살아 100명이 모이기 전에는 넘을 수 없었기에 백百고개가 되었다는 설, 한강에서부터 중랑천을 거쳐 청계천까지 거슬러 올라오는 뱃길의 종점이 이 언저리였기에 배(舟)고개가 되었다는 설 등이다. 두번째 이야기는 산세로 보아 허황되고, 세번째 얘기는 정조 대이 언저리에 주교사舟橋司가 만들어진 이후의 사적事蹟이 와전된 것이다.

대한제국 기의 남대문 조시. 조선 후기 난장의 대표였던 칠패시장과 연속되어 있었고 서울 개시 이후에는 그 규모에서 칠패시장을 압도했다. 이 조시는 선혜청 창고 자리에 도시 상설시장이 생기면서 그에 흡수되었다.

이니 그 주변에 장이 만들어진 것은 지극히 당연한 일이었다. 그러나 여기에는 또 다른 이유가 있었다. 남대문 옆에는 훈련도감이 있었고 동대문 옆에는 어영청이 있었다. 훈련도감 군병과 그 가족들은 남대문 주변, 지금의 봉래동이나 후암동, 갈월동, 남영동 일대에 모여 살았다. 18세기 중엽의 어영청 주변은 개천이 수시로 범람하여 민가나 상업 시설이 들어서기 어려운 곳이었기 때문에 영조 대에 준천이 시행된 다음에야 택지로 조성되었다. 정조 대에 이 동네의 이름은 장용영계壯勇營契였는데, 이름으로 알 수 있듯이 주로 장용영 군병과 그 식솔들이 거주했다. 광희문 주변, 지금의 광희동에서 왕십리에 이르는 지역도 역시 군병들의 집거지였다. 후일 경성직뉴회사(경성방직주식회사의 전신)가 만들어질 때, 누대에 걸쳐 이 일대에서 대님이나 띠, 댕기를 만들어 팔던 군병들이 이에 합류했다. 바로 이들, 훈련도감과 어영청, 장용영 등 각 군영의 병졸들과 그 가족들이 부업으로 칠패시장과 이현시장을 만들고 지켜내며 키워왔던 것이다. 여기에 도성 밖에서 채소를 재배하는 농민, 한강에서 물고기 잡는 어민들까지 합류하여 새벽녘에 왁자하게 난장(도

_ (좌) 개장 직후의 선혜청 창내장. 선혜청 창고 건물을 객주들에게 임대해주고 임대료를 받았다. 우리나라 최초의 시장 경영 기업이 생겨난 것인데, 이 기업의 경영자는 처음에 농상공부였다가 곧바로 내장원으로 바뀌었다. 무슨 개장 기념 이벤트니 할인 행사니 하는 것이 있을 수 없던 시절이라 개장 직후에는 시장 자체가 썰렁했다. 사진에서도 사람은 안 보이고 물건만 보여 '파리 날리는' 상황이었음을 알 수 있다.

_ (우) 1902년경의 창내장. 창내장이 서울의 중앙시장으로 확고한 지위를 차지하게 된 데에는 1901년의 흉작이 '기여'한 바 컸다. 쌀값이 뛰고 기근의 조짐이 보이자 내장원은 급급히 안남미(베트남 쌀)를 수입하여 이 시장을 통해 시중에 풀었다. 그 덕에 시장 상인들은 대목을 보았고, 도성민의 일상에서 시장이 점하는 비중도 커졌다.

깨비시장)을 벌이고는 해 뜰 무렵 각자 제 일터로 돌아갔다. 점잖은 공식 기록은 이들 시장을 아침에만 열리는 시장이라 하여 조시^{朝市}로 표현했다.

　　남대문 바로 안쪽, 지금의 남대문시장 자리에도 도깨비시장이 하나 더 있었다. 개항 이후 일본인들의 기록에는 남대문 조시로 나오는데, 1900년경을 기점으로 그 역사가 300년이 되었다고 하니 여기에 도깨비시장이 생긴 것은 17세기 초의 일이었을 게다. 이 자리에는 본래 상평창^{常平倉}이 있었는데, 알다시피 상평창이란 곡가를 조절하기 위해 곡식을 사들이고 내다 파는 일을 전문으로 하는 기관이다. 그러니 그 앞에서 공적인 상업 거래가 이루어진 것은 당연한 일이었다. 그러나 이때의 상업 거래는 곡물에 국한되었고 그 목적도 물가 조절에 있었기 때문에 그 앞이 난장이 되지는 않았다. 1608년, 경기도에 대동법이 실시되면서 상평창은 선혜청 창고로 바뀌었고, 그 앞에서 거래되는 물건의 종류도 많아졌다. 이때부터 선혜청 창고 앞이 도깨비시장으로 변한 것이다. 오늘날 남창동, 북창동의 지명은 이 창고에서 유래했다. 대동법이 전국으로 확대 시행되고, 선혜청의 재정 규모가 확대되면서 이 시장의 거래 규모도 갈수록 커졌다. 이 시장은 칠패시장과 연속해 있었지만 성안에 있었기 때문에, 1882년 이후 서울이 개시장開市場—항구에 있으면 개항장이고 내륙에 있으면 개시장이다. 성남 모란시장 같은 '개 파는 시장'이 아니다—이 되자 한 번 더 확장될 기회를 얻었다. 중국인과 일본인들이 이 시장의 새로운 상인이자 고객으로 추가되었기 때문이다. 1880년대 말경에는 이른 새벽, 성문이 열리면 한밤중부터 기다리던 사람들과 우마떼가 노도와 같은 기세로 몰려 들어가 이 시장에 짐을 푸는 정경이 매일같이 연출되었다.

1894년 갑오개혁의 일환으로 조세 제도가 완전히 바뀌었다. 현물 납세는 사라지고 모든 세금을 돈으로 내게 되었다. 세금으로 현물을 받아 저장하던 선혜청 창고는 쓸모를 잃었다. 그 앞의 도깨비시장이 사라지지는 않았지만 아무래도 조금은 썰렁해지지 않을 수 없었다. 그 퇴세頹勢를 일거에 만회할 수 있게 해준 것이 1896년 이후의 서울 도시개조 사업, 곧 황도 건설 사업이었다.

고종이 당시의 재정 형편으로는 감당하기 어려울 정도의 인력과 물력을 쏟아 부어 이 사업을 추진한 것은, 한편으로 서울에 근대 문명국가의 '수도'다운 면모를 부여함으로써 대한제국을 '문명국들로만 구성된 국제 사회'의 일원으로 끌어올리기 위함이었고, 다른 한편으로 이 도시 위에 황제의 신성한 권위를 한껏 드러냄으

_ (위) 1920년대 창내장 안의 도자기 좌판. 창내장이 서울의 일용품 시장으로서 지위를 굳혀간 시기는 서울 주민 사이의 신분적 관계가 대대적으로 변동하는 시기와 맞물려 있었다. 예전 같으면 노비나 겸종을 시켜 물건을 사오게 했던 마나님들 중 일부가, 그리고 장 구경이라고는 할 수조차 없었던 아낙네들 다수가 부득이하게 시장에 나와서 물건을 팔거나 사야 했다. 이때까지만 해도 시장에서 여성은 소수였지만 이윽고 시장 전체가 '여성의 공간'으로 바뀌기 시작했다.

_ (아래) 1910년경의 창내장. 수많은 인파가 몰려들어 말 그대로 '돗떼기시장'의 진수를 보여주고 있다. 창내장 고사庫舍는 애초 선혜청 창고 건물을 그대로 썼으나 건물이 퇴락하거나 소실되는 경우가 생겨 그때마다 재건축되었다. 사진의 2층 상점은 1900년경에 신축된 것으로 보이는데, 현재에도 남대문 옆에는 이때 지어진 2층 건물 두 채가 외벽에 타일만 붙인 채 남아 있다. 그런데 소문에 따르면 그 건물들이 곧 헐릴 것이라고 한다. 하기야 내가 끌고 다닌 답사생 중에도 그 낡은 건물을 빨리 헐어야 '창피하지 않다'고 하는 사람이 있었으니, 이 도시 문화행정가들의 단견과 천박성을 마냥 탓할 수만은 없다.

1900년의 동별영. 이 자리 일부가 지금의 광장시장이 되었다.

로써 백성들의 충성심을 불러일으키기 위함이었다. 이 밖에도 한 가지 중요한 이유가 더 있었다. 서울 도시개조 사업이 시작되기 반년쯤 전, 1895년 말에 '단발령'이 공포되었다. 전국의 숱한 유림儒林이 떨쳐 일어나고, 머리카락 잘릴 것을 걱정한 성 밖 농민과 상인들이 성안으로 들어오지 않아 서울 물가가 폭등하는 사태가 빚어졌지만, 당시 정부는 문명한 '위생'의 이름으로 이를 강행했다. 19세기 중반부터 이 땅에 침입하기 시작한 콜레라는 곧 염병으로부터 '역병의 왕좌'를 빼앗고는 매년 수많은 인명을 앗아갔다. 1895년 여름의 콜레라는 특히 심하여 전국적으로 수만 명, 서울에서만 1만 명 가까운 사망자를 냈다. 이 역병은 깨끗한 물, 깨끗한 몸은 단순한 '문명의 상징'이 아니라 '생명의 전제'라는 사실을 명료하게―비록 일부 개명된 사람들에 국한된 것이었지만―가르쳐주었다. 단발령은 이 새로운 위생관을 무기로 하여 수천 년 묵은 관습을 타파하려 한 것이었다. 마찬가지로 1896년 도로 수치修治 사업의 배후에도 '근대적 위생관'이 은밀하게 움직이고 있었다.

이때부터 시작된 도로 수치 및 신설 사업은 종로 남대문로 등 시내 간선도로 좌우에 늘어서 있던 가가를 철거하고 노폭을 넓히는 데 머물지 않았다. 간선도로 좌우의 배수로를 정비하여 하수

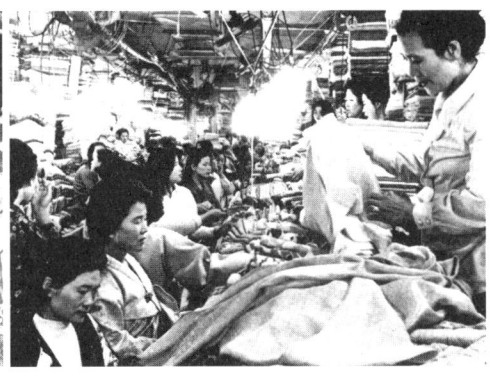

처리 기능을 확충하는 일도 병행되었다. 쓸데없게 된 선혜청 창고 자리를 서울 최초의 '도시 상설시장'으로 개조하는 일도 그 일환이었다. 1896년 말, 가가 철거로 인해 갈 곳을 잃은 종로와 남대문로의 행상과 좌고들을 선혜청 창고 자리로 몰아넣고 이곳을 도시 상설시장으로 만드는 방안이 마련되었다. 노점상들이 구석에 치우친 창고 자리로 들어가지 않으려 한 것은 근래 청계천 주변 노점상들이 동대문운동장에 들어가기를 거부했던 사례에 비추어 충분히 이해가 간다. 결국 순검을 시켜 이들을 억지로 밀어 넣는 수밖에 없었다. 다음 해인 1897년 1월, 이 나라 최초의 도시 상설시장이자 '중앙시장'이 이 자리에서 문을 열었다. 오늘날 서울 재래시장의 원조이자 대표 격인 남대문시장이 출범한 것이다. 17세기 유럽 각 도시에서 '새로운 위생관'의 직접적 영향하에 '중앙시장'이 출현한 데 비추어 보면 2세기 이상 늦은 것이지만, 그 시차時差를 곧바로 '문명의 격차'로까지 생각할 필요는 없다. 그곳과 이곳은 도시 환경 자체가 달랐으니까. 다만 한 가지, 도시 곳곳에서 잠깐씩 섰다 사라졌다 하는 도깨비시장들보다는 하루 종일 한곳에 버티고 있는 상설시장이 위생면에서는 분명 효과적이었다. 공문서에 선혜청 창내장倉內場(창고 안에 마련된 장)으로 기록된 이 시장에는 개설 직후

_ (좌) 1920년대의 광장시장. 광장시장은 1905년 개항 직후부터 서울 상계商界를 좌지우지해왔던 거물 김종한과 경무사 신태휴가 주도하고 여기에 박승직 등 유력 상인이 참가하여 설립한 광장회사가 경영한 시장이다. 처음에는 친위대 영문 옆, 현재 어영청 터라는 표석이 있는 자리에 몇 개의 고사를 짓고 영업을 시작했으나 그 자리를 일본군이 접수함에 따라 동별영 터로 이전했다.

_ (우) 광장시장 포목전. 해방 후 광장시장을 기점으로 하여 그 주변에 중부시장·방산시장·평화시장(신평화·청평화·동평화), 동대문시장 등이 계속 생겨나면서 광장시장은 일용품 시장의 기능을 대부분 내버리고 의류 원부자재 전문 시장으로 바뀌었다. 사실 광장시장 포목점은 일제 강점기에도 규모가 큰 편이어서 1914년 당시 이 시장 최대의 포목상이던 호근호는 광장주식회사 전체 자본보다 더 많은 자금을 굴리고 있었다.

부터 소제부掃除夫가 배치되었다.

그런데 이상하게도 많은 사람들이 이 땅 최초의 도시 상설시장은 '광장시장'이라고 알고 있다. 광장시장주식회사가 그렇게 주장하는 것이야 그렇다 치더라도 남대문시장 상인들조차 거개는 자기들 시장이 가장 역사가 오랜 시장임을 모르고 있다. 남대문시장은 그 흔한 100주년 축제 한 번 못하고 1997년 1월을 보내버렸다(1월만 해도 대다수 한국인들이 IMF가 뭔지 몰랐던 호시절이었다). 도대체 왜 이런 일이 벌어졌을까? 남대문시장이 주인 없는 시장이라 그런 면도 있었을 터이지만, 때로는 역사학자의 실수가 역사 자체를 뒤바꾸는 일도 있다. 그런 점에서 남대문시장은 역사학자의 쥐꼬리만 한 자존심―때로는 역사학자도 중요하다!―과도 관계가 있다. 사회경제사학계의 원로인 고승제 교수는 오래전 남대문시장에 대해 쓰면서, 노인들의 증언을 토대로 이 시장의 옛 이름이 '신창안장'이었음을 밝혔다. 그리고 그 뒤에 불필요한 해석을 덧붙였다. 이름에 '신'新자가 있는 것으로 보아 광장시장보다 나중에, '새로' 만들어진 것임이 분명하다고. 그런데 세종 때 옮겨진 서대문은 그 이후로 지금까지 쭉 '새문'이어서 신문로新門路라는 이름이나 새문안교회라는 이름이 모두 여기에서 나왔다. 새것은 이렇게 '금방 만든 것'만이 아니라 옛날에 만들어졌어도 그때 '새로' 만들어지고 뒤에 다른 것으로 대체되지 않은 것을 지칭하기도 한다. 새것이 금방 헌것으로 바뀌는 것이 일반적이지만 때로는 새것인 채로 수백 년을 버티는 경우도 있는 법이다. 신창新倉이라는 이름은 아마도 상평창이 선혜창으로 바뀔 때 붙였던 모양이어서 선혜창을 별칭하는 용어로 사용되어왔는데, 고승제 교수는 미처 그 점까지는 몰랐던가 보다. 그 탓에 선혜청 장내장은 서울 안 최초의 도시 상설시장이라는 '영예'를 속절없이 광장시장에 빼앗기고 말았다.

— (좌) 1900년경의 남대문정거장. 1925년 경성역(현재의 서울역)이 만들어지기 전까지, 남대문정거장은 경운궁 뒤의 경성역에 비해 초라했고, 주변은 황량한 느낌조차 주었다. 러일전쟁 기간 중 경부·경의철도가 속성공사로 부설되고, 일본인들이 자신들의 거류지(충무로 일대)에서 가까운 이 역을 중앙역으로 택하면서 역세驛勢가 비약적으로 신장되었다. 더불어 그 역에 가까운 창내장의 상권도 확장되었는데, 일본인들은 이 점을 못마땅하게 여겨 창내장을 다른 곳으로 옮기도록 압력을 가했다.

— (우) 한국전쟁 직후의 남대문시장. 시장 시설이 전쟁으로 폐허가 되어버린 뒤에도 천막으로 얼기설기 엮은 상점들이 곧바로 시장터를 메웠다. 시장 상인들은 외환위기 이후 지금까지 '빈사 상태'를 벗어나지 못하고 있지만, 그렇다고 이 시장이 조만간에 사라지지는 않을 것이다. 다른 사람들이야 어떻게 생각할지 몰라도 나는 이 시장을 서울 근현대사 그 자체로 본다.

어찌 되었든 선혜청 창내장은 문을 열자마자 옛 종로와 남대문로 가가의 상인들, 남대문 조시에 출입하던 상인들, 인근 칠패시장의 상인들 일부까지 끌어 모으면서 일거에 장안의 중앙시장으로 떠올랐다. 창내장은 쌀과 잡곡, 채소, 과일, 어물, 과자 등 상대적으로 부패하기 쉽고 그래서 위생상 더욱 주의가 필요한 일상 식료품 거래를 위주로 한 시장이었다. 시장 안 옛 창고 건물(고사)은 돈 많은 객주들의 차지였고, 넓은 앞마당은 행상과 좌고들의 차지였다. 행상들은 가지고 온 물건을 지게째로, 또는 수레째로 객주에게 팔아넘겼고, 객주들은 또 객주들대로 시골에서 올라온 상인들에게 돗자리째로 팔았다. 선혜청 창내장은 소매 시장인 동시에 속칭 '돗떼기시장', 즉 돗자리째 물건을 떼어 가는 도매 시장이기도 했다. 번잡하고 시끄러워서 정신을 차릴 수 없는 곳을 돗떼기시장 같다고 하는데, 상품이 돗자리째로 사고팔리다 보니 조금이라도 좋은 가격에 빨리 사고팔려는 사람들로 북적대었기에 나온 말이다. 요즘도 홈쇼핑 방송에서 가장 자주 들리는 멘트는 "이제 몇 분밖에 안 남았습니다"나 "매진 임박" 같은 말이다. 돗자리 위에 있던 물건이 다 팔리면 그 위에 같은 물건이 다시 쌓일 것을 뻔히 알면서도 당장은 그걸 전부로 생각하는 것이 사람 심리다.

창내장이 생긴 이후 서울 주민들이 물건을 사들이는 방식에도 조금씩 변화가 일기 시작했다. 조선시대에는 여자가 장바닥에서 물건을 사고파는 것은 심각한 흉이었다. 일제 강점 초기까지도 여자가 장바닥에 얼굴을 내보이면 딸을 여의기도 어렵다는 것이 통념이었다. 그런데 낮에도 여는 '일용 식료품 시장'이 생기고 장에 심부름 보낼 노비들이 사라지면서 '어쩔 수 없는' 여성들, 싸고 비싼 것에 대한 관념을 배워야 했던 여성들이 한둘씩 이 시장에 모습을 드러냈다. 이 변화는 이후 한 세기도 안 되어 '장보기'는 여성의 일이라는 '관행에 대한 보편적 믿음'으로 확대될 것이었다.

창내장이 생기고 8년이 지난 1905년, 러일전쟁에서 이겨 한국에 대한 지배권을 획득한 일본인들은 진고개의 일본인 상권을 가로막고 있을 뿐 아니라 엄청난 규모로 새롭게 확장된 경부철도 남대문정거장 바로 옆에 버티고 있는 창내장을 눈엣가시로 보았다. 일본인들은 황실과 정부에 압력을 넣어 이 시장을 다른 곳으로 옮기라고 했다. 이 정보를 재빨리 입수한 일부 고관과 장사꾼들은 개천의 일부 구간을 복개하여 그곳에 별도의 상설시장을 설치할 계획을 세웠다. 그들이 생각한 곳은 개천의 중심부, 광교(너른 다리)에서 장교(긴 다리)에 이르는 구간이었다. 이 구간 위를 판자로 덮으면 선혜청 창내장보다 훨씬 넓은 공지가 생긴다. 그 위에 고사를 짓고 행상과 좌고를 불러 모으면 그럴싸한 시장이 될 테고, 위치상으로 보아 남촌과 북촌 주민들이 모두 쉽게 드나들 수 있는 곳이니 장사도 더 잘될 것이라는 판단이었다. 그들은 곧 광장회사廣長會社(광교의 '광'과 장교의 '장'을 딴 것이다)를 설립하고 자본을 모아 공사에 착수했다. 그러나 그들로서는 안타깝게도 그해 여름의 큰비로 천변에 쌓아두었던 자재가 몽땅 유실되어버렸다. 당시의 토목 기술은 그들의 참신한 아이디어를 뒷받침해주지 못했다. 그러나 어찌 되었든 이 시도는 개천을 복개하려 한 최초의 시도로서 기억해둘 가치가 있다.

　　개천을 복개하여 그 위에 시장을 만들려는 계획이 수포로 돌아간 데다가 창내장을 폐지하려는 시도도 그를 인수한 송병준의 적극적인 로비로 유야무야되고 말았다. 그러나 광장회사 사원들—당시의 사원은 오늘날의 임원에 해당한다—은 계획을 포기하지 않고 이번에는 칠패와 더불어 조선 후기 양대 조시를 이루었던 배우개로 눈길을 돌렸다. 그들은 옛 어영청 옆, 당시에는 친위대 옆이었고 지금 광장시장의 서북편 길 건너에 있던 빈 터를 얻어 고사를 짓고 새 상설시장을 만들었다. 광장시장이라는 이름은 한글 발음은 그대로 둔 채 뜻만 바꾸어 널리 모아 간직한다는 뜻의 '廣藏市場'으로 했다. 이렇게 해서 서울의 두번째 상설시장, 광장시장이 만들어졌다. 오늘날 동대문시장에서 평화시장으로 이어지는 거대한 시장의 원조는 이렇게 탄생했다.

　　남대문시장과 동대문시장은 지난 한 세기 동안 서울 안 행상과 좌고들의 근거지였다. 그들은 이곳에서 물건을 떼다 골목골목 돌아다니며 팔거나, 이곳에 모여들어 지나가는 행인들을 불러 모았다. 이 두 곳을 기점으로 시내 각처로 이어지는 길목은 행상과 좌고들이 외치는 소리로 언제나 시끌벅적했다. 그로부터 100년이 지난 뒤, 서울시는 청계천을 '복원'하면서 천변 노점상들을 동대문운동장 안으로 몰아넣었다. 다시 최근에는 동대문운동장을 헐면서 그 안에 모여 있는 노점상들을 다른 곳으로 내보냈다. 선혜청 창내장이 만들어졌을 때, 또 그것이 없어진다는 소문이 돌았을 때 이미 겪었던 일들이다. 데자뷔Déjà Vu! 역사에서 콘텍스트가 반복되는 법은 없지만, 텍스트는 이렇듯 자주 반복된다. 역사는 되풀이된다는 대중의 오래된 믿음을 뒷받침하면서.

서울은 깊다 · 24

물장수

유난히 스산했던 1980년 그해 가을, 〈달동네〉라는 드라마가 TBC 전파를 타고 방영되기 시작하여 이듬해 가을 KBS 1TV에서 막을 내렸다. 드라마의 형식이나 내용에 대한 전문적인 평가와는 별도로, 이 드라마는 여러 면에서 놀라운 성공을 거두었다. 가장 두드러진 성공은 국어사전에 보통명사 하나를 추가한 것이다. 이 드라마가 방영될 때 아직 세상 구경조차 못한 오늘날의 젊은 세대도 대개 '달동네'라는 단어를 알고 있다. 두드러지지는 않지만 이 드라마의 더 심층적이고 근본적인 성공은 '산동네'에 고착되어 있던 대중적 이미지를 극적으로 반전시켰던 데에 있다. 산동네가 고단한 삶에 찌들어 세상을 온통 불평·불만에 찬 눈으로 보는 사람들이 사는 동네였던 데 반해, 달동네는 이름 한 자만 다를 뿐 실상은 같은 동네였음에도, 이웃 간에 정이 남아 있고 서로 이해하며 돕는 사람들이 오순도순 모여 사는 동네였다. 아마도 산동네를 달동네로 바꾼 절묘한 레토릭 뒤에는 영상물에 서울의 가난한 풍광 자체를 담기 어려웠던 시대 상황이 바위산처럼 버티고 있었을 것이다.

그런데 '달동네'의 나름대로 아름답고 운치 있는 이미지

1960년대의 달동네. 산동네 또는 판자촌이라는 이름으로 불리던 동네들이 1980년 이후 '달동네'라는 이름으로 통칭되기 시작했다. 그러나 달라진 것은 이름뿐, 환경은 그대로였다. 1980년경에는 전기나 수도 시설, 교통편도 그럭저럭 갖추어졌지만, 심각한 불편을 면할 수는 없었다.

와 '산동네'의 너저분하고 힘겨운 실상 사이에는 드라마나 영화에 일반적으로 허용되는 정도 이상의 차이가 있었다. 6·25 전쟁 이후 서울 인구는 하루가 다르게 늘어갔다. 하룻밤 자고 나면 없던 집이 생겼고, 며칠 지나지 않아 집들은 마을을 이루었다. 세계사적으로도 유례를 찾기 어려운 도시 서울의 대팽창은 당시 도시 행정이 범상했던 비상했던 간에 그 능력 범위를 '아주 훌쩍' 뛰어넘었다. 그도 그럴 것이 이미 서울은 수백 년 전부터 포화 상태의 도시였기 때문에 집이 있을 만한 곳이 비어 있는 채로 남아 있는 경우는 없었다. 집 짓기 곤란한 곳, 집 지어서는 안 되는 곳이 집터가 되고 마을이 되는 상황에서 행정 서비스 운운하는 것 자체가 사치였다. 새로 만들어진 '산동네'에는 도로나 전기 시설은 말할 것도 없고 생명 유지에 절대적인 물조차 제대로 공급되지 못했다.

그 시절 산동네 사람들은 집 지을 수 없는 곳에 집 지은 죄로 마실 수 없는 물도 마셔야 했다. 내가 어릴 적 살던 한강 변 산동네 역시 그렇게 만들어진 마을 중 하나였다. 그곳은 본래 조선시대 이래 묘지로 쓰이던 야산이었는데, 6·25 전쟁 이후 정부가 전상병戰傷兵들을 위한 '복지 대책'으로 필지를 구획하지 않고 덩어리째 나누어줌으로써 마을이 된 곳이었다. 그래서 이름도 '상이용사촌'이었다. '다친 사람'들이 '죽은 사람'들의 집자리를 빼앗아 차고앉은 셈인데, 이런 경우에는 풍수를 따지는 것도 바보짓이다. 그런 마당에 다른 조건이나 형편을 돌아볼 여유가 있을 리 없었다. 판자 조각 따위로 비바람을 간신히 막을 정도의 집을 짓는 일이 먼저였고, 나머지는 '다음'에, '형편 보아가며' 할 수밖에 없었다(우선은 '급한 대로' 미봉하고 나중 일은 그 때 가서 생각하자는 식의 한국적 개발지상주의는 이런 사회적 토양에 단단히 뿌리내릴 수 있었다). 그러나 아무리 피폐한 전후戰後 살림이고, 마을의 가장 대다수가 거동이 불편한 사람들이었다 할지라도, 물은 마셔야 했다. 그들은 부득이 무덤으로 가득 차 있던 야산 꼭대기 바로 아래쪽, 시체 썩은 물이 고여 있을지도 모르는 곳에 우물을 팠다.

_ 1950년대 공용 수도꼭지에서 물을 받아가는 '여자 아이'들. 일제 말과 6·25를 거치면서 물 긷는 일은 '여자 아이'의 일로 다시 바뀌었다. 물표를 내고 수도에서 물 긷는 방식은 이 땅에 최초로 상수도가 도입되던 무렵 그대로이다.

　　　　우리 가족이 상경해서 처음 그 마을로 들어갔을 때에는 산동네이기는 했지만 어느 정도 도시 마을 꼴이 갖추어져 있었고, 그 우물은 이미 마른 지 오래된 상태였다. 내 기억 속의 그 우물은 동네 아저씨들이 여름철 개 잡을 때나 꼬마 아이들이 숨바꼭질 놀이할 때 사용하던 곳으로만 남아 있다. 나야 물론 꼬마 아이의 일원으로 그 우물을 이용했는데, 다만 본래 무덤이 있던 야산에 만든 우물이어서인지, 아니면 그 우물가에서 죽어간 숱한 개 때문인지, 그도 저도 아니면 우물에 일반적으로 달라붙어 있던 으스스한 이미지 때문인지, 밤이면 귀신이 나온다는 이야기가 있어 저녁 무렵에는 이 우물가에서 놀지 않았다(근대 초기까지, 문학 작품에서건 현실

_ 김홍도의 〈우물가〉. 조선 후기까지도 물 긷고 운반하는 일은 전적으로 여자들 몫이었다. 호방한 선달 차림으로 물을 마시는 남자는 바가지에 풀잎 띄워 건네주는 젊은 아낙에 대한 '개국 설화'의 한 장면을 흉내내는 듯하다. 물 긷는 두레박은 나무통이고 물 옮기는 물통은 질그릇(=동이)이다.

에서건 한국인들은 자살 장소로 자주 우물을 택하곤 했다).

내가 그 동네에 살던 무렵에는 수돗물은 그럭저럭 나오는 편이었지만 말 그대로 그럭저럭이어서 물이 끊기는 경우가 잦았다. 그러면 가끔씩 급수차가 올라오곤 했는데, 그때에는 온 동네 부녀자와 아이들이 '빠께쓰'—서양의 '양洋'과 물동이의 '동이'를 합친 '양동이'라는 합성어는 나중에야 만들어졌다—를 들고 나와 급수차 앞에 길게 늘어섰다. 나 역시 여남은 살 무렵부터 물이 가득 든 작은 빠께쓰를 들어 날라야 했는데, 그 일이 녹록지는 않았다. 급수차 앞에서는 분명히 물을 가득 채운 빠께쓰였지만, 집에 돌아왔을 때에는 대개 그 안에 물이 반 정도밖에 남아 있지 않았다. 어린 마음에도 가벼워진 빠께쓰가 즐겁기보다는 흘러버린 물이 아까워 속이 상했었다.

물은 도시의 크기를 규정하는 여러 요소 중에서도 가장 일차적인 요소이다. 사람들에게 먹고 씻을 물을 안정적으로 공급할 수 없는 곳에는 결코 대도시가 만들어질 수 없다. 대도시는커녕 군대가 일시 주둔하는 곳에도 물은 반드시 있어야 했다. 신라시대 호암산(서울 금천구 시흥동) 꼭대기에 산성을 쌓으면서 거대한 우물(한우물)을 만들어놓은 것이나 제갈량이 울며 마속馬謖을 참斬한 것이 모두 '물' 때문이었다. 상수도가 없었다면 로마도 없었다.

서울을 비롯하여 한반도에 만들어졌던 중세 이전의 대도

_ (좌) 19세기 말의 홍제원. 관영 여관이었던 각 원院에도 우물은 필수 시설이었다. 본 건물 바로 우측에 지붕을 씌운 우물이 보인다.
_ (우) 1993년 경복궁에서 발견된 우물지. 식수원은 인간의 생존을 위한 절대적 필요조건이다. 궁궐을 지을 때에도 마을을 만들 때에도 먼저 식수 문제를 해결해야 했다. 그 점을 미처 생각지 못했기 때문일까. 이 우물 유적은 새삼스러울 정도로 큰 관심을 끌었다.

시들은 다행히 별도의 상수도 시설을 필요로 하지 않았다. 우리나라가 지금은 비록 물 부족 국가이지만, 예전에는 금수강산 어디에서나 맑은 물을 충분히 얻을 수 있었다. 화강암반 위로 흐르는 물이나 그 아래 지층을 흐르는 지하수는 석회암이나 그 밖의 바위 사이로 흐르는 물보다 맑고 깨끗하다. 화강암투성이 땅에서 살아온 우리나라 사람들은 정교한 석조石彫 예술을 발전시키지 못한 대신 맑은 물은 풍부히 쓸 수 있었다. 화강암 돌산들로 에워싸인 중세 서울에는 도처에 우물이 있었다. 서울 재천도를 단행한 직후, 태종은 다섯 집에 한 곳씩 우물을 파도록 했다. 이 지시가 그대로 이행되었다면 재천도 직후라는 시점을 감안해도 서울에는 2,000~3,000개의 우물이 있었을 것이다. 집 안 마당 한 귀퉁이에 우물을 만든 대가大家도 적지 않았다. 서울의 우물은 로마의 상수도보다 나은 우수한 품질의 '상수'上水를 공급해주었다. 오랫동안 서울은 우물의 도시였다. 20세기에 들어와 우물 사용자의 비중은 급격히 줄어들었지만, 그래도 1950년대까지는 새로 만들어지는 우물도 많았다.

그러나 가까운 곳 어디에나 우물이 있었다고 해서 오늘날 수도꼭지 틀듯 쉽게 물을 얻을 수는 없었다. 땅바닥 깊숙이 고여

_ (좌) 19세기 말의 명동성당 입구. 한가운데 물동이를 이고 가는 여인네가 보인다. 당시 외국인들은 지게 진 남자와 물동이 인 여자를 특히 신기하게 보았는데, 이 운반 문화가 한국인의 평균 신장이나 정형외과적 질환에 미친 영향도 무시할 수는 없을 것이다.

_ (우) 물동이를 인 소녀들.

있는 물을 길어 올려서는 동이에 담아 부엌이든 안방이든 사랑방이든 물을 필요로 하는 곳까지 옮기는 일이 필요했다. 조선 중엽까지, 서울에서 물 길어 옮기는 일은 나무하는 일과 더불어 가장 중요한 노비 노동의 영역이었다(노奴는 땔나무를 운반하고 비婢는 물을 운반했다). 태종은 민무휼·민무회 형제의 노비를 모두 빼앗으면서도 나무하고 물 긷는 노비만은 남겨두었다. 그 시대에는 양반이 직접 나무하고 물 긷는 일은 상상하기 어려운 일이었으며, 그 탓에 양반 부녀가 '직접 물 긷는다'는 말은 주로 가난한 과부의 참상을 상징하는 말로 쓰였다. 사가私家뿐 아니라 관청에서도 노비의 기본 임무는 나무하고 물 긷는 일이었다. 신수薪水(땔나무와 물)는 중세 도시 생활을 지탱해주는 핵심 물자였으며, 그 탓에 나중에는 관리들의 봉급을 신수비라 칭했다.

그런데 조선 후기나 말기 어느 시점에서인가 물 길어다 주는 일을 전문으로 하는 한 무리의 남자 운반 노동자, 속칭 '물장수' 또는 '수상'水商이 출현했다. 물장수는 개항 이후 외국인의 카메라에 포착된 서울의 직업인 중에서 상당한 비중을 점하지만, 이상할 정도로 공식 기록에는 잘 나타나지 않는다. 그 탓에 지금으로서는

— (좌) 19세기 말 우물가의 물장수들. 물장수가 등장한 것은 18세기 말에서 19세기 초 사이로 추정된다. 물긷는 일은 애초 '천역'이자 '여자의 일'이었기 때문에 물장수는 낮은 대우를 받았던 모양이다. 반상 구별이 크게 엷어진 1930년대에도 물장수에 대한 '하대'下待로 인해 분쟁이 끊이지 않았다.
— (우) 서울의 물장수. 나무 물통의 크기는 '관습'에 의해 규정되었지만, 기본적으로는 만드는 사람 마음에 달려 있었다.

이 직업이 언제 처음 출현했는지를 알 도리가 없다. 이럴 때는 어쩔 수 없이 '역사적 상상력'을 동원하여 추정하는 수밖에.

우선은 임진·병자의 양란 이후 서울 성내에 노비 인구가 급감하고 부역 체계가 바뀌었던 점을 꼽아야 할 터이다. 임진왜란 당시 서울 노비들 스스로가 장례원掌隸院의 노비 문서를 불태웠을 뿐 아니라, 다수가 전쟁 중에 도주했고, 남아 있었거나 돌아온 노비들 중 일부는 훈련도감 등의 군대에서 새 일거리를 얻었다. 물론 물 긷는 일은 주로 비녀婢女들 몫이었기 때문에 이런 사정이 당장 물 공급 체계의 변화를 초래하지는 않았겠지만, 노비 수의 감소는 결국 노비가 담당하던 천역을 양민에게 덤터기 씌우지 않을 수 없게끔 했다. 또 전란 후 서울에 새로 입성한 사람들 중에는 지방 유민流民으로서 아무 일이든 가리지 않고 하는 사람들이 많았으니, 이들 돈 받고 남의 역을 대신 져주는 사람들에게는 '역'이 곧 '업'이었다. 상전이 '시켜서'가 아니라 '돈 받고' 물 길어다 주는 일이 낯설지 않은 분위기가 만들어지고 있었던 것이다.

둘째로는 인구증가와 소비 생활의 변화에 따라 물 사정이 악화되었던 점을 들 수 있다. 앞서 「똥물, 똥개」에서 이야기한 바와 같이, 18세기 초반에는 도성 내 간선 하수도였던 개천이 갑작스럽게 폐색되었다. 인구증가에 따른 오물 투기의 증가, 목재 남벌에 따른 근교 산림의 황폐화, 농업지대 확장에 따른 배수 기능의 약화가 동시에 작용하여 개천의 폐색과 오염을 초래했고, 이는 우기의 범람으로 이어졌다. 그 결과 상당수의 도심부 우물에도 개천의 오물이 역류하여 흘러들었을 것이다. 18세기 말 준천의 시행으로 범람은 멈추었지만, 일단 오염되었던 우물이 쉬 깨끗해질 수는 없었다. 가까운 우물을 쓸 수 없게 된 사람들은 더 먼 곳에 있는 우물을 찾아야 했고, 그런 만큼 물동이 하나 머리에 달랑 얹고 종종 걸음으로 왕래할 수밖에 없었던 여자들에게 물 긷는 일은 고역 중의 고역이 되어버렸다. 이제 그 일은 남자의 일로 바뀌어야 마땅했다.

셋째로는 '질병의 세계화'와 관련하여 19세기 중반부터 조선이 콜레라의 침습(侵襲)을 겪기 시작했던 사정을 고려해야 한다. 1492년 콜럼버스Cristoforo Colombo의 '신대륙 발견'은 수만 년간 서로 격절된 채 다른 세계에서 살아왔던 인간 집단 사이에 교류의 통로를 열었다. 이후 범지구적 차원에서 인간과 물자의 교류가 확대되었는데, 그 당연한 결과로 세균과 질병 역시 함께 이동했다. 잘 알려진 대로 16세기 신대륙의 원주민 인구 격감은 주로 유럽에서 전파된 두창에 말미암은 것이었다. 콜레라 역시 19세기 초까지는 인도 주변에 한정된 질병이었으나 영국인을 매개로 세계 도처로 확산되었다. 조선에 콜레라가 처음 침투한 것은 1821년으로 추정되는데, 이 질병은 그 이전까지 반복적으로 발생해왔던 역병들과 일정한 균형 상태를 이루었던 조선 사회를 크게 동요시켰다. 경험은 지식의 중요 원천이다. 당시 사람들은 이 치명적인 역병의 원인을 알지는 못했지만, 거듭 역병을 겪으면서 이윽고 이 질병이 물과 관련되어 있다는 사실을 알게 되었을 것이고 그런 만큼 깨끗한 물에 대한

수요도 늘어났을 것이다.

이런 사정에 비추어, 나는 서울에 전업적 물장수들이 등장한 것은 18세기 말에서 19세기 초 사이였다고 본다. 20세기 초에 그들의 수는 서울에서만 1,000여 명을 넘어섰다. 물장수 사진이 특별히 많이 남아 있는 것은, 그들이 외국인의 눈에 희한한 존재로 비쳤기 때문만이 아니라 그 수 자체가 많았기 때문이기도 하다. 그런데 조선시대와 대한제국시대의 모든 영세 상인들이 그러했듯이 이들 물장수 역시 독립 자영업자는 아니었다. 객주에 예속된 선상船商이나 행상이 그랬던 것처럼 물장수 역시 처음에는 남의 부탁을 받고 물지게를 지기 시작했을 터이지만, '물 받아먹는' 집이 늘어나고 '물 파는' 일이 '이문 남는 일'이 되면서 어느 사이엔가 서울 골목골목은 '급수권'汲水圈으로 분할되어버렸다. 돈 있고 권세 있는 사람들이 급수권을 사들이거나 임의로 설정하여 물장수들을 지배했다. 물장수들은 가가호호에서 징수한 물 값의 일부를 '물 주인'들에게 분세分稅로 내야 했다(물 주인이란 내가 임의로 만든 표현이다. 다른 물종들처럼 물에도 주인이 있었겠으나, 20세기 사료에는 '자본인'이라는 근대적이고 세련된 용어로 표현되어 있다).

물장수가 지게 단위로 물 값을 받았는지 월정액으로 받았는지는 알 수 없다. 아마도 한 집에 한 번씩, 하루 두 통의 물을 매일 배달했던 듯한데, 이 경우 지게 단위든 월정액이든 큰 차이는 없

— 양철 석유통으로 바뀐 물장수의 물통.

_ 1915년 조선물산공진회 당시 경복궁 내에 설치된 미국 스탠더드 석유회사의 광고탑. 개항 이후 일제강점기까지 록펠러John Davison Rockefeller의 스탠더드석유회사는 한국에서 소비되는 석유의 대부분을 공급했다. 이 회사는 그후 셸, 텍사코 등 여러 회사로 분할되었는데, 분할된 상태에서도 지금껏 세계 석유 시장을 지배하고 있다.

었을 것이다. 다만 물장수마다 사용하는 물통의 크기가 달랐을 것은 분명하다. 도량형 문제는 개항 이후 오랫동안 조선 정부와 외국 사이 통상 마찰의 핵심이었지만, 결국은 제대로 해결되지 못했다. 1880년대 개항장의 두형균평회사斗衡均平會社도, 대한제국 시절의 평식원平式院도 도량형 통일을 빌미로 장사꾼들 등치는 일을 주로 했을 뿐, 두승斗升을 통일하는 데에는 실패했다. 그렇다고 이를 전근대적이라고 몰아붙여서는 곤란하다. '믿을 수 있는 저울'을 모토로 디지털 전자저울이 나온 것이 이제 겨우 20여 년이고, 아직도 횟집이나 재래시장에서는 기계식 저울로 대충 무게를 다는 일이 비일비재하니까. 저울눈과 됫박 속이는 기술은 동서양을 막론하고 아주 오랫동안 장사꾼의 기본 소양에 속했다. 다만 물은 무색투명하기 때문에 물통의 크기에 장난을 칠 수는 있었으되 담고 따르는 과정에서 속임수를 쓸 수는 없었다.

그런데 개항 이후 얼마 되지 않아 물장수들로서는 '본의 아니게' 물통 규격을 통일해야 하는 일이 벌어졌다. 개항 직후부터 미국산 석유가 수입되기 시작했는데, 석유는 한국인의 등화용 연료를 바꾸어놓고 착유용 작물 생산을 격감시켰을 뿐 아니라, 그 용기만으로도 한국인의 일상생활에 근본적이고 불가역적인 변화를 야기했다. 양철 석유통은 이른바 '깡통'CAN桶 시대의 서막을 열었다. 그 후로 거의 한 세기가량, 한국인들은 됫박이나 두레박보다 빈 깡통에 더 익숙한 삶을 이어왔고, 그를 중간재로 하여 숱한 물건을 만들어 썼다. 해방 직후에는 심지어 깡통으로 버스 차체까지 만들었다. 이 석유 깡통에 최초로 접근한 사람들이 바로 물장수들이었다. 양철 석유통은 그때까지 물장수들이 쓰던 나무통보다 가벼운 데다가 물이 새지도 않았으며 수명이 길었고 규격 또한 일정했다. 물장수의 물지게에 매달려 가가호호를 돌아다닌 양철 석유통은 새로운 도량형 '표준'의 선구였다. 공교롭게도 당시 조선에 수입되던 석유는 대부분 미국 스탠더드석유회사 제품이었다. '표준' 회사 석유통이 물통의 '표준'이 된 것이다.

    1903년, 서울에 전차를 놓아 재미를 보았던 미국인 콜브랜과 보스트윅은 고종으로부터 서울 상수도 사업의 특허를 얻었다. 이 무렵에는 콜레라와 식수 사이의 관계가 명백히 인지되어 있었고, 물은 이미 오래전부터 상품으로 거래되고 있었다. 한강에서 정수한 물을 도성 안으로 끌어들여 팔아먹는 일이 신기할 것까지는 없었다. 더구나 도시의 대팽창을 경험한 서구에서는 이미 상수도가 필수적인 도시 기반 시설이 되어 있었다. 문명화한 도시를 꿈꾸었던 고종에게는 이래저래 마다할 이유가 없는 제안이었다. 그러나 이 두 미국인들은 브로커 기질을 유감없이 발휘하여 2년 후 이 사업권을 영국인들에게 팔아넘겼다. 대한제국 시기에 정부와 황실은 외국인과 계약할 때나 내국인에게 사업권을 줄 때면 언제나 '타국인에게 이 권리를 양도할 시에는 권리 자체를 무효로 한다'는 조항을 집어넣었다. 그러나 외국인들은 이 조항을 거리낌 없이 묵살했고, 고종이 특히 신임하고 의지했던 미국인들이 더했다. 경인철도와 상수도, 전기, 전차 등이 모두 그런 과정을 거쳐 일본인들에게 넘어갔다. 어쨌든 이렇게 사업권을 얻은 영국인들은 이를 근거로 대한수도회사를 설립한 후 공사는 다시 콜브랜에게 맡겼다. 이래저래 시일이 지체되어 상수도 시설 공사가 시작된 것은 러일전쟁 후인 1906년 8월이었고, 정확히 그 2년 후에 준공되었다.

    콜브랜이 수도 사업권을 청원한 그해, 서울의 일본 거류민

_ 준공 직후의 뚝섬 정수장. 뚝섬 앞을 흐르는 한강물을 끌어들여 정수 처리한 후 대현산 배수지로 송수, 서울 성내와 용산에 수돗물을 공급했다. 최초의 정수장을 뚝섬에 둔 이유는 '물' 자체보다는 물을 운반하기 위한 동력에 있었던 듯하다. 뚝섬은 조선 후기 이래 신탄의 집산지였기 때문에 양수기용 증기 터번을 가동시키는 데 유리했다.

들도 남산 계곡을 상수원으로 하여 따로 사설 수도를 만들었지만, 이 수도는 워낙 규모가 작았을 뿐 아니라 남산 기슭의 일본인 거류지만을 급수 구역으로 하고 있었기 때문에 물장수들과는 관계가 없었다. 그러나 대한수도회사의 수돗물은 '우물의 도시' 서울의 물 사정에 근본적인 변화를 이끌어냈다. 상수도는 우선 콜레라로 인한 피해를 크게 줄여주었다. 수도가 부설된 지 5년 이내에 서울의 수돗물 사용 가구는 전체의 1/3선에 달할 만큼 늘어났고, 수인성 전염병의 위협도 그만큼 줄었다. 그렇다고 해서 물장수 일거리가 당장 줄어들지는 않았다. 당시의 상수도 급수관은 요즘처럼 모든 집으로 연결되어 있지 않았다. 물은 우물물과 다른 물이었지만, 그 물을 받을 수 있는 곳은 우물과 마찬가지로 한정되어 있었다. 물장수들이나 소비자들에게 문제가 된 것은, 우물물은 '공짜'인데 수돗물은 공짜가 아니었다는 점이다.

서울에 수돗물 공급이 개시되자 물장수와 물 주인들은 졸지에 생산사로부터 소매상으로 그 지위가 바뀌었다. 1908년 6월, 물 관련 영업자 수천 명이 모화관에 모여 대한수도회사에 급수권을 배상하라고 요구했다. 수도꼭지로 인해 개개 우물 단위로 구획되어 있던 급수 구역이 소멸할 것이라고 보았기 때문이다. 그들에게 급수 구역은 곧 돈이었다. '우물에서 물 길어 팔 권리증'은 비록 공인된 것은 아니었으나 관행적으로 매매되고 있었다. 그 권리증이 휴지 조각이 될 판이니 물 주인들이 들고 일어나지 않을 수 없었다. 물장수들 역시 수도꼭지에서 물을 받을 권리를 잃을까 걱정했다. 그러나 수백 년간 전상매매轉相賣買되어오던 상업상의 여러 권리증(주인권)은 러일전쟁 이후 모두 무효가 되어버렸다. 요즘에도 건물 주인은 세입자끼리 주고받은 권리금을 인정하지 않는데, 돈에 관한 한 독하기로 유명한 영국인의 대한수도회사가 이를 인정해줄 턱이 없었다. 대한수도회사는 그 대신 물장수들을 '배달 노동자'로 고용하고자 했다. 수도관을 매 가호로 연장하는 것보다는 그편이 싸게 먹혔고, 물장수들의 기존 고객들을 힘 안 들이고 새로운 수돗물 소비자로 끌어들일 수 있었기 때문이다.

그러나 물장수들이 바로 수도회사 피고용자가 될 수는 없었다. 물 주인들은 그들대로 자기 권리를 지키려 들었고, 새로운 돈벌이 기회를 포착한 모리배들은 그들대로 방법을 찾으려 들었다. 그들은 애초 물장수들이 자기 권익을 지키기 위해 만들었던 노동야학회를 수상야학회로, 다시 수상영업소나 수상공업소, 또는 수상조합소로 개편하고 신설하면서 물장수를 지배하고 수탈할 수 있는 권리를 얻는 데 몰두했다. 물장수 조합은 관행에 따라 물장수로부터 과중한 조합비를 징수하고는 그중 일부를 수도회사에 일괄 납부했다. 명색은 조합이나 실제로는 수돗물 판매 기업이었던 셈인데, 요즈음 기업 경영의 합리화 수단으로 자주 사용되는 아웃소싱outsourcing은 이런 면에서는 '첨단 경영 기법' 쪽보다는 '중세의 잔재' 쪽에 더 가깝다고 해야 할 듯하다.

1911년 2월, 대한수도회사를 매수하여 관영 수도로 바꾼 일제는 수돗물을 전용 급수·공용 급수·소화용 급수·선박용 급수·특별 공용 급수의 다섯 종류로 나누어 판매했다. 이중 물장수가 취급한 것은 특별 공용 급수라는 것이었는데, 이름은 '특별'이지만 실제로 대다수 보통 소비자들은 이 물을 이용했다. 물장수의 입장에서 달라진 것은 없었다. 다만 수상조합소가 물 값을 거둬 납부하는 곳이 대한수도회사에서 경기도청으로 바뀌었을 뿐이다. 그런데 1913년 말, 일제 당국은 갑작스럽게 '수도급수규칙'을 개정하여 '특별 공용 급수'를 폐지하고 그를 '관설 공용 급수'로 바꾸었다. 수도꼭지는 같은 것이지만, 수도꼭지 열쇠를 수돗물 공급을 신청한 각 집에 직접 나누어주고, 물장수가 이 수도꼭지에서 물을 받지 못하도록 한 것이다. 물장수들이 독립운동이라도 했기 때문이었을까?

수돗물이 처음 공급되기 시작했을 때, 사람들이 그 물을 아무 의심 없이 받아들였다고 보기는 어렵다. 서울에는 뚝섬 앞으로 흐르는 한강물 말고도 마실 만한 물이 아직 많았다. 더러운 우물도 있었지만 깨끗한 우물도 있었고, 백악이나 인왕 계곡을 흐르는 맑은 물도 있었다. 조선시대에도 '물 사치'가 있었던 모양이어서 권세 있고 돈 있는 사람들 중에는 밥 해 먹는 물, 마시는 물, 글씨 쓰는 물, 씻는 물을 다 구별해 쓴다고 주장하는 경우도 있었다. 물에 대해 까다로웠던 사람들에게 '표준화된' 수돗물을 팔아먹기 위해서는 수돗물이 괜찮은 물이라는 사실을 널리 알리는 동시에 그 유통로를 장악하고 확대할 필요가 있었다. 대한수도회사나 일제의 관영 수도가 한동안 물장수들을 그대로 두었던 것은 그들이 장악한 유통망에 접근하기 위해서였을 뿐이다. 수돗물에 대한 사회적 신뢰가 어느 정도 쌓였다고 판단한 시점에 일제는 물장수들을 내팽개쳤다. 오늘날 비정규직 파견 근로자를 쓰는 기업가의 합리적 태도와, 이 시점에서 일제가 보인 태도는 기본적으로 같았다.

물장수는 우물물을 먹던 소비자에게 수돗물을 알리는 데에는 도움이 되었으나, 관영 수도의 '마진'에는 전혀 도움이 되지 않았다. 당시 수돗물 값은 정액제도 아니고 종량제도 아닌 어중간한 방식으로 책정되었다. 수돗물을 사서 먹는 소비자는 지게 단위로 물 값을 지불했으나 물장수들은 급수 구역의 크기에 상관없이 매달 일정액을 수상조합에 납부했고, 조합은 이중 상당액―물장수들의 주장에 따르면 그 액수는 물장수가 납부하는 금액의 60% 이상에 달했다―을 횡취橫取한 뒤 나머지를 경기도청에 냈다. 이런 요금체계하에서는 물장수의 급수 구역이 커지고 수돗물 소비자가 늘어나더라도 수도 사업자에게는 별 '메리트'가 없었다. 수도 관리권을 쥐고 있던 경기도청이 보기에는, 수돗물 소비 가구의 증가는 오히려 '물 낭비'였다. 1913년 말의 수도급수규칙 개정은 그 낭비 요인을 없애고 수돗물 수용 가구로부터 직접 물 값을 거둬들이는 데에 목적이 있었다.

이익단체의 압력으로부터 자유로울 수 없는 '민주 정체政體'에서라면 이런 낭비도 끌어안고 갈 수밖에 없지만, 식민지 지배자들은 많은 것을 고려할 필요가 없었다. 100여 년 이상 급수권에 붙어 있던 권리금이나 수돗물 장수가 되기 위해 지불했던 조합비는 일장 훈시만으로 허공에 날려 보낼 수 있었다. 물장수들이 조합이나 소비자와 빈번히 마찰을 빚었던 것도 조합 해산의 명분을 세

1925년 을축대홍수 직후 물을 받기 위해 늘어선 사람들. 이 홍수로 뚝섬과 노량진의 정수장은 물론 시내 우물 역시 대부분 오염되었다. '물난리'가 또 다른 '물난리'를 초래한 셈인데, 도시에서는 이런 물난리를 극복하기가 쉽지 않다. 인구 30만, 백악과 남산 계곡 도처에 천연 샘이 남아 구실하고 있던 시절에도 상수원 오염이 이런 난리를 초래했는데, 지금 한강이 오염되면 어떤 일이 벌어질까?

위주었다. 1914년 초여름, 경기도장관은 수상조합 간부들에게 해산비로 3만 8,000원을 주고 조합을 해산하도록 지시했다. 각 경찰서에서도 관내 물장수들을 불러 모아 소액의 은사금恩賜金[1]을 나누어주고 자진 해산을 지시했다.

이 조치로 수상조합은 해산되었지만 물장수가 사라지지는 않았다. 바뀐 규정에 따르면 수돗물 수용가受用家는 도청에 물 값을 내고 수도꼭지 열쇠를 받은 후 필요할 때마다 수도꼭지 있는 곳에 가서 물을 받아와야 했다. 그런데 물 긷는 일은 '천한 일'이라는 뿌리 깊은 인식이 남아 있었던 데다가, 물 길어올 사람이 없는 집도 있어서[2] 모든 집이 규칙대로 직접 물을 받아 쓸 수는 없었다. '자기 열쇠' 들고 수돗물을 받아 '파는' '수돗물 장수'는 공식적으로 사라졌지만, 그 대신 '남의 열쇠' 들고 수돗물을 받아 '배달하는' 수돗물 배달꾼이 생겨났다. 그리고 이는 그야말로 말장난일 뿐이다. 사라진 사람이 바로 새로 나타난 사람이었다. 또 이런 시스템에서는 열쇠 주인집뿐 아니라, '열쇠 없는 집'에도 '몰래' 물을 배달할 수 있었다. 우물물을 길어다 파는 물장수도 오랫동안 명맥을 유지했다. 그 탓에 1920년대 초반까지도 경성부 내의 물장수는 1,000명에 달했다.

세간에 오랫동안 전해온 이야기 중에 '북청 물장수'에 관한 것이 있다. 서울 물장수의 태반이 북청 출신이었고, 그들이 남달리 근면하고 성실해서 대개 성공을 거두었다는 이야기인데, 어떤 이는 물장수가 처음 출현할 때부터 북청 청년들로 구성되어 있었다고까지 주장한다. 그런데 19세기 초에는 '북청 고학생'이라는 존재는 없었다. 북청 출신 고학생들이 물장수의 주축이 된 것은 '수돗물 배달꾼'과 '우물물 장수' 늘이 활동했던 1920년대의 일이었을 게다. 이후 물장수는 지속적으로 그 수가 줄어들기는 했지만, 1970

[1] 일본이 한국을 강점한 후 친일 귀족과 소수 양반들, 극소수 환과고독鰥寡孤獨에게 '천황' 명의로 지급한 돈의 이름도 '은사금'이었다. 이름은 '은혜를 베풀어주는 돈'이지만, 실제로는 다 빼앗고 나서 생색내기 위해 엉뚱한 데다 눈곱만큼 돌려주는 돈이었다. 비근한 우리말로는 '개평' 정도가 적당할 듯싶다.

[2] 수돗물을 쓰는 조선 집들은 일본식 표현으로 '중류 이상'이거나 여관, 음식점 등이었는데, 영업소의 경우 물 긷는 일을 따로 맡길 일꾼까지 두기는 어려웠다.

년대 초까지도 서울에서 발견할 수 있었다. 1960년까지도 서울의 상수도 보급률은 50%에 불과했다. 그 비율은 1970년에 85%로 늘어났지만, 문서상의 보급률과 체감 보급률에는 많은 차이가 있었다. 물이 안 나오는 때가 많은데 집 마당에 수도꼭지가 있어 봤자 소용없는 일이었다. 내가 다닌 고등학교는 신개발 주택지에 있었는데, 그때만 해도 집에 수돗물이 안 나와 '사이다'로 밥을 해 먹고 도시락까지 그 밥으로 싸 오는 친구들이 있었다. 덕분에 나는 '사이다 밥'도 먹어보았다.

　　서울에서 물장수가 '완전히' 자취를 감춘 것은 1970년대 말쯤이었던 듯하다. 그때 가서야 서울 어느 집에서든 수도꼭지만 틀면 콸콸이든 졸졸이든 물은 흘러나왔다. 그 얼마 전 '중동 붐'을 계기로 그때까지 까맣게 모르고 있던 아랍 지역에 대한 정보를 새로 얻은 사람들은 아랍 사람이 비록 석유는 풍족하게 쓰지만 물은 '사 먹는다'는 사실에 위안을 얻기도 했다. 마실 물에 특별히 주리지 않았던 경험 때문인지, 아니면 서울살이 경험이 일천한 사람들이 많았기 때문인지, 사람들은 자신이 물을 사 먹는다는 사실을 수시로 잊어버리곤 했다. 수도 요금에 '수도세'라는 당치 않은 이름을 붙인 것도 어쩌면 그런 무의식 때문일지도 모르겠다(마찬가지로 쓰레기 버리는 데 돈 내야 하는 것도 '당연한' 일로 받아들이기까지는 시간이 걸렸다. 그래서 쓰레기 수거 요금 역시 '오물세'라는 이름으로 불렸다). 이 시기가 아마도 서울 역사상 처음이자 마지막으로, 싼값에 큰 힘 들이지 않고 마실 물을 얻을 수 있었던 짧은 기간이었을 것이다. 그로부터 갓 10여 년이 지난 후 한국은 '물 부족 국가'라는 홍보가 시작되었다. 같은 무렵, 수돗물이 먹는 물로는 적합하지 않다는 생각도 널리 퍼져나갔다.

　　건강한 신체에 대한 관심이 고조되던 무렵, 물과 관련된

_ 1990년의 팔당 수원지. '한강의 기적'은 동시에 한강의 오염이기도 했다. 서울 인구가 늘어나면서 뚝섬, 노량진, 구의 등 가까운 정수장만으로는 그 수돗물 수요를 채울 수 없었다. 팔당 수원지는 현재까지 수도권 인구 대다수의 식수원으로 기능하고 있지만 인근 음식점, 모텔, 축산농가, 산업시설 등으로 인해 계속 더러워지고 있고 앞으로도 그 추세가 바뀔 것 같지는 않다.

3_ 근대화 과정에서 수많은 도시 직업이 나타났다 사라졌지만, 그 반대 경우는 드물었다. 그런데 최근에는 경제 사정 탓인지 '정서' 탓인지 여러 직업이 소생하고 있다. 번데기 장수, 뽑기 장수가 보인 지는 꽤 오래되었고, 최근에는 '이이스케-키'를 외치는 사람까지 보았다. 이러다 인력거꾼까지 재등장하는 건 아닌지 모르겠다.

이야기도 덩달아 늘어났다. 물이 약처럼 취급되기 시작했고, 전국의 소문난 약수터 주변이 물을 퍼 올리는 공사로 몸살을 앓았으며, 수돗물 재가공 기계인 '정수기'가 시장에 모습을 드러냈다. 내 외가는 약수로 유명한 충청도 초정에서 그리 멀지 않은 곳에 있는데, 몇 해 전 들러서 보니 내가 어렸을 적 가재 잡던 집 앞 개울이 거의 말라 있었다. 땅속에서 서울 사람들을 위해 '초정리 광천수'를 마구 퍼 올린 탓에 지표수를 떠받치는 지하수가 고갈되어버린 것이다. 서울이 지방으로부터 모든 것을 빨아들이는 블랙홀이 된 것은 이미 오래전이지만, 이제는 땅속에 숨어 흐르는 물까지 빨아들이는 지경에 이르렀다. 더불어 다시는 볼 수 없으리라 생각했던 '물장수'도 다른 모습으로 다시 나타났다.3_ 트럭이 물지게를, 플라스틱통이 양철통을 대체했지만, 가정집으로 사무실로 물을 배달하는 사람들은 지금도 예전 모습 그대로이다.

100여 년 전의 서울 사람들은 서울 땅 아래에서 솟아 나오는 우물물을 마셨다. 1908년부터 서울 앞을 흐르는 한강 물이 그를 대체하기 시작했는데, 이는 무엇보다도 위생 문제 때문이었다. 그 수돗물이 우물물을 완전히 구축驅逐하는 데까지는 70년 가까운 시간을 필요로 했다. 그러나 수돗물은 식수 구실을 한 지 30년도 지나지 않아 위생과 건강에 좋지 않은 물로 의심받기 시작했다. 이제 서울 사람들은 여러 가지 물을 마신다. 수돗물을 재차 정수 처리한 물, 시골 지하수를 가공한 물, 그 물에 다시 화학 처리나 약품 처리를 한 물, 무슨 처리를 어떻게 했는지 모르지만 어쨌든 좋다는 물,

심지어 깊은 바다 속에서 퍼 올렸다는 물까지. 거대도시는 자기 영역 내의 물만으로는 결코 그 안에 사는 사람들의 삶을 지탱해줄 수 없다. 도시가 커지는 만큼 식수원도 멀어지고 광대화·입체화하지만, 더불어 위험도도 높아진다. 오염된 우물은 안 쓰면 그만이지만, 거대 상수원이 일단 오염되면 어쩔 도리가 없다. 더구나 지금 서울은 지하철과 인공 하천으로 인해 지하수가 고갈되어 비상시 대체 상수원을 찾을 수 없는 도시가 되어 있다.

　　　　물은 다양한 용도로 쓸 수 있는 자연물이지만, 생수 광고 문구에 늘 등장하는 그대로 '생명의 원천' 기능이 최우선이다. 먹을 물을 먼저 고려한 이후에야 다른 용도를 생각할 수 있는 것이다. 인간은 유사 이래 끊임없이 자연을 '정복'해왔지만, 자연의 복원 관성까지 완전히 굴복시킨 적은 없었다. 게다가 '천려일실'千慮一失이라, 아무리 치밀하게 준비해도 미처 생각지 못한 부분은 언제나 생기게 마련이다. 태안 앞바다 기름 유출 사고는 대재앙을 예고하는 것일 수 있지만, 재앙이 코앞에 닥치기 전까지는 그를 두려워하지 않는 사람도 많다.

서울은 깊다 · 25

복덕방

직업에 귀천이 없다는 말은 자본주의 시대가 만들어낸 대표적인 거짓말이지만, 이 말을 곧이곧대로 믿는 사람들도 오랫동안 성^{性}이나 연령에 따른 직업 차별까지 묵살하기는 어려웠다. 남자가 할 일과 여자가 할 일, 젊은이에게 어울리는 일과 늙은이의 소일거리는 관습적이지만 꽤나 명확히 구분되어왔다. 그런데 근래에 들어 이 구분선도 급속히 모호해지고 있다.

최근 알파걸이 새로운 아이콘으로 부각되면서 성과 직업(엄밀히 따지자면 직업적 성취) 사이의 관계를 재정립하자는 논의가 활발해지고 있는데, 성별 분업에 관련된 변화가 새삼스러운 것은 아니다. 자본이 노동력 시장을 확대할 필요가 있을 때면 여성은 수시로 집 밖으로 불려 나왔고, 때로는 그들 자신이 집 밖의 일거리를 간절히 원하기도 했다. 전쟁으로 인한 남성 노동력 시장의 공백을 재빨리 메운 것도 여성들이었다. 관습적으로 유지되어왔던 성별 분업 구도는 그럴 때마다 재정비되곤 했다.

우리나라의 경우 자본과 노동의 분리가 본격화하던 초기 국면에서, 집 밖으로 나온 여성들은 두 부류로 나뉘었다. 자신의

'성 정체성'에 어울리는 일을 하는 여성과, 남성의 일을 대신하는 (또는 침범하는) 여성으로. 앞의 여성들에게는 대체로 직업 자체에 성을 표현하는 글자가 포함되었고 뒤의 여성들에게는 직업 앞에 '여'자를 첨부해서 '어울리지 않는 일을 하는' 여성임을 표시했다. 산파, 간호부, 전도부인, 침모針母 또는 식모食母, 매소부賣笑婦, 유녀遊女, 그리고 최근까지 있었던 가정부나 안내양 등은 순연한 여성 직업이었고, 여의사·여기자·여선생·여학생·여직공·여점원·여급女給, 기타 수많은 '여○○'은 남자 일에 '끼어든' 여자들을 지칭했다. 남존여비는 이 경우에도 어지없이 관철되어, 여자 일을 하는 여자보다는 남자 일을 하는 여자가 더 높이 평가되는 것이 일반적이었다.

    그러나 어느 경우든 '직업여성'은 그다지 좋은 의미로 사용되지 않았다. 1970년대 도시 직업여성의 대종大宗이었던 '삼순이'[1]는 술집 여종업원을 뜻하던 '직업여성' 바로 위에서, 여차하면 그 경계를 넘을 준비가 되어 있는 여성들로 취급되었다. 이미 1920년대에도 여공의 '정조'情操는 '세루치마' 한 벌과 교환되는 것으로 의심받았으니 직업에 붙은 이미지는 장소에 부착된 이미지만큼이나 질겼다. 이 질긴 고정관념이 깨지기 시작한 것은 굳이 '여'자를 앞에 붙일 필요가 없는 직업이 많아지면서부터였는데, 이 변화의 출발점은 길게 잡아도 30년을 거슬러 올라가지 못한다. '커리어 우먼'을 직역하면 '직업여성'이지만 둘 사이에는 하늘과 땅만큼의 거리가 있다. 한 세대 전의 사람들이라면 요즘의 알파걸을 보고 '선머슴' 같다거나 '왈가닥'이라고 했겠지만, 그들 사이에도 역시 시대가 만들어낸 거대한 장벽이 있다. 여성들만 변한 것이 아니라 그들이 뛰어노는 마당 역시 크게 달라진 것이다.

    이야기가 본지本旨에서 벗어나버렸지만, 성별에 따른 직업 구분은 명료하면서도 극히 차별적이었다. 반면 나이와 직업 사이

1_ 삼순이란 모 드라마의 여주인공 이름으로 다시 유명해졌지만, 예전에는 '식순이'(식모), '공순이'(여공), '차순이'(차장)를 통칭하는 말이었다. 1980년대 초 민심 수습책의 일환으로 직업명에 들어 있는 비하적 요소를 걸어내자는 국가적 캠페인이 언론을 총동원하여 대대적으로 벌어졌는데, 그때 많은 직업명이 다듬어졌다. 구두닦이는 구두광택사로, 청소부는 환경미화원으로, 식모는 가정부나 가사보조원으로, 차장은 안내양으로, 심지어 간호원은 간호사로 바뀌었는데, 그럴싸한 것도 있고 왜 바꿨는지 이유를 알기 어려운 것도 있지만, 이후로 '삼순이'에 관한 기억도 희미해져갔다.

— (좌) 동화약방의 활명수 제조공장. 공장 생산품의 최종 가공은 대개 단순하고 반복적인 노동으로 이루어졌다. 그 일은 거의가 여성 노동자의 몫이었는데, 가끔 남성 아동이 끼어들기도 했다. 사진 맨 앞쪽 좌우에 사내아이들이 보인다.

— (우) 일제하의 제사공장. 제사공장과 고무공장의 노동력은 대다수가 여성으로 구성되어 있었다. 그럼에도 불구하고 이들은 '여공'이었을 뿐 '공원'은 아니었다. 소수의 남성 노동자들이 이들을 지휘 감독했고, 그 과정에서 자주 성적인 억압이 가해졌다. 1930년경 고무 여공을 소재로 한 노래 가사 중에는 "얼굴 예쁜 색시라야 감 잘 준다고 / 감독 앞에 헤죽헤죽 아양이 밑천 / 고무공장 큰애기 세루치마는 / 감독 나리 사다준 선물이라네"라는 것이 있었다.

에는 이토록 명료한 상관관계가 만들어지지 않았다. 아동 및 청소년과 노인—노동력을 상실한 후에도 오랫동안 더 살 수 있는 시대가 열린 것은 아직 한 세기도 채 되지 않았다—에게 각각 어울리는 도시 직업은 오래전에도 있었고 특히 20세기에 들어와 그 수가 늘기는 했지만, 범주로 나눌 수 있을 만큼 일반화한 적은 없었다. 예컨대 여관 조바[2]나 식당 뽀이, 구두닦이, 신문팔이 등은 주로 아이들의 일이었지만 어른도 간간이 끼어들었고, 결국에는 어른 일이 되어버렸다. 노인들에게는 복덕방福德房, 대서방, 관상쟁이, 풍수쟁이(묏자리 봐주는 사람) 따위가 할당되었는데, 직업이라기보다는 소일거리라 해야 마땅한 일들이었다. 그러나 지금 이들 중 복덕방은 부동산 공인중개사 사무소로, 대서소는 법무사 사무소로 이름이 바뀌면서 전문 용역업체가 되었고 더불어 노인들도 자기 자리에서 밀려났다.

나는 복덕방이라는 명칭에 대해 그리 유쾌하지 않은 기억을 가지고 있다. 중학교 3학년 때 내 어머니는 아들의 어두운 안색을 교정해보시겠다고 금 메끼칠(도금)한 안경을 맞추어주셨다. 나는 아주 어려서도 자주 애늙은이로 불리곤 했는데, 이 안경은 상황을 돌이킬 수 없이 악화시켰다. 당장 센스 있는(그러나 내게는 얄밉

[2] '조바'란 일본어에서 파생된 말로 잔심부름꾼을 뜻한다.

— 1900년경 서울의 노인들. 20세기 초까지도 남자 나이 40대이면 할아버지가 되어 있었다. 이 시기에는 노동 능력보다 생명이 먼저 소진되는 경우가 많았기 때문에, 노인에게는 따로 일이 없었다(글 읽고 쓰는 것은 노동이 아니었다). 특히 서울의 양반 후예들에게 노동은 일종의 금기였다. 그저 길가에 나앉아 곰방대 물고 세태를 논하거나 장기를 두는 것이 일이라면 일이었을 뿐.

기 짝이 없는) 친구 녀석 하나가 내게 '복덕방'이라는 치명적인 별명을 붙여주었고(당시 안경잡이에게 붙는 별명은 보통 '네눈깔'이나 '사이클' 정도여서 복덕방은 무척 파격적이었다), 이 별명은 고등학교 졸업할 때까지 학교 선생님들도 다 아는 내 공식 별명으로 끈질기게 붙어 다녔다. 복덕방은 '영감'과 동의어였다.

지난 수십 년 이래 주기적으로 부동산 광풍이 몰아닥치면서, 부동산 중개업은 사장님이나 아줌마—집값이 비싼 동네에는 젊은 남성이 상대적으로 많고 싼 동네에는 중년 여성이 경향적으로 많다—의 일이 되었는데 이 변화는 복덕방이라는 명칭 자체의 소멸과 함께 진행되었다. 복덕방 사장님이나 복덕방 아줌마는 아무래도 어울리지 않는다. 복덕방은 오직 영감에게만 어울린다(할머니도 안 된다). 이 변화는 또한 담당자의 연령 변화에 국한되지 않는다. 명칭과 담당자의 변화 뒤에는 토지와 건물에 대한 오래된 관념의 근본적이고 불가역적인 변화가 있었다.

복덕방이라는 말의 유래는 확실치 않다. 당제堂祭나 동제洞祭를 지낸 뒤 마을 사람들이 모여 앉아 음식을 나누어 먹던 방을 복덕

_ 1972년 광주대단지(현재의 성남시)에 들어선 수많은 부동산 중개업소들. 이때에도 이미 대규모 토지 가옥 거래가 이루어지던 지역에서는 복덕방이라는 '촌스러운' 이름 대신 'ㅇㅇ사'라는 기업형 이름이 사용되고 있었다. 복덕방은 미로처럼 얽힌 골목길 귀퉁이에 어울리는 이름이었고, '팔구사 부동산' 등은 신개발지나 대규모 재개발 지구에 걸맞은 이름이었다.

방이라 했고, 이때의 '福德'은 '生起福德'에서 나왔다고 하는 설명이 일반적으로 통용되고 있다. 이 설명이 맞다면 그 유래는 까마득히 먼 옛날로 올라가야 할 터인데, 같은 이름으로 다른 실체가 만들어지는 경우도 있는 법이다. 사람들이 모여 함께 음복飮福하는 복덕방과 가옥 매매를 중개하는 복덕방은 이름은 같지만 실체와 기원은 아주 달랐다. 앞의 복덕방과 뒤의 복덕방은 귀신과 사람 모두를 '불러들이는' 것 말고는 별반 유사성이 없었다.

　　가옥 매매를 중개하는 업소 명칭을 복덕방으로 쓰기 시작한 것은 그리 오래되지 않은 듯하다. 우선 이 경우의 '방'은 여러 사람이 모여 앉는 방이 아니라 상업 시설(점포)의 일종이다. 조선시대에는 물건을 쌓아놓고 파는 곳을 전廛이라 했고, 한편에서 만들고 한편에서 파는 곳, 즉 생산과 판매를 겸하는 곳을 점店이라 했다. 오늘날 전은 '어물전 망신 꼴뚜기가 시킨다'는 등 옛 속담을 인용할 때에나 가끔 쓰일 뿐으로 사어가 된 지 오래이고, 점이 애초의 뜻과는 무관하게 상업 시설을 통칭하는 말로 쓰이고 있다. 양복점이나 일부 양화점은 여전히 생산 가공과 판매를 겸하고 있지만, 철물점이나 잡화점에서 초대형 백화점이나 할인점에 이르기까지 판매만 하는 곳도 모두 점이다.

한편 방은 매우 적어서 이 글의 주제인 복덕방 말고는 금은방 정도가 있었을 뿐이다.[3] 이때의 방은 자기 물건이 아닌 남의 물건을 대신 사고팔아주는 곳을 의미한다. 그러므로 복덕방은 주인 영감 것이 아닌 남의 '복'과 '덕'―집이 아니다―을 사고팔 수 있도록 알선해주는 곳이다.

1986년 말, 군사정권의 폭정에 비례하여 학생운동도 격해져 있던 시절의 세모歲暮에, 공부한다는 핑계로 대학원 연구실에 앉아 있던 내 귀에 학부 학생회 간부가 거친 목소리로 외치는 새해 인사가 들려왔다. "학우여, 새해 복 많이 쟁취하자!" '쟁취하자'는 하루에도 수십 번씩 들어 전혀 귀에 선 말이 아니었지만, 복과 연결되어버리니 생경하기 이를 데 없었다. 아무리 세상 모든 것이 싸워서 빼앗아야 할 것으로 보여도 그렇지, 복을 싸워서 빼앗자니. 복은 사람끼리 주고받거나 빼앗거나 훔칠 수 있는 것이 아니다. 그것은 오직 신만이 내려줄 수 있는 것이다. 천신이 내려주면 천복이고 지신이 받쳐주면 지복이다. 어떤 사람은 타고나기도 하고 어떤 사람은 한참 살다가 받기도 한다. 로또 당첨이 쟁취할 수 있는 것이었다면, 우리나라 인구는 많이 줄었을 것이다.

반면 덕德이란 사람이 베푸는 것이다. 내 중학교 때 한문 선생님은 이 글자를 '두인변에 십사일심'으로 가르치셨다. 열네 명을 한 마음으로 묶을 수 있는 '어떤 것'이 곧 덕이라는 것이다. 얼핏 요즘 유달리 강조되는 리더십이나 카리스마, 친화력 등이 이와 비슷할 것 같기도 하지만, 그것만으로는 아무래도 부족한 '어떤 것'이 덕이다. 논어에는 '덕불고필유린'德不孤必有隣이라는 문구가 있다. 덕이 있는 자에게는 사람이 많이 따른다는 뜻인데, 이 문구가

[3] 노래방, PC방, DVD방, 소주방 등의 '방'과는 용례가 다르다. 한국인의 '방' 집착에 대해서는 따로 이야기할 기회가 있을 것이다.

_ 1989년 행당동 어느 골목 모퉁이. 구멍가게와 복덕방을 겸한 집. 비록 낡고 허름하지만, 이 복덕방 주인은 양쪽 두 골목을 주름잡고 있었을 터이다.

가리키는 대로 덕이란 이웃 사이에서 쌓고, 이웃으로부터 받는 것이다. 우리 옛말에 '팔백 금으로 집을 사고 천금으로 이웃을 산다'는 말도 같은 맥락이다.

복덕방을 문자 그대로 해석하면 지복地福과 인덕隣德을 알선해주는 업소다. 그래서 복덕방 주인은 풍수쟁이를 겸해야 했고, 동네 사정도 꿰뚫어야 했다. 어느 집에 살던 누가 언제 입신양명해서 떠났는지, 혹은 어느 집에서 멀쩡히 잘 살다 급살 맞은 사람이 나왔는지, 어느 집 주인이 성질이 고약해서 늘 이웃에게 폐를 끼치는지, 어느 집 천정에서 물이 새고 어느 집에서 연탄가스 중독 사고가 자주 일어나는지 등등을 다 알아야만 비로소 온전한 복덕방 주인의 자격을 갖출 수 있었다. 그러고 보면 복덕방 영감이 갖추어야 했던 자질과 능력은 오늘날의 '공인중개사'에게 요구되는 것과는 비교할 수 없을 정도로 섬세하고도 총체적이었던 셈이다. 평당 가격으로 완벽하게 환산되는 오늘날의 아파트도 집주인이 망해 나갔다면 값이 깎이기는 하겠지만, 그걸 일부러 알리는 공인중개사는 거의 없고, 그걸 아는 공인중개사도 드물다.

_ 1923년경의 복덕방. 주점 옆에 방 한 칸을 빌어 복덕방이라 쓰인 포렴을 걸어놓고 있다. 그 옆에는 토지가옥 중개라고 쓰인 글귀도 보인다. 복덕방 영감님은 무료한 모양으로 들어가지도 나오지도 않은 어정쩡한 상태로 앉아 있다.

　　　　　토지 가옥의 매매를 알선하는 사람을 한자어로는 가쾌家儈라 했고 우리말로는 '집주름'(지금은 '집주릅'이 표준어이다)이라 했다. '주름잡는다'는 말은 바지 주름 잡는다는 뜻이 아니라 동네 사정을 훤히 꿰뚫어 안다는 뜻이다. 한동네에 오래 머물러 살면서 가가호호의 내밀한 사정까지 손금 보듯 하는 사람들만이 주름을 잡을 수 있었다. 영감이 아니고서야 그런 능력을 어떻게 구비할 수 있겠는가. 박지원은 「광문자전」廣文者傳에서 평생을 파락호破落戶로 살던 광문이 늘그막에 집주름 노릇하며 사는 모습을 묘사했다. 그의 삶은 왕년이 다 소비해버렸고 남은 것은 여생뿐이었으나, 그는 왕년이 만들어준 경륜과 이웃의 신망 덕에 소일거리나마 잡을 수 있었다.

　　　　　조선 왕조 개국 직후, 집보다는 빈 터가 많았던 서울은 굳이 집주름을 필요로 하지 않았다. 그러나 수도 꼴이 잡히고 집들이 빼곡히 들어찬 뒤로는 과거에 급제하여 벼슬 살러 오는 사람들을 위해서라도 살 집을 찾아주는 사람들이 필요하게 되었다. 세조 때에 오가작통법을 시행하면서, 각 통의 통수로 하여금 집주름 노릇

_ 동대문 옹성에 바로 붙어 복덕방과 채종상茶種商이 자리잡고 있다. 얼핏 두 가지는 아무 상관없는 업종 같지만, 하나는 뿌리내릴 씨를 파는 곳이요 다른 하나는 사람이 뿌리내릴 곳을 소개해주는 곳이다. 동대문 밖의 근교 농업 지대와 동대문 안의 도시 주거지가 교차하는 장소적 특징이 여실히 드러난다. 1905년경.

을 겸하도록 한 것도 그 때문이었다. 얼마 전까지만 해도 다른 동네로 이사하는 경우에는 통장 도장을 받아 전입신고를 해야 했다. 이는 일차적으로는 일제의 통반제가 남긴 유제이지만, 더 거슬러 올라가면 여기에서도 맥을 이을 수 있다. 어쨌든 그때부터 개항 이후까지 오랫동안, 집주름은 집주름이었을 뿐 복덕방 영감은 아니었던 듯하다. 복덕방이라는 당당한 간판(이라기보다는 천 조각)을 내걸고 영업하는 집주름은 개항 이후로도 한참의 시간이 흐른 뒤에야 나왔다.

개항 이후 서울에서 집을 구하는 외국인들이 늘면서 집주름의 일이 늘었고, 덩달아 집주름도 늘었다. 더구나 외국인들이 집을 보는 태도는 한국 사람들과는 사뭇 달랐다. 그들은 땅에서 복을 구하지도 않았고, 이웃에게 덕을 보려는 생각도 없었다. 그들은 넓은 마당, 지은 지 얼마 되지 않은 깨끗한 기와 건물, 가급적 통풍이 잘되는 언덕배기의 집을 원했고, '집 자체의 역사'는 고려하지 않았다. 집의 역사를 아는 집주름보다는 경제적 가치에 민감한 집주름이 필요했다. 집주름이 익숙해 있던 집의 가치와 외국인들이 원하는 집의 가치가 충돌했지만, 집주름은 어쨌든 알선 중개인일 뿐이었다. 사려는 사람이 따지지 않는데, 알선 중개인이 흉가니 폐가니 따질 이유가 어디에 있는가. 집을 구성하는 여러 가치 중 계량할 수 있는 가치의 중요성이 높아지기 시작했다.

집을 복이나 덕이 아니라 돈과만 직결시키는 태도가 전면화한 데에는 대한제국 황실이 '기여'한 바도 컸다. 1901년 말, 내장원內藏院은 서울 시내 집주름들을 모아 들여 한성보신사漢城普信社, 일명 한성회사를 설립했다. 회사의 영업 목적은 주택 담보 대부업이었는데, 느닷없이 이런 회사가 생긴 데에는 그럴 만한 사정이 있었다. 이해는 극심한 흉작이어서 안남미安南米(베트남 쌀)를 수입하고서야 겨우 그럭저럭 쌀값을 안정시키고 기민飢民을 구제할 수 있었다. 개항 이후 조선이 쌀을 수입한 것은 1888년에 이어 이해가 두번째였다. 당장 쌀 부족만 문제가 아니었다. 흉작에 따른 조세 감면 등으로 인해 국가 재정도 파탄지경에 이르렀다. 당장 국가적 사업으로 추진되던 양전지계사업4 등을 축소 조정해야 했을 뿐 아니라 관리들의 봉급조차 지불할 수 없는 상태가 되었다. 다급해진 탁지부度支部는 내장원에 손을 내밀었고, 내장원은 탁지부에 돈을 꾸어주는 한편으로 새어 나간 세금을 추징할 방도를 찾았다.

그런데 이 무렵의 지방관은 관리라기보다는 사업가에 가까웠다. 그들은 오늘날 대중적 인기를 끌고 있는 CEO형 단체장의 원조라 할 수 있을 정도로 다방면에 걸쳐 사업을 벌였고, 큰 수입을 얻었다. 민영휘가 평안감사 시절에 긁어모은 돈만 가지고도 일제강점기까지 조선인 최고의 갑부 소리를 들었을 정도이니, 그 밖에 자잘한 관찰사나 군수 나부랭이까지 매거枚擧할 필요는 없을 터이다. 당시 지방관들이 돈을 긁어모으는 수법을 내 임의로 대별하면 고전형·근대형·범죄형 정도로 나눌 수 있을 것 같다. 고전형이란 멀쩡한 사람을 죄로 옮아매어 돈을 뜯어내거나 하는 것인데, 농민

4_ 대한제국 정부가 전국의 토지 면적과 소유 관계를 조사하기 위해 1898년부터 추진한 사업. 정부는 이 사업을 통해 근대적 토지제도를 정립하고, 안정적인 세수를 확보하고자 했으나 1901년의 흉작으로 사업이 축소되었고, 러일전쟁을 앞두고 중단되었다.

전쟁을 겪은 데다가 사법 제도도 개편된 뒤였기 때문에 예전처럼 함부로 할 수는 없었다. 막강한 배경을 가진 자이거나 관찰사급이라도 이런 짓을 하기 위해서는 눈치를 좀 보아야 했다. 그래서 이런 식의 '침학'侵虐은 전 시기보다는 많이 줄었던 듯하다. 범죄형은 공공연히 착복하는 것이니 이걸 설명하느라 지면을 낭비할 이유는 없다.

근대형이란 조세 징수 방식의 개혁과 화폐 제도의 문란에 편승하여 다양한 금융 기법을 개발하고 그에 입각하여 돈을 '버는' 방식이다. 대한제국 시기 지방관 수입의 대부분이 여기에서 나왔던바, 관직의 시장가격(매관매직의 가격)도 이를 기준으로 형성되었던 듯하다. 당시 전환국에서는 백동화라는 악화惡貨를 다량 남발했는데, 그 액면가치와 시장가치 사이에는 현격한 차이가 있었다. 그러나 정부가 발행한 화폐인 만큼 정부의 수입 지출에서는 액면가로 인정받았다. 지방관들은 이 점을 이용하여 백성들로부터 조세를 거둘 때에는 엽전으로 걷고, 중앙에 상납할 때에는 백동화로 냈다. 예를 들어보자. 백동화의 액면가가 엽전 5냥이고 시장가가 2냥일 경우 지방관은 우선 엽전으로 1만 냥을 걷는다. 이걸 시장가로 백동화와 교환하면 액면가 2만 5,000냥으로 늘어난다. 지방관은 그중 1만 냥만 중앙에 상납하면 되므로 환전 수수료조로 나가는 돈을 제외한 나머지는 몽땅 자기 것으로 할 수 있었다. 차익의 규모를 단순 비교할 수는 없지만 어쨌든 오늘날의 환치기다.

그들은 중앙 상납분 1만 냥도 바로 상납하지 않았다. 일단 돈이 너무 무거웠다. 지방 여행을 결심한 외국인들은 돈을 운반할 지게꾼을 따로 고용해야 할 정도였다. 더구나 활빈당活貧黨과 명화적明火賊이 도처에 숨어 있는데, 돈 지게 행렬을 천 리 길에 내보낼 이유는 없었다. 이는 또 다른 돈벌이 길에 나서는 데 더없이 좋은 핑계였다. 당시 상인들은 전국에 걸친 네트워크를 만들어놓고 있었다.

_ (좌) 1957년의 복덕방 영감. 허가 번호 제106호, 서대문구 토지가옥소개업조합에 소속된 복덕방임을 알리는 현수막만 있을 뿐 정작 방房은 없다. 노인은 빗자루, 솥뚜껑 등 가재도구도 늘어놓고 있지만, 어느 쪽 일이든 소일거리였던 모양으로 표정과 자세는 느긋하다.

_ (우) 일제 강점기의 복덕방 영감. 복덕방이라 쓰인 현수막 옆에 토지가옥소개업이라 쓰인 목판을 걸고 길가에 나앉아 있다. 쭈그려 앉은 채로 나무를 깎고 있는데 어느 게 본업이고 어느 게 부업인지 알기 어렵다.

그들에게 조세 상납을 맡기면 되었다. 물론 장사꾼에게 공돈은 없다. 지방관이 선이자를 떼고 장사꾼에게 조세 상납을 대행시키면—더불어 자기 돈도 맡겼다—장사꾼들은 그 돈으로 물건을 사고 팔고 하면서 서울까지 올라간다. 서울에 도착해서 탁지부에 세금을 바치고 나면 나머지는 장사꾼 몫이다. 이름 하여 '외획外劃'이라는 것이다(간단히 예를 들자니 비근해졌다. 거꾸로 장사꾼이 세금을 대납代納하고 지방관에게 청구하는 경우도 있었다). 지방관의 입장에서 보자면 여지없는 오늘날의 대부업이다.

그러나 사업에는 언제나 위험이 따르게 마련이다. 장사꾼이 중간에 큰 손해를 볼 수도 있었고, 지방관이 교체되는 틈을 타 돈을 떼어먹을 수도 있었다. 이렇게 되면 지방관으로서는 본의 아니게 납기를 어길 수밖에 없다. 그렇다고 이미 자기 것이 되어버린 돈을 대신 내는 양심적인 지방관은 드물었다. 아예 대놓고 하는 범죄형 착복도 있는 마당에, 연체쯤은 대수롭게 생각하지 않았다. 정부와 황실은 이런 폐단을 줄이기 위해 은행도 설립하고 상납 독촉에도 열심이었지만, 연체는 줄어들지 않았다.

1901년 내장원이 탁지부에 돈을 꾸어주고 나서 서울의 집주름을 모아 한성보신사를 설립한 것은 고의로든 아니든 세금을 연체한 (전·현직) 지방관들로부터 밀린 세금을 추징하기 위해서였다. 내장원경 겸 탁지부대신서리 이용익은 세금을 연체한 지방관들을 잡아 가두고는 세금을 즉납(卽納)하지 않으면 사형도 불사한다고 엄포를 놓았으나, 지방관들은 그들 나름대로 억울함을 느낄 만한 이유가 있었다. 우선은 지방관 노릇하면서 벌어들인 돈이 다 자기 것은 아니었다. 관직 사는 데 들어간 돈은 건져야 하는 것 아닌가. 더구나 이때 관직 매매의 '주범'은 다름 아닌 황제였다.

스페인의 역사철학자 호세 오르테가이가세트(José Ortega y Gasset)는 "인간에게 본성이란 없다. 그에게는 오직 역사가 있을 뿐이다"라는 명언을 남겼다. 매관매직은 '무조건' 나쁘다거나 고종이 '천성적으로' 돈을 밝혔다거나 하는 식으로 설명해버리면 여기에 역사가 끼어들 여지는 별로 없다. 17~18세기에는 유럽 각국에서도 조세 징수(청부 또는 대행) 회사가 속출했던바, 근대적 금융 기관과 세무 관료제가 정비되기 전까지는 조세 청부업자가 할 일이 많았다. 그래서 언제나 조세 청부권은 거액에 거래되었다. 대한제국의 경우에는 당대의 화폐제도나 금융제도와 관련하여 조세의 징수 상납 과정에서 생기는 과외 수입이 특히 많았다. 대한제국의 관직 가격은 아마도 이 과외 수입분에 연동되었을 것이다. 물론 이름만 잠시 올려 죽은 뒤의 묘비를 꾸밀 수 있게 해주는 '명예형' 매관매직도 있었다. 이런 관직은 대개 궁내부 소속 기관에서 팔았는데, 수입을 얻을 수 없는 관직이었기 때문에 값도 쌌을 것이다.

황제가 조세징수권을 가진 관직을 판 것은 지방관들이 얻는 부수입을 전제로 한 행위였다. 이 부수입이 민폐에 기반한 것임은 두말할 나위 없지만, 당장 그걸 시정할 방법도 없었다. 어차피 악화 남발 자체가 민폐의 주범이었고 재정 악화의 근인(根因)이었다.

당장 돈 찍어서 쓸 때야 좋았지만, 가치 없는 돈을 액면가로 인정해서 받을 때는 속이 쓰렸을 터. 중간에서 증발한 돈을 환수할 방법을 강구할 필요가 있었다. 이 시기에는 지방관들이 (불법이 아닌) 편법으로 얻을 수 있는 수입이 늘어난 만큼 관직 값도 비싸졌는데, 옛 관행대로라면 그 돈은 세도가문으로 흘러들어가게 마련이었다. 황제의 매관은 그 돈을 가로채는 행위였고, 자신이 발행한 돈의 가치 손상분을 일부 보전하는 행위

대한천일은행 사옥(1909년). 1899년 황실과 관료, 상인들이 합작하여 설립한 대한천일은행은 조세금 취급을 통해 외획으로 인한 폐단을 줄여보려 했으나, 탁지부 고문 브라운의 반대 등으로 실패하고 일반 은행 업무만을 담당했다.

였다. 지방관들은 이미 황제에게 돈을 냈으니 따로 세금 낼 이유가 없다고 주장하고 싶었겠지만, 그들이 지불한 관직 값은 '근대형' (또는 편법적) 수입을 얻을 권리에 대한 대가였지, 그로써 불법적 수입이나 조세금 착복까지 포괄적으로 허용 받은 것은 아니었다. 그러니 이에 대해서는 억울함을 가슴속에 묻어야 했을 뿐, 대놓고 항변할 수는 없었다.

그들이 내놓을 수 있었던 두번째 변명거리는 '가진 돈이 정말로 없다'는 것이었다. KBS의 〈좋은나라운동본부〉라는 프로그램에는 상습적 탈세자들을 추적하여 세금을 추징하는 코너가 있었다. 이 코너에서 모자이크된 얼굴들은 변조 처리된 음성으로 한결같이 "부동산만 있을 뿐 현금이 없어 세금을 낼 수 없다"고 강변했다. 100여 년 전의 소세포탈자들도 똑같은 말을 했다. 사실 화폐가치가 날로 떨어지는데 아무리 몽매한 '전前자본주의적' 인간이라

하더라도—이들이 관직에 있을 때 벌인 '사업'을 고려한다면, 이런 표현은 전혀 사리에 맞지 않는다—현금을 움켜쥐고 있었을 턱이 없다. 돈은 이미 땅이나 집으로 자태를 바꾼 뒤였다. 이용익이 이 사정을 모를 리 없었다. 그는 그 나름의 방식으로 이들의 하소연을 들어주기로 했다. 집을 저당 잡고 돈을 꾸어주는 것.

한성보신사는 이 일을 위해 만들어진 회사였다(보普자는 보신각·보성사·보성학교 등 내장원 돈으로 만든 시설들에만 쓰였다는 점은 이미 앞에서 말했다). 내장원은 지방관들에게 꾸어준 돈이 제때 회수되지 않는 경우 저당 잡은 집을 내다 팔아야 했고, 그를 위해서는 집주름이 필요했다. 어느 지방관이 집을 숨겨두고 돈 없다고 끝까지 오리발을 내밀 경우에는 그게 사실인지도 조사해보아야 했다. 집주름은 이 일에도 요긴했다. 그래서 한성보신사는 주택 담보 대부만을 한 것이 아니라 주택 실소유자 조사, 주택 매매 알선 등도 겸했다. 집주름들이 제 세상을 만났고 보너스로 회사 형태의 조직도 얻었다. 토지 가옥 매매 중개업이 독립된 직업으로 인정받게 된 것도 이때부터였다고 생각된다.

그런데 한성보신사의 일은 러일전쟁 무렵까지도 마무리되지 않았던 모양이다. 매물이 한꺼번에 쏟아져 나오면 집값이 떨어질 것은 뻔한 일. 그런 손해를 감수하면서 무리하게 빨리 내다 팔 이유는 없었을 것이고, 그러다 보니 서울에는 내장원이 소유했거나 저당 잡은 집이 많았을 것이다. 러일전쟁 이후 일본이 가장 먼저 손을 댄 것이 내장원 재산이었고, 이때 서울의 주택 시장에도 모종의 변화가 생긴 듯한데, 현재로서는 짐작만 할 수 있을 뿐이다. 일제 강점기 서울에서 가장 많은 주택을 소유한 사람은 송병준이었는데, 한성보신사가 러일전쟁 이후 그의 재산 관리인이던 예종석과 일진회 간부 최정규의 수중에 떨어진 것과 관련하여 생각해보면,

이 회사가 저당 잡은 집의 일부는 일진회 소유로 넘어갔던 듯하다.

1909년, 최정규가 보신사 사장 명의로 사원 2,000명을 대표하여―당시 서울 가구가 5만 호쯤 되었으니 복덕방은 스물다섯 집에 한 곳꼴이었다―합방 청원서를 내는 일이 발생했다. 대다수 집주름은 이에 반발하여 최정규를 쫓아내고 유길준을 새 사장으로 앉혔는데, 최정규를 따라 나간 집주름도 꽤 있었던 모양이다. 앞의 그룹은 경성보신합명회사로 개칭하여 1910년대 초까지 영업을 계속했고, 뒤의 그룹은 일단 가쾌조합을 만들었다가 1911년 가쾌주식회사로 조직 변경을 시도했으나 실패했다. 그 후 일제 강점기 내내 집주름의 회사는 따로 만들어지지 않았다. 주택 담보 대부업이나 신탁업 회사는 여럿 만들어졌지만, 이들 회사에 집주름이 끼어들 여지는 없었다.

한성보신사야 어찌 되었든 집주름들은 러일전쟁 이후 일본인들이 '신부新附의 영토' 조선에 쏟아져 들어옴으로써 다시 호황을 맞았다. 특히 관리들의 이주가 집중된 서울에서는 고급 주택에 대한 수요가 많았다. 그 집들은 나라가 망한 마당에 서울에 살 이유가 없어진 관리들이 공급했다. 조금 뒤에는 예전 같으면 서울살이를 꿈도 꿀 수 없었던 지방 졸부들이 살 집을 찾았고, 공부하러 상경한 유학생들도 하숙집을 찾아다녔다. 자본주의화가 빠르게 진전되면서 집의 상품화 속도도 빨라졌다. 집주름들이 복덕방 세 글자를 써 넣은 천 조각을 내걸고 길가에 쭈그려 앉아 집 살 손님을 기다리게 된 것도 이 무렵의 일이었던 듯하다. 그 후로 오랫동안, 이들은 복덕방 영감으로서 골목 한 귀퉁이에 작은 방 한 칸 얻어놓고, 같은 또래의 동네 사람들과 장기도 두고 화투도 치고 수다도 떨다가 하숙방이나 셋방 구하러 오는 사람을 만나면 앞장서 길을 나서곤 했다. 운수 좋은 날에는 막걸리 한 되 받아다 동네 친구들 먹이기도 하면서.

그러나 이제 복덕방 영감은 과거의 존재, 역사 속으로 사라진 존재가 되어버렸다. 2005년 말 현재 서울의 부동산 중개업소는 2만 6,000여 곳에 달하여 160집에 한 곳꼴이지만, 그 안에는 이제 영감님들이 없다. 오늘날의 영감님들은 복덕방 대신 아파트 경비실이나 주차 관리실에서 소일거리를 찾는다. 동네 골목도 더 이상 노인들을 환영하지 않는다. 그들은 경로당이 아니면 탑골공원이나 종묘공원 앞에서 장기를 두어야 한다. 노인들의 소일거리 하나와 더불어 좋은 집이 담아야 했던 오래되었지만 소중한 가치도 속절없이 사라졌다. 포근한 경관과 다정한 이웃들, 복과 덕.

서울은 길다 · 26

협률사

10여 년 전, 학위논문을 준비하기 위해 한동안 국립중앙도서관에서 살다시피 한 때가 있었다. 어느 날인가 도서관 매점 앞에서 아무리 후하게 쳐줘도 고등학교 1, 2학년밖에 되어 보이지 않는 '어린' 남녀가 상당히 '진한' 스킨십을 하고 있는 모습을 보고 큰 충격을 받았다. 요즈음에야 지하철 안에서나 공원 벤치에서나 흔히 볼 수 있는 장면들이지만, 그때만 해도 쉬 볼 수 있는 모습은 아니었다. 당시로서는 무척이나 망측한 일이었지만, 주변의 어른들—어른이래야 대개는 그 아이들보다 너덧 살 더 먹은 사람들이었지만—중에 그들을 나무라는 사람은 없었다. 나 역시 한창 눈앞에 뵈는 게 없을 나이에 눈앞에 뵈는 게 없을 상황에 놓인 틴에이저에게 섣불리 무안을 줄 생각은 하지 않았다. 다만 공공장소에서, '중인환시리'衆人環視裏에, 아무 거리낌 없이 껴안고 있는 아이들을 뒤에 두고 혼자 혀만 끌끌 찼을 뿐이다.

　　그런데 사실은 그들의 '행위' 자체가 낯설지는 않았다. 나는 이미 영화나 드라마를 통해 그런 장면들을 숱하게 보아왔다. 내가 충격을 받은 이유는 그들이 어렸다는 점에도 있었지만, 그보다는 공중公衆의 시선이 얽히는 한가운데에서, 극히 '사적'인 행위가 이루어졌다는 점, 즉 공과 사가 각각 있어야 할 곳에 있지 못한 데서 오는 '장소와 행위의 부조화'에 있었다. 그들의 나이는 단지 충격의 강도를 키웠을 뿐이다. 내 눈에 띄지 않는 곳에서 그들이 무슨 짓을 하건 내가 알 게 무언가. 한 세기 전이었다면 그들에게도 로미오와 줄리엣 같은 사랑을 나눌 충분한 권리가 있었다.

공과 사를 구별하라는 말은 누구나 하고 듣는 말이지만, 그게 말처럼 쉽지만은 않다. 공과 사 각각의 영역과 경계에 대한 생각은 사람마다 다르다. 공중목욕탕에 가보면 굳이 수건으로 앞을 가리고 조심스럽게 움직이는 사람이 있는가 하면, 네 활개를 펴고 늘어져 자는 사람도 있다. 지하철 안에는 혹여 남에게 폐 될 새라 옆 자리의 친지와도 소곤거리는 사람이 있는가 하면, 휴대 전화기를 들고 큰 소리로 떠들어대서 주변 사람들로 하여금 수인이를 배신한 민수에게, 돈 떼어먹고 도망간 박 사장에게 공연한 공분公憤을 느끼게 만드는 사람도 있다. 공중질서를 지키지 않는다고 비난받는 사람들 중 상당수는 나머지 사람들과 '공사'의 경계를 달리 설정하는 사람들이다. 그렇다고 그들을 마냥 비난만 할 수도 없는 것이, 이 경계는 역사상 끊임없이 변화해왔고 더구나 볼 수도 만질 수도 없다. 그냥 당사자들이 직감적으로 판단해서 나름대로 처신處身—문자 그대로 자기 몸을 계선界線의 어느 쪽에 두느냐를 결정하는 것이다—할 수밖에 없다.

공과 사는 사람의 행위에 따라 나뉘기도 하고, 지리적 공간에 의해 구분되기도 하며, 시설이나 장소의 소유 관계를 표시하기도 한다. 사실은 그중 어느 하나에 지배적 지위를 부여하는 것이 불가능하기 때문에, 이들 사이의 중첩적 관계망으로 경계 지어지는 어떤 것 정도로 보는 편이 좋을 듯하다. 그래도 어렵긴 어렵다.

조르주 뒤비 Georges Duby도 『사생활의 역사』 Histoire de la vie privée라는 방대한 저작을 편집하면서, 사생활의 '영역'을 설정하기가 무척이나 어렵다고 토로한 바 있다. 거칠게 요약하자면 '사생활'은 공문서에 포착되지 않는 삶의 영역이지만, 공문서상에 기재되는 내용은 언제나 변화해왔고, 경향적으로 확대되어왔다. 최근의 인터넷을 통한 개인정보 유출도 사적인 정보가 공적인 감시, 또는 타인의 관찰 대상이 되는 추세를 보여준다. 결국 공사의 구분선은 역사적 추세와 개인적 성향에 따라 변화하는 것인 만큼, 본래가 모호하다.

예컨대 회사는 사익을 추구하는 사적 집단이지만, 그 안에서 맺어지는 인간관계나 그 조직이 요구하는 행위 규범은 공적이다. 밥 먹고 술 마시는 행위는 가장 사사로운 일에 속하지만, 무슨 정상회담 만찬장 같은 자리에서라면 극히 공식적인 일이 되어버린다. 오늘날에는 오랫동안 사적인 일 중에서도 가장 사적인 일이었던 것을 공개하는 것조차 '직업'으로 삼는 사람들이 있다(공에는 언제나 개방성이 따라붙는다. 그래서 '남'에게 내보이는 것을 공개라고 한다. 반면 사에는 내부, 은밀함 등의 이미지가 고착되어 있다).

사전적 정의에 따르자면 공공公共이란 국가나 지방자치단체가 공익을 위해 만들고 운영하는 것이며, 공중公衆이란 다중과 대략 같은 말이다. 그러나 개인의 생각과 태도를 규제하는 정도에서는 두 용어 사이에 큰 차이는 없다. 사람들이 공공과 공중을 헷갈리는 것도 그 때문이다. 도시의 공간과 장소를 중심에 놓고 보자면, 공이란 가족(한집에 사는 사람들)이 아닌 다른 사람들의 시선에 노출되는 것을 의미한다. 그런 장소가 공공장소이며, 그 안에서 지켜야 할 규범이 공중도덕과 공공질서이고, 그 안을 청결하게 하는 것이 공중위생이다. 물론 공공이나 공중이라는 범주가 만들어진 것은 그리 오래전의 일이 아니다.

— 마당놀이. 서울에 상당한 규모의 빈 터가 남아 있던 시절에는 이런 마당놀이도 간간이 벌어졌다. 상설 무대가 없던 조선시대의 연희演戲는 모두 이런 마당에서(또는 길 위에서) 이루어졌다. 그러나 이런 곳에 모인 사람들은 무리이되 '공중'은 아니었다. 앉아서 보든 서서 보든 또는 누워서 보든 뭐랄 사람이 없었고, 보다 말고 자리를 떠도 그만이었다. 물론 남의 눈은 의식해야 했지만, 그런 조건이 행위를 전면적으로 제약하지는 않았다. 마당놀이가 구경꾼들에게 요구한 규율은 오늘날의 관점에서 볼 때에는 지나치게 느슨했다.

　　　　　동서양을 막론하고, 중세까지는 왕과 사제들의 것이 공이었고(이는 땅, 건물뿐 아니라 생산물에도 해당되었다), 그 나머지, 개인들이 사사로이 갖거나 지배하거나 이용할 수 있는 것만이 사였다. 공은 궁극적으로 하나로 귀결되는 것이었지 무리衆에게로 귀결되는 것은 아니었다. 근대 이전의 공적 공간은 기본적으로는 궁궐·관아·신전(교회) 같은, 왕이나 신에게 소속된 도시의 핵심 구성요소들을 의미했다. 따라서 오늘날과 같은 의미의 공중은 절대권력의 상대화와 함께 출현했다.

　　　　　수많은 사인私人들을 한자리에 모아놓고 같은 느낌을 갖게 하는 공적 시설은 도시의 발생과 동시에 만들어졌다. 이런 시설은 다중의 사적 욕망을 같은 장소에서, 같은 시간대에 공적으로 충족시켜줌으로써 그 '공'을 만들어준 사람(또는 신)의 권위와 능력을 사람들의 의식 깊은 곳에 각인시키는 구실을 했다. 로마의 콜로세움에 모여든 사람들을 '공중'으로 표현할 수 있다손 치더라도, 그들은 공에 '속한' 사람들이었지 공을 '만드는' 사람들은 아니었다.

　　　　　어쨌거나 이런 시설은 일반적으로 대단히 과시적이었고

_ 산대. 궁중에서는 내전 깊숙한 곳에 앉은 왕이나 왕후, 대비가 볼 수 있도록 높은 대를 만들고 그 위에서 연희를 펼쳤다. 무대 자체가 아랫것들은 아래에서 올려다보고, 윗사람은 위에서 내려다보는 신분적 위계에 걸맞도록 만들어진 셈인데, 그 공역工役이 만만치 않아 민간에서는 만들 수 없었다.

그런 만큼 자원 낭비가 심했다. 그러나 그 낭비야말로 도시를 도시답게 만드는 것이기도 하다. 멀리 거슬러 올라갈 것도 없이 올림픽과 월드컵을 치르기 위해 만들어진 서울의 경기장들만 해도 엄청난 인력과 물량을 소비했음에도 불구하고 요즈음에는 고작 한 달에 한두 번씩, 그것도 매번 서너 시간씩밖에 사용되지 않는다. 이런 시설들은 본래가 합리적이지도 경제적이지도 않다. 그러나 도시에 이런 시설을 지을 때는 어느 나라에서나 '자본주의적 합리성'만을 따지지는 않는다. 시설의 활용 방안은 대개 짓고 난 뒤의 고민거리가 될 뿐이다. 사람들은 이런 시설이 늘어날수록 도시가 발전한다고 믿고, 가끔씩 이런 시설을 찾을 권리를 잃기 싫어 도시를 떠나지 않는다(물론 이 권리는 자주 유보된다).

경기장만큼 규모가 크지는 않지만 그와 본질적으로 같은 기능을 하는 것이 극장이다(규모의 문제는 어디까지나 상대적이다. 내 기억 속의 첫번째 영화는 〈꼬마신랑〉(1970)이었는데, 어린 꼬마의 눈에는 변두리 극장의 객석 규모조차 너무 압도적이어서 영화 내용은 기억이 나지 않지만 극장 모습은 지금껏 잊히지 않는다). 때로는 경기장이 극장으로 전용轉用되기도 한다. 그런데 서울에서 극장은 공중목욕탕만큼이나 특이한 공중시설이다. '공중'이라는 이름이 붙은 대다수 시설과 장소들이 근대의 산물이지만, 극장과 목욕탕의 흔적은 고대 도시의 유적지에서도 흔히 발견된다. 그러나 앞에서도 말한 바와 같이 서울에는 이런 시설이 없었다. 목욕탕이야 그렇다 쳐도 중국이나 일본 도시들에도 흔했던 극장이 없었던 것은 중세 도시 서울의 주요 특징이었다. 한 가지 더, 대다수 공중시설이 사적인 행위와는 대립적이지만 서울의 극장(영화관)은 출현한 직후부터 사적인 욕구를 수용하고 사적인 행위를 일부나마 용인한 특이한 공적 공간이었다.

요즈음에는 어떤지 잘 모르겠지만, 10~20여 년쯤 전에는 서로 처음 만나 형식적인 인사를 나눈 남녀가 첫 데이트 장소로 선택하는 곳이 주로 극장이었다. 그들은 관계를 한 단계(?) 더 진전시키자는 묵시적 합의를 이룬 뒤에도 다시 극장을 찾곤 했다. 현대의 극장은 다중이 모이는 곳이되 타인의 시선으로부터는 상대적으로 자유로운 공간이다. 물론 바로 옆 사람의 눈치도 보아야 했고, 1970년대 초였다면 극장 뒤편 한구석에 버티고 있는 '임석경관'臨席警官1의 낌새도 의식해야 했지만, 그래도 '어둠'은 여러 가지 사적인 행위를 포용해주었다. 그래서 극장은 청춘남녀의 사랑을 꽃피워주는 온실이 되기도 했다.

극장은 또 사람들에게 공사가 뒤섞인 상태로나마 자발적으로 규율에 따르는 법을 익힐 수 있게 해 주었다(학생들을 두 시간 가까이 꼼짝 않고 책상에 붙어 앉아 있게끔 하는 선생은 나쁘거나 무서운 선생뿐이다). 정해진 시각에 정해진 장소에 가서 정해진 돈을 내고 정해진 장소에 앉아 정해진 시간을 거의 움직이지 않고 보내는 훈련을 '자발적'으로 반복하면서, 사람들은 근대 사회가 요구하

1_ 일본인들은 다중이 회합하는 거의 모든 시설에 경찰을 배치하는 노골적인 감시의 '전통'을 만들어놓았는데, 이 전통의 수명은 일반의 기대보다 훨씬 길었다. 일제 강점기, 월남月南 이상재는 대중 앞에서 강연할 때면 늘 "저기 개나리 꽃이 피었네"라는 말로 시작했다고 하는데, 이때의 개나리는 임석경관을 뜻하는 은어였다. 그 당시 공공장소에서 순사는 '나리'였지만, 안 보이는 곳에 있을 때에는 '개'였다.

는 규율이 그럭저럭 견딜 만하다고 느끼게 되었다. 그런 점에서 극장은 학교나 병영, 공장과 마찬가지로 '근대의 학습장'이었지만, 다른 공적 시설들보다 훨씬 소프트한—임석경관이 배치되어 있던 시대에 한해서는 '훨씬'이라는 부사를 빼야 하겠지만—학습장이었다. 더구나 많은 도시들에서 이 학습장은 '전통'과도 연계되어 있어서 '전통과 근대'의 연속성을 보장해주기도 했다.

그런데 앞에서도 말한 바와 같이 '괴력난신'을 용납하지 않았던 유교 국가 조선의 수도 서울에는 극장이 없었다. 유희나 축제가 없었던 것은 아니지만, 그것들은 '상설무대'를 갖지 못했다. 종묘나 문묘의 의례는 그저 엄숙할 따름이었고, 궁궐 내의 잔치도 잡인들과는 무관했다. 이들 행사는 공적이되 공개적이지 않았고, 거기에 모이는 사람들도 공인들이되 공중이 아니었다. 잡인들은 그저 모모 대감의 환갑 잔칫날을 기다려 그 집 마당에서 벌어지는 (열리는) '연희'를 볼 수 있었을 뿐이다. 조선 후기에는 장마당에서 연희패가 벌이는 '놀이'를 구경하거나 그에 참가할 기회가 늘어났으나, 이 역시 '장터'를 관장하는 군문軍門이나 '장마당'을 지배하는 '상인'들이 사람을 모으기 위해 만들어낸 행사였고, 장 자체가 상설이 아닌데 무대가 상설일 수는 없었다.

조선 후기 도성 주변에서 행해진 대표적 '연희'로 '송파 산대놀이'와 '양주 별산대놀이'라는 것이 있다. 이 두 놀이는 조선 후기 서울로 들어오는 행상을 둘러싸고 벌어진 송파장과 다락원장의 치열한 경쟁을 반영한 것이기도 한데, 여기에서 '산대'라는 것은 본래 궁궐에 임시로 가설한 무대를 말한다. 대궐 마당에 놀이판을 벌이면 내전內殿 깊숙한 곳에 정좌定座한 왕이나 왕후, 대비 같은 높으신 분들은 제대로 볼 수가 없다. 그렇다고 그들이 계단 밑에 시립侍立한 금군禁軍이나 액례掖隷 따위와 같은 '높이'에서 구경할 수도 없는 노릇이다. 이런 문제를 해결하기 위해 내전의 대청 높이로 올려 세운 무대를 산대라 했다. 산처럼 높은 대이기도 하고 산처럼 층층이 쌓은 대이기도 하다. 고려시대 이래 동짓날 궁중에서 지내던 나례나 그 밖의 축일을 기념한 각종 잔치에 따라 붙은 연희가 이 무대에서 열렸다.

  양란 이후에는 궁중에서 '놀던' 재인才人들이 민간에서 '돈벌이 기회'를 찾으면서 '궁중 놀이'가 민간으로도 퍼져나갔는데, 이 확산을 추동한 것이 다름 아닌 송파와 다락원의 군문 대감들과 장사치들이었다.2 이들이 만들어준 장마당 놀이는 명칭은 '산대놀이'였지만, 산대는 없었다. 또 이 놀이는 사람들에게 볼거리를 제공해주기는 했지만, 그것이 바로 공중을 만들어내지도 못했다. 이미 서너 번씩은 본 사람들은 놀이마당을 힐끗 쳐다보고 지나쳐 갔을 터이고 놀이에 몰입한 사람들조차 이리저리 움직이면서 구경하거나 수시로 추임새를 넣으면서 떠들었을 것이다. 이 마당에 '규율'은 필요 없었다. 또 놀이꾼들에게도 이는 독립적인 돈벌이가 아니었다. 흡사 오늘날 신장개업 식당 앞에서 벌어지는 도우미들의 '간이공연'처럼, 사람들의 관심을 끌고 모아들이는 데 주목적이 있었을 뿐이다. 다만 송파나 다락원이 어엿한 도시로 발전했다면, 그곳 장사치들이 놀이패의 패트런patron이 되어 극장을 짓게 되었을지도 모르는 일이다. 그러나 알다시피 그런 일은 일어나지 않았다.

  서울에 상설 무대가 있는 건물, 그래서 사람들이 일부러 시간을 내어 찾아가서는 돈을 내고 들어가 벌서듯 앉아 있어야 하는 극장이 처음 생겨난 것은 1895년경의 일이었다. 일본이 청일전쟁에서 이기자 서울로 이주하는 일본인들이 늘어났고, 그들의 거류지는 일본 도시의 모습을 갖추어갔다. 이 와중에 일본의 도시 문화도 그대로 이입되었다. 나라의 체면 손상을 우려한 일본 영사관

---

2 교통의 요지는 군사적 요충지이기도 하다. 그래서 군인과 상인의 겸업 또는 동업은 자연스러웠던바, 송파장은 남한산성의 수어청과, 누원점樓院店은 북한산성의 총융청과 각각 연결되어 있었다.

_ 마당놀이로 펼쳐지는 송파 산대놀이 재연. 서울 주변의 상업이 발달함에 따라 궁중 산대에서 놀던 재인들이 송파와 다락원 등지의 장마당에 진출하기 시작했다. 산대놀이의 레퍼토리는 크게 달라지지 않았지만, 무대는 어쩔 수 없이 마당이 되었다.

의 단속에도 불구하고 일본인 작부酌婦와 창기娼妓가 몰려왔으며, 일본인 예인藝人 집단도 '자국민 위로차' 수시로 드나들었다. 일본 가부키 같은 것은 아주 오래전부터 실내에서 공연되었기 때문에, 이들을 맞이하기 위해서는 극장이 있어야 했다. '가부키좌' 같은 극장이 그래서 먼저 만들어졌다. 그러나 이런 공연은 한국인들의 취향에 맞지도 않았고, 일본인 극장도 한국인을 받아들이는 데 관심을 갖지 않았다. 1897년, 일본인 거류지 내 가건물에서 최초의 활동사진이 상영되기도 했지만, 이 일이 미친 파장은 크지 않았다.

이런 일들이 영향을 미치면서, 같은 무렵 한국인들을 위한 거리의 볼거리도 늘어났다. 한국인 재인들이 서울 변두리 빈 터에서 돈을 벌기 위해 무동연희장舞童演戱場이라는 이름의 놀이판을 벌이기도 했고, 거리 유희에 오랜 경험을 가진 중국인들이 곰이나 원숭이를 거느리고 기예를 보여주기도 했다. 사람들 사이에서 '놀이마당'을 일부러 찾아가는 경험이 쌓여갔다. 1902년, 고종황제 즉위 40주년 칭경 예식을 치르기 위해 전국 각처의 재주꾼을 끌어 모아 협률사協律社라는 단체를 만들었을 때쯤에는 공연에 대한 수요는 이

1902년에 완공된 협률사 극장. 원형 극장에 뾰족 지붕을 세웠다. 최남선은 로마의 콜로세움을 본따 원형으로 지었다고 했는데, 그렇다 하더라도 이 시기에 원형 건물은 아무나 지을 수 있는 것이 아니었다. 곧 황제의 즉위 40년을 기념한다는 의미에서 지은 것으로, 내부 객석도 원형으로 배치되었다. 1906년 일시 폐쇄되었다가 1908년 건물 모양을 따서 원각사라는 이름으로 재개관했다.

미 넘쳐나고 있었다.

　　개선문을 소박하게 본뜬 독립문처럼, 협률사 건물은 로마의 콜로세움을 '나름대로' 축소한 500석 규모의 '원형극장'이었다. 그러나 막상 칭경 예식은 예정대로 치러지지 못했다. 국내외 귀빈들이 모인 자리에서 자기 재주를 내보일 생각에 재인들은 열심히 연습했지만, 당년에는 극심한 흉황의 여파로, 익년에는 러시아와 일본 사이에 전운戰雲이 짙어간 탓에 예식이 연기되고 마침내 취소되었기 때문이다. 그러나 이 시설은 서울 사람들의 삶과 의식, 태도를 근본적으로 변화시킬 유산이 되었고, 이 도시에 공공과 공중이 출현하는 단서의 하나가 되었다. 궁중에서나 제대로 가설되었던 산대가 무대로 형식을 바꾸어 건물 안에 들어간 것은 새로운 공간, 장소가 생겼다는 것 이상의 의미를 지녔다. 칭경 예식의 여흥을 거나하게 치를 목적뿐이었다면, 굳이 궁궐 밖에 극장을 만들 이유는 없었다. 본래가 궁궐은 그 자체로 하나의 커다란 전시장이요 극장이었다. 그 이전에도 외국인들은 안 쓰는 궁궐을 자유롭게 구경할 수 있었고, 궁궐 안에서 벌어지는 산대놀이를 관람할 수도 있었다. 고종은 탑골공원 안에 팔각정을 만든 것과 똑같은 이유에서,

_ 협률사의 단체사진. 대개는 협률사를 극장 이름으로 알고 있지만, 예인藝人 단체라 해야 옳다. 조선 초부터 국가의 제사, 적전의 관장, 기공, 교악을 맡아보던 봉상사奉常司(1895년 봉상시奉常寺를 개칭한 것) 자리에 새로 만든 건물은 이 예인들의 집합처이자 공연장이었다.

협률사 건물을 '만들어준' 것이다. 협률사 극장으로 바뀐 봉상사奉常司는 국가의 제사와 시호諡號, 권농勸農, 교악敎樂 등의 일을 맡은 관서로서 이 자리에 민民을 '끌어들이는' 공연장을 지은 것은 민과 함께 국가 의례를 치른다는 상징성을 갖는 일이었다.

고종은 자신의 즉위 40년을 '한 다리만 건너면 바로 친척이 되는 사람들'과만 보내려 하지 않았다. 선대의 정조가 그랬던 것처럼, 그는 민이 황제를 직접 느낄 수 있기를 바랐던 모양이다. 상징적으로라도 황제가 민과 소통하려 하고 있음을 알리고 싶어했고, 실제로도 '별 볼일 없는' 가문의 사람들을 여럿 발탁하여 중용했다. 황권에 대한 그의 생각이 중세적 틀에서 크게 벗어난 것은 아니었지만, 협률사와 탑골공원 팔각정은 민을 '황제의 사私', 즉 공公 안으로 끌어들이려는 전략에 따라 만들어진 것이었다. 궁궐 안에만 있던 것이 궁궐 밖으로 나오고, 왕과 고관들이나 볼 수 있던 것을 백성들도 보게 됨으로써 더 이상 '신분제'에 의존하지 않는 제국의 모습이 어렴풋이 드러나기 시작했다. 이것들은 황제가 만든 '황제의 것'이었지만, 동시에 민이 이용하는 '민의 것'이기도 했다. 대한제국의 황도 서울에서 공중은 이렇게 양 방향의 접근을 통해 만들어져갔다.

　　　　물론 누차 언급한 바와 같이, 어떤 시설이든 이용자는 결코 설계자의 의도를 충실히 따르지 않는 법이다. 칭경 기념 제전이 수포로 돌아간 뒤 1902년 말부터 협률사 극장은 공연 시설로 본격 가동되었는데, 여기에 출입하는 사람들은 황제의 은덕이 아니라 돈의 가치를 먼저 생각했다. 그들은 이곳에서 스스로 의식하지 못하는 사이에 공중이 되는 훈련을 받았지만, 그걸 가능하게 한 것은 '돈'이었다. 공연의 레퍼토리도 돈을 따라다녔고, 그래서 충신열사를 만드는 공간이 아니라 탕자蕩子·음부淫婦가 모여드는 장소라는 비난을 받았다.

　　　　황제의 '돈'으로 만들어진 새로운 시설에서 새로운 볼거리를 즐기면서 민이 공중으로 형성되는 과정은 같은 때, 서울의 다른 곳에서도 진행되었다. 협률사 극장이 준공된 바로 그 무렵, 탑골공원 팔각정 서쪽에 군악대 음악당이 들어섰다. 일본에서 오랫동안 군악대를 지휘했고 일본 국가 〈기미가요〉君が代를 작곡했던 프란츠 에케르트Franz von Eckert는 1899년 독일로 귀국하여 프로이센 육군 군악대장으로 있었는데, 대한제국 정부는 그를 초빙하여 시위군악대 지휘를 맡겼다. 에케르트는 일본에서 했던 일 그대로를 한국에서 펼쳤다. 시위군악대는 불과 6개월 만에 서양인들의 찬탄을 받을 만큼 훌륭한 솜씨를 보여주었다. 시위군악대는 1901년 9월 9일 고종황제 탄신일 경축연에서 '내외 귀빈'을 청중으로 앉히고 최초의 연주회를 개최했는데, 그 1년여 뒤부터는 시민공원으로 만들어진 탑골공원에서 매주 목요일, 일반 시민을 대상으로 무료 연주회를 열었다. 서울 사람들이 트럼펫이니 오보에니 클라리넷이니 하는 악기 소리에 어떤 감흥을 가졌는지는 알 방도가 없으나, 독일식으로 훈련받은 군악대의 '엄숙·경건·절도節度'를 상상해보건대, 아마

— (좌) 탑골공원의 시위군악대와 에케르트. 공원 서쪽에 군악대 건물이 따로 있었으며, 공연은 주로 팔각정 위에서 이루어졌다. 비록 개방된 공간이었지만, 사람들이 음악을 '감상'하기 위해서는 아마도 정해진 규칙을 따라야 했을 것이다.

— (우) 군악대의 아침 행진. 군악대는 수시로 시내 도처를 행진하면서 연주했다. 서양식 군대를 양성하면서 악기를 통한 신호 체계도 서양식으로 개편했는데, 이미 별기군 당시부터 곡호대曲號隊라는 초보적인 군악대가 있었다. 에케르트 부임 후 군악대는 30~40명 규모가 되었고, 악기의 종류도 대원 수만큼 많아졌다. 서울 사람들은 이미 이 무렵부터 서양 음악에 대한 감수성을 키워나갔다.

도 연주회장에서 함부로 떠들거나 돌아다니기란 쉽지 않았을 것이다. 연주회를 구경하던 사람들은 '함께 보고 즐기기 위해서는 감수해야 할 불편도 있다'는 공중질서·공중도덕의 최소 개념을 배우지 않을 도리가 없었다. 다음 해 6월 밤부터는 한성전기회사의 동대문 전차 차고 옆에서 '공중'을 대상으로 활동사진 상영이 시작되었다.

고종은 자신의 즉위 40년과 나이 50이 된 해를 기념하여 자신이 민과 함께한다는 뜻을 담은 가시적 표현물들을 만들었다 (기념이란 보통 '빌미'라는 의미를 아울러 갖는다. 또 정치적 수사로서 '민과 함께'나 '민과 더불어'는 언제나 '지지기반을 확대하고 싶다'는 뜻을 나타낸다). 이 표현물들 안을 들락거리거나 그 주변을 배회한 서울 사람들이 그 의도를 구체적으로 읽어냈는지의 여부는 중요하지 않다. 고대 로마의 숱한 경기장들마다 그것을 지어준 귀족들이 있었지만, 그랬다고 로마 시민들이 진정 그들을 사랑한 것은 아니었으니까. 다만 대한제국의 황도 서울에서, 신식 공중시설에는 한동안 황제의 그림자가 짙게 드리워져 있었다는 점만은 기억해둘 필요가 있다.

그러나 1904년 초 러일전쟁이 일어나고 일본군이 서울을 점령하자마자 황권은 추락하기 시작했고, 진작부터 준비하고 있던

_ (좌) 활동사진 초기 상영 시대의 야외 상영관. 복제와 완전한 반복이 가능한 활동사진은 '기술복제시대'에 가장 어울리는 흥행물이었다. 처음에는 호기심거리에 불과했지만, 불과 수십 년 내에 이 흥행물은 다른 모든 것을 '잡것'으로 만드는 지위에 올라섰다. 오늘날 극장은 영화관을 지칭하는 말이 되어버렸고, 연극장은 따로 표시를 해야 하는 처지가 되었다.

_ (우) 단성사. 1906년 협률사 해산 이후 그 단원들은 여러 패로 나뉘어졌고, 각각 독립적인 공연장을 만들었다. 단성사니 연흥사니 장안사니 하는 패거리가 만든 '극장'들은 모두 500~1000석 규모의, 당시로서는 초대형 공중시설이었다.

'돈'(자본)이 황제의 그림자를 재빨리 지워갔다. 1906년 일시 폐쇄되었던 협률사 극장은 1908년 원각사라는 이름으로 재개관했고, 이보다 앞서 1907년에는 협률사에 모여 있던 재인들과 또 다른 재인들이 광무대·단성사·연흥사 등을 만들었다. 1908년의 서울에는 돈벌이에만 관심을 둔 5개의 극단과 극장이 있었다. 이 무렵에는 한성전기회사도 한미전기회사로 이름을 바꾸고, '활동사진관람소'를 따로 열어 자본주의적 '흥행'을 본격화했다. 이로써 이들 시설은 공과 결합한 공중이 아니라 자본과 결합한 공중을 만들어내는 공간이 되었다. 이 공중시설들을 '개량'하여 다시금 '권력'과 관계 지으려는 '애국주의'와 '식민주의'의 대치가 시작된 것은 바로 그 직후의 일이었다.

1980년대 초까지, 종로 화신백화점 꼭대기 층에 '화신극장'이라는 곳이 있었는데, '매일 매일 쇼도 보고 영화도 보고'라는 글귀가 쓰여 있던 그 극장 간판은 한 번도 바뀌지 않았던 것 같다. 이 극장이 서울 한복판, 종로 네거리에 있었기 때문에 '촌스럽다'는 느낌이(쇼의 명칭도 '20세기 쎈츄리쇼'로 동어반복이어서 더 우스꽝스러웠다) 증폭되어 기억에 생생할 뿐, 사실 그 무렵 서울 변두리 극장은 다 그랬다. 영화관인 동시에 공연장이었다. 물론 흥행이 되는 '공연물'은 대개 영화였기 때문에 다른 용도로 쓰이는 경우는 흔치 않았지만. 그러나 지금, 서울에는 날마다 수많은 영화·연극·뮤지컬·콘서트·음악회·전람회가 열리고 각각에 특화한 공연장들이 따로 만들어져 있다.

_ 1969년 이화여자대학교에서 열린 클리프 리처드Cliff Richard 내한 공연. 사람들은 각자의 자율적 판단에 따라 공연장을 찾지만, 그 안에서는 한순간에 같은 감정 세계로 몰입해 들어간다. 권력은 오랫동안 이 엄청난 에너지를 이용하려고 애써왔지만, 그것은 마치 벼락의 전기 에너지를 저장하려는 시도처럼 실효를 거두지는 못 했다. 그러나 반복적인 경험은 결국 사람을 바꾸기 마련이다. 오늘날 연예기획사들이 만들어낸 대중 스타에 열광하는 사람들은 스타를 만들고 움직이는 '다른 힘'을 의식하지 못한 채로 그 지배를 받고 있다.

사람들은 여가에 공연장을 찾는다고 생각하기에, 직장이나 학교에 가는 것보다 더 시간을 지켜야 하고, 그 안에서는 일하거나 공부할 때보다 더 꼼짝 않고 앉아 있어야 하는 이 특이한 규율 공간들에 대해서는 별다른 불만을 비치지 않는다. 어떤 공연장 좌석은 한두 시간 앉아 있는 데 수십만 원을 요구하지만, 그에 기꺼이 응하는 사람들도 적지 않다. 20세기에 접어들 무렵부터 공연장을 장악하여 공중을 통제해보려는 국가권력의 기도가 시작되어 한 세기가량 지속되었는데, 이것이 사람들로부터 흔쾌한 동의를 얻은 적은 없었다. 자본과 결합된 오늘날의 공중은 국가 권력의 그늘에서 형성된 과거의 공중보다 훨씬 자율적인 것처럼 보인다. 그렇다고 1,000만 명 이상이 '자발적'으로 본 영화들이, 그보다 더 많은 사람들이 '의무적'으로 본 〈대한늬우스〉보다 영향력이 적었다고는 할 수 없다. 오늘날의 공중은 새로운 권력, 즉 보이지 않게 작동하면서 사람들이 자율적으로 수용하게끔 하는 권력에 속한 사람들이다.

서울은 깊다 · 27

와룡묘

앞에서도 쓴 바 있지만 돈에 사람 얼굴을 그려 넣는 것은 일차적으로는 위조 화폐를 쉽게 식별하기 위해서이다. 그러나 배금주의가 지배하는 시대에, 돈에 얼굴이 새겨진 인물은 그 덕에 만민의 숭배 대상이 되어버린다. 새 10만 원권 지폐에 그려질 인물 선정을 둘러싸고 여러 의견이 대립했던 것도 우리나라 최고액권에 들어갈 인물은 '1만 원짜리' 세종대왕보다 '더' 위대한 인물이어야 한다는 고정관념이 사람들의 의식 속에 암암리에 자리잡고 있었기 때문이다. 화폐에 인물을 그려 넣거나 새겨 넣는 일은 그 인물에 대한 '역사적 평가'를 전제로 하는 것이지만, 일단 그려지거나 새겨진 사람은 자신에 대한 재평가의 가능성을 봉쇄해버린다. 물론 국가 체제가 전면적으로 바뀌거나 화폐 개혁이 단행되는 경우는 예외이지만, 이 경우에도 화폐 속의 인물은 러시아 루블화의 레닌이나 이라크 디나르화의 사담 후세인처럼 '역사적'으로 헌신짝이 되어버린 상태로나마 유통계에서는 한동안 살아남는다.

역사상 화폐의 초상으로 가장 많이 그려진 인물이 누구인지는 알기 어렵다. 달러화의 위력을 생각한다면 조지 워싱턴(George

_ (위) 우리 동네 중국음식점에 걸린 관우 초상. 아랫배까지 내려오는 긴 수염 말고는 관우다운 구석이 전혀 없다. 용맹스러운 대춧빛 얼굴은 살집 좋은 허여멀건 얼굴로 바뀌었고, 그가 들고 있는 것도 청룡언월도가 아니라 공희발재恭喜發財라 쓰인 부적이다(재산이 늘어남을 기뻐한다는 뜻이다). 시대의 변천을 따라 관우 장군이 사업가 관우로 변신한 것이다.

_ (아래) 인사동에서 2만 5,000원 주고 산 관우상. 한동안 내 책상 위에 있었으나 아들 녀석에게 소유권이 넘어갔나. 청룡언월도를 비껴들고 적토마에 올라 수염을 나부끼는 관우는 '삼국지'가 읽히는 문화권역에서는 가장 인기 있는 역사 인물이다.

Washington이나 벤저민 프랭클린Benjamin Franklin, 에이브러햄 링컨Abraham Lincoln 중 한 명일 듯도 하고, 오늘날 위안화의 엄청난 수량을 생각한다면 중국의 각 단위 화폐에 얼굴을 내밀고 있는 마오쩌둥毛澤東일 듯도 하다. 글로벌 시대 이전에는 화폐의 유통범위와 '화폐 속 인물'에 대한 숭배자의 분포 범위는 대략 일치했었는데(오늘날에는 마오쩌둥을 혐오하는 사람들도 위안화는 좋아한다), 그 영향도 있어서 달러화 속의 인물들은 범지구적으로 두터운 '팬 층'을 확보하고 있다. 우리나라에서도 링컨은 '존경스러운 정치인'—국내에 그럴 만한 사람이 없기 때문이기도 하겠지만—최상위 랭커의 지위를 놓친 적이 없다. 현재로서는 어떤 사람을 '기리는' 최상의 방법이 '화폐에 얼굴을 그려 넣어주는 것'임은 의심할 여지가 없다.

그렇다면 화폐를 제외하고 가장 많은 초상화가 그려졌거나 조상彫像이 만들어진 '인물'은 누구일까. 인물로 한정했기 때문에 당연히 보편적 추앙을 받고 있는 '신'이나 '사실상의 신'은 빠져야 한다. 내 소견이 좁은 탓에 이 역시 쉽게 단정하긴 어렵지만, 아마도 16억 인구 모두가 좋아하는 사람, 운장雲長 관우關羽가 아닐까 싶다(중국 문화권에서 관우는 이미 신격神格을 얻었지만, 그 스스로가 종교를 만들거나 무슨 교리를 설파한 적은 없다). 서울 사람들도 관우 그림을 보고 싶으면 아무 중국 음식점(또는 중화요리집)에나 들어가면 된다. 한국인이 하는 중국 음식점에서도 주창周倉, 관평關平을 거느리고 위엄 있게 서 있

27 와룡묘

는 긴 수염 붉은 얼굴의 관우를 쉽게 볼 수 있다. 서울, 한국에서뿐 아니라 전세계 어느 곳에서나 관우는 중국 음식점의 상징처럼 되어 있다. 비단 그림뿐만이 아니다. 전세계(주로 제3세계) 예술품과 공예품이 새 주인을 기다리고 있는 인사동에 가면 흔히 볼 수 있는 것 중의 하나가 관우상이다.

　　우리―이때의 우리는 한국인에 국한된 것이 아니라 한자 문화권 또는 동양 문화권에 사는 사람 전체로 확장된 개념이다―가 익히 아는 관우는 분명 매력적인 인물이다. 복숭아밭에서 술김에 결의형제를 맺고는 평생 그 의義를 저버리지 않은 철석같은 지조, 원소 휘하의 두 맹장 안량과 문추를 단칼에 베어버리고 오관五關을 돌파한 출중한 무예, 화도火刀가 생살을 찢고 뼈를 갉아내도 태연자약했던 초인적인 의지, 어느 것 하나 영웅의 조건에서 빠지는 것이 없다. 적토마에 올라 청룡언월도를 비껴든 그의 모습은 『삼국지연의』三國志演義에 등장하는 수많은 캐릭터 중에서도 단연 돋보인다. 그러나 꼭 그만이 영웅은 아니었다. 나관중은 이 책 속에 수많은 초인超人들의 자리를 각각 마련해주었다. 나관중羅貫中이 특히 사랑했던 촉한蜀漢의 초인들만 해도 장판교에서 단기필마로 조조의 대군을 쫓아버린 장비, 당양벌에서 유비의 어린 아들을 안고 조조의 백만 대군을 낙엽 쓸듯 했던 조운, 천문 지리 인심 어느 것 하나 통하지 않은 것이 없어서 바람과 구름을 마음대로 부리고 싸울 때마다 이겼으며 심지어는 죽은 뒤에도 사마의를 쫓아버린 제갈량 등등. 그런데 왜 유독 관우였을까.

　　『삼국지연의』는 소설이지만 주자학적 정통론이 깊이 스며 있는 책이다. 원말명초元末明初 지식인에게 주희朱熹의 화이론華夷論은 몽골 오랑캐를 몰아내는 비술秘術이었다. 그래서 이 책은 촉한 정통론을 정면에 내세웠고 후대의 번역가들이 희화화한 유비에게 '정통

군주'의 지위를 부여했다. 괴력난신을 말하지 않는 주자학적 합리주의는 또한 이 소설책에서 귀신 이야기를 거의 빼버렸다. 사마의를 쫓아버린 제갈량은 목각 인형 제갈량이지 귀신 제갈량은 아니었다. 그러나 유독 관우만은 죽어서도 여기저기에서 활약을 펼친 것으로 묘사된다. 관우 귀신은 자신을 죽음으로 몰아넣은 여몽을 죽이고 아들 관흥을 사지에서 구해내기도 한다. 물론 『삼국지연의』에 이례적으로 나오는 관우 귀신 이야기가 나관중의 순연한 창작은 아니다. 관우가 죽은 직후 동오의 여러 장수가 잇따라 급사했고, 형주荊州 땅에는 물난리가 나고 뒤이어 역질이 창궐했다. 이 모든 것이 관우 귀신의 탓이라고 믿은 형주 사람들이 사당을 짓고 제사를 지내기 시작한 것이 관우 숭배(또는 신앙)의 시작이었다.

  그러나 그 후로도 오랫동안, 중국에서 관우 숭배는 그냥 일부 지방에 국한된 '토속신앙'이었을 뿐이다. 금나라에 두 황제를 빼앗기고 동오의 옛 땅에서 명맥을 유지한 남송 대에 이르러서야 비로소 관우는 국가적 숭배 대상이 되었다. 더불어 수정후壽亭候였던 그의 벼슬도 공(충혜공忠惠公)을 거쳐 왕(무안왕武安王, 의용무안왕義勇武安王, 장무의용무안영제왕壯繆義勇武安英濟王)으로 뛰어 올랐다. 삼국시대 형주에서 숭배된 관우는 아마 역신疫神이었을 것이다. 그러나 금나라의 핍박을 받던 송 대의 관우는 군신軍神이 되었다. 나관중이 『삼국지연의』를 쓰고 있던 무렵은 한족이 중국 전역에서 원元 황조를 몰아내는 싸움을 벌이고 있던 때였다. 남송 대 사람들이 여진족을 물리치기 위해 관우의 귀신을 불러냈던 것과 똑같은 이유에서, 그도 관우 귀신 이야기를 『삼국지연의』에 집어넣었다. 그렇지만 정작 명나라 황제들은 송나라 황제가 올려준 관우의 벼슬을 다시 깎아내렸다. 몽골을 몰아내고 천하를 '평정'한 마당에 군신을 다시 불러낼 이유가 없었기 때문일 터이다.

_ 남묘. 서울에 가장 먼저 만들어진 관왕묘였다. 조선 후기에는 서울 상인들이 재운을 비는 장소로 사용했고 대한제국 기에는 국가 향사享祀의 공간이었으나, 일제 강점 이후 다시 민간단체가 관리하는 곳이 되어버렸다가 한국전쟁 때 불타버렸다.

　　군신 관우가 다시 '부활'한 것은 명나라 말의 일이었다. 16세기 말의 동아시아 세계대전이었던 임진왜란이 그 계기였다. 오랜만에 큰 전쟁을 치르게 된 명나라 장수들은 구석에 처박아두었던 군신 관우를 다시 불러내었다. 조선에 출병하는 명나라 군사들은 먼저 '관우묘'에 찾아가서 옛날 관흥을 구했던 것처럼 자신을 적의 총칼로부터 구해달라고 빌었다. 관우를 섬긴 것이 효험이 있었던지, 명나라는 조선에서 왜군을 물리칠 수 있었다. 그러나 바로 뒤를 이어 이번에는 북방에서 후금後金이 밀고 내려왔다. 만력萬曆 대황제 신종神宗은—연호로나 묘호廟號로나 그리고 실제로나 중국 역사상 가장 망자존대妄自尊大한 황제였다—관우를 한꺼번에 몇 계급 올려 '칙봉삼계복마대제신위원진천존관성제군'勅封三界伏魔大帝神威遠鎭天尊關聖帝君으로 봉했다. 이로써 관우는 관제關帝가 되었다.

　　후금 군사들과 싸울 때에도 명나라 군사들은 관제묘關帝廟에 나아가 승전을 기원했다. 그러나 너무 빠른 승진의 부작용 탓인지, 관우는 이 전쟁에서 이렇다 할 신통력을 보여주지 못했다. 명나라는 망했고 청나라가 들어섰다. 청나라 황제와 팔기八旗의 입장에서는 명나라의 군신 관우가 달가울 리 없었을 것이다. 관제묘에서 제사 드리는 사람들의 속셈이야 뻔한 것 아니겠는가. 이 무렵의 한족에게 관우는 남송의 악비岳飛와 같은 존재였다. 반청복명反淸復明의 기세가 남아 있던 청초淸初에는 군사를 모아 만주족을 내몰 거사를 준비하는 사람들이 종종 관제묘를 찾았을 것이다. 그렇다고 공공연히 군신을 찾아 머리를 조아릴 수도 없었을 터. 아마도 이 무렵에 군신 관우는 재신財神 관우로 변장했던 듯하다. 관우를 재신으로 모신 이유에 대해서는 여러 가지 이야기가 있으나, 그에게서 군신의 속성을 탈각시키는 데에 명청 교체의 정치적 상황이 작용한 것은 분명해 보인다. 어떤 사람들이 군신을 재신으로 변장시켰는지는 불명확하나 어쨌거나 자기기인自欺欺人이라, 남을 기망欺罔하려다 보면 왕왕 스스로가 먼저 속아 넘어가는 법이다. 청조가 안정된 뒤에는 관우에게서 군신의 이미지는 사라졌고, 재신의 이미지만 남았다. 오늘날 세계의 중국 음식점에 걸린 관우는 군신 관우가 아니라 '돈귀신' 관우이다. 그 옆의 주창과 관평은 돈귀신을 지키는 호위 무사이고.

군신 관우가 이 땅에 들어온 것은 임진왜란 때 출병한 명나라 군사들의 뒤를 따라서였다. 선조 31년(1598), 명나라 유격遊擊 진인陳寅은 자신이 주둔하고 있던 남산 기슭에 관왕묘를 세웠다. 이른바 남관왕묘南關王廟가 만들어진 것이다. 다른 명나라 장군들도 이 역사役事에 돈을 대었으니, 천자의 군대로부터 구원을 받은 조선 왕이라고 예외일 수는 없었다. 관왕묘가 완공되자 명나라 장수들은 조선 왕이 친히 와서 제사드릴 것을 요구했다. 조선의 군신은 선례가 없는 일이라 하여 일단 거부했으나 선례는 만들기가 어렵지 일단 만들어놓으면 바로 항례恒例가 되는 법이다. 선조는 결국 관왕묘에 참배했고 이듬해에는 다시 동대문 밖에 새 관왕묘(지금 남아 있는 보물 142호 동묘)를 하나 더 짓기까지 했다. 전쟁 통에 불타버린 궁궐도 복구할 길이 아득하여 왕조차 들어가 살 곳이 마땅치 않던 판국에 중국 귀신 모실 집을 먼저 지어야 했으니 이 땅에 처음 들어온 관왕의 위세는 그토록 당당했다. 동묘, 즉 동관왕묘는 남관왕묘보다 더 크고 번듯했으나 그보다 더 사람들의 눈길을 끈 것은 '이국적인' 양식이었다. 건물과 문, 소상塑像까지 모두 중국식으로 만들었기 때문이다. 이 무렵 관왕묘는 서울 말고도 성주·안동·남원 등지에도 만들어졌다.

  임진왜란이 끝난 뒤 명나라 군대는 돌아갔지만 관우 귀신은 따라가지 않았다. 서울 동남쪽 양 대문 밖에 버젓한 집이 있는데, 그냥 돌아갈 이유가 없었던 모양이다. 조선 국왕이 관왕묘를 찾아가 참배하는 일은 없어졌지만, 그는 그냥 기다렸다. 서울에 관왕묘가 만들어지고 한 세기 남짓 지난 영조 15년부터 왕이 다시 관왕묘를 찾기 시작했다. 정작 복수설치復讐雪恥, 북벌대의北伐大義의 소리가 높던 효종 대에는 거들떠보지도 않던 관우 귀신을 다시 불러낸 이유는 분명하지 않다. 영조 이전에는 숙종이 지방의 관왕묘를 제대로 건사하고 때 맞춰 제사를 지내도록 지방관들에게 명한 바 있었을 뿐이다.

  즉위하자마자 무신란戊申亂을 겪은 영조는 후일 '수성윤음守城綸音'을 내려 백성들에게 왕이 도성을 벗어나 도망가는 꼴은 다시 보이지 않겠노라고 약속한다. 그는 도성 방어를 위한 군사체제를 정비하는 데 각별한 관심을 쏟았다. 성을 새로 쌓았고, 각 군문과 방계坊契에 담당구역을 할당해주었다. 그가 관우 귀신을 다시 찾은 것은 이런 '개혁'의 와중에서였다. 그는 관우 소상塑像에 새 용포를 갈아입혀주었고, 낡은 사당도 보수해주었다. 손자 정조도 할아버지를 본받아 관우에 대해서는 깍듯한 예의를 지켰다. 그러나 그뿐

_ 동묘의 관우상. 목상 위에 금칠을 입혔다. 관우 목상에게 처음으로 금색 용포를 내렸던 이는 고종이었는데, 지금 입고 있는 옷은 물론 그 옷이 아니지만, 색깔만은 같다.

이었다. 영조 말년에는 이미 무당과 장사꾼들이 관우를 더 사랑하게 되었고 묘당廟堂에서 관왕묘를 '음사'淫祠로 지탄하는 소리도 나왔다.

청나라 행 사신을 따라 다니면서 돈벌이를 해왔던 시전 상인들은 중국에서 관우가 재신으로 변신한 지 이미 오래되었다는 사실을 알았을 것이다. 그들은 그들 나름의 방식으로, 엄숙하고 지루한 국가 의례와는 다르게, 무당을 불러 돈 많이 벌게 해달라고 관우 소상 앞에서 굿판을 벌였다. 관우 귀신은 무당들에게 특히 매력적이었다. 본래 무당들은 각자가 '몸주'를 모시기 마련인데, 신통력 있는 무당의 몸주가 되기 위해서는 한두 가지 조건이 필요했다. 첫째로 살았을 때 신통력이나 용력勇力이 과인過人 또는 초인超人했어야 한다. 범인은 죽어 귀신이 되어도 한갓 이매망량魑魅魍魎이 될 수 있을 뿐이다. 둘째로 될 수 있는 한 원통 절통하게 죽어야 했다. 한을 품고 죽은 귀신이라야 저승에 가지 않고 이승 주위를 떠돌 것이기 때문이다. 그래서 우리나라 무당들에게 인기 있는 몸주는 최영이나 남이 같은 사람들이다. 심지어 '예수'조차도 기꺼이 받아들이는(예수가 자기 몸에 들어왔다고 주장하는) 무당도 있었다. 관우

_ 동묘. 보물 142호. 중국풍 건물들과 역대 왕의 제향祭享 기록을 담은 비석들, 백목전 상인들이 헌납한 석물들이 들어차 있다. 지금 이 주변에는 서울 안 최대의 헌옷 시장이 선다.

는 이 두 조건을 완벽하게 충족시키는 인물이었다. 무당에게는 전쟁터에 나가는 군사든 돈 싸움터(장사판)에 나서는 군사(장사꾼)든 모두 놓칠 수 없는 고객이었다. 더구나 조선 후기 서울에서 군인은 곧 장사꾼이고 장사꾼은 곧 군인이었다. 이러니 관우의 인기가 하늘 높은 줄 모르고 치솟지 않을 턱이 없었다.

정조 이후 한 세기가량, 서울의 동묘와 남묘는 장사꾼들이 유지하고 관리하면서 때때로 관의 눈을 피해 굿판을 벌이는 장소로 이용되었다. 특히 매년 10월에는 남묘에 시정 장사꾼들이 모두 모여 대규모 굿판을 벌였다. 아주 드물게 왕이 행차하는 경우도 있었지만, 이는 군신 관우가 필요해서가 아니라 도성민의 태반을 차지하는 공시인을 위무慰撫하는 뜻을 보이기 위해서였다.

그런데 1883년, 서울 북문(혜화문) 밖에 느닷없이 관왕묘가 하나 더 생겼다. 이름하여 북묘北廟라는 것인데, 여기에 들어온 관우 귀신은 군신도 재신도 아닌 만사형통신, 달리 말하면 잡신이었다. 그 한 해 전, 군인폭동이 일어났고 그 바로 뒤에 청나라 군대가 들어왔다. 얼핏 임진왜란 때의 명나라 군대와 관왕묘 사이의 관

1950년대 남산으로 오르는 길목의 속칭 점쟁이 골목. 조선 개국 초부터 남산(=목멱대왕)은 신령한 산으로 취급되었고, 정상 부근에는 국사당이 설치되었다. 일본인들의 신사도 남산 주위에 몰려 있었던 바, 그들이 물러가고 난 뒤에도 남산에 살던 '귀신'들은 자리를 지켰다. 현재에도 남산 곳곳에는 알게 모르게 당집들이 남아 있다.

계가 떠오르기도 하는데, 사실 북묘는 그와 관계가 없다. 군인들을 피해 충주 장호원으로 도망갔던 왕후는 그곳에서 관성제군關聖帝君 즉 관우 귀신이 씌웠다는 무당을 한 사람 만난다. 답답하고 초조한 중에 자주 불러 이것저것 물어보곤 했던 모양인데, 이 무당이 용케도 왕후의 환궁 날짜를 맞추었다.

폭동이 진압된 후 서울로 돌아온 왕후는 그녀를 불러 올려 진령군眞靈君(참으로 영험한 무당)이라는 칭호를 주고 따로 커다란 당집을 만들어주었다. 관우 귀신이 들어가 살 집이니 당연히 관왕묘가 되었고, 복수심에 서슬 퍼렇던 왕후가 국가 향사享祀의 대상으로 삼자고 하는데 반대할 사람도 없었다. 그래서 이 당집은 북묘가 되었다. 그리고 또 10년이 흘렀다. 1902년 벽두에 영일동맹이 체결되었다. 일본과 러시아 사이에 긴장이 고조되었고, 그 둘이 놓고 싸우는 밥그릇이 대한제국이라는 사실도 분명했다. 정부와 황실은 영세중립화안도 꺼내보고, 러시아와 일본에 밀사도 보내보는 등 긴박하게 움직였지만 어디에서도 희망적인 신호는 감지되지 않았다.

군비를 강화한다 산업을 육성한다 교육 시설을 정비한다 하면서 10여 년간 들인 공이 적지는 않았으나 시간도 짧았고 볼만한 성과도 없었다. 벼랑 끝에서 귀신이라도 불러내보자는 심사였을까. 이해 봄 고종은 5년 전 자기 자신에 대해 그랬던 것처럼, 관왕을 관제로 추숭追崇하고 관왕묘를 전부 관제묘로 바꿨다. 현판 글씨도 자기가 직접 써서 내려주었다. 동남북에 모두 관제묘가 있는데 서쪽에만 없는 것도 허전하다고 생각했던지 묘를 하나 더 만들

(좌) 와룡묘 입구. 안내판이 두 개 있는데, 하나는 태조 때 만든 것이라고 쓰여 있고 다른 하나는 1900년경 엄귀비가 만들어준 것이라고 쓰여 있다. 이 아래쪽이 범바위인데 요즘도 가끔씩 '무속인'들이 굿을 하곤 한다. 애초에는 와룡선생 사당이었으나 일제 강점기를 거치면서 단군과 제석, 산신 등 각종 신이 모두 동거하는 곳이 되어버렸다.

(우) 와룡묘. 지금은 '치성 드리는 사람'이 아니고서는 와룡선생 제갈량을 모신 이 건물 안에 들어갈 수 없다. 이 건물을 지을 당시에 제갈량은 나라를 위기에서 구한 인물로 추앙받았지만, 지금의 제갈량은 도대체 사람들의 어떤 염원을 풀어주는지 알 수 없다.

고 숭의묘崇義廟라 이름했다. 그런데 이 서묘의 주신主神은 관우가 아니었다. 후한 소열제昭烈帝 유비를 주신으로 하고 관우, 장비, 제갈량, 조운, 마초, 황충, 옥보, 주창, 조루, 관평 등 삼국지에 나오는 후한의 명장들을 모두 그 아래에 배향配享했다.

그런데 후한 하면 유비 말고도 바로 떠오르는 사람이 또 있다. 고종과 같은 연호를 썼던, 아니 고종이 그 연호를 베껴 썼던 '광무제'光武帝다. 고종이 황제로 즉위하면서 굳이 연호를 광무로 한 것은 자신을 후한 광무제에 비견되는 존재로 드러내고 싶었기 때문일 것이다. 그에게 '난적亂賊을 소탕하고 망한 나라를 다시 일으켜 세우는 일'은 갑오·을미 내각의 '반역'을 징벌하는 일이었겠지만, 그 칼끝은 결국 일본을 향하고 있었다. 1900년 남산 일본인 거류지 동쪽 끝에 '장충단'奬忠壇을 세워 을미사변 때 희생된 사람들을 배향했다가 이듬해 배향자를 늘린 일과 1902년 숭의묘를 지은 일은 서로 연결된다. 이 일을 황귀비 엄씨의 신임을 얻은 현령군賢靈君(역시 관우 귀신에 씌었다고 주장하는 무당)의 소위所爲로 생각하는 사람들이 많지만, 엄 씨에게는 국가 향사享祀를 좌우할 만한 힘이 없었다.

고종이 새로운 향사 공간을 통해 얻고자 했던 것은 '잡신의 힘'이 아니라 '충忠과 의義'였다. 여기에는 왕명보다도 무당의 말

_ (좌) 1920년대 초의 경성신사. 조선신궁이 서기 전까지, 서울 거주 일본인들의 종교적 구심이었다. 와룡묘는 바로 이 신사 '머리 꼭대기'에 세워졌다.

_ (우) 현 리라컴퓨터고등학교 옆 남산원 안에 있는 경성신사의 유물. 경성신사의 분사分社였던 노기신사의 석등을 뒤집어 야외 테이블로 쓰고 있다. 일제 말, 강압적인 신사참배에 대한 불만을 꾹꾹 눌러왔던 한국인들은 해방되자마자 전국의 신사들을 불태우고 헐어버렸으며, 그 안에 있던 영조물들을 이런 식으로 모욕했다. 그러나 그런 풍파가 자기 발아래에서 일던 말든, 와룡묘는 묵묵히 제자리를 지켜왔다.

을 더 잘 듣는 무지한 사람들도 익히 알고 있는 삼국지의 영웅들을 통해 백성의 충의를 일깨우고 그에 기대어 나라를 구해보자는 '꼼수'가 숨어 있었다. 고종은 할 수만 있다면 '충의교'忠義敎라는 새로운 종교를 만들어서라도 백성들을 자기편에 묶어두고 싶었을 것이다. 을사늑약으로 주권의 태반을 잃어버렸을 때, 그가 지방의 명유名儒들에게 밀지密旨를 보내 거병擧兵을 촉구한 것도 백성을 마지막 의지처로 생각한 때문이다.

숭의묘보다 먼저인지 나중인지는 알 수 없지만, 거의 같은 무렵 남산 중턱 골짜기 안에 와룡묘臥龍廟라는 작은 사당이 하나 더 만들어졌다. 이름만으로도 당장 알 수 있듯이 이 사당은 와룡선생, 즉 제갈량을 주신主神으로 모신 사당이다. 지금은 그 안에 단군도 있고 보살도 있어서 여러 가지 종교적 욕구를 충족시켜주는 장소가 되어 있지만, 처음부터 그렇지는 않았다. 선조 때에 평안도 영유에 와룡묘를 지었다는 기록이 있는데, 이 와룡묘가 만들어진 맥락은 그와 비슷하면서도 다르다. 전략 전술의 천재였던 제갈량의 귀신을 불러 국난을 이겨보려는 심사가 비슷하고 그 타깃이 왜적倭賊이었다는 것도 같다. 그러나 옛적 평안도의 와룡묘가 평양 주둔 명군에 관계된 것이었음에 반해, 이 와룡묘는 왜인들이 서울 안에 만들어놓은 '그들만의 성소'를 바로 내리누르는 곳에 자리잡았다.

1894년 일본이 청일전쟁에서 이기자, 많은 일본인들이 서울에 들어왔다. 그들은 이미 10여 년 전부터 남산 기슭에 터 잡고 살아온 자기 동족들 주위로 몰려들었고, 이 일대를 서울 안의 일본으로 개조하기 시작했다. 그들은 당장 자기들 거주지 안의 왜장대[1]에 전승기념탑을 세웠다. 이어 그 주변에 다시 일본 귀신을 모시기 위한 신사神社를 짓는 일에 착수했다. 1898년 남산대신궁南山大神宮이 완공되었다. 이 '신궁'은 1923년 경성신사로 개칭되었고, 1929년 조금 더 남쪽으로 내려간 자리로 이건되었다. 원래 남산대신궁이 있던 자리에는 그 경성신사의 절사節社로 노기乃木신사와 팔번궁八幡宮이 만들어졌다. 경성신사는 지금의 숭의여자대학교와 리라고등학교 자리에 있었기 때문에 남산대신궁은 그보다 더 남쪽, 더 높은 곳에 있었다. 바로 와룡묘 아래쪽이다.

와룡묘의 제갈량은 남산대신궁의 천조대신 정수리를 깔고 앉았다. 장충단이 일본인 거류지의 동쪽 경계였다면 와룡묘는 그 남쪽 경계였다. 남산골 깊숙이, 사람들 눈에 잘 띄지도 않는 외딴 곳에 묘를 세운 뜻은 여기에 있었다. 제갈량의 귀신을 불러 천조대신 귀신을 물리치려 했다고 보아도 좋다. 따지고 보면 한국의 무당

— 『고우영 삼국지』의 유비. 나만의 착각인지는 모르겠으나 턱 주위가 발달한 얼굴형, 위로 솟은 넓은 이마, 짧은 눈썹, 처진 눈꼬리, 얼굴 아래쪽으로 내려온 귀. 수염 모양까지 흡사 고종을 보고 그린 것처럼 닮았다. 나는 처음 고종 사진을 보았을 때 무척 낯이 익다고 느꼈는데, 아마도 고우영 삼국지를 열심히 본 때문이었던 것 같다.

1_ 1885년 조선 정부가 남산 아래를 일본인 거류지로 지정해준 것은 가급적 궁궐에서 먼 곳을 찾다 보니 그렇게 된 것이지만, 일본인들은 자기들에게 할당된 땅에서 굳이 임진왜란 때 왜장倭將의 흔적을 찾았다. 그들은 왜장대 혹은 왜성대라는 이름을 기념했고, 그 자리를 신성시했다. 지금의 중구 예장동은 왜장동을 살짝 변형시킨 것이다.

— 서양식 제복을 입은 고종황제.

이나 일본의 신관神官이나 다를 바 없는 것 아닌가. 오히려 그렇게 생각하는 사람이 많을수록, 이 묘를 지은 의도는 적중한 것이다. 그러나 '삼국지충의교'나 '관우·유비·제갈량교' 같은 것은커녕 그 비슷한 것도 애초에 만들어질 수 없는 일이었다. 사람들이 관제묘나 숭의묘, 와룡묘를 보고 각성覺醒·분기憤起했는지도 의문이다. 그러나 많은 사람들이 그 의도는 알고 있었고, 일본인들도 마찬가지였다. 1908년 통감부는 대한제국 정부로 하여금 '향사이정享祀釐整에 관한 건'이라는 것을 공포하게 하여 관제묘에 대한 제사를 다른 제궁諸宮의 제사와 함께 일괄 폐지해버렸다. 그리고 나서 건물도 차례로 매각·철거했다. 반일의 의지를 노골적으로 담았던 서묘西廟가 1909년에 동묘에 합사되었고 북묘는 1910년에 철거되었다. 남묘와 동묘는 그 후 서울 상인들에 의해 유지되었지만, 그에 고착된 이미지는 무당들이 자비自費로 세운 다른 관왕묘나 와룡묘처럼, '미개한 미신의 현장'에 불과했다.

꽤 오래전 중국 귀신을 모시는 관왕묘가 민족 자존심을 해친다고 하여 그를 모두 없애버리자는 과격한 주장이 나온 바 있다. 한국인들의 민족적 순혈주의에 대한 집착이나 이른바 동북공정 이후로 악화된 대중국 감정을 생각하면 이해할 수 없는 바는 아니다. 그렇지만 서울의 군신 관왕은 400여 년 전에나 100여 년 전에나, 왜적을 상대하는 관왕이었지 중국인을 수호하는 관왕은 아니었다. 더구나 나는 고우영 작가가 쪼다로 그려놓은 유비에게서 꼭 고종의 캐리커처 같은 느낌을 받는다. 몰락한 왕족에서 황제로 뛰어오른 것이나, 제국을 세우고 두 대 만에 망한 것이나, 광무제의 후계

자를 자처한 것이나, 후대 사람들에게 '쪼다'로 비쳐진 것이나, 둘은 여러 가지로 닮아도 참 많이 닮았다.

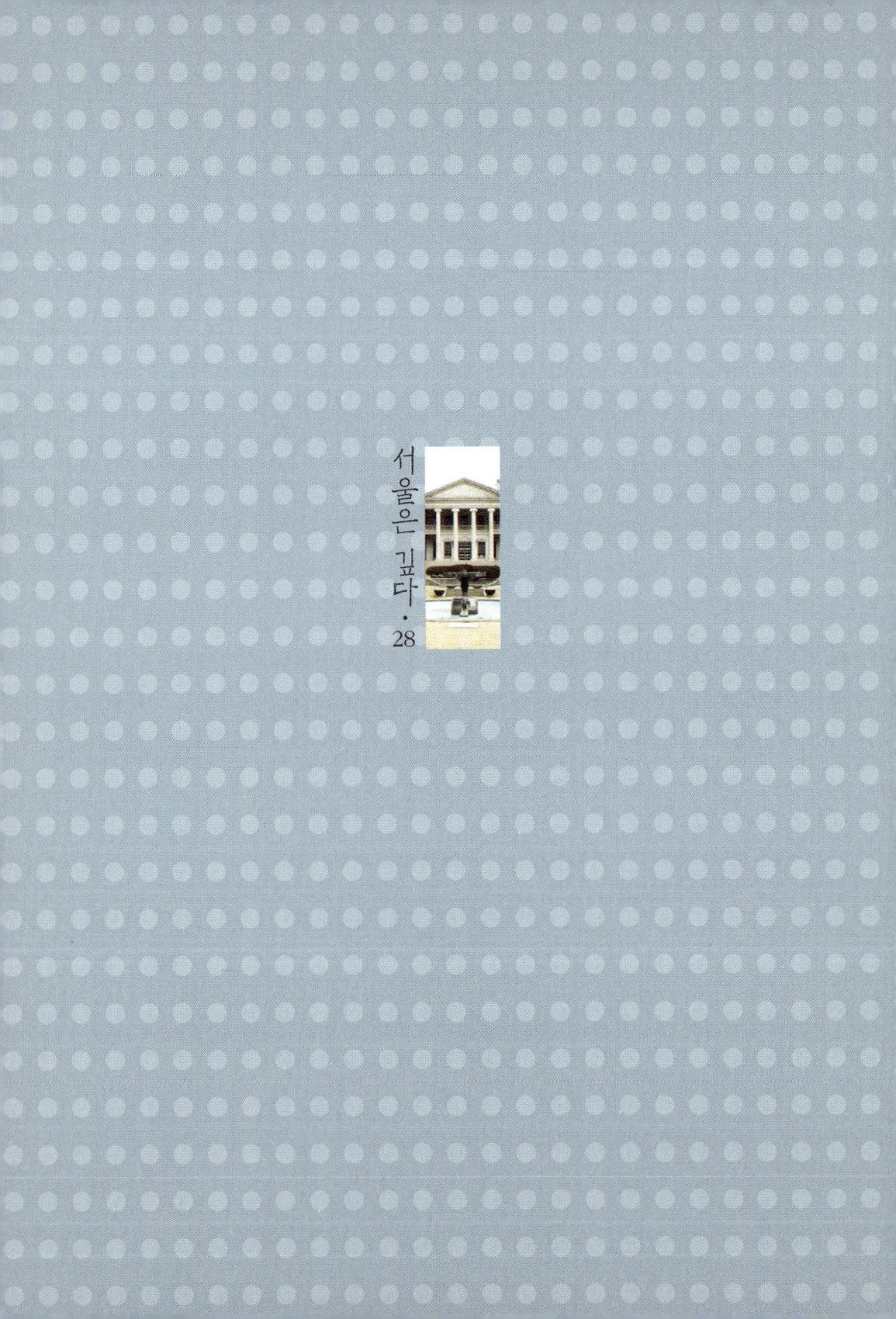

서울은 김다 · 28

덕수궁 분수대

"내관內官과 궁녀宮女가 머리를 감싸 쥐고 궁궐 문을 허겁지겁 뛰쳐나오고 있다. 그 옆으로 착검한 총을 든 일본 군인이 담을 뛰어넘고 있다." 1904년 4월, 경운궁에서 '원인 모를' 화재가 났을 때, 그를 취재하고 그림으로 그려 보도한 일본 『전시화보』戰時畵報에 수록된 삽화이다. 내가 이 그림을 처음 본 것은 20여 년 전의 일인데, 그때 나는 이 그림에서 '망할 수밖에 없는 나라'의 실상을 보았다. 의병들이 아무리 목숨 걸고 싸우면 뭐 하나, 대궐 안에서 호의호식하던 사람들이 저토록 비겁한데. 제 살던 궁궐에 불이 났는데 불 끌 생각은 않고 도망치는 꼬락서니와 남의 나라 궁궐에 난 불을 끄기 위해 용감하게 뛰어드는 패기에서, 일본과 한국의 명운은 이미 결정이 나 있었다.

비록 햇병아리였지만 그래도 역사학도였던 내가 그렇게 보았다면, 다른 사람들도 다르지 않았을 것이다(물론 어리석은 나만 그랬을 수도 있다). 그 당시 그 그림을 본 외국 사람들은 이 '불쌍하고 나약한' 국민을 마음껏 조롱했을 터이고. 그런데 한참 세월이 흐른 뒤, 게으르나마 조금씩 공부해가면서, 이 그림에 뭔가 이상

_ (좌) 화염이 치솟는 경운궁을 뒤로하고 내관과 나인들이 대안문을 허겁지겁 뛰어 나오고 있다. 그 옆으로는 집총한 일본 군대가 대오 정연하게 문으로 들어가고 있다.
_ (우) 경운궁 전역이 엄청난 화염에 휩싸여 있다. 불이 쉽게 번지는 계절이기는 했지만, 다른 어느 곳보다 철저한 소방시설을 갖추고 있던 궁궐을 한순간에 잿더미로 만드는 데 자연의 힘만이 작용했던 것 같지는 않다. 이 화재가 일본군이 서울을 점령한 직후에 일어났던 것이 과연 오비이락烏飛梨落일까.

한 비밀이 숨겨져 있는 것 같다는 느낌을 받았다.

동양의 목조 건물들은 본래 화재에 취약하다. 우리나라뿐 아니라 중국도 일본도 다 마찬가지여서 소방 조직과 소방 시설은 도시의 필수 구성요소였다. 이미 조선 개국 초에 서울에는 방화장防火墻과 소개疏開 지대가 만들어졌고, 화재가 났을 때 인근 주민이 해야 할 일도 정해져 있었다. 지존至尊이 거하는 궁궐에는 화재방비체계가 더욱 잘 짜여 있었다. 궁궐 주변에는 민가를 지을 수 없도록 하여 행여 날아들지 모를 불씨의 소지를 없앴다. 주요 전각 앞에는 커다란 방화수 통을 구비해놓았고, 내관과 궁녀, 금군禁軍과 액례掖隸들은 저마다 담당 구역이 있어 일단 불이 나면 만사를 제쳐두고 불 끄러 달려가야 했다. 궁궐에 불이 났는데 저만 살겠다고 뛰쳐나가는 것은 자살행위였다. 불 끄다가 죽을 가능성은 거의 없었지만 도망치다 걸리면 여지가 없었다. 그런데 그림 속의 저들은 불타는 경운궁을 뒤로 한 채 머리를 감싸 쥐고 궐문을 뛰쳐나오고 있었다.

1904년 2월 7일, 일본군은 인천항 앞에 정박해 있던 러시아 함대를 기습했고, 이틀 후에는 뤼순旅順을 공격했다. 2월 9일에는 인천에 상륙한 일본군 2,500명이 서울에 들어와 각처 관공서를 '접수'하고 주둔했다. 이에 앞서 러일 간에 전운이 짙어가는 것을 감

경운궁(덕수궁) 중화전의 '드므'. 불귀신을 쫓아내는 신물인 동시에 진화용 저수조이다. 궁궐에는 이 밖에도 사다리, 물 담는 큰 통, 물 푸는 그릇 등을 비치해 두어 불이 번지는 일에 대비했다. 궁궐 안에서 살거나 근무하는 사람들에게는 각각 담당 도구가 배정되었다.

지한 고종은 러시아 황제에게 여러 차례 밀서를 보내 동맹을 제안했다. 일본군이 쳐들어오면 대한제국 군대와 의병은 후방을 교란할 것이라는 내용도 있었고, 만주에서 싸우지 말고 바로 한국으로 진격해 들어와 한국 군민과 함께 일본군의 보급로를 끊어버리자는 내용도 있었다. 그러나 세상에 완벽한 비밀은 없는 법이다. 일본군은 이들 밀서가 주러 공사 이범진의 손을 거쳐 러시아의 마지막 황제 니콜라이 2세 Aleksandrovich Nikolai II에게 전달되었다는 사실을 알고 있었다. 궁궐 안팎에는 이미 일본에 매수된 수많은 간첩들이 있었다. 대관이나 종친이라고 해서 예외가 아니었다. 한국 황제가 일본의 전쟁 수행을 방해하고 한국 점령에 저항하는 정황은 명백했지만, 당장은 그를 막을 뾰족한 방법도 없었다. 일본군은 이미 1894년에도 경복궁을 '점령'한 바 있었지만, 궁궐 전역을 샅샅이 뒤져 '증거'를 찾아내기 위해서는 더 극단적인 방법이 필요했다.

　　　　이해 4월의 경운궁 화재가 일본군 소행이라는 확실한 증거는 없다. 당연히 없다. 그러나 거꾸로 일본군의 소행이 아니라고 유추할 만한 증거도 없다. 대한제국 정부 문서로 나온 보고서에 우발적인 화재로 기록되었다고 해서 그걸 곧이곧대로 믿을 수는 없는 시절이었다. 어쨌거나 경운궁에 큰 불이 났고 궁 안에서 불을 꺼야 할 사람들은 '머리를 감싼 채', 죽을죄를 짓는 줄 뻔히 알면서도 도망쳐 나왔다. 누가 이들을 쫓아냈는지 굳이 고민할 필요가 있을까. 내관과 궁녀들, 시위대 병사들과 그 밖에 허드렛일을 하던 숱한 사람들을 내몬 뒤, '불 끄러' 들어간 일본군들이 그 안에서 무슨 일을 저질렀는지는 '자료가 없어서' 정확히 모른다. 그러나 이런 경우에 침략군이 하는 일이란 늘 똑같다. 우리는 이런 장면을 다른 나라, 다른 시대를 배경으로 한 '영화들' 속에서 무수히 보아왔다. 군화를 신은 채로 아무 방에나 뛰어들고, 울부짖으며 뛰어다니는 사람들을 총검으로 위협하여 쫓아내고, 서랍이란 서랍은 다 열어젖히고, 이것저것 꺼내서 쓸 만한 물건은 챙겨 넣고, 그리고 불 지르고. 이 일에 대해서는 증언도 남아 있지 않다. 진상을 규명하기에는 세월이 너무 많이 흘렀고, 그 세월 안에는 '임금님 귀는 당나귀 귀' 소리도 할 수 없던 시대 상황이 있었다.

   궁궐 전각이 몽땅 타버렸고 그 뒤에 중건重建한 건물들은 원 규모의 반도 되지 않았다는 얘기 따위를 하려고 이 사건을 들먹인 것은 아니다. 지금 우리가 보는 경운궁이 대한제국 시절의 위풍당당했던 경운궁과는 다른, '초라해진' 경운궁이라는 사실을 되새겨보는 것도 물론 의미 있는 일이지만, 나는 그보다 이 화재가 남긴 '다른 결과'에 더 신경이 쓰인다. 역사 공부를 오래 하다 보면 나름대로 사료를 보는 안목이 생긴다. 이런 안목은 오랜 훈련을 통해 길러지는 것이기 때문에, 그 훈련을 받지 못한 사람들이 엉뚱한 짓을 하는 경우를 종종 본다. 국립도서관이나 서울대학교 도서관에서 많은 사람들이 뒤져본 자료, 심지어 이미 영인본까지 나와 있는 자료를 들고 나와서는 '최초 발견'이니 '최초 공개'니 운운하는 사

― 1904년의 경운궁 화재. 중화전 주변 전각 대부분이 '폭삭' 내려앉았고, 일본 군인들이 건물 잔해를 뒤지고 있다. 사진은 경운궁에서 평리원으로 이어지는 운교雲橋 위에서 찍은 것으로 보인다.

람들과 그 말을 한 치도 의심하지 않고 그대로 보도하는 신문들을 볼 때면 한심하다는 생각이 들곤 하지만, 세상이란 원래 그렇게 돌아가게 마련이다. 산삼도 먼저 본 사람이 임자가 아니라 '심봤다'고 먼저 외친 사람이 임자다.

　그렇게 불쑥 튀어나와서 사람들의 관심을 집중시키는 자료들 중에는 '비'秘나 '극비'極秘, '기밀'機密 자가 붙은 자료가 유독 많다. '극비'는 문자 그대로 '널리 알려져서는 안 된다'는 뜻이지만, 동시에 '최고급의', 그래서 '가장 진실에 가까운'이라는 의미로도 읽힌다. 물론 비밀 해제가 되어 공개되는 문서들을 보면 이런 생각이 선입견에 불과하다는 것을 금방 알 수 있다. '극비' 도장이 찍힌 문서라고 해서 모두 진실을 담고 있는 것도, 당대 사람들 대다수가 모르고 있던 내용을 담고 있는 것도 아니다. 그렇지만 '극비문서'는 어쨌든 보는 사람을 흥분시킨다. 비밀스러운 내용을 보게 되었다는 사실보다도 자신이 마치 과거의 '특수 신분' 사람이 된 것 같은 착각을 즐기는 것인지는 모르겠지만.

　그런데 지금 우리가 볼 수 있는 해방 이전 '극비문서'들은 거개가 일본인들이 작성한 것들이다. 총독부에서, 외무성에서, 육군성에서, 해군성에서, 공사관에서 한국과 조선에 관한 수많은 극비문서들을 생신했고, 그것들은 각 부서 도서관과 자료실에 꼭꼭 숨어 있다가 한꺼번에 모습을 드러내곤 했다. 문서 그대로 나타난 것도 있고 마이크로필름으로 바뀌어 공개된 것도 있다. 근대사 연구자들은 그 자료들을 탐욕스럽게 긁어모아 꼼꼼히 살펴보고는 '아! 그래서 그랬구나' 한다. 그러는 사이에 자신도 모르게, 역사 연구와 서술은 '극비문서' 생산자들의 관심을 쫓아간다. 역사적으로 중요한 사건은 역사가가 판단하기 전에, 중요 사항을 '극비문서'로 만들어놓은 사람들이 친절하게도 미리 판단해두었다! 그래서 어떤 원로 역사학자는 일본인들이 남겨놓은 사료만 가지고는 논문을 쓰지 말라고까지 했다. 그러나 그러려고 해도 '극비'라는 문자가 주는 매력을 떨칠 수가 없다. 그런데 아무래도 내가 듣고 본 것이 적은 탓이겠지만, 나는 대한제국이 남겨놓은 '극비 보고서'는 본 기억이 없다. 위에서 아래로 내려 보낸 문서, 훈령訓令에 '비'秘자를 붙여 '비훈'秘訓이라고 한 것은 적지 않으나 아래에서 위로 올려 보낸 문서, 보고서류에 '비'자가 붙어 있는 것은 거의 보지 못했다. 혹시나 해서 규장각에 남아 있는 대한제국 문서들을 잘 아는 선배에게 물어보았지만, 그 역시 비밀보고서는 본 기억이 없다고 했다.

고종이 제국익문사帝國益聞社라는 비밀정보기관을 만들었다는 사실은 이미 널리 알려져 있다. 황제에게 직보直報하는 이 기관의 보고서는 비밀 약품으로 처리되었다고 하지만, 모든 기관의 모든 문서를 그렇게 처리할 수는 없는 일이었다. 외부外部나 경무청도 역시 비밀문서를 만들 만한 기관이고, 황실 재성을 관리한 내장원 역시 그럴 수밖에 없는 기관이었다. 그런데 지금 이들 기관에서 만들

_ 1930년대 중반. 분수대가 만들어지기 전의 석조전 전정. 전정으로 들어서는 입구에 받침대 모양의 석조물을 세워두었다. 분수대가 설치되기 전에는 전정의 경사가 지금보다 완만했던 것으로 보인다.

었을 '비밀문서'는 '거의'(내가 아는 한) 전하지 않는다. 물론 비밀문서만 없는 것이 아니라 전혀 비밀스럽지 않은 내용을 담고 있는, 그러나 응당 있어야 할 문서들도 남아 있는 것이 별로 없다. 어떤 이는 한국인들이 게을러서 기록을 남기지 않았다는 주장을 펴면서 작은 메모 한 장조차 보관하는 미국이나 일본의 사례를 들곤 하지만, 조선시대의 꼼꼼했던 기록 문화에 미루어보면 기록을 남기지 않은 것이 아니라 문서가 남지 않았다고 해야 맞다.

새로운 권력이 과거 권력의 흔적을 지우는 일은 언제나 있었다. 새로운 시대에 과거의 문서들이 쓸모없게 되는 일도 언제나 있었다. 지금도 인사동에 가면 일제시대의 채권이나 주권, 증권 나부랭이들을 액면가 이하로 쉽게 구할 수 있다. 내가 아주 어렸을 때(그래 봐야 1960년대) 조부는 시골에서 서당 훈장을 했는데, 조부가 돌아가신 후 숙부는 조부가 남긴 서신이나 시문 같은 문서들을 한데 모아 태워버렸다. 먹물 묻은 종잇조각들을 가난의 원흉으로 보았기 때문이다. 이제 와 생각해보니 태워버린 건 좀 지나친 일이었지만 그러지 않았다고 해서 그 문서들이 지금껏 남아 있을 것 같지도 않다. 숱한 문서들이 벽지나 장판지의 초배지로 사용되었고, 조금 질이 떨어지는 것들은 화장지로도 쓰였다. 홍패나 백패처럼 '아스라한 가문의 옛 영광'을 보여주는 문서가 아니고서야 기를 쓰고 그걸 보존할 이유가 없었다. 토지 문서나 추수기처럼 대를 이어 물려가는 문서들이나 일본인들이 관심을 갖고 수집·보존한 문서들을 제외하고는 대개 이런 운명을 겪었다.

1904년에 일본인들이 관심을 가진 문서의 중심에는 (만약 존재했다면) 대한제국의 '극비문서'가 있었을 것이다. 그들은 불타는 경운궁 안에서 그런 문서들과 내장원의 회계 문서들, 외국은행 계좌와 관련된 문서들, 또는 황제의 옥새玉璽 등을 찾으려 했을 것이다(이에 대해서는 〈한반도〉라는 영화가 영화적 상상력을 동원하여 흥미롭게 풀어간 바 있다). 그러나 아마도 찾지 못했던 것 같다. 그 문서들이 일본군의 수중에 들어갔다면 지금쯤은 공개되었을 테니까.

누가 경운궁에 불을 질렀는지는 알 수 없지만, 경운궁 깊숙한 곳, 궁내부와 내장원에 쌓여 있었을 비밀문서와 서류들은 아마도 일본군 손에 들어가기 전에 불타버렸을 것이다.

1900년, 영국인 건축 기사 하딩G. R. Harding의 설계에 따라 착공되었던 석조전이 완공된 것은 1910년이었다. 공사 중에, 정확하게는 경운궁 화재 뒤인 1906년에 석조전 앞의 정원이 유럽식 침강원沈降園(땅을 파서 만든 정원)

_ 하늘에서 내려다본 덕수궁 전경. 석조전, 중화전, 함녕전과 정관헌 정도만 남은 채 잔디밭뿐인 황량한 공간이 되어버렸다. 침강원은 석조전과 중화전 사이에 만들어졌는데, 그 자리에서 과거 어떤 비밀스러운 일들이 벌어졌는지는 알 수 없다.

오늘날의 석조전과 분수대. 오늘날 침강원과 분수대를 낯설어하는 사람은 더 이상 없다. 전통은 이미 오래전에 우리 곁에서 멀리 떨어진 곳으로 밀려났다. 더불어 전통과 근대가 교차하던 지점에 대한 기억 역시 사라져버렸다.

으로 조성되었다. 침강원 역시 하딩이 설계했는지는 불분명하나 공사는 일본 건축회사 오쿠라조^{大倉組}가 담당했다. 이 침강원 안에 분수대가 설치된 것은 덕수궁이 공원으로 개방된 뒤의 일이었다. 요즘도 문화유산 해설사들은 어린 학생들을 모아놓고 이 분수대가 "자연에 역행하지 않으려는 우리 전통 조경 양식에 비추어 보면 이례적인 것, 그래서 궁궐에 어울리지 않는 것"이라고 설명하곤 한다. 처음에는 아름다운 분수라고 생각했던 아이들도 그 말을 듣고는 이내 감상문에 그렇게 적는다. 그런데 우리 전통 조경 양식에 맞지 않는 것은 분수대만이 아니다. 침강원 자체가 우리의 전통 조경 관념과는 한참 동떨어진 것이다. 집이 있던 곳에 못을 파는 것은 대역죄나 강상^{綱常}을 무너뜨린 죄를 지은 자들의 집에 가하는 형벌이었다. 말이 좋아 침강원이지 형태로 보자면 못을 파고 물을 담지 않은 데 불과했으니 그 집 주인이 아무리 '서양식'을 받아들이는 데 거리낌이 없었다고 해도 이것까지 기꺼이 받아들이지는 않았을 것이다.

황당하게 비칠 수도 있는 '발칙한' 상상을 감히 해본다.

영화 〈한반도〉에서 김 내관은 옥새를 땅에 묻었다. 좋게 말해 영화적 상상력이라고 했지만, 누구나 쉽게 생각할 수 있는 일이다. 일본인들도 그런 의심을 하지는 않았을까. 경운궁 경내를 파헤칠 명분을 만들기 위해 침강원을 고안한 것은 아닐까. 침강원의 모양이나 규모를 보면 파내도 한참 파냈음을 알 수 있다. 영화 〈한반도〉에서 주연 배우 조재현은 파묻은 곳을 적어놓은 책자라도 가지고 있었지만, 당시 오쿠라조는 지레 짐작으로 무턱대고 파보는 것 말고는 방법이 없었을 것이다. 같은 때에, 일본인들은 경운궁에서 외부로 바로 이어지는 홍교虹橋와 운교雲橋도 철거해버렸다. 그들이 침강원 공사와 교각 철거 공사 도중에 무엇을 새로 발견했는지는 알 수 없지만, 어쨌거나 그 후로 경운궁 안에는 더 이상 찾을 것이 남지 않았다.

고종이 죽은 지 14년 뒤인 1933년, 덕수궁은 공원이 되었다. 그와 때를 같이하여 석조전 옆에 비슷한 건물이 또 하나 새로 들어섰고 1937년에는 침강원 한복판에 분수대가 가설되었다. 석조전 앞은 중화전 옆이기도 하다. 중화전 옆 땅이 느닷없이 푹 꺼져 있는 것을 본 조선 사람들이 어떤 감회를 가졌을지 지금으로서는 알 수 없으나 그걸 정원이 아니라 '못'으로 본 사람들이 있었을 법도 하다. 분수대는 이런 시선 앞에 놓인 침강원을 카무플라주camouflage하기 위한 장치였을까, 아니면 아예 '못'으로 확정하기 위한 시설이었을까. 물론 과거에 땅을 파낸 의도를 간파당할까 걱정한 탓인지 본의가 왜곡될까 걱정한 탓인지, 그것도 지금으로서는 알 수 없다.

일본인 수중에 넘어가선 안 되었던 극비문서들, 쓸모없어 불쏘시개가 되어버린 문서들, 일본인이 가치 없다고 판단하여 버린 문서들, 그래서 지금은 남아 있지 않은 문서들, 그리고 그 뒤를 이어 하나씩 헐리고 사라진 시설과 장소들은 '없는 채로도' 일을 저질렀다. 그 탓에 이제 대한제국이 이 도시 위에 설계했던 꿈, 황도의 꿈은 어렴풋이, 주로 짐작에 의존하여 그려볼 수밖에 없다. 그렇지만 단 한 가지, 1897년부터 1902년까지 불과 5년 동안에 진행된 서울의 '개발과 건설'이 해방 후 역대 어느 시장 시절보다도 더 근본적이고 심층적이었다는 사실만은 분명히 알 수 있다. 근대화를 '개발'과 동일시하는 사람들이 많지만, 그들은 오직 일제 강점기의 개발에만 관심을 집중할 뿐이다. 그러나 같은 잣대를 들이대더라도 구겨진 것은 편 다음에 재야 제 길이를 알 수 있지 않겠는가. 물론 남아 있는 문서와 증거 자료가 별로 없다고 해서 이 책 곳곳에 지나친 '상상력'—역사적 상상력이 아니라—을 동원한 내 책임이 면제되는 것은 아니다. 나 자신에게는 조금 위로가 될 뿐이지만 독자들에게는 한참 미안할 따름이다.

찾아보기

ㄱ

가가假家_171~173, 180, 197
갑신정변_197, 254, 267, 268
갑오개혁_215, 268, 290, 297~299, 301
강명관_92
강명길_254
개경_31, 36, 45, 52, 98
견미사절단_262
겸인_88, 90~93, 121
경강_129
『경국대전』_274
경기여자고등보통학교_259
경복궁_32~37, 112, 133, 155, 158, 159, 193~197, 200, 214, 233, 269, 281, 309, 314, 377
경성보신합명회사_340
경성부_19, 20, 166, 237, 320 cf) 한성부
경성부민관_237
경성신사_370, 371
경성재판소_205
경성정거장_196, 202, 204
경성직뉴회사_134, 295

경운궁_159, 183, 195~201, 204, 214, 301, 375~379, 382, 384
경인철도_182, 196, 202, 204, 234, 316
경종京種_102, 103
경화거족(경화사족)_28, 101, 104, 105
경회루_34~36
경희궁_198~200
고구려_26, 153, 156, 209, 212, 213, 271
고려_26, 32, 36, 45, 54, 60, 64, 97, 120, 131, 145, 175, 212, 213, 247, 350
고석규_92
고승제_300
고이케 마사나오_252
공시인순막_216
관독상판형_275
관문각_233
관우_360~369
광교_36, 81, 78, 131, 302
광무제_369, 373
「광문자전」_332
광장시장_134, 298~300, 303
광장회사_299, 302, 303
광주대단지_329
광혜원_255
광희문_134, 295
교보빌딩_168, 203, 217
구자춘_162
국사당_45, 217, 368

〈군선도병〉_118
군악대_354, 355
권극_117, 121
귀록정_115
근정전_34~36
금난전권_293
금위영_291
급가모립_55, 80
길모어, 조지_64
김구_177
김국광_112
김규진_265, 268
김기창_264
김대현_285
김두승_169, 170, 183
김범우 토마스_155
김성흥_159
김옥균_196, 253, 268
김용원_267, 275, 281
김유정_122, 123
김정호_194
김지성_267, 268
김형민_20
김홍도_118, 121, 308
김효원_128
깍쟁이(깍정이)_80, 81, 135, 173

ㄴ·ㄷ

나례_46, 350
낙산_130
낙천정_111
난전_134, 136, 291~293

남관왕묘_364, 365
남대문정거장_202, 301
남산골_130, 131, 371
남산대신궁_371
남인_101, 124, 130, 131
남촌_123~125, 130, 302
남태회_117, 121
내의원_247, 250
내장원_296, 334, 336, 337, 339, 380, 382
노기신사_370
노론_101, 124, 130
노인정_115
노트르담 성당_227
노한_111, 112
농사력_224
니콜라이 2세_377
다보탑_212~214
단발령_268, 298
단성사_165, 356
〈달동네〉_305
담담정_111
당쟁_136
대안문(대한문)_175, 183, 195, 196, 201, 376
대한민국임시정부_49, 50
대한수도회사_315~318
대한의원_236, 237, 259
대한천일은행_338
대항해시대_97
덕수궁_175, 187, 204, 205, 291, 375, 377, 382, 383, 384

데니, 오웬_277
〈도성도〉_194
도성삼군문_291
독립관_198, 203
독립문_69, 73, 198, 203, 352
『독립신문』_18, 19, 291
독립협회_199, 203
돈의문(서대문)_25, 135, 169, 172, 184, 200, 300
동교東郊_69
동대문시장_134, 299, 303
동묘_365~367, 372
동별영_134, 298, 299
동북공정_271, 372
동인_130, 131
두병국_275
두형균평회사_314
뒤비, 조르주_345
뚝섬 정수장_316

ㄹ·ㅁ·ㅂ
라싸_249
러시아공사관_195~197, 199, 234
러일전쟁_185, 200, 234, 301, 302, 315, 317, 334, 339, 340, 355
로젠봄, 조지프_279, 280
루이 14세_198
뤼순_376
린치, 케빈_193
마당놀이_46, 346, 351
마오쩌둥_360
『만기요람』_289

만민공동회_216, 217
맥클레이, 로버트_253
맹사성_264
멈퍼드, 루이스_16, 25, 59, 229
메카_249
명동_162, 165, 166, 188, 281
명동성당_155, 158, 159, 310
명성황후_169, 170, 173, 175, 176, 185, 233
명월관_165
명화적_335
모헨조다로_61
모화관_69, 316
묄렌도르프, 파울_253, 266, 278, 279
무동연희장_351
무학_32
문묘_45, 349
미국공사관_278
미쓰코시백화점_165, 225, 226 cf) 신세계백화점
민들레영토_192
민무회_310
민무휼_310
민영익_253
민영환_93
민진장_79
민태호_93
바라_182
박문국_255, 275
박영효_196~198
박원종_87
박제순_275

박지원_73, 332
반도호텔_164, 165
반월형석도_25
방상씨_46
배오개시장_134
배재학당_204, 223
백동화_335
백제_26, 153
버드 비숍, 이사벨라_174, 204
베베르, 카를_196, 200
병자호란_69, 291
보경리_50, 51
보빙사_198
보성학교_169, 339
보성사_169, 339
보스트윅, H. R_170, 315
보신각_164, 168, 169, 182~185, 235, 279, 339
보신회사_169
복덕방_325, 327~333, 336, 340, 341
봉상사(봉상시)_353
봉족奉足_291
부암정_115
북묘_367, 368, 372
북악스카이웨이_219
북인_130, 131
북촌_102, 123~125, 130, 131, 136, 146, 166, 302
분당_56, 130
브라운, 맥리비_215
블로흐, 마르크_228

빈튼, 찰스_256

ㅅ

사도세자(장조)_174
사류문_101
사복시_36, 279, 292
사비성_26
〈사산금표도〉_71, 72
사역원_253
4·19_17, 219
사직_33, 35, 36, 45, 110, 171
사축서_64
산대_46, 347, 349, 350~352
산업은행_164 cf) 조선식산은행
산업혁명_215, 229, 272, 274
『삼국유사』_17, 127
『삼국지연의』_361, 362
삼성종로타워_96, 164, 165
3·1운동_24, 169, 217
삼의사_247
삼청관_131
삼한_16
삼호파리국_277
상평창_296, 300
상하이_49, 50, 268, 275
새남터성당_155
새남터신학교_155
새문안교회_204, 300
새비지, 마이크_32
서거정_264
서라벌_15, 16
서소문_130, 293, 294

서운관_131
서울대학교병원_236, 258
서울시립미술관_205
「서울시헌장」_19
서인_130, 131, 133
석조전_198, 204, 381~384
석파정_107, 113, 115
선은전광장_184
선전縮廛_165, 169
선종禪宗_109
선혜청(선혜청 창내장)_295~297, 299~303
성균관_33, 72, 87, 103
성종대왕 태실_213
세계무역센터_59
세심정_111
세종_34, 35, 54, 72, 98, 111, 131, 141, 213, 233, 264, 269, 300, 399
세종로_162, 164, 195
소론_101, 131
소쇄원_99
소의문_204
손봉구_275, 281
손탁호텔(레일웨이호텔)_196, 204
송병준_92, 93, 303, 339
송파 산대놀이_349, 351
「수성절목」守城節目_60
수정전_34, 35
수표교_62, 67, 81, 216, 269
숙정문(북문)_169
숙종_69, 79, 91, 365
순조_155

술도가_122, 123
숭례문(남대문)_26, 63, 69, 117,
　　128, 135, 164, 165, 169, 173,
　　182, 184, 185, 194, 196~199,
　　201, 204, 291, 294~298, 301
숭의묘_369, 370, 372
스탠더드석유회사_314, 315
〈시흥환어행렬도〉_173
신덕왕후 묘_36
신라_26, 45, 62, 248, 274, 308
신미양요_266
신세계백화점_165, 184 cf) 미쓰코시
　　백화점
신유박해_155
신해통공_82, 172
심의겸_130

ㅇ
아관파천_159, 176
아랫대_129, 134
아스테카_27
안경수_259
알렉산드리아_251
암스테르담_98
압구정_107, 110, 112, 191
앨런, 호레이스_253~256
약현성당_155, 158
양녕대군_89
양전지계사업_334
양주 별산대놀이_349
양주동_15, 16
양춘국_276

어영청_134, 291, 294, 295, 299, 303
억불_37
에도_46
에드워드 8세(윈저 공)_176
에비슨, 올리버_256
〈에이지 오브 엠파이어〉_17
에케르트, 프란츠_354, 355
『여유당전서』_49
여의도_162
연등회_45
연무국(연희연무국)_275, 276
연방원_215
연산군_54, 86, 87
영동_162
영복정_111
영희전_265
예종석_92, 339
오간수문_81, 82, 134
오강五江_129, 135, 136, 277
오누키 에미코_120
오르테가이가세트, 호세_337
5소경_26
오촌_129, 130, 136
오쿠라조_383, 384
오포_182, 184
옥수동_156
옥호루_233
옥호정_115
올림픽공원_44
와룡묘_359, 369~372
YMCA_52, 169, 235
우남정_20, 217~219

우미관_165
우정국_253
운종가_169, 172, 215, 216
원각사_43, 168, 215, 216, 352, 356
원구단_201~203, 213, 214, 215,
　　217, 234
원효_54
월정사 팔각구층석탑_212
위안스카이_256
윗대_129
유길준_340
유네스코회관_281
유비_361, 362, 369, 371, 372
유신체제_175, 178
유하정_111
63빌딩_282
육영공원_54
육영수_175, 178
6·25(한국전쟁)_28, 149, 149, 150,
　　165, 301, 306, 307, 363
육의전_92, 136, 165, 169, 172
육조거리_33, 133, 193, 195~197,
　　201, 203
윤구연_117, 118, 121, 124
윤석중_222
을미년 의병_177
을축대홍수(1925년)_319
이문里門_50, 54, 55, 313
이방원_31, 35~37, 46, 168
이성계_27, 31, 32, 60
이수정二水亭_111
이순신_264

이승만_17, 20, 217~219, 264
이여송_202
이완용_259, 263
이용익_337, 339
이유태_264
이율곡_264
이종상_264
이중환_15, 16
이채연_169, 170, 183
이태진_217, 233
이퇴계_264
이현梨峴_124, 294, 295
이호준_259
이화학당_204
인경_182
인사동_54
인조반정_291
일진회_339, 340
임경업_264
임오군란_202
임진왜란_55, 168, 195, 202, 291, 311, 363, 365, 368, 371
입전_165
잉카_27

ㅈ·ㅊ

자내字內_128, 129, 135, 136
자명종_230
장교_62, 302
장동_113
장예원_311
장안빌딩_169, 235

적석총_153
전구서_64
전생서_64
전운국_275, 276
전의감_247, 250, 253
전차_26, 161, 164, 166, 171~175, 179~185, 234~237, 269, 282, 301, 315, 355
전환국_275, 281, 335
정도전_31~33, 35~37, 45, 46
정동교회_204
정선_110
정약용_49, 51, 52, 55
정조_83, 105, 132, 133, 136, 137, 173, 174, 199, 201, 216, 254, 294, 295, 326
제갈량_308, 361, 362, 369~372
제국익문사_28
제생원_250, 251, 254
제생의원_252
『제중신편』_254
제중원_243, 254, 257, 259, 275
제천정_111
조광조_87, 99
조불수호조약_155
조산(가산)_81, 82
조선식산은행_164 cf) 산업은행
조선총독부 청사_32, 156
조선호텔_215
존비법_141~144
종고루_60
종두법(우두종법)_249, 267

종로 네거리_164, 168, 169, 184, 356
종묘_31, 33, 35, 36, 45, 54, 110, 131, 163, 211, 214
종묘 악공청_211, 212
종묘공원_163, 166, 184, 341
『주례』_32, 33, 53, 199
〈주몽〉_271, 272
준천_65, 68, 82, 295, 312
〈준천시사열무도〉_68
중앙시장_296, 299, 301
중인_131~133, 144~146, 165, 267
중종_72, 77, 87
중촌_130~134, 144
지리도참설_53, 54
지석영_267
지운영_267, 268
지하철 1호선_166, 167, 170, 175, 184, 186
진고개_130, 302
짐멜, 게오르크_189
집주름(집주릅)_332~334, 337, 339, 340
창경궁 풍기대_213
창덕궁_36, 37, 168
「처용가」_15
천단_213, 214
천연당 사진관_267
천원지방설_208, 209, 212, 213
천일정_112
첨성대_210, 211
정계전_9, 61, 62, 68, 81, 190, 191, 269, 294, 298, 303

찾아보기

청량리_49, 167, 169, 175, 178, 179, 184, 185, 191
청와대_178
청일전쟁_184, 200, 234, 350, 371
최백현_217
최정규_339, 340
춘초정_111
취운정_115
친위대_299, 303
칠덕정_111
칠패시장_295, 296, 300
침강원_382~384

ㅋ·ㅌ·ㅍ·ㅎ
코엑스 빌딩_59
코흐, 로버트_274
콜럼버스_193, 312
콜브랜, 아서_169, 170, 173, 179, 183, 315
탁지부_334, 336~338
탑골공원_23, 24, 163, 166, 168, 184, 215
탑동_168
탕평_68, 127, 136
〈태조 왕건〉_97
태화정_111
『택리지』_15
통리아문(통리교섭통상사무아문)_231, 232, 254, 255, 268, 275
통일신라_213
파스퇴르, 루이_274
팔각정_207, 215, 217~219, 352~355
팔관회_45
팔당 수원지_322
팔레스호텔_196, 204
팔번궁_371
평식원_314
평양_26, 27, 61, 370
평화시장_134, 299, 303
포스트모더니즘_208
폼페이_69
표준말_99, 140, 147
표하군_291
푸코, 미셸_43
푸트, 루셔스_88
풍수학(풍수지리설)_32, 33, 154
풍월정_111
프랑댕, 이폴리트_265
프롬, 에리히_157
피렌체_251
피맛길(피마길)_51
하딩, G. R_382, 383
한국은행_164, 184
한명회_110, 112
한미전기회사_185, 356
한성보신사_334, 337, 339, 340
한성부_17~19, 53, 54 cf) 경성부
한성전기회사_169~171, 185, 235, 236, 355, 356
행복도시 세종_20
향산(향생)_102
향원정_34, 36
향인_100, 101
헌법재판소_255, 259
헤론, 존_256
현종_79, 103
협률사_343, 351~354, 356
혜민서_247, 250, 253
혜상공국_275
혜정교_168, 195, 203, 216
혜화동_130, 179
호구씨_249
홍교_199, 200, 384
홍릉_167~169, 171, 175, 178, 179, 180
홍엽루_115
홍영식_254, 259
홍제원_250, 309
홍태윤_179
화신백화점_165, 356
화양정_111
활빈당_335
활인서_77, 250~253
황궁우_201, 214, 215, 217
황철_268
황화정_111
효경교_81, 131, 134
효사정_111, 112
훈련도감_291, 292, 295, 311
훈련원_134
흥인지문(동대문)_68, 69, 134, 135, 169, 172, 175, 178, 179, 185, 294, 295, 333, 355, 365
흥청_87
희우정(망원정)_111

도판 출처

● 박물관·미술관 소장품
p.68 『준천사실』濬川事實 중 〈준천시사열무도〉: 채색필사본, 286×200mm, 1760년, 서울대학교 규장각 소장.
p.71 〈사산금표도〉: 목판본, 430×550mm, 1765년, 서울대학교 규장각 소장.
p.102 〈모당평생도〉 중 '좌의정시': 김홍도, 종이에 담채, 1227×479mm, 1781년, 국립중앙박물관 소장(중박200804-96).
p.110 《경교명승첩》 중 〈압구정〉: 겸재 정선, 비단에 담채, 200×310mm, 1741년, 간송미술관 소장.
p.118 〈군선도병〉: 김홍도, 종이에 담채, 1328×5758mm, 1776년, 삼성문화재단 소장.
p.121 《풍속도첩》 중 〈주막〉: 김홍도, 종이에 담채, 270×227mm, 1795년, 국립중앙박물관 소장(중박200804-96).
p.173 《화성능행도병》 중 〈시흥환어행렬도〉: 김홍도, 비단에 담채, 1637×532mm, 삼성문화재단 소장.
p.194 〈도성도〉: 김정호, 목판본, 300×397mm, 1861년, 서울대학교 규장각 소장.
p.308 《풍속도첩》 중 〈우물가〉: 김홍도, 종이에 담채, 270×227mm, 1795년, 국립중앙박물관 소장(중박200804-96).

● 작품사진 및 일러스트
p.166 〈버스 차장〉: 1970년대 ⓒ전민조, p.331 〈행당동 어느 골목 모퉁이〉: 1989년 ⓒ김기찬,
p.336 〈기다림〉: 1948년 ⓒ김한용, p.357 〈클리프 리처드 내한 공연〉: 1969년 ⓒ전민조.
이상 네 컷 눈빛출판사 제공.
p.307 〈물 긷는 소녀〉: 1950년대 ⓒ한영수, p.371 ⓒ고우영화실.

● 코리아니티 제공 이미지
pp.25, 26, 34아래, 41위, 46, 55, 63, 123, 128, 135, 142, 156위, 169좌, 169우, 171우, 172좌, 172우,
174좌, 193, 195, 196좌, 196우, 198좌, 198우, 199좌, 199우, 201, 202, 203, 215, 233, 235, 237, 247, 269좌, 269우, 273,
276, 277, 279, 286, 287위, 293, 295, 297위 , 297아래, 300좌, 311좌, 311우, 346, 347, 353, 355우, 360위, 360아래, 376.

● 뉴스뱅크 제공 이미지
p.20 ⓒ조선일보, p.44 ⓒ동아일보, p.56 ⓒ주간조선, p.153 ⓒ조선일보, p.189 ⓒ조선일보,
p.282 ⓒ스포츠조선, p.291 ⓒ이영일, p.299 ⓒ동아일보, p.351 ⓒ동아일보.

● 김성철 제공 이미지
pp.99, 113, 210, 211, 212좌, 212우, 366, 367 ⓒ김성철

● 박대성 제공 이미지
pp.51, 54, 96, 162, 163좌, 168우, 188, 191, 369좌, 369우, 370우, 377, 381, 383 ⓒ박대성

● 전우용 제공 이미지
pp. 50, 163우, 192, 213좌, 213우, 258, 360 ⓒ전우용

* 사진과 그림의 게재를 허락해주신 분들, 자료를 제공해주신 분들께 감사드립니다.
* 이 책에 실린 사진과 그림 중에는 저작권자를 찾기 어려운 경우가 있었습니다.
  저작권자와 연락이 닿는 대로 정식으로 게재 허가 절차를 밟고 사용료를 지불하겠습니다.